리바이어던 1

교회국가 및 시민국가의 재료와 형태 및 권력

나남

나남신서 1337

리바이어던 1

교회국가 및 시민국가의 재료와 형태 및 권력

2008년 8월 25일 초판 발행
2025년 2월 25일 초판 8쇄

지은이 토머스 홉스
옮긴이 진석용
발행인 趙相浩
발행처 ㈜나남
주소 10881 경기도 파주시 회동길 193
대표전화 (031)955-4601
FAX (031)955-4555
등록 제1-71호(1979.5.12.)
홈페이지 http://www.nanam.net
전자우편 post@nanam.net

ISBN 978-89-300-8337-9 94160
978-89-300-8215-0 (세트)

책값은 뒤표지에 있습니다.

리바이어던 1

교회국가 및 시민국가의 재료와 형태 및 권력

토머스 홉스 지음 | 진석용 옮김

나남
nanam

LEVIATHAN

OR

THE MATTER, FORM, AND POWER
OF A
COMMONWEALTH
ECCLESIASTICAL AND CIVIL

The English Works of Thomas Hobbes of Malmesbury
(Now First Collected and Edited, by Sir William Molesworth, Bart)

Vol. III.

London: John Bohn

옮긴이 머리말

이 책은 17세기 영국의 철학자 토머스 홉스의 주저《리바이어던》(1651)을 완역한 것이다. 대본으로는 Thomas Hobbes, *Leviathan, or The Matter, Form, and Power of A Commonwealth, Ecclesiastical and Civil*, William Molesworth, ed. *The English Works of Thomas Hobbes* (London: John Bohn, 1839~1845), Vol. 3을 사용하였다. 이 판본의 전자책을 볼 수 있는 웹사이트[1]도 많고, 1651년 발간 당시의 철자법을 그대로 둔 원문을 제공하는 사이트[2]도 여러 곳 있다.

어려운 원문을 쉬운 말로 풀이해놓은 조나단 베네트의 해설판[3]은 해석이 까다로운 부분들을 번역하는 데 큰 도움이 되었다. 두 종의 일본어 번역본[4]도 참고하였다. 기독교와 성경에 관한 논의가 집중되어 있는 제 3부와 제 4부의 번역에는 Holynet(www. holybible. or. kr)

---

1) 예를 들면 etext. library. adelaide. edu. au/h/hobbes/thomas/h68l/

2) 예를 들면 www. philosophy-index. com/hobbes/leviathan/, www. fullbooks. com/Leviathan. html

3) Jonathan Bennett, *Leviathan By Thomas Hobbes* (Internet Edition, 2006). 제 1~2부만 해설되어 있다. 전문은 www. yorku. ca/maas/Hobbes. pdf에서 볼 수 있다.

4) 水田洋・田中浩譯,《リヴァイアサン〈國家論〉》(東京 : 河出書房新社, 1972). 永井道雄・宗片邦義譯,《リヴァイアサン》(東京 : 中央公論社, 1976).

이 제공한 다국어성경을 편리하게 이용하였다. 이 웹사이트에는 대한성서공회가 발행한 한글성경 4종[5]을 비롯하여 영어성경 3종[6]의 전문이 찾아보기 쉽게 실려 있다. 사이트 운영진에게 감사의 말씀을 드린다. 라틴어 《불가타 성경》과 프랑스어 《성경》은 바이블게이트웨이(www.biblegateway.com)에서 제공한 온라인판을 사용하였다.

홉스의 문장은 재판관의 판결문처럼 답답할 정도로 엄밀하고, 숨이 차도록 길다. 긴 문장은 몇 개의 문장으로 끊고, 일부 내용의 순서를 바꾸고, 원문에 없는 말을 보충하는 등 이해하기 쉽게 번역하려고 노력하였지만, 원문의 뜻을 훼손하거나 왜곡하지는 않았는지 걱정이 앞선다. 또한 내용이 생리학, 심리학, 논리학, 법학, 정치학, 철학, 신학, 윤리학 등 실로 학문 전 분야에 걸쳐 있어서 해당분야의 관용어를 알아내는 것도 힘겨운 일이었다. 전문서적을 찾아보고, 전문가에게 문의하는 등 애는 썼지만, 역자의 무지가 드러난 곳도 많을 것이다. 같은 말이라 하더라도 오늘날에는 그 의미가 달라진 용어들을 번역하는 일도 쉽지 않았다. 17세기 영국의 역사적 상황과 서양 고전에 익숙하지 않은 일반독자들을 위해 꽤 상세한 역자 주를 달았는데, 전문 연구자들 눈에는 지나친 친절로 보일 것이다. 독해와 연구에 방해가 되지 않기만을 바랄 뿐이다.

한국연구재단의 명저번역 심사위원들은 두 차례에 걸친 심사의견을 통해 많은 도움말을 주셨고, 국민대학교 이종은 교수님은 역자의 원고를 꼼꼼히 읽고 자주 가르침을 주셨다. 대전대학교 김용세 교수님은 어려운 법학 용어들에 관해 자세히 설명해 주셨다. 변변치 못한 역서에 가치를 더해주신 분들께 감사의 말씀을 드린다. 그럼에도 불구하고 여전히 남아있을 오역과 졸문은 전적으로 역자의 책임이다.

고효정, 석영미, 안태미 양은 역자의 어지러운 원고를 읽고 일반

---

5) 《개역개정》, 《개역한글》, 《공동번역》, 《표준새번역》.

6) 《제임스왕역》(*King James Version*), 《새국제역》(*New International Version*), 《새미국표준역》(*New American Standard Bible*).

독자의 눈높이에서 이해하기 어려운 부분들을 말해 주었고, 원문과 일일이 대조하면서 문단 구분과 문장부호들을 바로잡아 주었다. 이 자리를 빌려 고마움을 전한다. 함께할 시간을 양보해준 가족들에게도 미안하고 고마운 마음을 전한다.

끝으로 역자의 천학과 비재에도 불구하고 이 번역을 지원해준 한국연구재단에 감사드리며, 예쁜 책으로 꾸며 준 나남출판 여러분께도 감사드린다.

더 보고 더 생각하고 더 고쳐서 내어놓지 못한 아쉬움이 있다. 강호제현의 질정을 바란다.

2008년 8월
진 석 용

나의 가장 존경하는 벗
고돌핀 가(家)의 프랜시스 고돌핀[1] 에게

존경하는 벗이여,

더할 나위 없이 훌륭하신, 그대의 동생 시드니 고돌핀[2] 씨는 생전에 저의 연구를 높이 평가해 주셨으며, 때로는 그대도 아시는 바와 같이, 훌륭한 의견을 보여주기도 하였습니다. 계씨(季氏)의 의견은 그 자체도 훌륭하였지만, 그 속에 들어 있는 고매한 인격은 더욱 훌륭하였습니다. 계씨의 말씀에는 사람의 마음을 하느님에 대한 봉사나 조국에 대한 충성으로, 혹은 시민사회로, 혹은 사적인 우정으로 향하게 하는 미덕이 명백히 나타나지 않은 것이 없었는데, 이것은 필요에 의해 얻은 것도 아니

1) Francis Godolphin (1605~1667?) : 잉글랜드 남서부의 콘월(Cornwall) 지방에 세력을 형성하였던 고돌핀 가(家)의 한 사람으로 윌리엄 고돌핀(William Godolphin)의 네 자녀(Sir Francis, Sidney, William, Penelope) 중 맏아들이다.

2) Sidney Godolphin (1610~1643) : 프랜시스 고돌핀의 동생. 두 살 때 어머니가 죽고, 세 살 때 아버지가 죽어 고아가 되었다. 형 프랜시스와 함께 옥스퍼드 엑세터 칼리지(Exeter College, Oxford)에서 수학하였다. 두 차례에 걸쳐 헬스턴(Helston) 지역의 의원을 역임하였으며, 주 덴마크 대사관에 근무한 일도 있다. 1640년에는 장기의회(*Long Parliament*) 의원으로 선출되었으며, 내란시 왕당파(王黨派)에 가담하여 랄프 홉턴(Ralph Hopton)이 이끄는 군대에서 군사자문을 담당하다가 33세의 젊은 나이로 총탄을 맞아 사망하였다. 청년시절부터 홉스와 교우하였으며, 유언으로 홉스에게 200파운드를 증여하였다.

요, 환경의 영향으로 생긴 것도 아니요, 오로지 타고난 것으로서 계씨의 고결한 천품 속에 빛나고 있었습니다. 그러므로 저는 계씨에 대한 존경과 감사의 표시로서, 또한 그대에 대한 헌신적 애정의 표시로서 코먼웰스(*Commonwealth*)에 대한 소견을 담은 이 저술을 그대에게 바치고자 합니다. 저는 세상사람들이 이 저술을 어떻게 받아들일지, 또한 세상사람들이 이 책의 내용에 동조하는 사람들에게 어떤 반응을 보일지는 전혀 알지 못합니다. 길 한편에는 지나치게 많은 자유를 주장하는 사람들이 있고, 다른 한편에는 지나치게 많은 권위를 주장하는 사람들이 있어서 그 사이를 아무런 상처도 받지 않고 무사히 통과하기란 어려울 것입니다. 그러나 저는 시민적 권력(*civil power*)[3]을 증진시키려는 저의 노력이 시민적 권력으로부터 비난을 받을 이유는 없다고 생각하고 있으며, 또한 그 권력이 지나치게 크다고 나무랄 사람들도 없을 것이라고 생각하고 있습니다. 게다가 저는 〔권좌(權座)에 있는〕 사람에 대해서가 아니라 권좌 그 자체에 대해 추상적으로 (마치 옛날 로마의 카피톨리노 신전에 있던 사람들을, 그들이 로마인이기 때문이 아니라 오로지 그곳에 있었다는 이유만으로 큰 울음소리로 지켜준, 어느 쪽도 편들지 않는 단순한 동물들처럼[4]) 논의하였을 뿐이기 때문에, 외부에 있는 사람이나, 혹은 내부에 있지만 외부에 있는 사람들에게 호의를 품고 있는 사람들(이런 사람들이 있다면)을 제외한다면, 아무도 저의 이 저술을 노엽게 여기지 않을 것이라고 생각합니다. 이 저술에서 다른 사람의 노여움을 살 만한 부분이 있다면, 그것은 아마도 《성경》의 몇 구절을, 보통 다른 사람들이 인용하는 경우

---

3) 여기에서 '시민적 권력'이란 교황과 교회의 권력에 대립되는 세속적 정치권력을 말한다.

4) 리비우스(Titus Livius Patavinus, BC 59~AD 17)의 《로마건국사》에 따르면, 기원전 390년(일설에는 387년) 로마 시에 갈리아인(현 프랑스의 켈트족)이 침입하여 카피톨리노 언덕의 유피테르 신전을 야간에 기습하였는데 이때 신전 안에 있던 오리들이 크게 울어 로마 수비병을 깨운 덕분에 로마군은 갈리아인을 격퇴하고 수성(守城)에 성공하였다고 한다. 이 고사에서 오리가 로마의 편을 들어 그렇게 한 것이 아닌 것처럼, 자신도 어느 누구를 편들자고 이 책을 쓴 것은 아니라는 뜻이다.

와는 다른 목적과 주장을 위해 인용한 부분일 것입니다. 그러나 저는 최대한 겸허하게 그렇게 했으며, 이 저술의 목적상 불가피하게 그렇게 했습니다. 왜냐하면 적(敵)이 이 구절들을 보루로 삼고서 시민적 권력을 공격하고 있기 때문입니다. 그럼에도 불구하고 저의 노력이 널리 비난을 받게 될 경우에는 〔당신은 이 책과 아무 상관이 없다고〕 해명하시기를 바라오며, 다만 이 사람은 자신의 의견을 중요하게 여기는 사람이라고만 말씀해 주십시오. 그리고 이 사람은 계씨를 존경하였으며, 지금은 그대를 존경하고 있다는 것과, 그대의 허락도 없이 아래와 같은 자격을 내세운 것을 진실로 여겨 주십시오.

당신의 가장 보잘것없고
가장 충실한 시종
토머스 홉스
파리[5], 1651년 4월 15일/25일[6]

5) 찰스 1세와 의회와의 대립이 격화되고 내란의 조짐이 보이자, 왕당파로 의심받아왔던 홉스는 신변에 위협을 느끼고 1640년 프랑스로 피신하여 1652년 초까지 머물렀다. 이 책은 프랑스에 머무는 동안 썼는데, 출판은 런던에서 하였다.

6) 구력(舊曆)으로는 4월 15일이지만, 1582년부터 시행된 그레고리력으로는 4월 25일이기 때문에 두 날짜를 병기(倂記)한 것으로 보인다.

일러두기

1. 원문에서 대문자로 된 단어 또는 어구는 고딕체로 표기했다. 그러나 각 장의 첫 단어가 대문자로 된 것은 그렇게 하지 않았다.
2. 원문에서 이탤릭체로 된 단어 또는 어구는 ' '로 묶었다. 그러나 고유명사인 경우에는 그렇게 하지 않았다. 이해의 편의를 위해 역자가 임의로 ' '로 묶은 곳도 있다.
3. 원문에서 첫 글자가 대문자인 단어는 주요어로 판단되는 경우에 한하여 ' '로 묶었다.
4. 원문에서 ( )로 묶인 어구는 역문에서도 대체로 ( )로 묶었으나, 반드시 일치하지는 않는다. 또한 역문이 번잡해질 우려가 있는 곳에서는 역자가 임의로 ( )를 넣은 곳도 있다.
5. 〔 〕로 묶은 어구는 모두 역자가 보충한 말이다.
6. 난외 소제목은 원문의 형태를 그대로 따랐으나, 간혹 역자가 추가한 것도 있다. 역자가 추가한 것은 〔 〕로 묶어 보였다.
7. 문단구분은 원문을 그대로 따랐으나 한 문단이 지나치게 긴 경우에 한하여 원문과 달리한 곳이 있다.
8. 《성경》에서 인용된 구절의 번역은 대체로 《성경전서 새번역》(대한성서공회, 2001)을 따랐으나, 《성경전서개역 개정판》(대한성서공회, 1998), 《공동번역성서 개정판》(대한성서공회, 1999) 등을 참조하여 다듬은 곳도 있다. 그러나 홉스의 인용문이 현행 《성경》과 일치하지 않는 경우에는 홉스의 원문대로 번역하였다. 홉스가 본문에서 출전을 밝힌 성경의 책명은 약어를 사용하여 표시하였다.
9. 그리스 신화에 나오는 고유명사는 헤시오도스(Hesiodos)의 《신통기》(천병희 옮김, 서울: 한길사, 2004)에 따라 그리스어(앗티케 방언) 발음으로 표기하였으며, 라틴어 이름이나 영어 이름을 병기할 때는 그 앞에 '라/' 또는 '영/'이라고 표시하였다.
10. 본문 하단의 각주는 특별한 언급이 없는 한 모두 역자가 단 것이다.

성경 책명 약어

1. 구약

책명	약어	책명	약어
창세기	창	전도서	전
출애굽기	출	아가	아
레위기	레	이사야서	사
민수기	민	예레미야서	렘
신명기	신	예레미야 애가	애
여호수아기	수	에스겔서	겔
사사기	삿	다니엘서	단
룻기	룻	호세아서	호
사무엘기상	삼상	요엘서	욜
사무엘기하	삼하	아모스서	암
열왕기상	왕상	오바댜서	옵
열왕기하	왕하	요나서	욘
역대지상	대상	미가서	미
역대지하	대하	나훔서	나
에스라기	스	하박국서	합
느헤미야기	느	스바냐서	습
에스더기	에	학개서	학
욥기	욥	스가랴서	슥
시편	시	말라기서	말
잠언	잠		

2. 신약

책명	약어
마태복음서	마
마가복음서	막
누가복음서	눅
요한복음서	요
사도행전	행
로마서	롬
고린도전서	고전
고린도후서	고후
갈라디아서	갈
에베소서	엡
빌립보서	빌
골로새서	골
데살로니가전서	살전
데살로니가후서	살후

책명	약어
디모데전서	딤전
디모데후서	딤후
디도서	딛
빌레몬서	몬
히브리서	히
야고보서	약
베드로전서	벧전
베드로후서	벧후
요한1서	요일
요한2서	요이
요한3서	요삼
유다서	유
요한계시록	계

차례

제2부 코먼웰스에 대하여

2권 차례

리바이어던 2

교회국가 및 시민국가의 재료와 형태 및 권력

서 설

자연은 하느님(*God*)[1]이 세계를 창조하여 다스리는 기예(*art*)이다. 다른 많은 일들에서 〔우리가〕 그렇게 하듯이 이 자연을 인간의 '기예'로 모방하면, 여기에서 보는 바와 같이 하나의 인공동물(*artificial animal*)을 만들어 낼 수도 있다.[2] 생명은 신체나 사지의 운동을 말하고, 이 운동은 내부의 중심부분에서 시작된다는 것을 안다면, 모든 '자동장치들'(시계처럼 태엽이나 톱니바퀴로 움직이는 기계장치들)은 하나의 인공적 생명을 가지고 있다고 말하지 못할 이유가 무엇인가? '심장'에 해당하는 것이 '태엽'이요, '신경'에 해당하는 것이 여러 가닥의 줄이요, '관절'에 해당하는 것이 '톱니바퀴'이니, 이것들이 곧 제작자가 의도한 바대로 전신에 운동을 부여하는 것이 아니겠는가? '기예'는 한 걸음 더 나아가 자연의 가장 합리적이고 가장 탁월한 작품인 '인간'을 모방하기에까지 이른다. 즉, 기예에 의해 코먼웰스(*Commonwealth*)[3] 혹

---

1) 관사 없이 단수로 사용된 'God'은 우주를 창조하고 주재한다고 믿어지는 초자연적인 절대자를 가리키는 말인데, 우리나라 가톨릭에서는 '하느님'으로, 개신교에서는 '하나님'으로 번역하고 있다. 이 책에서는 '하느님'으로 통일하여 번역하였다.

2) 이 책에서 하느님이 이 세상을 다스리는 기예인 자연을 모방하여 '인공 동물', 즉 '리바이어던'을 만들어 보이겠다는 뜻이다. 여기에서 '인간의 기예'란 제 2부에서 밝혀지듯이 '신의계약'(*covenant*)을 의미한다.

은 국가(*State*), 라틴어로는 키위타스(*Civitas*)라고 불리는 저 위대한 리바이어던(*Leviathan*)[4]이 창조되는데, 이것이 바로 인공 인간(*artificial man*)이다. 자연인을 보호하고 방어할 목적으로 만들어졌기 때문에 자연인보다 몸집이 더 크고 힘이 더 세다. 이 인공인간에게 있는 '주권'은 인공 '혼'으로서 전신에 생명과 운동을 부여한다. '각부 장관들'과 사법 및 행정 '관리들'은 인공 '관절'이다. '상벌'은 모든 관절과 사지를 주권자와 연결시켜 그 의무의 수행을 위해 움직이도록 하는 것이므로 자연인의 신체에서 '신경'이 하는 것과 똑같은 일을 한다. 구성원 개개인 모두의 '부'와 '재산'은 그의 '체력'이다. '인민의 복지'(*salus populi*)와 '인민의 안전'은 그의 '업무'이다. '조언자들'은 그가 알고 있어야 할 내용들을 제안하기 때문에 그의 '기억'이다. '공평'과 '법'은 인공 '이성'이며 '의지'이다. '화합'은 '건강'이다. '소요'는 '병'이다. 그리고 '내란'은 '죽음'이다. 끝으로 이 정치공동체의 각 부분을 처음 제작하고 모으고 결합하게 만든 '약정'(約定 *pacts*)과 '신의계약'(信義契約 *covenants*)[5]은 하느님이 천지를 창조하실 때 '이제 사람을 만들자'[6]고 선언하신 '명령'(*fiat*)과 같다고 할 수 있다.

---

3) 코먼웰스(*commonwealth*)라는 말은 '공공의 복지'(*common wealth*)라는 뜻으로 '공공의 복지'를 위해 결합된 정치적 공동체를 가리킨다. 영국사에서는 1649년 청교도혁명으로 찰스 1세(재위 1625~1649)가 처형되고 크롬웰(Cromwell)의 공화정이 성립된 후부터 1660년 반동혁명에 의해 찰스 2세가 즉위하여 왕정이 회복될 때까지 영국의 국가를 부르는 말로 '코먼웰스'(*the Commonwealth*)라는 용어를 널리 사용하였다. 따라서 이 경우에는 '공화국'이라는 의미를 지니고 있었다. 홉스의 이 책은 크롬웰의 공화정이 성립된 직후에 출간되었다. 그러나 홉스는 이 용어를 군주정, 귀족정, 민주정 등 통치형태와 관계없이 정치공동체 일반을 지칭하는 말로 사용하고 있다.

4) '리바이어던'은 《성경》, 〈욥기〉(40:15~41:34)에 나오는 괴동물(怪動物)의 이름이다. 한국어 《성경》에는 '리워야단' 또는 '리워야단'으로 음역되어 있고 '악어처럼 생긴 바다괴물'로 소개되어 있다.

5) 약정(*pact*)과 신의계약(*covenant*) 및 계약(*contract*)의 차이에 대하여는 제14장의 주4 참조.

6) 《성경》, 〈창세기〉 제1장 26절.

이 인공 인간의 성질을 서술하기 위해 다음과 같은 문제들을 살펴보고자 한다.

첫째, 그 '재료'는 무엇이며, '제조자'는 누구인가? 둘 다 '인간'이다.

둘째, 그것은 어떤 '신의계약'에 의해 '어떻게' 만들어졌나, '주권자'의 '권리' 및 정당한 '권력' 또는 '권위'는 무엇인가, 또 그것을 '유지'하거나 '해체'시키는 것은 무엇인가?

셋째, '기독교 코먼웰스'란 무엇인가?

마지막으로, '어둠의 나라'란 무엇인가?

첫째 문제에 관해 최근 사람들이 자주 들먹이는 격언이 있다. 인간의 '지혜'는 '책'을 읽어서 얻어지는 것이 아니라 '인간'을 연구해야 얻어진다는 것이다. 이 격언을 따른답시고 남의 등 뒤에서 무자비한 비난을 늘어놓는 사람들이 있는데, 이들은 자기가 인간을 어떻게 보고 어떻게 생각하는지를 과시하면서 큰 기쁨을 느끼고 있다. 이들은 대부분 남을 험담하는 일 이외에는 자신의 현명함을 달리 입증하지 못하는 사람들이다.

그러나 또 하나, 요즘 사람들이 잘 모르고 있는 오래된 격언이 있다. 이 격언대로 하기만 하면, 그렇게 노력하기만 하면 사람들은 진실로 서로를 잘 이해할 수 있게 될 것이다. 그 격언은 '너 자신을 알라'(*nosce teipsum*),[7] '너 자신을 연구하라'는 말이다. 사람들이 흔히 쓰는 용법처럼, 이런 말로 권력 있는 사람이 아랫사람을 대할 때 야만적 태도를 취하도록 장려하거나, 신분이 낮은 사람이 윗사람을 대할 때 건방지게 행동하도록 조장하려는 것이 아니다. 그 격언이 가르치는 바는 사람의 사고와 정념은 누구나 서로 비슷하다는 것이다. 그러므로 자기 자신을 들여다보면서 자기가 어떤 일을 하는지, 언제 '사고하고, 판단하고, 추론하고, 희망을 품고, 공포를 느끼는지', 그 근거가 무엇인지를 살펴보면 곧 비슷한 상황에서 다른 사람들이 어떤 사고와 정념을 가지게 될 것인지를 쉽게 알 수 있다는 것이다. 내 말은 '정념'의

7) 아폴론 신전에 걸려 있는 격언으로 소크라테스가 좌우명으로 삼았던 말이다.

유사성, 즉 '욕망'과 '공포'와 '희망' 등의 정념이 누구에게나 있다는 것이지, 그 정념의 '대상'의 유사성, 즉 욕망과 공포와 희망 등의 대상이 누구에게나 동일하다는 것은 아니다. 그러한 정념의 대상은 개개인의 기질이나 각자가 받은 교육에 따라 극히 다양하며, 우리의 지식으로 쉽게 알 수 없다. 그러므로 위장(僞裝)과 기만과 허위와 오류의 학설들로 오염되고 혼란해져 있는 사람 마음의 특성들은 오로지 마음을 탐구하는 자만이 읽어낼 수 있다. 사람의 행위를 보고 그의 의도를 알 수 있는 경우도 있다. 하지만 이런 경우에도 자기 마음과 비교해 보지 않으면, 또한 모든 상황을 고려하여 사정이 동일한지를 살펴보지 않으면, 암호를 푸는 열쇠도 없이 암호문을 해독하려고 하는 것과 다를 바 없으며, 대체로 읽는 자 자신이 착한 사람인가 나쁜 사람인가에 따라서 과신하거나 혹은 불신이 지나쳐 오해하게 된다.

사람의 행동을 보고서 그 사람을 완전하게 알 수 있는 경우도 있다. 친한 친구인 경우에는 그럴 수도 있다. 하지만 그런 친구는 몇 되지 않는다. 전 국민을 통치하는 사람은 자기 자신의 마음에서 어느 특정인의 마음을 읽을 것이 아니라 전 인류의 마음을 읽어야 한다. 이것은 물론 어려운 일이다. 그 어떤 언어나 학문을 배우는 것보다도 더 어려운 일이다. 그러나 내가 나 자신에 대해 읽은 내용을 정연하고 명쾌하게 기술해 놓으면, 다른 사람들은 오로지 자기 마음속에도 같은 것이 있는지 어떤지를 찾아보는 수고만 치르면 될 것이다. 이러한 종류의 학설은 달리 논증할 방법이 없다.

제1부

인간에 대하여

Non est potestas Super Terram quæ Comparetur ei Iob 41 24
London
Printed for Andrew Crooke
1651

제1장
감각에 대하여

감각

인간의 사고(*thoughts*)에 대해 우선 하나씩 살펴보고, 그런 다음 연속된 사고, 즉 그 사고들의 상호 의존관계를 살펴보겠다. 하나씩 놓고 볼 때 사고는 보통 '대상'(*object*)이라고 불리는 우리 바깥에 있는 물체(*body*)의 어떤 성질 혹은 우유성(偶有性 *accidents*)[1]의 '표상'(表象 *representation*)[2] 또는 '현상'(現像 *appearance*)이다. 그 대상이 우리의 눈이나 귀와 같은 인체기관에 작용하는데, 이 작용의 다양성이 현상의 다양성을 낳는다.

모든 사고의 근원은 우리가 감각(*sense*)이라고 부르는 것에 있다. 인간의 마음속에 들어있는 모든 개념은 최초에는 전체적으로든 부분적으로든 감각기관에 의해 얻어지는 것이기 때문이다. 즉 감각기관이 얻은 것을 근원으로 하여 나머지 개념들이 생겨난다.

감각의 자연적 원인을 아는 것은 지금 꼭 필요한 일은 아니다. 이 문제는 이미 다른 곳[3]에서 대체적으로 다룬 바 있다.

---

1) 사물이 일시적으로 우연히 가지게 된 성질.

2) 지각에 의하여 의식에 나타나는 외계 대상의 상(像).

그러나 현재의 논의에 완벽을 기하기 위해 여기에서 이 문제를 간단하게 짚고 넘어가기로 하자.

감각의 원인은 바깥의 물체 혹은 대상이다. 이 대상이 각 감각의 고유기관을 압박한다. 이 압박은 미각이나 촉각처럼 직접적인 경우도 있고, 시각이나 청각이나 후각처럼 간접적인 경우도 있다. 이 압박이 신경이나 힘줄이나 박막 등을 거쳐 안으로 두뇌와 심장에 전달되면, 이에 대한 저항 또는 반대압력, 즉 이로부터 해방되려는 마음의 노력이 생긴다. 이 노력은 '바깥을 향한' 것이기 때문에 바깥에 있는 어떤 물질인 것처럼 보인다. 이러한 '겉보기'(*seeming*) 혹은 '환각'(幻覺 *fancy*)[4]이 우리가 '감각'이라고 부르는 것이다. 그리고 이 감각은 눈에는 '빛'이나 '색채', 귀에는 '소리', 코에는 '냄새', 혀와 입천장에는 '맛', 그리고 나머지 인체 부분에는 '뜨거움', '차가움', '단단함', '부드러움' 등, '촉감'으로 식별할 수 있는 성질들로부터 생겨난다. 이른바 '감각할 수 있는'(*sensible*) 그러한 성질들은 그 감각을 일으키는 대상 그 자체에 있지만, 감각 그 자체는 그 물질의 운동수와 같은 수의 압박이 우리들의 감각기관에 가해졌을 때 생긴다. 압박을 받은 우리들의 내부에서 일어나는 일도 결국은 다양한 운동일 뿐이다. 왜냐하면 운동은 운동을 낳을 뿐이기 때문이다. 그러나 그것이 우리들 앞에 현상할 때는 환각이다. 이것은 깨어 있을 때나 꿈꾸고 있을 때나 같다. 또한 눈을 누르거나 문지르거나 때리거나 하면 빛이라는 환각이 나타나고, 귀를 누르면 소음이 생겨나는 것과 마찬가지로, 보

---

3) 1640년에 쓴 《법의 원리》를 가리킨다. 이 글은 그가 《철학의 원리》라는 제목 아래 출간할 작정으로 라틴어로 써 두었던 원고 중 일부 내용을 영어로 '번역'한 것이다. 당시 원고 상태로 홉스의 영국인 친구들 사이에서 널리 읽혔으며, 1650년 초에 공식 출판되었다.

4) 'fancy'를 '환각'이라고 번역한 이유에 대해서는 제 2장의 주2 참조.

이거나 들리거나 하는 것들도, 우리 눈에는 보이지 않는 격렬한 작용에 의해 생겨난다. 만일 그 빛깔이나 소리가 그를 야기하는 물체 혹은 대상 속에 있다면, 빛깔이나 소리를 그 대상으로부터 분리할 수 없을 것이다. 그러나 거울이나 메아리를 생각해보면, 우리의 시각적 대상이 있는 곳과 시각적 현상이 나타나는 곳이 서로 다른 곳임을 쉽게 알 수 있다. 어떤 거리에서는 대상이 우리에게 일으킨 환각이 대상 그 자체에 속해 있는 것처럼 보일 수도 있지만, 대상과 심상(*image*) 혹은 환각은 별개의 것이다. 감각은 어떤 경우에도 (이미 말한 바와 같이) 우리의 눈이나 귀나 기타 감각기관에 대한 바깥 사물의 압박, 즉 운동에 의해 생긴 환각일 뿐이다.[5]

그러나 모든 기독교 국가의 대학에서 철학 학파들은 아리스토텔레스의 교본에 따라 이와는 다른 학설을 가르치고 있다. 예컨대 '시각'(*vision*)의 원인에 대해 말하기를, 보이는 물체가 모든 방향으로 '가시적 상'(*visible species*)[6], 영어로 말하자면 '가시적 자태'(*visible show*), '허깨비'(*apparition*), '상'(相 *aspect*), 또는 '보이는 것'(*a being seen*)을 보내기 때문이라는 것이다. 그리고 그것을 눈에 받아들이는 것이 '보는 것'(*seeing*)이라는 것이다. 또한 '청각'(*hearing*)의 원인에 대하여도 들리는 물체가 '가청(可聽)의 상', 즉 '들리는 상' 혹은 '들릴 수 있는 것'을 보내고, 그것이 귀에 들어와 '청각'이 된다는 것이다. 심지어는

---

5) 감각이란 '눈, 코, 귀, 혀, 살갗을 통하여 바깥의 어떤 자극을 알아차리는 것'을 말하는데, 그 과정에서 인체 내부의 노력, 즉 '운동'이 있고, 이 운동의 결과 감각이 나타나는 것이므로 자극을 일으키는 바깥의 대상과 '감각'이 완전히 동일한 것은 아니라는 것이다.

6) 영어 'species'는 라틴어 'species'에서 온 말로 원래 뜻은 '드러나 보이는 것'(*appearance*), '모습'(*sight*), '상'(*image*)이다. 이 말이 영어에서 '종'(種)이라는 생물학적 의미를 지니게 된 것은 17세기 초부터이다.

'이해'(*understanding*)의 원인에 대하여도 이해되는 것이 '가해(可解)의 상', 즉 '알려질 수 있는 것'을 보내고, 그것이 우리의 이해력에 닿아 이해된다는 것이다. 대학의 가치를 부정하려고 이런 말을 하는 것이 아니다. 코먼웰스에서 대학이 어떤 역할을 해야 하는지 곧 논할 것이며, 대학이 어떻게 개혁되어야 하는지 기회가 되면 말할 생각이지만, 우선 고쳐야 할 것 중 하나는 무의미한 말이 너무 많다는 것이다.

제2장

상상에 대하여

어떤 물체가 정지해 있을 때 다른 어떤 것이 그것을 건드리지 않는 한, 그 물체는 영구히 정지해 있을 것이다. 이것은 아무도 의심하지 않는 진리이다. 또한 어떤 물체가 움직이고 있을 때 다른 어떤 것이 그것을 막지 않는 한, 그 물체는 영구히 움직일 것이다. 이 두 가지 사실의 이유는 동일하다. 즉 어떠한 것도 그 자체로는 변화하지 않는다. 그러나 후자의 진리에 대해서는 사람들이 선뜻 수긍하지 않는다. 왜냐하면 인간은 다른 사람들에 대해서는 물론 모든 것에 대해 자기 기준으로 헤아리기 때문이다. 자기 자신이 운동 후에는 고통이나 피로를 느끼니까 다른 것들도 운동을 하고 나면 지치게 되고 자발적으로 휴식을 구할 것이라고 생각한다. 자신들이 느끼는 휴식 욕구가 다른 어떤 운동에 원인이 있는 것은 아닐까 하는 생각은 조금도 하지 않는다. 그래서 스콜라 학파는 무거운 물체가 낙하하는 것은 휴식 욕구 때문이며, 그 물체에 가장 알맞은 장소에서 그 본성을 유지하기 위한 것이라고 설명한다. 그렇다면 그 물체가, 그 무생물이 자신의 본성을 유지하는 데 도움이 되는 욕구와 지식을, 생물인 인간

상상

이 가지고 있는 것 이상으로 가지고 있다는 말인데, 한마디로 말해 터무니없는 주장이다.

물체는 일단 운동을 시작하면, 다른 어떤 것이 막지 않는 한, 영구히 운동한다. 그리고 그 운동을 완전히 멈추려고 할 경우에는 일순간에 멈출 수는 없고 시간을 두고 서서히 멈출 수밖에 없다. 물의 경우, 수면 위의 바람이 그쳐도 물결의 넘실거림이 한동안 그치지 않는 것처럼, 인간의 내부에서 일어나는 운동의 경우에도, 즉 보거나 꿈꾸거나 할 경우에도 똑같은 현상이 일어난다. 즉 대상이 사라지거나 눈을 감거나 한 후에도 보던 물체의 상이, 실제로 보고 있을 때보다는 흐리지만, 여전히 남아있다. 라틴인들은 이것이 실제로 보고 있을 때 생긴 심상(心像 *image*)에서 만들어지는 것이라 하여 '상상'(想像 *imagination*)[1] 이라고 부르고, 좀 부적절하긴 하지만 다른 모든 감각에 이를 적용하고 있다. 그러나 그리스인들은 이것을 '환각'(幻覺 *fancy*)이라고 부르는데, 이 말은 '나타남'(*appearance*)이란 뜻이므로 모든 감각에 똑같이 적용될 수 있다.[2] 따라서 상상이란 '쇠퇴하는 감각'(*decaying sense*)일

1) 'imagination'은 여러 의미를 지니고 있다. 현재의 지각(知覺)에는 없는 사물이나 현상을 과거의 경험 또는 관념에 근거하여 재생시키거나 만들어 내는 마음의 작용, 즉 '상상'(想像)을 뜻하기도 하고, 그렇게 하여 만들어진 '심상'(心像)을 뜻하기도 하고, 그러한 심상을 만드는 심적 능력, 즉 '상상력'을 뜻하기도 한다. 본 역서에서는 문맥에 따라 '상상', '심상', '상상력' 등으로 번역하였다.

2) 'imagination'이라는 말은 '심상을 만드는 것'이므로 시각적 대상에 한정되는 반면, 'fancy'라는 말은 시각적 대상뿐만 아니라, 다른 감각의 대상에도 적용된다는 뜻이다. 'fancy'와 'fantasy'는 라틴어 'phantasia', 그리스어 '*φαντασία*'에서 온 말인데, 원래 뜻은 '나타남'이다. 오늘날 영어에서는 두 말이 거의 동의어로 '상상', '심상', '공상'의 뜻으로 쓰이고 있지만, 'fancy'에는 '갑

뿐이다. 이것은 인간에게나 다른 생물에게나, 깨어있을 때나 자고 있을 때나 똑같이 발견된다.

깨어 있을 때의 감각의 쇠퇴는 감각 속에 만들어진 운동의 쇠퇴가 아니라 운동의 흐려짐이다. 별은 낮이라고 해서 자신의 존재를 보여주는 빛을 밤보다 덜 발산하는 것은 아니지만 햇빛 때문에 그 빛이 흐려지는 것과 이치가 같다. 우리의 눈, 귀 등의 감각기관은 외부의 물체들로부터 다양한 자극을 받지만, 그 중에서 가장 지배적인 것만을 감지한다. 즉 햇빛이 지배적이기 때문에 별빛을 느끼지 못하는 것이다. 또한 어떤 대상물이 우리 눈앞에서 사라진 후 그 인상이 남아 있어도 곧 다른 대상이 나타나 시각에 작용하면 앞의 심상은 흐려지고 약해진다. 이것은 사람의 목소리가 한낮의 소음 속에서 흐려지고 약해지는 것과 같다. 이로부터 다음과 같은 사실을 알 수 있다. 즉 어떤 대상을 보거나 혹은 감각하고 난 후의 시간이 길면 길수록 그 심상은 그만큼 약해진다는 것이다. 왜냐하면 인간의 육체는 끊임없이 변화하여 감각적으로 자극을 받은 부분들을 때에 맞추어 파괴하기 때문이다. 시간적 거리와 공간적 거리도 같은 효과를 나타낸다. 공간적으로 멀리 있는 것은 희미하여 자세히 보이지 않고, 멀리서 들려오는 목소리는 약해서 알아듣기 어려운 것처럼, 과거의 심상도 시간적으로 오래되면 희미해져서 우리가 본 도시의 모습이나 길거리 모습이나 그 당시의 행동이나 상황을 모두 잊고 만다. 이 '쇠퇴하는 감각' 그 자체, 즉 환각 그 자체를 지칭할 때는 앞에서 말한 것처럼 '상상'이라고 한다. 그러나 '쇠퇴한 것', 즉 감각이 희미해지고 오

작스럽게 떠오르는 변덕스런 생각', 또는 '공상'이란 의미가 강하다.

기억 래되고 과거의 것이 되고 만 것을 지칭할 때는 '기억'(*memory*)이라고 한다. 그러므로 상상과 기억은 결국 같은 것인데 고찰의 방법에 따라 이름이 다를 뿐이다.

다량의 기억, 혹은 많은 것들에 대한 기억을 '경험'(*experience*)이라고 한다. 다시 말하건대 상상은 이전에 감각에 의해 전체적으로 한 번에, 혹은 부분적으로 여러 차례에 걸쳐 지각된 적이 있는 것들에 대해 일어난다. 전자, 즉 감각에 나타난 대상 전체가 심상으로 나타난 것은 '단순' 상상(*simple imagination*)이다. 예를 들면 전에 보았던 사람이나 말〔馬〕을 상상하는 경우가 여기에 속한다. 후자는 '복합적' 성격을 지니고 있다. 예를 들면, 사람의 모습과 말의 모습을 각각 보고 나서 켄타우로스[3] 같은 괴물을 상상하는 경우를 말한다. 자기 모습에 다른 사람의 행동을 결합한다든가, 영웅전 같은 것을 좋아하는 사람들이 흔히 그러하듯이 자신을 헤라클레스[4]나 알렉산더로 상상한다든가 하는 것은 모두 복합 상상(*compound imagination*)에 속하는데, 정확히 말하면 이것은 자기 마음이 만들어 낸 허구에 지나지 않는다. 또한 깨어 있을 경우에도 감각에 새겨진 깊은 인상으로부터 생겨나는 상상들이 있다. 예를 들면, 해를 똑바로 쳐다보고 나면 그 인상이 한동안 우리 눈앞에 태양의 상을 남긴다. 또한 오랫동안 기하학 도형에 열중하고 나면 어둠 속에서, 깨어 있다 할지라도, 선(線)과 각(角)의 모습이 눈앞에 나타나기도 한다. 이러한 종류의 '환각'에는 특별한 명칭이 없다. 사람들의 논의

3) Kentauros(라/Centaurus): 그리스 신화에 나오는 반인반마(半人半馬)의 괴물.

4) Heracles(라/Hercules): 그리스 신화에서 유피테르의 아들이며 힘센 영웅.

에 잘 등장하지 않는 것이기 때문이다.

잠자는 동안에 생기는 상상을 '꿈'이라고 한다. 꿈으로 나타나는 상상도, 다른 상상들과 마찬가지로, 전체적으로 또는 부분적으로 감각 속에 이미 존재했던 것이다. 그리고 잠자는 동안에는 감각에 필수적인 기관인 두뇌와 신경이 무감각한 상태에 있어서 외부대상의 작용에 쉽게 반응하지 않는다. 그러므로 잠자는 동안에는 인체 내부의 감각기관들의 자극에 의해 생기는 것 이외에는 어떠한 상상도, 즉 어떠한 꿈도 생길 수 없다. 이러한 인체 내부의 기관들은 두뇌 및 기타 기관과 관계가 있기 때문에, 전자가 흥분상태가 될 경우 후자의 기관들도 운동을 하게 만든다. 그 결과 두뇌 및 기타 기관에 이미 만들어져있던 심상이 마치 생시처럼 나타난다. 다만 생시와 다른 점은, 이때 감각기관은 잠자고 있는 상태이므로, 더욱 강렬한 인상으로 그 꿈속의 심상을 압도하거나 흐리게 할 수 있는 새로운 대상이 없다는 것뿐이다. 따라서 감각이 정지하고 있을 때 일어나는 꿈은 우리가 생시에 하는 생각 이상으로 선명하게 나타난다. 따라서 감각과 꿈을 엄밀하게 구별하기가 어려우며, 실제로 많은 사람들이 생시와 꿈을 구별할 수 없다고 한다. 내 경우에는 생시에 생각한 사람, 장소, 물체, 행위 등이 꿈속에서 자주 혹은 계속해서 나타나는 일도 없고, 생시에서와 같이 장시간에 걸친 일관된 사고를 꿈속에서 해 본 기억도 없다. 나는 생시에 꿈의 불합리성에 대해 생각해 본 적은 있지만, 꿈속에서 생시의 사고의 불합리성에 대해 생각해 본 적은 결코 없다. 꿈속에서는 생시라고 생각하지만, 생시에는 내가 꿈꾸고 있는 것이 아니라는 것을 안다. 나는 이 정도의 구별을 할 수 있는 것으로 만족하고 있다. 꿈

꿈을 꾸는 것이 신체의 내부기관의 이상(異常)에서 발생한다면, 그 내부기관의 이상이 무엇이냐에 따라 꿈의 내용도 당연히 달라질 것이다. 그러므로 찬 곳에 누워 자면 무서운 꿈을 꾸게 되고, 무서운 대상을 생각하거나 만나게 된다. 두뇌에서 내부기관으로의 운동과 내부기관에서 두뇌로의 운동은 상호적이기 때문이다. 또한 생시에 화를 내면 신체 일부분에 열이 발생하는데, 잠자는 동안 바로 그 부분이 과열되면 분노가 생기게 되고 두뇌에는 적(敵)의 영상이 생기게 된다. 마찬가지로, 생시에 인간의 자연적 애정이 욕망을 낳고 욕망이 신체 일부에 열을 낳는데, 잠자는 동안 그 부분이 과열되면 뇌 속에는 생시에 경험했던 애정에 대한 상상작용이 일어나게 된다. 요컨대 꿈은 생시의 상상작용이 역전되어 나타나는 것이다. 그 운동은 생시에는 이쪽 끝에서 시작되고, 꿈을 꿀 때는 저쪽 끝에서 시작된다.

허깨비 또는 환영

꿈과 생시를 구별하기 가장 어려운 때는 어떤 이유로 자기가 잠을 잤다는 사실을 알지 못할 때이다. 이러한 현상은 공포에 사로잡혀 있거나, 양심적으로 몹시 괴로워하고 있는 사람, 혹은 침대에 눕거나 잠옷으로 갈아입거나 하지 않고 의자에 앉아 조는 사람에게 일어나기 쉽다. 애써 잠을 청한 사람은 기괴하고 터무니없는 환상에 사로잡혔을 때 그것이 꿈 이외의 다른 어떤 것이라고 생각하기 어렵다. 마르쿠스 브루투스[5] (카이사르의 용서를 받아 목숨을 부지하고 그의 총애를 받았지만 그를 살해한 인물)가 빌립보의 들판에서 아우구스투스 카이사르[6]와 일전(一戰)

5) Marcus Iunius(Junius) Brutus (BC 85~42) : 고대 로마공화정 말기 정치가. 카이사르 암살의 주모자이다.

을 벌이기 전날 밤, 무서운 허깨비(*apparition*)를 보았다는 이야기가 있다. 이 이야기를 기록한 역사가들은 그 허깨비를 환상(*vision*)이라고 쓰고 있지만, 당시의 상황을 놓고 생각해보면 그것은 환영이 아니라 잠깐 동안의 꿈이었다는 것을 쉽게 알 수 있다. 브루투스는 막사 안에 앉아서 골똘히 생각하다가 자신이 저지른 지각없는 행동에 전율을 느끼면서 괴로워하고 있었다. 추위 속에서 잠깐 조는 사이에 그가 가장 두려워하는 것이 꿈에 나타났을 가능성이 충분히 있다. 그러다가 바로 그 공포감 때문에 잠이 깼고, 잠이 깨자 그 환영은 사라지게 된 것이다. 그는 자기가 잠깐이라도 잤다는 사실을 알지 못했기 때문에 그것이 꿈이라는 생각은 하지 못하고, 당연히 환영이라고 생각했던 것이다. 이런 일은 결코 드물지 않다. 소심하고 미신적인 사람이 무서운 이야기에 홀린 상태에서 어둠 속에 홀로 있으면, 완전히 깨어있는 경우에도 그와 같은 환각에 빠지기 쉽다. 그런 사람들이 묘지 주변에서 정령(精靈)이나 사자(死者)의 망령이 배회하는 것을 봤다고 믿는데, 이것은 환각일 뿐이다. 그게 아니라면 그러한 미신적 공포심을 이용하여 사람을 놀라게 하려는 협잡꾼들이 변장을 하고서 인적이 드문 곳에 출몰한 것이다.

과거에 이교도들은 꿈이나 강렬한 환각을 환영이나 감각과 구별할 줄 몰랐다. 사티로스·파운·님프 따위[7]를 숭

---

6) Augustus Caesar (BC 63~ AD 44) : 로마 제국의 초대 황제. 본명은 Gaius Octavius Thurinus였으나 카이사르의 양자로 입적된 후 Gaius Julius Caesar Octavianus가 되었다.

7) 사티로스(라/Satyrus, 영/satyr)는 그리스 신화에서 반인반양(半人半羊)의 숲·들·목축의 신이다. 로마 신화에서는 그 이름이 '파운'(Faun)이다. 홉스의 원문에는 'fawn'으로 되어 있다. 님프(*Nymph*)는 산·강·숲·연못 등

배했던 이방종교의 대부분은 바로 이러한 무지에서 발생했다. 오늘날 야만인들이 요정·망령·악귀 및 마녀의 요술을 믿는 것도 다 이와 같은 무지 때문이다. 나는 마녀들이 진짜 마력을 가지고 있다고는 생각하지 않는다. 그러나 사람들은 그들이 화(禍)를 불러일으킬 수 있다고 믿고 있고, 또한 마녀들이 능력만 되면 그렇게 하려고 하기 때문에 처벌받아 마땅하다고 생각하고 있다. 그들의 생각은 기술이나 과학이 아니라 오히려 새로운 종교에 가깝다. 또한 요정이나 걸어 다니는 망령 이야기는 성직자들이 고안해낸 주술들, 이를테면 귀신물리기, 십자가, 성수(聖水) 등의 효과를 믿게 할 의도로 조장되었거나 혹은 방치해 온 것이라고 나는 생각한다. 하느님에게 초자연적 환영을 만들어 내는 힘이 있다는 것에는 의심의 여지가 없다. 그러기에 인간들은 하느님이 자연의 진행을 정지시키거나 혹은 변화를 일으키는 것에 대해 두려움을 느끼고 있는데, 현재 인간들이 느끼고 있는 공포심 이상의 공포심을 느끼게 할 작정으로 더욱 빈번하게 그런 일을 하느님이 행한다는 것은 결코 기독교 신앙의 주지(主旨)는 아니다. 그러나 악인들은 제스스로 그것이 진실이 아님을 알고 있음에도 불구하고 필요하다고 생각되면 하느님의 전능(全能)을 내세워 무슨 주장이든 서슴없이 한다. 현자의 역할은 그런 주장들에 대해 올바른 이성적 판단을 내리고, 신뢰할 만한 범위를 넘어선 것은 거부하는 일이다. 이러한 미신적인 정령공포(精靈恐怖)가 사라지고 나면, 그와 함께 해몽이나 거짓 예언 따위의, 교활한 야심가들이 순박한 사람들을 이용하려고 할 때

에 사는 예쁜 소녀 모습의 정령(精靈)이다. 원문에는 세 단어 모두 소문자 복수형으로 되어 있다.

부리는 많은 술수들이 사라지고 나면, 사람들은 지금보다 훨씬 더 정치적 복종(*civil obedience*)[8]을 잘하게 될 것이다.

그리고 이런 일이야말로 스콜라 학파가 마땅히 해야 할 일임에도 불구하고, 오히려 그러한 미신을 조장하고 있다. 상상이 무엇인지, 감각이 무엇인지 모르기 때문에 자기들이 배운 대로 가르치고 있다. 상상은 저절로 생기는 것으로서 아무 원인도 없다고 말하는 자도 있고, 상상은 주로 의지에서 생긴다고 말하는 자도 있다. 선량한 생각은 신이, 사악한 생각은 악마가 인간에게 불어넣는다(고취한다)고 하는 자도 있고, 선량한 생각은 신이, 사악한 생각은 악마가 인간에게 주입한다(부어넣는다)고 하는 자도 있다. 또 혹자는 감각이 사물의 상(像 *species*)을 받아들여 의식일반에게 넘겨주면, 의식일반은 그것을 환각에게 넘겨주고, 환각은 기억에게, 그리고 기억은 판단에게 마치 물건을 차례로 넘겨주듯이 넘겨준다고 열심히 설명하는데, 도대체 무슨 말인지 이해가 되지 않는다.

인간이나, 혹은 상상력을 가진 모든 생물에게 말이나 기타 임의의 기호에 의해 일어나는 상상은 일반적으로 '이해'(*understanding*)라고 불린다. 이것은 인간에게도 있고 다른 동물에게도 있다. 즉 개도 습관적으로 주인이 부르는 소리나 꾸짖는 소리를 이해한다. 다른 동물들도 마찬가지다. 인간에게 특유한 것은 인간의 의지를 이해할 뿐만 아니라, 사물의 이름을 연결하고 조직하여 만든 긍정, 부정 등의 언어로 개념이나 사고를 이해한다는 점에 있다. 이러한 종류의 이해에 대하여는 나중에 다시 살펴보겠다. 이해

---

8) 여기에서 '정치적 복종'이란 '교회권력'과 대립되는 '시민적 권력'(*civil power*)에 대한 복종을 말한다.

제3장

상상의 계속 또는 연속에 대하여

사고의 '계속'(*consequence*) 또는 연속(*train*)이란 하나의 사고에 다른 사고가 연속되어 일어나는 것을 말한다. 말의 연속으로 이루어지는 담화와 구별하기 위해, '마음속 담화'(*mental discourse*)라고 한다.

우리가 어떤 것에 대해 생각할 때 그에 이어 연상되는 것이 있는데, 이 연상이 우연적인 것처럼 보이지만 꼭 그런 것은 아니다. 즉 모든 사고가 무차별적으로 어떤 사고에 이어질 수 있는 것은 아니다. 전체적으로 혹은 부분적으로 감각을 가져본 일이 없는 것에 대하여는 상상이 일어날 수 없는 것과 마찬가지로, 하나의 상상에서 다른 상상으로의 이행도 이미 우리들의 감각 속에 비슷한 경험이 없으면 일어나지 않는다. 그 이유는 다음과 같다. 모든 환각은 우리들 내부의 운동이며, 감각 속에 만들어진 그들 운동의 자취이다. 그리고 감각 속에서 연속하여 일어나는 운동은 감각이 끝난 다음에도 계속된다. 따라서 하나의 생각이 생기고 그 생각이 지배적이 되면, 운동물질의 응집성에 의해 그 생각을 잇는 생각이 생겨난다. 이것은 마치 평평한 탁자 위에 고인 물의 일부를 어느 방향으로든 손가락으로 이끌면 전체가 그 방향으로 끌려오는 것과 이치가 같다. 그러나 감각의 경우에는 지각된 대상이 같더라도 이때는 이 생각이, 저때는 저 생각이 뒤따르기 때문에 우리들이 무엇인가를 상상할 경우, 그 다음에 어떤 상상이 계속될 것인지는 확실치 않다. 한 가지 확실한 것이 있다면 이전에 한 번 계속되었던 생각이 또다시 계속될 것이라는 점이다.

유도되지 않은 연속 사고

사고의 연속 또는 마음속 담화에는 두 종류가 있다. 첫째는 '유도되지 않은', '의도가 없는', 일정하지 않은 연속 사고이다. 이러한 사고는 강렬한 사고가 아니기 때문에, 다시 말해 욕망 또는 정념의 목표와 의도가 없기 때문에, 다음에 이어지는 사고가 앞 사고의 지배 또는 규제를 받지 않는다. 이런 경우 사고가 방황한다고 하는데, 꿈꿀 때처럼 내용에 일관성이 없다. 이렇다 할 걱정 없이 혼자 있을 때 생기는 사고가 일반적으로 여기에 해당한다. 이런 경우에도 여느 때와 마찬가지로 이런저런 생각이 분주하게 일어나기는 하지만 조화가 결여되어 있다. 이것은 가락이 맞지 않는 류트를 탈 때 나는 소리나, 또는 가락은 맞더라도 류트를 탈 줄 모르는 사람이 내는 소리와 같은 것이다. 그러나 이처럼 마음에 이 생각 저 생각이 오락가락 하는 경우에도 그 사고들이 일정한 방향을 가질 때가 있다. 즉 그 사고들 사이에 의존관계가 있는 경우가 있다. 예를 들면, 현재 우리나라〔영국〕의 내란 이야기를 하다가 (누군가가 그랬던 것처럼) 로마 시대의 1페니[1]가 어느 정도의 가

1) 고대 로마의 은화 데나리온(*denarius*)을 영국에서는 페니(*penny*), 또는 펜스(*pence*)로 대용하였다.

치가 있었는지 묻는다면 얼마나 엉뚱할까? 그러나 내가 보기에는 양자 사이의 연관성이 명백하다. 그 사람은 전쟁을 생각하다가 국왕을 적에게 넘겨주는 생각이 났을 것이며, 그러다 보니 〔유다가〕 그리스도를 적에게 넘겨준 생각이 떠올랐고, 그리고 배신의 대가로 〔유다가〕 받은 30펜스[2]가 생각났을 것이다. 이리하여 그와 같은 고약한 의문이 떠올랐을 것이다. 이 모든 생각이 한순간에 떠오른 것을 보면 사고란 무척 빠른 것임을 알 수 있다.

규제된 연속 사고

두 번째 유형의 사고는 앞에 것에 비해 보다 안정된 것으로서, 어떤 욕구나 의도에 의해 '규제된'(*regulated*) 것이다. 우리가 어떤 것을 원하거나 혹은 두려워하여 생긴 인상은 강렬하고 영속적이다. 잠깐 동안 사라졌다 하더라도 금방 되살아난다. 때로는 아주 강렬하여 잠을 설치는 경우도 있고, 심지어는 그 때문에 잠이 깨기도 한다. 일단 어떤 욕구를 갖게 되면, 과거에 그와 같은 욕구를 실현시킨 수단이 무엇이었는지를 생각하게 되고, 그 수단에 대한 생각은 그 수단의 수단에 대한 생각을 낳고, 계속해서 그 수단의 수단의 수단에 대한 생각으로 이어져, 마침내 자신의 능력 범위 내에서 할 수 있는 수단에까지 도달하게 된다. 목적이 있기 때문에 마음속에는 강렬한 인상이 생기게 되고, 따라서 잠시 다른 생각이 들었다 하더라도 곧 원래의 목적에 대한 생각으로 돌아가게 된다. 칠현인[3] 중 한 사람이 말한 '목적을 돌아보라'(*Respice finem*)[4]는 말

2) 펜스(*pence*)는 페니(*penny*)의 복수형이다.

3) 칠현인(七賢人) : BC 8~6세기경 그리스의 철학자 중 가장 현명했던 일곱의 학자를 이르는 말로 비아스(Bias), 킬론(Chilon), 클레오불로스(Cleoboulos), 페리안드로스(Periandros), 피타코스(Pittacos), 솔론(Solon), 탈레스(Thales) 등이다.

이 바로 이것이다. 지금은 진부한 말이 되고 말았지만, 이 말의 뜻은 매사에 하려고 하는 바가 무엇인지 돌아보고, 모든 사고를 그 원하는 바를 얻을 수 있도록 집중하라는 것이다.

규제된 연속 사고에는 두 종류가 있다. 하나는 어떤 결과를 기대하고 그 결과를 얻을 수 있는 원인 혹은 수단을 탐구하는 경우로서 이러한 사고는 인간에게도 있고 동물에게도 있다. 또 하나는 어떤 일에 대해 생각하면서 그로 인해 어떠한 결과가 나타날 것인가를 탐구하는 경우이다. 다시 말해서, 그것을 획득하면 무엇을 할 수 있는가를 생각하는 것이다. 이러한 종류의 사고는 오직 인간에게만 있다. 나는 인간의 경우를 제외하고는 그러한 사고가 있다는 어떠한 징후도 지금까지 본 바가 없다. 왜냐하면 이러한 종류의 사고는 일종의 호기심으로서, 배고픔·목마름·욕정·노여움과 같은 감각적 욕정 이외에는 어떠한 정념도 갖고 있지 않은 생물의 본성과는 어울리지 않는 것이기 때문이다. 요컨대 마음속 담화는 어떤 의도에 의해 좌우되는 경우 '탐구'(*seeking*) 또는 발명의 기능을 하게 된다. 라틴어의 '통찰'(洞察 *sagacitas*)과 '예지'(叡智 *solertia*)가 바로 그것으로서 현재 나타난 어떤 결과의 원인을 탐구하거나, 현재 또는 과거의 원인이 가져온 결과를 탐구하는 것을 말한다. 잃어버린 물건을 찾을 때 우리는 그 물건을 잃어버린 시간과 장소에서 시작하여 거슬러 올

---

4) Look to the end. Look before you leap. '목적을 돌아보라. 살펴보고 뛰어라'는 뜻이다. 고대 그리스 델포이의 아폴론 신전 기둥에 새겨져 있었다고 한다. 스파르타의 킬론이 한 말로 알려져 있다. 일설에는 델포이 최초의 여자 신관(神官) 페모노에의 말이라고도 하고, 칠현인이 함께 봉납한 말이라고도 한다.

라가 그 물건을 가지고 있었던 시간과 장소를 마음속에서 찾아간다. 즉 탐색을 시작하기 위한 방법으로서 먼저 제한된 시간과 장소를 선택한다. 그런 다음 어떤 행위로 혹은 어떤 상황에서 그 물건을 잃어버렸는지 알아내기 위해 그 시간과 장소에 대해 반복해서 생각한다. 이것이 바로

회상

'회상'(回想 *remembrance*) 또는 상기(想起)이다. 라틴어로는 '레미니스켄티아'(*reminiscentia*)라고 하는데, 이전의 행동에 대해 '재검사'(*reconning*) 한다는 뜻이다.

찾으려는 물건이 있는 범위, 즉 결정적 장소를 알고 있는 경우가 있다. 이런 경우에 인간의 사고는, 마치 보석을 찾기 위해 실내를 샅샅이 뒤지는 것처럼, 사냥개가 냄새를 맡으면서 들판을 돌아다니는 것처럼, 시인이 적합한 운(韻)을 찾아 알파벳을 차례대로 생각해보는 것처럼, 그 범위 내의 모든 장소를 자세히 살펴보게 된다.

분별

때때로 사람들은 어떤 행위의 결과를 알고 싶어 한다. 이런 때에는 유사한 행위에는 유사한 결과가 따른다는 점에 착안하여, 과거에 있었던 유사한 행위를 생각해내고 그 행위가 어떤 결과를 가져왔는지를 순서대로 생각해본다. 예를 들면 죄를 지으면 어떻게 될 것인지 알고 싶으면, 전에 유사한 죄를 지은 자가 어떤 처벌을 받았는지 생각해 보면 된다. 즉 범죄, 경찰, 교도소, 재판관, 교수대의 순서로 살펴보는 것이다. 이러한 종류의 사고를 '예견'(豫見 *foresight*)이라고 한다. 혹은 '분별력'(*prudence*)이라고도 하고, '선견지명'(先見之明 *providence*)[5] 이라고도

5) 'providence'는 라틴어 'providentia'에서 온 말로 선견지명, 예지(叡智) 등을 나타낸다. 그러나 선견지명이나 예지는 오직 신만이 갖고 있다는 뜻에서 '섭리' 혹은 '신의 뜻'으로 널리 쓰였으며, 이 경우에는 보통 첫 글자를 대문

하고, 혹은 '지혜'(*wisdom*)라고도 한다. 물론 이러한 추측은 모든 사정을 두루 다 살필 수 없기 때문에 빗나가기 쉽다. 하지만 이것 하나만은 확실하다. 즉, 과거의 일에 대해 남보다 경험이 풍부한 사람은 그만큼 분별력이 있어서 그 사람의 추측은 틀릴 가능성이 적다는 것이다. 자연계에 존재하는 것은 '현재'뿐이다. '지나간' 일은 기억 속에 존재할 뿐이며, '다가올' 일은 아직 존재하지 않는다. '미래'란 과거의 행위의 결과를 현재의 행위에 적용한 마음속 가상(假想)일 뿐이다. 그러므로 미래에 대하여는 경험이 풍부한 사람의 추측이 가장 확실성이 높다고 할 수 있지만, 이것도 아주 확실한 것은 아니다. 그 결과가 우리의 추측과 맞아떨어질 경우, 이를 '분별력'이라고 하기도 하는데, 엄밀히 말하자면 그것은 추정(*presumption*)에 불과하다. 왜냐하면 미래의 일은 '섭리'(*providence*)의 영역에 속하는 것으로서 미래를 주관하는 자의 의지에 달린 일이기 때문이다. 초자연적 예언은 오직 그분에게만 있다. 자연계에서 최선의 예언자는 결국 예측을 가장 잘하는 자이며, 최선의 예측자는 그가 예측하고자 하는 일에 대해 정통한 자, 연구를 많이 한 자이다. 연구를 많이 하면 할수록 일의 '징후'(徵候 *signs*)를 잘 알 수 있기 때문이다.

징후

'징후'란 어떤 결말의 선행사건이다. 또한 이미 유사한 결말이 관찰된 바 있을 때에는 거꾸로 그 선행사건의 결말이 징후가 된다.[6] 그리고 이 경우 유사한 결말이 자주

자로 쓴다. 이 문맥에서는 '섭리'가 부적당하므로 '선견지명'으로 번역하였다. 다른 곳에서는 대체로 '섭리'로 번역하였다.

6) 시간적 순서로 보면 선행사건이 '징후'이지만, 인간의 인식의 순서로 보면 결말이 '징후'가 될 때도 있다는 뜻이다. 예를 들면, 서리가 내리면 겨울이 올 것을 알 수 있으므로 선행사건인 '서리'가 겨울의 징후이지만, 물이 언 것

관찰되면 될수록 그만큼 징후의 불확실성은 적어진다. 그러므로 어떤 일에 대해서든지 경험이 풍부하면, 미래를 예측하는 징후를 많이 알게 되고, 따라서 분별력이 커지고 그만큼 신중해진다. 이 신중함은 천부적 지혜도, 임기응변의 재능도 당해내지 못한다. 이에 동의하지 않을 젊은이들도 많이 있겠지만 말이다.

그럼에도 불구하고 사람이 동물과 다른 것이 꼭 이 분별력 때문만은 아니다. 동물 중에는 생후 1년 된 것이 열 살 먹은 아동 이상의 관찰력을 발휘하고, 자신에게 유익한 것이 무엇인지 더 잘 분별하는 동물도 있다.

과거에 대한 추측

분별이 '과거'의 '경험'으로부터 이끌어낸, '미래'에 대한 '추정'인 것처럼, 과거의 어떤 일로부터 '과거'에 대한 추정도 가능하다. 예를 들면, 번영하던 나라가 어떤 연유로 내란에 빠지고 마침내 멸망하고 만 것을 본 사람은, 다른 어떤 나라가 멸망했을 때, 거기에도 유사한 전쟁과 유사한 국면들이 있었을 것이라고 어느 정도 추측할 수 있다. 그러나 이 경우의 추측도 미래에 대한 추측과 거의 동일한 불확실성을 갖는다. 둘 다 오로지 경험에만 근거한 추측이기 때문이다.

사람으로 태어나 사람에게 본성적으로 깃들어있는 마음을 쓰는 데에는 오감(五感)을 사용하는 것 이외에는 더 이상 아무것도 필요하지 않다는 것이 내 생각이다. 지금부터 설명하려고 하는, 오직 인간에게만 있는 것으로 보이는 여러 가지 능력들은 연구와 노력에 의해 획득되고 증대된다. 대부분의 사람들은 교육과 훈련을 통하여 이러

을 보고 간밤의 추위를 아는 경우에는 결말인 '물이 언 것'이 오히려 선행사건인 '간밤의 추위'를 알 수 있는 '징후'가 된다.

한 능력들을 습득하는데, 이 모든 것은 단어(*words*)와 화법(*speech*)[7]의 발명에서부터 시작된다. 인간의 마음의 운동에는 감각과 사고와 사고의 연속이 있을 뿐이다. 하지만 같은 능력이라도 화법과 방법(*method*)[8]의 도움을 받을 경우, 그 능력은 향상된다. 인간이 다른 생물들과 구별되는 이유도 바로 이렇게 향상된 능력에 있다.

무한한 것

우리가 상상하는 것은 모두 '유한한' 것이다. 그러므로 '무한한' 것에 대한 관념이나 개념은 존재하지 않는다. 그 어느 누구도 무한대의 이미지를 상상할 수 없다. 무한 속도, 무한 시간, 무한의 에너지, 무한의 힘에 대해서도 마찬가지다. 어떤 것이 무한하다는 말은 그 끝이나 한계를 생각할 수 없다는 뜻일 뿐이다. 즉 '무한하다'는 말은 그 말이 적용되는 대상 자체의 개념이 아니라 우리 자신의 무능력을 나타내는 개념인 것이다. 그러므로 우리가 '하느님'이라는 명칭을 사용하는 것은 신의 개념을 떠올리기 위해서가 아니라 하느님을 숭배하기 위해서이다. 왜냐하면 하느님은 이해할 수 있는 존재가 아니며, 그 위대함과 힘을 개념화할 수 있는 존재도 아니기 때문이다. 앞에서 말한 것처럼, 우리가 개념으로서 파악한 것은 우선 감각에 의해, 혹은 전체를 한꺼번에, 혹은 부분을 지각한 것이므로, 감각의 대상이 될 수 없는 것을 나타내는 사고는 있을 수 없다. 따라서 일정한 장소와 일정한 크기(혹은 여러 부분으로 분할된 크기)를 떠나서는 그 어느 누구도 대상에 대한 인식을 가질 수가 없다. 어떤 대상 전체가 여기에도 있고 동시에 저기에도 있을 수는 없다. 또한 두 개

7) 'speech'의 역어에 대하여는 제4장의 주4 참조.

8) 여기서 '방법'이란 논리적 사고 또는 과학적 사고의 방법을 뜻한다.

이상의 사물이 동시에 같은 장소에 있을 수도 없다. 이런 것은 지금까지 감각의 대상이 된 적도 없고 될 턱도 없는 것들이기 때문에, 기만당한 철학자들과, 그리고 기만당한, 혹은 기만하고 있는 학파들을 믿고 떠들어대는 터무니없는 이야기일 뿐이다.

제4장
언어능력에 대하여

언어의 기원

'인쇄술'의 발명은 확실히 독창적인 것이긴 하지만 '문자'의 발명에 비하면 별로 자랑할 것이 못된다. 문자의 사용법을 처음으로 알아낸 사람이 누구인지는 모른다. 그리스에 문자를 처음으로 전파한 사람은 페니키아의 왕 아게노르[1]의 아들 카드모스[2]라고 한다. 문자는 과거의 기억을 계승하고 온 지구에 흩어져 있는 수많은 인류를 결합시켜주는 유익한 발명이다. 혀·입천장·입술 등을 비롯한 여러 발성기관의 움직임들을 주의 깊게 관찰하고, 각각의 움직임을 기억하기 위해 서로 다른 문자를 만드는 어려운 수고를 마다하지 않았기 때문에 문자가 발명될 수 있었다. 그러나 모든 발명 중에서 가장 고귀하고 유익한

---

1) Agenor: 그리스 신화에 등장하는 튀로스(Tyros) 시의 왕. 포세이돈의 아들.
2) Kadmos(라/Cadmus): 아게노르 왕의 아들. 테바이(Thebai) 시의 전설적 건설자. 그리스에 처음으로 문자(알파벳) 사용법을 가르쳐주었다고 한다. 테바이의 왕궁 터에서는 실제로 서남아시아에서 유래한 물건들이 다량으로 출토되었는데, 이는 테바이가 그리스 본토의 어느 도시보다 페니키아 문명의 영향을 많이 받았음을 보여준다. 카드모스가 테바이 시를 건설하기까지의 전설에 관하여는 헤시오도스, 《신통기》(천병희 옮김, 서울: 한길사, 2004), 48쪽 참조.

발명은 '이름'(*name*)[3] 혹은 '명칭'(*appellation*)과, 그들의 결합으로 이루어지는 언어(*speech*)[4]의 발명이었다. 이 언어로써 사람들은 사고를 기록하고, 과거의 사고를 회상하고, 또한 상호간의 이익이나 교제를 위해 자신의 의사를 표현하였다. 언어가 없었다면 사람들 사이에는 코먼웰스도 사회도 계약도 평화도 없었을 것이며, 사자나 곰이나 이리의 세계와 다를 바 없는 상태가 조성되었을 것이다. '언어'의 최초의 창시자는 하느님 자신이었다. 하느님은 자신의 창조물을 아담의 눈앞에 펼쳐놓고 각각의 이름을 짓는 방법을 가르쳐주었다.[5] 《성경》에는 이 문제에 대한 더 이상의 언급이 없다. 그러나 아담에게는 이것으로 충분했다. 피조물들에 대한 경험을 쌓고, 그것들을 이용하는 기회가 늘어남에 따라 더 많은 이름이 필요하게 되자 아담은 의사소통이 가능한 방식으로 하느님으로부터 배운 이름들을 결합하였고, 시간이 지남에 따라 계속해서 필요한 만큼의 이름이 생겨났다. 하지만 연설가나 철학자가 필요로 하는 만큼 풍부하지는 않았다. 《성경》을 아무리

---

3) 홉스가 말하는 'name'은 문법에서 말하는 품사의 일종인 명사(名詞 *noun*)가 아니라, 논리학에서의 명사(名辭 *term*, *name*), 즉 '하나의 개념을 언어로 나타내며 명제를 구성하는 데에 요소가 되는 말'을 가리킨다. 우리말 발음으로는 둘 다 '명사'이기 때문에 혼동을 피하기 위하여, 본 역서에서는 특별한 경우를 제외하고는 대체로 '이름'으로 번역하였다.

4) 일반적으로 'language'(언어)는 '생각, 느낌 따위를 나타내거나 전달하는 데에 쓰는 음성, 문자 따위의 수단'을 지칭하고, 'speech'는 '음성, 문자 따위의 수단을 사용하여 생각, 느낌 따위를 전달하는 행위', 즉 '말하기' 또는 '말하는 능력'을 의미한다. 그러나 홉스는 'speech'를 때로 '언어'의 뜻으로 사용하기도 한다. 따라서 본 역서에서는 'speech'가 수단을 지칭할 경우에는 '언어'로, 언어를 사용하는 행위 또는 능력을 지칭할 때는 '화법' 또는 '언어능력'으로 번역하였다.

5) 〈창세기〉 제 2장 19~20절 참조.

자세히 살펴보더라도 아담이 형태·숫자·수량·척도·색채·소리·상상·관계 등을 나타내는 이름을 배웠다는 이야기는 없으며, 그렇게 추정할 만한 구절도 없다. '일반·특수·긍정·부정(否定)·의문·원망(願望)·부정(不定)' 등과 같은 유용한 말은 물론이고, '실체'니 '지향성'이니 '본질'이니 하는 스콜라 학자들이 즐겨 사용하는 무의미한 말들 역시 아담이 배우지 않았음은 두말할 나위도 없다.

그러나 아담과 그의 후손이 습득하고 증가시킨 언어는 모두 바벨탑에서 잃어버리고 말았다. 하느님에게 반역한 죄로 모든 인간이 그때까지 알고 있던 언어를 망각하는 천벌을 받았던 것이다. 그 결과 인간들은 세계 각지로 분산되기에 이르렀고, (발명의 어머니라고 할 수 있는) 필요에 의해 다양한 언어가 발전 되었으며, 시간이 지남에 따라 다양성도 더욱 커져 현재와 같은 상태에 이른 것이다.

언어의 효용

언어의 일반적 효용은 마음속 담화를 입말로, 사고의 연속을 낱말의 연속으로 바꾸어 준다는 점이다. 이러한 이전(移轉)은 다음과 같은 두 가지 편익을 가져다준다. 하나는 사고의 연속을 기록할 수 있다는 것이다. 사고는 기억에서 사라지기 쉽기 때문에 이를 유지하기 위해서는 노력이 필요하다. 그러나 징표(徵表 *marks*) 같은 것으로 표시해 놓으면 언제든지 그 사고를 쉽게 되살릴 수 있다. 그러므로 이름의 첫 번째 효용은 회상을 위한 '징표' 또는 '부호'(符號 *notes*)로서 사용된다는 점이다. 또 하나의 효용은 다수가 동일한 낱말들을 사용할 경우 그 낱말들의 관련과 순서에 의해 자신의 관념이나 사고를, 혹은 욕망이나 공포를, 혹은 다른 어떤 감정을 표현할 수 있다는 점이다. 이러한 목적을 위해 사용될 경우 이름은 일종의 '기호'(*signs*)[6] 역할을 한다고 할 수 있다. 언어의 특수한 효용은 다음과 같다. 첫째, 현재 또는 과거의 어떤 일에 대해 심사숙고한 끝에 알게 된 원인을 기록하는 일과, 현재 또는 과거의 어떤 일이 초래하는 결과나 영향을 발견하여 기록하는 일이다. 이것이 모여 학문(*arts*)이 된다. 둘째, 자신이 얻은 지식을 다른 사람에게 알려주는 일, 즉 서로 의논하거나 가르쳐주는 일이다. 셋째, 자신의 의지와 목적을 다른 사람에게 알려 상호간의 협력을 가능하게 하는 일이다. 넷째, 재미나 장식(裝飾)을 위해 악의 없이 언어를 유희함으로써 화자(話者) 자신이나 다른 사람을 즐겁게 하는 일이다.

언어의 남용 　언어에 이러한 효용이 있는 반면 그에 상응하는 남용의 사례 또한 네 가지가 있다. 첫째, 의미가 일정하지 않은 말을 사용함으로써 자신의 사고를 잘못 기록하는 경우이다. 이 경우 그는 자기가 한 번도 생각한 적이 없는 개념을 기록하게 되고, 따라서 자기 자신을 기만하는 결과를 초래한다. 둘째, 말을 비유적으로 하는 경우, 즉 정해진 의미 이외의 의미로 사용하게 되면 결국 타인을 기만하게 된다. 셋째, 자기의 진정한 의지가 아닌 것을 자신의 의지라고 공언하는 경우이다. 넷째, 사람들이 서로 상대방

---

6) 'mark', 'note', 'sign'은 모두 다 부호(符號), 기호(記號), 표시(標示), 표지(標識), 징표(徵標) 등으로 번역될 수 있는 용어들이기 때문에 각각을 구별하여 번역하기 어렵다. 어떤 역어(譯語)를 사용하든 여기에서 중요한 구별은 언어의 '개인적 사용을 위한 기호'와 '사회적 사용을 위한 기호'이다. 홉스는 전자를 mark, note로, 후자를 sign으로 지칭하고 있다. 본 역서에서는 전자는 '징표'와 '부호'로, 후자는 '기호'로 번역하였다. 제5장의 〈추론의 정의〉항에 'marking'(표시, 징표로 나타내기)과 'signifying'(표명, 기호로 나타내기)의 구별이 나와 있다.

을 괴롭히기 위해 말하는 경우이다. 자연의 생명체는 손이나 이빨이나 뿔과 같은, 적을 괴롭힐 수 있는 나름대로의 무기를 가지고 있다. 그러나 혀로 상대를 괴롭히는 것은 언어의 남용일 뿐이다. 인간이 다른 인간을 지배하도록 태어나지는 않았기 때문이다. 인간의 혀는 남을 괴롭히라고 있는 것이 아니라, 다른 사람의 잘못을 고치도록, 행실을 바르게 하도록 하기 위해 있는 것이다.

또한 언어는 인과관계를 기억하는 데도 도움이 된다. 원인과 결과에 각각 '이름'을 부여하고 양자를 '관련'시킬 수 있도록 해 주기 때문이다.

고유명사와 보통명사

이름 중에는 '피터', '존', '이 남자', '이 나무'처럼 오직 하나의 사물에만 '고유하게'(*proper*) 적용되는 것이 있는가 하면, 인간, 말〔馬〕, 나무 등과 같이 여러 사물들에 대해 '공통으로'(*common*) 적용되는 것도 있다. 후자는 이름은 하나지만 여러 개체들이 같이 쓰는 이름이다. 그 모든 개체들에 다 같이 적용된다는 점에서 '보편적인 것'이라고 불린다. 세상에는 이름 이외에는 보편적인 것이 없다. 그 이름이 적용되는 대상은 하나하나가 다 개별자로서 하나뿐인 것이기 때문이다.

보편적인 것

하나의 보편적 이름으로 다수 사물을 지칭하는 이유는 그 사물들의 성질이나 우유성(偶有性)이 유사하기 때문이다. 고유명사는 그 이름이 적용되는 단 하나의 대상을 상기하게 하지만, 보편적인 것들〔보통명사들〕은 그 이름이 적용되는 다수의 대상 가운데 어느 하나를 상기하게 한다.

보편적 이름 중에는 외연(外延 *extent*)[7]이 넓은 것도 있

7) 외연(*extent*, *extention*)이란 일정한 개념이 적용되는 사물의 전 범위를 말한다. 이를테면 금속이란 개념에 대해서는 금, 은, 구리, 쇠 따위이고, 동물

고 좁은 것도 있는데, 외연이 넓은 이름은 외연이 좁은 이름을 포함한다. 또한 동일한 외연을 가진 이름은 상호 포함관계를 가지고 있다. 예를 들면, '몸'이라는 말은 '인간'이라는 말보다 넓은 의미를 지니고 있으며, 인간을 포함하고 있다. 또한 '인간'과 '이성적 존재'라는 말은 외연이 동일하므로 서로 상대방을 포함하고 있다. 그러나 여기에서 한 가지 주의할 점은 하나의 이름이 문법에서처럼 꼭 하나의 단어로만 표현되는 것은 아니라는 점이다. 여러 단어들로 표현하는 완곡한 어법도 있다는 말이다. 예를 들면, '행동에서 국법을 준수하는 사람'은 한 마디로 표현하면 '의롭다'고 할 수 있다.

이름을 사용하게 되면, 외연의 대소를 불문하고, 마음속으로 상상한 사물들의 귀결에 관한 계산을 이름들의 귀결에 관한 계산으로 바꿀 수가 있다. 예를 들면, 언어능력이 전혀 없는 사람, 이를테면 완전한 농아로 태어나 지금껏 농아인 사람의 눈앞에 삼각형을 하나 그려놓고, 그 옆에 두 개의 직각(정사각형의 모서리각처럼)을 그려 놓으면, 이 사람은 한참동안 생각하고 비교해 본 끝에, 그 삼각형의 세 각의 합이 그 옆에 있는 두 개의 직각의 합과 같다는 것을 알아낼 수 있을지도 모른다. 그러나 앞에 보여준 삼각형과 모양이 다른 삼각형을 보여주면 앞에서 한 노력을 다시 한 번 반복하지 않고서는 그 삼각형의 세 각의 합이 앞의 것과 동일하다는 것을 알 수가 없다. 그러나 언어를 사용할 줄 아는 사람은 변의 길이나 기타 특수한 사실과는 아무 관계없이 다만 변이 직선이고 각이 세

이라고 하는 개념에 대해서는 원숭이, 호랑이, 개, 고양이 따위이다. 외연이 넓다는 말은 그 개념이 적용되는 사물의 수효가 많다는 뜻이다.

개이기만 하면 삼각형이라고 부른다는 것을 알고는 다음과 같은 보편적인 결론, 즉 각들〔의 합〕이 같다는 것은 모든 삼각형에 모양과 상관없이 성립한다는 결론을 자신 있게 내릴 수 있다. 그리고 그는 이 발견을 '삼각형의 세 각의 합은 두 개의 직각의 합과 같다'는 일반적 용어로 기록할 것이다. 이리하여 하나의 개별자에서 발견된 결론은 하나의 보편적 법칙으로 기록되고 기억된다. 이 보편적 법칙만 알고 있으면 시간과 장소가 달라지더라도 새로 계산을 할 필요가 없다. 최초의 단 한 번의 계산으로 족하다. 즉 '지금' '여기에서' 진리로 발견된 것을 '언제' '어디에서나' 진리로 삼을 수 있게 된다.

언어가 사고를 기록하는 데 얼마나 유용한가 하는 것은 수사(數詞)를 보면 분명하게 알 수 있다. '하나', '둘', '셋'과 같은 수사의 순서를 암기하지 못하는 타고난 바보는 괘종시계의 종소리를 들으면서 종치는 소리가 날 때마다 '하나', '하나', '하나'라고 말할 수는 있겠지만 몇 시가 되었는지 알지 못한다. 실제로 그러한 수사가 사용되지 않았던 시대가 있었던 것 같다. 그 당시의 사람들은 어떤 것의 수효를 세고자 할 때 아마도 한 손 또는 두 손의 손가락을 사용하였을 것이다. 현재 수사는 어느 나라든 열까지밖에, 혹은 어떤 나라는 다섯까지밖에 없어서 거기까지 세고 나면 다시 하나부터 시작해야 하는데, 이것은 수사가 손가락 수에서 생겼다는 것을 보여주고 있다. 또한 열까지 셀 수 있는 사람도 순서를 틀리게 세면, 헷갈려서 제대로 계산을 할 수가 없거니와 더하기 빼기와 같은 산술이 불가능한 것은 말할 것도 없다. 그러므로 언어가 없으면 수를 세는 일 자체가 불가능할 뿐더러 크기 · 속도 · 강도 등 인류의 생존과 복지에 필요한 일체의 계산이 불가능하다는 것을 알 수 있다.

두 개의 이름이 결합하여 하나의 결론 또는 단정(斷定 *affirmation*)[8]이 되는 경우가 있다. 이를테면 '인간은 생물이다' 하는 단정이나, '만약 그가 인간이라면, 그는 생물이다' 하는 단정의 경우, 후자, 즉 '생물'이 의미하는 바가 전자, 즉 '인간'이 의미하는 바를 모두 의미한다면 이 단정 혹은 결론은 '참'이고, 그렇지 않다면 '거짓'이다. '참'과 '거짓'은 사물의 속성이 아니라 언어의 속성이다. 언어가 없다면 '참'도 없고 '거짓'도 없을 것이다. '오류'(誤謬 *error*)는 있을 수 있다. 그렇지 않을 것을 그럴 것이라고 예상하거나, 혹은 그렇지 않은 것을 그럴 것이라고 생각하는 경우처럼 말이다. 그러나 그 어느 경우든 참이 아니라는 이유로 〔오류인 주장을 한〕 사람을 비난할 수는 없다.

정의의 필요성

진리는 우리가 단정을 내릴 때 이름을 올바른 순서로 나열하는 데에 있다. 그러므로 정확한 진리를 추구하는 사람은 자기가 사용하는 모든 이름에 대하여 그 정확한 뜻을 기억하여 그에 따라 배치를 해야 한다. 그렇지 않으

---

8) 'affirmation'은 '무엇이 어떠하다'는 긍정 형식의 단언(斷言)을 말한다. 논리학에서는 보통 이 단언을 긍정 명제라고 부른다. 명제(*proposition*)란 '어떤 문제에 대한 하나의 논리적 판단 내용과 주장을 언어 또는 기호로 표시한 것'을 말하는데, 참과 거짓을 판단할 수 있는 내용이라는 점이 특징이며, 논증(*argument*)의 구성요소가 된다. 명제라는 말 대신 진술(*statement*)이나 문장(*sentence*)이라는 말을 사용하는 경우도 있다. 언어철학적 측면에서는 이 세 단어의 의미가 약간씩 다르지만, 홉스의 논지를 이해하는 데는 자세한 구별이 필요하지 않다. 홉스는 'affirmation'이라는 말을 긍정 형식의 명제를 가리키는 말로 쓰기도 하고, '명제' 일반을 가리키는 말로 쓰기도 한다. 1655년의 《물체론》에서는 같은 취지의 논의를 하면서 '단정'(*affirmation*) 대신 '명제'(*proposition*)란 용어를 사용하고 있다. 본 역서에서는 'affirmation'을 '단정'으로 번역하였다.

면 덫에 걸린 새 모양으로 말의 덫에 걸려, 허우적거리면 허우적거릴수록 더욱 감겨들게 된다. 그러므로 하느님이 지금까지 인간에게 준 유일한 과학인 기하학에서는 용어의 의미를 정하는 일에서부터 시작한다. 용어의 의미를 정하는 일을 '정의'라고 하는데, 용어에 대한 정의가 있은 다음에야 기하학적 계산이 시작된다.

그러므로 진정한 지식을 얻고자 하는 자는 기존의 정의들을 검토하여 혹시라도 소홀한 점이 있으면 이를 수정하거나 혹은 자기 스스로 정의를 내릴 필요가 있다. 정의가 잘못되어 있을 경우, 계산하면 할수록 오류는 점점 더 커지고 마침내 터무니없는 결론에 도달하고 만다. 나중에 일이 잘못되었다는 것을 알아도 이를 바로잡으려면 처음부터 다시 계산하는 수밖에 없다. 오류가 바로 거기에서부터 시작되었기 때문이다. 따라서 책을 무턱대고 신용하는 사람은, 말하자면 여러 개의 소계(小計)들을 합산하여 총계를 내면서 그 소계 하나하나가 올바른 수치인지를 살펴보지 않는 것과 같다. 끝에 가서 뭔가 잘못되었다는 사실을 깨달았을 때에도, 합산의 기초가 된 수치 하나하나를 의심해볼 생각은 하지 않기 때문에, 오류를 밝힐 방법을 알지 못한 채 계속해서 책만 뒤적이게 된다. 이것은 마치 굴뚝으로 들어와 방안에 갇힌 새가 어디로 들어왔는지 알 재간이 없기 때문에 밖이 내다보이는 유리창을 향해 날개를 퍼덕거리는 것과 같다. 그러므로 이름을 올바르게 정의하는 것이 바로 언어의 첫 번째 효용이며, 이렇게 할 때에만 과학적 지식을 얻을 수 있다. 이름에 대한 올바르지 못한 정의, 또는 정의의 부재에 언어의 최초의 남용이 있고, 이로부터 온갖 거짓되고 어리석은 학설이 생겨난다. 바로 이러한 그릇된 학설들로 인하여 책의 권위만 믿고 자기 자신의 성찰은 없는 사람은 아무것도 모르는 사람보다 오히려 더 나쁜 상태에 빠지고 만다. 그 격차는 학문을 제대로 한 사람과 아무것도 모르는 사람과의 차이만큼이나 크다. 올바른 과학적 지식이 제일 위에 있고, 그릇된 학설이 맨 아래에 있다면, 그 중간쯤에 무지(無知)가 있다. 인간의 타고난 감각과 상상력은 좀처럼 불합리한 일을 하지 않는다. 자연 그 자체는 결코 오류를 범하는 일이 없다. 인간은 풍부한 언어를 가지고 있으므로 보통의 상태보다 더 현명해지기도 하고, 혹은 미치광이 같은 상태가 되기도 한다. 문자가 없다면 그 누구도 남보다 월등히 현명해질 수 없으며, (질병이나 기관의 비정상으로 인해 기억력이 손상되지 않는 한) 남보다 월등히 우둔해질 수도 없다. 말(*words*)은 현자의 계산기로서, 현자는 오직 말로써 계산할 뿐이다. 동시에 그 말은 어리석은 자들의 화폐이기도 하다. 어리석은 자들은 그 말이 누구의 말인가에 따라, 즉 그 말을 한 사람이 평범한 사람이 아니라 아리스토텔레스, 키케로[9], 토머스[10] 쯤 되는 학자라면 오로지 그 권위에 의해 말의 가치를 매긴다.

이름을 붙일 수 있는 것.

계산에 넣을 수 있는 것, 또는 계산에 넣어 생각할 수 있는 것, 또는 더하기를 하여 합계를 낼 수 있는 것, 빼기를 하여 나머지가 남는 것 등은 전부 '이름을 붙일 수 있는' 것들이다. 라틴인들은 금전계산서를 '라티오네스'(*rationes*), 계산을 '라티오키나티오'(*ratiocinatio*)라고 불렀

9) Marcus Tullius Cicero(BC 106~43): 고대 로마 웅변가·정치가·사상가.

10) Thomas Aquinas(1225~1274): 이탈리아 스콜라 철학자·신학자. 아리스토텔레스 철학을 가톨릭 세계관에 도입하여 체계화시키는 데 크게 공헌하였다. 파리대학 교수 등을 역임하였고, 탁발수도회인 도미니크회에서 활동하였다. 주요 저서로는 《신학대전》(神學大典) 등이 있다.

고, 또 우리가 전표나 장부에서 '항목'(*items*) 이라고 부르는 것을 '노미나'(*nomina*), 즉 '이름'이라고 불렀다. 그들이 '라티오'(*ratio*) 라는 말을 어떤 일에서건 계산하는 능력을 가리키는 말로 확대하여 사용한 것은 바로 이런 이유 때문이 아닌가 생각된다. 그리스인들은 '로고스'(*λόγος*) 라는 말 하나로, '언어'(*speech*) 라는 뜻을 나타내기도 했고, '추론' (*reason*) 이라는 뜻을 나타내기도 했다. 추론이 없으면 언어가 없다고 생각했기 때문이 아니라 언어가 없으면 추론이 없다고 생각했기 때문이다. 그들은 이 추론 행위를 '삼단논법'(*syllogism*)[11] 이라고 불렀는데, 이것은 하나의 진술을 다른 진술과 연결하여 요약을 얻어내는 것을 의미했다. 그리고 동일한 사물이 다양한 사건을 설명하는 데 등장할 수 있기 때문에, 그 사물의 이름은 설명하고자 하는 사건에 따라 다양하게 굴절되거나 변화된다. 이름의 이러한 다양성은 다음과 같은 네 개의 일반적 항목으로 집약될 수 있다.

첫째, 어떤 사물은 '물질'이나 '물체'로 설명될 수 있다. 예를 들면, '살아있는', '감각이 있는', '이성적인', '뜨거운', '차가운', '움직여진', '조용한' 등과 같은 말은 물질 혹은 물체라는 말을 이해할 수 있도록 해 주는 이름이다. 즉 그런 말은 전부 물질의 이름이다. 이름들

둘째, 어떤 사물은 그 속에 들어있는 것으로 생각되는

---

11) 삼단논법은 연역논증(*deduction*)의 한 방식으로, 보통 대전제와 소전제 및 결론으로 구성된다. 모든 연역논증이 그러한 것처럼 대전제와 소전제의 진리성은 그 논증 자체로는 알 수가 없기 때문에 삼단논법 밖에서 가져와야 한다. 본문에서 '하나의 진술'이라 한 것은 이러한 연역논증의 대전제(가 되는 명제)를, "다른 진술"이라고 한 것은 소전제(가 되는 명제)를 말한다. 1655년의 《물체론》에 '삼단논법'에 대한 자세한 설명이 나와 있다.

우유성이나 성질을 나타내는 말로 설명되거나 혹은 고려될 수 있다. 예를 들면, '움직여지고 있는', '그만큼 긴', '뜨거워지고 있는' 등과 같은 말이 여기에 속한다. 이 경우에는 우리가 고려하고자 하는 우유성에 대한 이름을 만들기 위해 사물 자체의 이름이 약간 변화되거나 혹은 굴절된 것이다. '살아 있는'에 대해서는 '생명', '움직여진'에 대해서는 '운동', '뜨거운'에 대해서는 '열', '긴'에 대해서는 '길이' 등의 말로 바꾸어서 설명될 수 있다. 이 모든 이름들은 어떤 물질 혹은 물체의 우유성 혹은 특성을 나타내는 말이다. 어떤 물질 혹은 물체가 다른 것과 구별되는 것은 바로 이러한 우유성 혹은 특성이 서로 다르기 때문이다. 이러한 이름들을 '추상명사'(*names abstract*)라고 부르는데, 그 이유는 그 이름들이 물질로부터가 아니라 물질에 대한 설명으로부터 추출된 것이기 때문이다.

셋째, 우리는 우리 몸이 가지고 있는 특성을 고려하여 다음과 같이 구별한다. 즉 어떤 사물이 눈에 보일 경우 그 사물 자체를 인식하는 것이 아니라, 그 사물의 모양·색깔을 인식하여 그 사물에 대한 관념을 가지게 되는데, 이것은 우리의 상상에 속하는 것이다. 또한 어떤 사물의 소리가 들렸을 때는 그 사물 자체를 인식하는 것이 아니라, 들린 것 혹은 소리만을 인식하는데, 이 역시 우리 귀의 상상 혹은 관념에 속하는 것이다. 이러한 이름은 상상의 이름들이다.

넷째, 우리는 이름 그 자체와, 이름들을 결합하여 말하는 방법들에 대하여도 이름을 부여한다. 즉, '일반적·보편적·특수적·다의적(多義的)' 등과 같은 말은 이름에 대한 이름들이다. 그리고 '단정·의문·명령·서술·삼단논법·설교·연설' 기타 등등은 화법들의 이름이다. 그리고 이 모든 것이 '긍정적'(*positive*) 이름들이다. 긍정적 이름은 자연 속에 존재하는 것, 혹은 현실에 존재하는 것으로 인간의 마음이 상상하는 것, 혹은 현실에 존재하는 것으로 여겨지는 것 등을 나타내기 위해 사용된다. 또는 물체에 대하여 그 물체에 존재하거나 존재하는 것으로 여겨지는 특성을 나타내기 위해, 혹은 말이나 언어를 구별하기 위해 사용된다.

긍정적 이름의 효용

이와는 달리 '부정적'(*negative*) 이라고 불리는 이름들도 있다. 이것은 어떤 말이 어떤 사물의 이름이 아니라는 것을 나타내는 기호이다. 이를테면 '아무것도 없다'(*nothing*), '아무도 없다'(*no man*), '무한한'(*infinite*), '가르치기 어려운'(*indocible*), '3 빼기 4'(*three want four*)[12] 등과 같은 말이다. 이런 말들은 사물의 이름은 아니지만 그래도 셈을 할 때나 혹은 셈을 정정할 때 유용하게 쓰이고, 또한 과거의 사고를 상기시켜준다. 왜냐하면 그런 말들은 올바로 사용되지 않은 이름을 우리가 받아들이지 않도록 해주기 때문이다.

부정적 이름과 그 효용

그 밖의 모든 이름들은 아무 의미도 없는 소리에 지나지 않는다. 여기에는 두 가지 종류가 있다. 하나는 새로 생긴 말이면서 아직 그 의미가 명확히 규정되지 않은 말인데, 스콜라 학자들과 혼미한 철학자들이 이런 말을 무수하게 많이 만들어 놓았다.

무의미한 말

또 하나는 의미가 서로 모순되거나 혹은 어울릴 수 없는 두 개의 이름을 합하여 하나의 이름을 만드는 경우이다. 예를 들면, '무형의 물체'라든가, (같은 말이지만) '무

12) '불가능한'이란 뜻이다.

형의 실체' 같은 말인데 이런 말도 무수히 찾아볼 수 있다. 어떤 단정이 잘못되어 있을 때는, 그 단정을 구성하기 위해 하나로 결합된 두 개의 이름은 아무런 의미도 지니지 않는다. 예를 들면, '사각형은 둥글다'고 말하는 것이 잘못된 단정이라면, '둥근 사각형'이라는 말은 아무런 의미도 없는 하나의 소리〔音〕에 불과하다. 마찬가지로 덕(德)은 〔물을 붓듯이〕 부을 수 있다거나, '〔풍선을 불듯이〕 불어 부풀리거나 혹은 〔입으로〕 불어 넘어뜨릴 수 있다'거나 하는 말이 잘못된 말이라면, '부어진 덕'(*poured virtue*), '부풀려진 덕'(*inblown virtue*)이라는 말은 '둥근 사각형'이라는 말처럼 우스꽝스럽고 무의미하다. 그러므로 여러분들이 무의미한 말을 만난다면 십중팔구는 라틴어나 그리스어로 된 말일 것이다. 프랑스인은 우리 구주가 '빠롤'(*parole*)이라는 이름으로 불리는 것을 좀처럼 듣지 못한다. 대체로 '웨르베'(*verbe*)이라는 이름으로 부르고 있기 때문이다. 그러나 '웨르베'는 라틴어이고, '빠롤'은 프랑스어라는 사실 이외에는 둘 사이에 아무런 차이가 없다.13)

이해 어떤 말을 듣고서 그 말속에 들어있는 단어들이 일정한 결합과 배열을 통해 나타내고자 한 생각을 알았을 때 바로 그 말을 이해했다고 한다. 즉, '이해'(*understanding*)란 언어에 의해 생겨난 개념일 뿐이다. 그러므로 만약 언어가 인간에게 특유한 것이라면 (나는 확실히 그렇다고 생각하지만), 이해도 역시 인간에게 특유한 것이다. 그러므로 불합리하고 그릇된 단정에 대하여는 비록 그런 말이 일반적으로 널리 사용된다고 해도 이해란 존재할 수 없다. 많은 사람이 그 말을 조용히 되풀이해 보거나 마음속으로

---

13) 'parole'과 'verbe'는 둘 다 '말' '말씀' '약속의 말씀' '약속'을 뜻한다.

암송하면서 그것을 이해했다고 생각할 뿐이다.

어떤 종류의 언어가 인간의 마음속 욕구와 혐오와 정념을 나타내는지, 그리고 이런 언어의 효용과 남용에 관해서는 정념에 관해 논할 때 기술하겠다.

의미가 일정하지 않은 이름

우리들의 마음을 움직여 유쾌하게, 혹은 불쾌하게 만들기도 하는 그런 사물들의 이름에 대해 생각해 보자. 동일한 것이라 하더라도 모든 사람이 똑같은 영향을 받는 것도 아니요, 또한 같은 사람이라 하더라도 동일한 것으로부터 항상 같은 영향을 받는 것은 아니기 때문에, 이런 말들은 사람들의 일상적 대화에서는 의미가 '일정하지 않다.' 이름이란 것이 〔어떤 대상에 대한〕 우리의 개념을 나타내기 위해 〔그 대상에게〕 부여된 것이고, 우리의 감정도 결국은 개념이기 때문에 우리가 동일한 사물을 놓고 서로 다르게 생각할 경우에는 서로 다른 이름으로 부를 수밖에 없다. 즉 우리가 생각하고 있는 대상의 본질이 동일한 경우에도 기질이 서로 다르고 편견도 저마다 각각이기 때문에 모든 대상이 〔그 대상을 보는 자의〕 정념에 따라 다양한 색조로 채색된다. 그러므로 추론을 할 때는 말에 특별한 주의를 기울여야 한다. 말에는 우리가 본질이라고 생각하는 의미 이외에 화자(話者)의 성격, 성향, 흥미도 같이 들어있다. 예를 들면, 미덕이나 악덕에 관한 이름들이 그렇다. 같은 것을 놓고 갑은 '지혜'라 하고, 을은 '공포'라 한다. 갑이 '정의'(正義)라 하는 것을 을은 '잔혹'이라 한다. 갑이 '아량'이라 하는 것을 을은 '낭비'라 한다. 갑이 '우둔'이라 하는 것을 을은 '침착'이라 한다. 그러므로 이러한 이름들은 어떠한 이성적 추론에서도 진정한 기초로 삼아서는 안 된다. 은유나 비유도 마찬가지다. 그러나 이것들은 앞의 것만큼 위험하지는 않다. 은유나 비유의 경우에는 그 의미의 불확정성이 겉으로 분명하게 나타나지만, 앞의 것은 그 점이 분명하게 나타나지 않기 때문이다.

제5장

추론과 과학적 지식에 대하여

추론이란 무엇인가

'추론'(*reason*)이란 각 부분을 '더하기'하여 합계를 생각하는 일, 혹은 어떤 액수에서 다른 액수를 '빼기'하여 나머지를 생각하는 것을 말한다. 이러한 추론 행위를 언어에 적용하자면, 각 부분의 이름의 연결관계로부터 전체의 이름을 생각한다든가, 또는 전체 및 일부분의 이름으로부터 다른 부분의 이름을 생각하는 것이다. 어떤 일에 대해서는 더하기와 빼기 이외의 작업, 즉 '곱하기'와 '나누기'라고 이름 지을 수 있는 작업을 할 수도 있다. 예를 들면, 수(數)를 가지고 그렇게 할 수 있다. 하지만 이 작업들도 결국 〔더하기 · 빼기와〕 같은 것이다. 곱하기는 같은 수를 계속 더하여 합하는 것이고, 나누기는 어떤 수를 뺄 수 있을 때까지 빼는 일이기 때문이다. 이러한 연산 작업은 수에 대해서만 이루어지는 일이 아니다. 더하거나 뺄 수 있는 모든 일에 적용될 수 있다. 수학자가 수를 더하거나 빼는 방법을 가르치듯이 기하학자는 선 · 도형(입체나 평면) · 각 · 비례 · 배율 · 속도 · 강도 · 힘의 세기 등등에 대해 더하기와 빼기를 가르친다. 논리학자도 말의 연결관계에 대해 같은 것을 가르친다. '두 개의 이름'을 합하여 하나의 '단정'을 만들고, 두 개의 '단정'을 합하여 하나의 '삼단논법'을 만들고, 여러 개의 '삼단논법'을 합하여 하나의 '논증'을 만든다. 또한 '삼단논법'의 '합계', 즉 '결론'에서 어느 하나의 명제를 빼면 다른 하나의 명제가 남는다. 정치학 저술가는 여러 개의 '협정'을 합하여 인간의 '의무'를 찾아내며, 법률가는 여러 가지 '법률'과 '사실'을 합하여 개개인의 행위에서 무엇이 '옳고' '그른지'를 가려낸다. 요컨대 '더하기'와 '빼기'의 여지가 있는 곳에는 어디서나 '추론'의 여지가 있다. 그리고 그런 여지가 없는 곳에서는 할 수 있는 추론이 전혀 없다.

추론의 정의

앞에서 논의한 내용을 종합하여 우리는 인간의 정신적 능력 가운데 하나로 간주되고 있는 '추론'이라는 말에 대해 다음과 같은 정의를 내릴 수 있다. 추론(*reason*)이란 우리의 사고를 '표시'(*marking*)하고 '표명'(*signifying*)하기 위해 합의된 일반명사들의 연결관계를 '계산하는 것'(즉 더하기와 빼기)일 뿐이다. 여기에서 '표시'라는 말은 자기 마음속으로 헤아린 경우를, '표명'이라는 말은 자신이 헤아린 것을 다른 사람에게 제시하여 논증한 경우를 말한다.[1)]

바른 추론은 어디에

산수를 잘 못하는 사람은 계산을 틀리게 하여 그릇된 답을 얻는다. 심지어 교수들조차 계산을 틀리게 할 때가 있다. 수학 말고 다른 문제에 대한 추론의 경우에도 아주 유능하고 세심하고 익숙한 사람들조차 잘못 추론하여 그릇된 결론을 내릴 수 있다. 수학이 확실하고 오류 없는 기예인 것처럼 추론 그 자체는 올바른 것이지만, 모든 추론이 항상 올바로 이루어지는 것은 아니다. 어느 누구의

1) '표시'와 '표명'에 대하여는 제 4장의 〈언어의 효용〉 항 및 제 4장의 주 7 참조.

추론이라고 해서, 혹은 여러 사람의 공통된 추론이라고 해서 확실성이 보장되는 것은 아니다. 이것은 아주 많은 사람들의 계산이 하나로 일치한다고 해서 꼭 그 계산이 정확하다고 말할 수는 없는 것과 같다. 그러므로 어떤 계산에 다툼이 있을 때에는 당사자 쌍방은 자발적으로 쌍방이 공히 받아들일 수 있는 중재자나 재판관의 추론을 올바른 추론으로 정해야 한다. 그렇게 하지 않으면 그들의 다툼은 결국 폭발하거나 미결상태로 남게 된다. '자연'이 올바른 추론이 무엇인지 알려주지는 않기 때문이다. 어떤 종류의 토론에서든 사정은 마찬가지다. 자신이 남보다 현명하다고 생각하는 사람은 재판관에게 올바른 판단을 내려달라고 강력하게 요구하는데, 이것은 실은 다른 사람의 추론이 아닌 자기의 추론에 따라 결정을 내려달라고 요구하는 것이다. 이것은 인간 사회에서는 용납될 수 없는 일이다. 트럼프 놀이에서 으뜸패를 쓴 후에 다시 자기가 가장 많이 가지고 있는 패를 으뜸패로 사용하겠다고 하는 것과 같은 일이기 때문이다. 그것은 자기 마음속을 지배하는 정념이 있을 때마다 그 정념 하나하나를 올바른 추론이라고 주장하는 것과 다를 바 없다. 더욱이 자기 스스로 갈등을 일으키면서 그렇게 할 경우에는 올바른 추론을 요구한다는 것 자체가 실은 자신이 올바른 추론을 가지고 있지 못하다는 것을 드러내는 일이다.

추론의 효용

추론의 효용과 목적은 정의와 의미에서 시작하여 하나의 귀결에서 다른 귀결로 이행하는 데 있다. 이름들에 대한 최초의 정의와 확립된 의미가 무엇인지에 대한 고찰은 버려둔 채, 한 개 혹은 여러 개 귀결의 결론과 진실성을 찾으려 해서는 안 된다. 왜냐하면 결론에 도달하기 위해 사용된 단정과 부정[2]이 확실성을 결여한 경우에는 결론에도 확실성이 없기 때문이다. 어떤 가장(家長)이 모든 지불전표의 금액을 합계하여 총계를 낼 때, 그 각각의 전표가 어떻게 계산되어 그 금액이 되었는지, 무엇 때문에 그 돈을 지불했는지를 알지 못할 경우에는 각각의 전표를 작성한 사람들의 계산능력과 정직성을 믿고 총계를 낼 수밖에 없다. 다른 일들에 관해 추론하는 경우에도 마찬가지다. 저자를 신뢰하여 그가 제시한 결론을 그대로 받아들인 채 추론을 하면, 즉 그 결론 하나하나를 최초의 계산항목들(정의에 의해 확정된 이름의 의미들)로부터 이끌어내지 않고 추론을 하면 그 노력은 헛수고가 되고 만다. 그런 사람은 아무것도 알지 못한 채 그저 믿고 있을 뿐이다.

오류와 불합리 말을 사용하지 않고서도 헤아릴 수 있는 특별한 일들이 있다. 예를 들면, 어떤 사물을 보고서 그 앞에 어떤 일이 있었는지, 혹은 그 뒤에 어떤 일이 생길 것인지를 추측하는 경우가 그러하다. 여기에서 뒤에 생기지 않을 일을 생길 것으로 추측하거나, 앞에 있지도 않은 일을 있었다고 추측할 경우 이것을 '오류'(*error*)라고 한다. 아무리 신중한 사람도 이런 오류를 범할 수 있다. 그러나 일반적 의미를 지니고 있는 말로 추론하여 얻은 일반적 추론이 그릇된 경우, 흔히 이것도 '오류'라고 부르고 있지만, 정확히 말하면 이것은 '불합리'(*absurdity*) 또는 무의미한 말에 속한다. 오류는 기대에 어긋난 것(*deception*)일 뿐이다. 즉 오류는 어떤 것이 지나갔다고 생각했는데 실제로는 지나가지 않았거나, 혹은 올 것이라고 생각했는데 실제로는 오지 않은 경우처럼 잘못 추정한 것을 말하는데, 그런 일

2) '단정'(*affirmation*)은 논증의 전제를 이루고 있는 긍정형식의 명제를, '부정'(*negation*)은 부정형식의 명제를 말한다.

〔의 발생〕을 목격하는 것 자체가 처음부터 불가능한 것은 아니었다. 그러나 우리가 일반적 주장을 세웠을 때 만약 그것이 진실이 아닌 경우 그 주장의 가능성은 생각할 수 없는 일이다. 이처럼 그 말의 소리만 있을 뿐 아무 의미도 없는 말을 '불합리한' 말, '무의미한' 말, '터무니없는' 말이라고 한다. 따라서 어떤 사람이 '둥근 사각형', '치즈 속에 들어있는 빵', '비물질적 실체', '자유로운 백성'(*free subject*), '자유 의지', 방해물의 방해를 받는 것 말고는 자유로운 '자유'에 대해 말한다면, 그는 오류를 범하는 것이 아니라 의미 없는 말을 하는 것이다. 즉 그런 말은 불합리한 것이다.

제 2장에서 말한 것처럼 어떤 일을 생각할 때 그 결과가 어떠할 것이며, 그 일에 자신이 어떤 효과를 미칠 수 있는지에 대해 탐구하는 능력이 있다는 점에서, 인간은 다른 어떤 동물보다도 우월하다. 이제 또 하나의 우월한 능력을 추가하고자 한다. 인간은 자신이 발견한 귀결들을 모아서 일반적 법칙(*general rules*)으로 만들 줄 안다는 점이다. 이런 것을 '정리'(*theorem*) 또는 '격언'(*aphorism*)이라고 한다. 즉 인간은 수를 더하고 빼는 계산 능력만 가지고 있는 것이 아니라 다른 일에 대하여도 그러한 계산 능력, 즉 추론 능력을 가지고 있다.

그러나 인간이 지닌 이러한 특권은 다른 특권에 의해 약화된다. 그것은 다른 생물에게서는 발견할 수 없는, 오직 인간만이 빠져드는 불합리라는 특권이다. 이 불합리 특권에 가장 빠져들기 쉬운 사람들은 바로 철학을 직업으로 갖는 사람들이다. 키케로가 어디에선가 철학자의 저술에서 발견된 것보다 더 불합리한 것은 없다고 말했는데,

진실로 지당한 말이다. 이유는 명백하다. 자신이 사용하는 이름에 대해 정의를 내리거나 설명을 하고 나서 추론을 시작해야 하는데, 아무도 그렇게 하지 않았기 때문이다. 오직 기하학에서만 이런 방법을 사용했다. 그래서 기하학의 결론은 논쟁의 여지가 없었던 것이다.

불합리의 원인들

1. 불합리한 결론이 나오는 첫째 원인은 방법의 결여에 있다고 할 수 있다. 정의에서부터, 즉 용어의 확립된 의미에서부터 추론을 시작하지 않기 때문이다. 이것은 마치 '하나', '둘', '셋'이라는 수사의 값을 알지 못하고서 계산하는 것과 같다.

모든 물체는 다양한 고려아래 계산되는데, 앞장에서 이미 말한 바와 같이, 이러한 다양한 고려는 다양한 이름을 낳는다. 이 과정에서 혼란을 일으키거나 이름을 부적절하게 결합할 경우 불합리가 발생한다.

2. 따라서 불합리한 주장의 둘째 원인은 '물체'에만 어울리는 이름을 '우유성'의 이름으로 삼거나, 혹은 '우유성'에만 어울리는 이름을 '물체'의 이름으로 삼는 데에 있다.[3] 예를 들면, '신앙이 주입되었다(*infused*)'거나 혹은 '신앙이 고취되었다(*inspired*)'거나 하는 말이 그런 말이다. 물체 이외에는 그 어떤 것도 붓거나 불어넣을 수 없다. '연장'(延長)이 '물체'다 하는 말이나, '환상'은 '영'(靈)이다 하는 말 등이 다 그런 종류의 말이다.

3. 셋째 원인은 '우리 바깥에 있는 물체'의 '우유성'의

3) 물체에 대해 기술할 때만 의미가 있는 말을 물체가 아닌 대상을 기술하는 말로 쓰거나, 혹은 그 반대의 경우를 말한다. 홉스가 든 예처럼 '붓다', '불다', 따위의 말은 '물'이나 '바람'을 대상으로 기술하는 경우에는 의미 있는 말이지만 '신앙'을 기술하는 말로 쓰면 무의미한 말이 된다는 뜻이다.

이름을 '우리 몸'에 있는 '우유성'의 이름으로 삼는 데에 있다고 할 수 있다. '색이 그 물체 안에 들어있다'고 한다거나, '소리가 공중에 있다'고 한다거나 하는 등의 경우가 이에 해당한다.

4. 넷째 원인은 '물체'의 이름을 '이름'이나 '언어'의 이름으로 삼는 데에 있다고 할 수 있다. 예를 들면, '보편적인 것들이 있다'고 한다거나, '어떤 생물이 속(屬 *genus*)이다, 혹은 일반적인 것이다' 라고 한다거나 하는 등의 경우가 이에 해당한다.

5. 다섯째 원인은 '우유성'의 이름을 '이름'이나 '언어'의 이름으로 삼는 데에 있다고 할 수 있다. '어떤 것의 본성은 그 정의(定義)이다' 라고 한다거나, '사람의 명령은 그의 의지이다' 라고 하는 등의 경우가 이에 해당한다.

6. 여섯째 원인은 본래의 말을 쓰지 않고 은유나 비유, 기타 수사상의 표현을 쓰는 데에 있다고 할 수 있다. 예컨대 '그 길은 이쪽으로 혹은 저쪽으로 간다 혹은 도달한다'고 하거나, '속담이 이렇게 저렇게 말한다'고 하는 말은 일상 언어에서는 용납된다. 하지만 길이 어떻게 갈 수 있으며, 속담이 어떻게 말을 할 수 있겠는가? 그러므로 추론을 하는 경우에는, 진리를 추구하는 경우에는 이러한 말은 용납될 수 없다.

7. 일곱째 원인은 아무 의미도 없는 이름인데도 불구하고 스콜라 학자들의 말을 기계적으로 외어서 사용하는 데 있다고 할 수 있다. 예컨대 '실재적', '초실체화', '합체한다', '영원한 현재' 등등, 스콜라 학자들 사이에서 유행하는 많은 말들이 이에 해당한다.

이러한 일을 피하기만 하면, 헤아림의 과정이 너무 길

어서 앞에 헤아린 것을 잊어버리지 않는 한, 쉽게 불합리에 빠져들지는 않는다. 왜냐하면 모든 인간은 그 추론능력이 생래적으로 유사하며, 좋은 원칙을 지키기만 하면 훌륭하게 추론할 수 있기 때문이다. 기하학에서 남이 오류를 지적해준 경우에도 자신의 잘못된 계산을 계속 고집할 정도로 그렇게 어리석은 사람은 없지 않겠는가?

과학적 지식

이런 점으로 미루어본다면, 추론은 감각이나 기억처럼 타고나는 것이 아니요, 또한 분별력처럼 경험만으로 얻어지는 것도 아니다. 그 능력은 노력하여 얻어지는 것이다. 첫째, 적절한 이름을 부여한다. 둘째, 이름이 부여된 요소들에서 출발하여 훌륭하고 정연한 방법으로 이름들을 결합하여 주장을 세운다. 여러 주장들을 결합하여 삼단논법으로 진행한다. 마지막으로, 당면한 문제와 관련된 모든 이름들의 연결관계에 관한 지식에 도달한다. 이것이 바로 과학(*science*)[4]이라는 것이다. 감각이나 기억이 사실에 관한 지식, 즉 과거의 일이나 취소할 수 없는 일에 관한 지식이라면, 과학은 하나의 사실과 다른 사실과의 관련 또는 의존관계에 관한 지식이다. 이런 지식을 통하여 우리는 현재 우리가 할 수 있는 일로부터 장래 우리가 원하는 결과를 얻으려면 어떻게 해야 하는지를 알 수 있다. 어떤 원인이 어떤 방법으로 어떤 결과를 가져오는지 알고 있으므로, 유사한 원인이 (우리의 힘이 미치는 범위 안에 있기만 하면) 유사한 결과를 낳기 위해 우리가 해야 할 일이 무엇인지 쉽게 알 수 있다.

---

4) 홉스는 'science'라는 말을 주로 '과학적 지식', 또는 '논리적 지식'을 의미하는 말로 사용하고 있다. 따라서 주로 '과학' 또는 '과학적 지식'으로 번역하였으나, 문맥에 따라 '학문'으로 번역한 곳도 있다.

따라서 어린이들은 언어능력을 갖출 때까지는 추론의 능력을 전혀 갖지 못한다. 그럼에도 불구하고 여전히 이성적 동물로 불리는 것은 장차 추론을 사용하게 될 명백한 가능성이 있기 때문이다. 대부분의 사람들은 약간의 추론능력을 가지고 있다. 이것은 누구나 숫자 계산을 어느 정도는 할 줄 안다는 사실을 보면 알 수 있다. 그러나 이러한 추론능력이 그들의 일상생활에서는 거의 도움이 되지 않는다. 일상생활에서 사람들은 각자 경험의 차이, 기억의 속도, 목적 지향 등에 따라, 특히 운이 좋고 나쁨에 따라, 또한 상호간의 오류의 유무에 따라 능숙하게 처신하는 사람도 있고, 그렇지 못한 사람도 있다. '과학적 지식', 즉 행동의 여러 규칙들은 그들이 잘 알지 못하는, 그들과는 거리가 먼 일이기 때문이다. 기하학은 사람들이 요술〔과 같은 훌륭한 학문〕이라고 생각해왔다. 그러나 다른 학문에 대하여는 (그 학문들이 어떻게 획득되었고 어떻게 탄생했는지 그 기초와 진전 상황을 배우지 않은 한) 흡사 어린애와 같다. 어린애는 출생에 대해 아무것도 알지 못하기 때문에 동기들이 어머니에게서 태어난 것이 아니라 마당에서 주워온 것이라 해도 곧이곧대로 믿는다.

그러나 '과학적 지식'을 갖지 못한 사람도 타고난 분별력만 가지고 있다면, 잘못 추론하거나 잘못된 추론을 믿거나 하여 그릇되고 불합리한 일반적 규칙에 빠져든 사람들보다는 훨씬 더 나은 고귀한 상태에 있다. 원인이나 규칙을 모른다고 해서 그릇된 규칙에 의존하게 되거나 실제는 그렇지도 않은 정반대의 일을 가지고 자신이 열망하는 일의 원인이라고 생각하는 일은 생기지 않기 때문이다.

결론을 말하자면 인간 정신의 빛은 명료한 말(*words*)이다. 그러나 우선 정의가 정확해야 모호함이 제거되고 깨끗해진다. '추론'은 그 '발걸음'이며, '과학'의 증진은 그 '길'이며, 인류의 복지는 그 '목적'이다. 반대로 '은유'나 무의미하고 모호한 말은 '도깨비불'과 같은 것이다. 그런 말에 기초한 추론은 무수한 불합리 속을 헤매고 다니는 것이며, 그 결과는 논쟁과 선동과 모욕이다.

분별력과 학식의 차이

경험이 많으면 분별력이 생기고, 학문이 깊으면 '학식'(*sapience*)[5] 이 생긴다. 우리는 보통 둘 다 지혜(*wisdom*)라는 말로 부르지만, 라틴인들은 '분별력'(*prudentia*)과 '학식'(*sapientia*)을 구별하여 전자는 경험에서 생기고, 후자는 과학적 지식에서 연유한다고 보았다. 두 단어의 차이를 분명하게 알아보기 위해 예를 들어 보기로 하자. 갑은 무기를 다루는 데 선천적 소질과 뛰어난 기술을 가지고 있고, 을은 그 기술에 더하여 공방(攻防)의 모든 가능한 자세에 대한 연구를 통하여 적의 어디를 공격할 수 있고 또 거꾸로 어디를 공격당할 염려가 있는지 안다고 하자. 이 경우 갑의 능력은 분별력에 해당하고 을의 능력은 학식에 해당한다. 양쪽 다 유용하지만 을 쪽이 완전무결하다. 그러나 책의 권위만을 믿고 장님을 맹목적으로 따르는 사람은 검술사범의 그릇된 방법을 믿고 적에게 도전하는 자와 같으므로 살해당하거나 수모를 겪게 된다.

과학적 지식의 표지

과학적 지식의 다양한 표지(標識) 중에는 오류가 없는 확실한 것도 있고 불확실한 것도 있다. 어떤 일에 대해 과학적 지식을 가지고 있다고 자처하는 자가 그것을 가르칠 수 있을 때, 즉 그 진리를 남에게 명확하게 가르칠 수

---

5) 'sapience'라는 말은 '지혜'라고 번역될 수도 있으나, 이 부분에서의 논의의 취지를 살려 '학식'으로 번역하였다.

있는 경우, 이것은 과학적 지식의 확실한 표지가 될 수 있다. 그러나 몇 가지 일만 그의 주장대로 되고, 그 나머지 대부분은 그가 그렇게 될 것이 틀림없다고 말하고 있다는 것 이외에는 아무것도 증명되지 않은 경우 이것은 불확실하다. 분별의 표지는 모두 불확실하다. 왜냐하면 결과를 변경시킬 수 있는 모든 조건을 경험에 의해 관찰하고 기억하는 것은 불가능하기 때문이다. 어떤 일에서든지 그에 관한 확실한 과학적 지식을 쌓지 않은 사람이 자기 자신의 자연적 판단력을 버리고서 책에서 읽은, 예외 많은 일반적 문장을 따르는 것은 어리석은 행동으로서, 보통 '현학'(玄學)이라고 하여 비웃음거리가 된다. 국정을 논하는 회의에서 정치나 역사에 관한 지식을 자랑하기 좋아하는 사람들조차도 자기 자신의 개인적 이익과 관련된 문제에 대해서는 책에서 읽은 대로 행동하는 경우는 거의 드물다. 사적인 문제에 관하여는 충분한 분별력을 가지고 있기 때문이다. 그런 사람이 대중 앞에 서면 오로지 자기의 지혜가 훌륭하다는 평판을 얻는 일에만 관심이 있을 뿐 다른 사람이 하는 일의 성공 여부는 안중에도 없다.

제6장

보통 정념이라고 불리는 자발적 운동의 내적 발단에 대하여, 또한 그것이 표현되는 화법에 대하여

생명운동과 동물운동

동물에게는 동물 특유의 두 가지 '운동'(*motion*)이 있다. 하나는 '생명의 지탱을 위한'(*vital*) 운동으로서 출생과 동시에 시작되어 죽을 때까지 끊임없이 계속된다. 예를 들면, '혈액의 순환·맥박·호흡·소화·영양·배설' 등의 운동이다. 이런 운동에는 상상력의 도움이 필요하지 않다. 또 하나는 '움직이는 생명체로서의 운동'(*animal motion*)으로서 다른 말로는 '자발적 운동'(*voluntary motion*)[1] 이라고 하기도 한다. '걷고', '말하고', 사지를 '움직이는' 등 마음에 생각한대로 나타나는 운동을 말한다. 감각이란 어떤 대상의 움직임을 보거나 듣거나 할 때 그로 인해 신체기관 및 내부의 여러 부분에서 일어나는 운동이다. 그

---

1) 'voluntary motion(action)'은 '자유의사에서 나온 운동(행동)'이란 뜻이다. 다음 문장에 이어지는 홉스의 설명에 따르면 '마음에 생각한대로 나타나는 운동(행동)'이다. 생리학에서는 '수의(隨意)', '불수의(不隨意)' 등의 용어를 사용하고 있는데, 본 역서에서는 '자발적 운동(행동, 행위)' 등으로 번역하였다. 본 장의 〈의지〉 항을 참조하라.

리고 환각이란 그러한 운동의 잔해, 즉 감각이 있은 후에 남은 잔해일 뿐이라는 것은 이미 제 1장과 제 2장에서 말한 바 있다. '걷는 것', '말하는 것' 등 그와 같은 자발적 운동은 항상 이에 선행하는 '어디로', '어떻게', '무엇을'이라는 사고에 의존하는 까닭에, 상상력이 모든 자발적 운동의 최초의 내적 동기라는 것은 명백하다. 배움이 없는 사람은 움직인 것이 보이지 않거나 그것이 움직인 공간적 거리가 너무 짧아서 움직임을 느끼지 못할 경우, 움직임이 있었다는 생각을 하지 못한다. 그러나 그렇다고 해서 운동이 존재하지 않은 것은 아니다. 왜냐하면 그보다 더 큰 공간적 거리를 움직이기 위해서는 우선 그 공간 속에서 그보다 작은 공간적 거리를 움직여야 하기 때문이다. 이러한 운동의 작은 단서들은 인체 내에서도 이루어진다. 걷거나 말하거나 때리거나 하는 등의 눈에 보이는 행동이 일어나기 전에 인체 내에서 일어나는 운동의 단서들을 보통 노력(*endeavour*)이라고 한다.

노력

욕구와 욕망

이러한 노력이 그것을 야기하는 어떤 것을 향해 있을 때 욕구(*appetite*) 또는 욕망(*desire*)이라고 부른다. 후자는 일반적인 이름이고 전자는 종종 음식물에 대한 욕구, 즉 '배고픔'과 '목마름'을 나타낼 때 사용한다. 그리고 노력이 어떤 것으로부터 멀어지는 쪽으로 나타날 때 일반적으로 혐오(*aversion*)라고 부른다. '욕구'라는 말과 '혐오'라는 말은 라틴어에서 온 것인데, 둘 다 운동을 의미한다. 하나는 다가가는 운동을, 또 하나는 멀어지는 운동을 의미한다. 이에 해당하는 그리스어 '오르메'(*ὁρμή*)와 '아포르메'(*ἀφορμή*)도 마찬가지다. 앞의 것은 접근을, 뒤의 것은 후퇴를 의미한다. 자연은 종종 인간에게 진리를 가르쳐준다. 하지만 인간은 자연을 초월한 진리를 추구하면서 자

기아와 갈증

혐오

연이 가르쳐준 진리에 발목이 걸린다. 스콜라 학자들은 가려고 하거나 또는 움직이려 하는 단순한 욕구 속에서는 운동이라고 할 만한 것을 전혀 발견할 수 없었다. 그러나 운동의 존재를 완전히 부정할 수는 없었기 때문에 이를 은유적 운동이라고 부른다. 이것은 불합리한 말이다. 말에 대해서는 은유적이라는 말을 사용할 수 있지만 물체나 운동에 대해서는 그런 말을 적용할 수 없기 때문이다.

사랑과 미움

사람이 어떤 것을 욕구할 때는 그것을 사랑한다(*love*)고 말할 수 있고, 혐오하고 있을 때는 미워한다(*hate*)고 말할 수 있다. 따라서 욕구와 사랑은 동일한 것이다. 다른 점은, 욕구는 대상의 부재를, 사랑은 보통 대상의 존재를 나타내고 있다는 것뿐이다. 마찬가지로 혐오는 대상의 부재를, 미움은 대상의 존재를 나타낸다.

여러 가지 욕구나 혐오 중, 어떤 것은 인간에게 생래적인 것이다. 식욕, 배설의 욕구, 위(胃)의 부담을 가볍게 하려는 욕구—이것은 또한 체내에서 느끼는 어떤 것에 대한 혐오라고 할 수도 있겠는데, 그렇게 부르는 것이 더 적절할 것이다—등을 말하는데, 그 수가 그렇게 많지는 않다. 이들 이외의 욕구는 특정한 것에 대한 욕구인데, 경험에서 생기기도 하고, 자기 자신 또는 다른 사람에게 미치는 효과를 알아보기 위해 생기기도 한다. 왜냐하면 우리가 전혀 알지 못하거나 존재하지 않는다고 믿는 것에 대해서는 어떤 것인지를 알아보려는 정도 이상의 욕구는 갖지 않기 때문이다. 그러나 혐오는 우리를 해친 적이 있다는 것을 알고 있는 것에 대해서뿐만 아니라 해칠 것인지 아닌지를 모르는 사물에 대해서도 가지게 된다.

경시

우리가 어떤 사물을 욕구하지도 미워하지도 않을 경우,

이를 '경시하고 있다'고 말할 수 있다. 경시(輕視 *contempt*)는 사물의 어떤 움직임에 저항하여 마음이 움직이지 않는 상태, 또는 순종하지 않는 상태를 말한다. 이것은 더욱 유력한 다른 대상에 의해 마음이 이미 다른 방식으로 움직였거나, 혹은 그 사물에 대한 경험이 부족할 때 생긴다.

또한 인간의 체질은 계속 변화한다. 따라서 같은 것이라 해도 어떤 인간에게 항상 같은 욕구와 혐오를 일으키지는 않으며, 같은 대상을 놓고 모든 인간이 동일한 욕구를 가지는 일은 더더욱 있을 수 없다.

선과 악

어떤 인간이 욕구 또는 의욕을 갖는 것은 그 대상이 무엇이든지 그에게는 '선'(*good*)이며, 증오 또는 혐오의 대상이 되는 것은 '악'(*evil*)이다. 그리고 경시의 대상은 '미천한 것'이나 '하찮은 것'이다. 즉 선한 것, 악한 것, 경시할 만한 것, 이런 말들은 항상 그 말을 사용하는 인간과의 관계에서 사용되는 것이기 때문에 〔화자(話者)와의 관계를 떠나서〕 단정적으로 그리고 절대적으로 그렇다고 할 수 있는 것은 아무것도 없으며, 대상 자체의 성질로부터 선악의 일반적 법칙을 이끌어낼 수도 없다. 선악의 법칙은 코먼웰스가 없는 곳에서는 오직 그 사람의 인격에서 나올 뿐이며, 코먼웰스가 있는 곳에서는 이를 대표하는 인격에서 나온다. 혹은 의견을 달리하는 사람들이 합의하여 중재자 또는 재판관을 두기로 한 경우에는 선악의 법칙이 이렇게 설립된 중재자 혹은 재판관으로부터 나온다.

풀크룸과 투르페

라틴어에는 영어의 선과 악에 가까운 의미를 지닌 두 단어가 있으나 그 의미가 정확하게 일치하지는 않는다. '풀크룸'(*pulchrum*)과 '투르페'(*turpe*)가 바로 그것이다. 전자는 어떤 명백한 징표에 의해 선을 약속하는 것을 의미하고, 후자는 악을 약속하는 것을 의미한다. 그러나 영어에는 그런 의미를 가지고 있는 일반명사가 없다. '풀크룸'을 〔영어로는〕 '예쁜'(*fair*)이라고 할 때도 있고, '아름다운'(*beautiful*), '훌륭한'(*handsome*), '씩씩한'(*gallant*), '명예로운'(*honourable*), '잘생긴'(*comely*), '사랑스러운'(*amiable*)이라고 할 때도 있다. 그리고 '투르페'는 그 말이 적용되는 대상에 따라 '더러운'(*foul*), '보잘 것 없는'(*deformed*), '흉한'(*ugly*), '천한'(*base*), '욕지기나게 하는'(*nauseous*) 등으로 표현한다. 이러한 말들은 제대로 사용되는 곳에서는 모두 선과 악을 약속하는 모습이나 표정을 의미한다. 그러므로 선은 세 종류가 있다. 약속된 선, 즉 '풀크룸', 욕구의 결과와 효

기쁨과 유익

과에서의 선, 즉 '유쿤둠'(*jucundum* 기쁜)이라고 불리는 것, 수단으로서의 선, 즉 '유틸레'(*utile* 유익한)라고 불리는 것이 그것이다. 악도 마찬가지로 세 종류가 있다. 약속된 '악', 즉 '투르페', 효과와 결과에서의 악, 즉 '몰레스

불쾌와 무익

툼'(*molestum* 불쾌한, 성가신), 수단으로서의 악, 즉 '이누틸레'(*inutile* 무익한)가 그것이다.

감각의 경우, 눈에는 빛과 색이, 귀에는 소리가, 코에는 냄새 등이 현상으로 나타나지만, 인체 내에서 실제로 일어나는 것은 (앞에서 말한 것처럼) 바깥 물체의 움직임에 의해 생기는 운동뿐이다. 마찬가지로 동일한 대상의 움직임이 눈, 귀, 기타 신체기관으로부터 마음으로까지 계속될 때에도 여기에서 나타나는 실제 효과는 운동 혹은 노력이다. 그것은 운동하고 있는 대상에 대한 욕구 또는

환희, 불쾌

혐오이다. 그러나 그 운동의 현상이나 감각은 '환희'(歡喜 *delight*) 또는 '번뇌'라고 부른다.

쾌락

욕구라고 불리는, '환희' 또는 '쾌락'(*pleasure*)으로 나타

나는 이 운동은 생명운동을 강화하고 또한 생명운동에 도움이 되는 것으로 보인다. 환희를 가져다주는 것들이 이처럼 생명운동에 도움이 되고 강화하는 역할을 하는 만큼 〔라틴인들이〕 이것을 'jucunda'(유쾌한) 또는 'a juvando'(도와주다) 라고 부른 것은 부적절한 것은 아니었다. 한편, 그 반대의 것은 생명운동을 방해하고 문제를 일으킨다고 해서 'molesta'(성나는) 라고 불렀는데 이 역시 적절한 말이었다. 성남

따라서 '쾌락' 또는 '환희'는 선의 나타남 혹은 선에 대한 감각이며, '훼방'(*molestation*) 또는 '불쾌'(*displeasure*)는 악의 나타남 혹은 악에 대한 감각이다. 따라서 모든 욕구, 욕망, 사랑은 많든 적든 기쁨을 동반하며, 모든 증오와 혐오는 많든 적든 불쾌함과 성남을 동반한다.

쾌락 또는 환희 중 어떤 것은 현존하는 대상에 대한 감각에서 생긴다. 이런 것을 '감각의 쾌락'(*pleasure of sense*) 이라고 한다. 감각의 쾌락 ('관능적'〔*sensual*〕이라는 말은 감각의 쾌락을 비난하는 사람들이 쓰는 말인데, 〔이를 금지하는〕 법이 있기 전까지는 비난할 여지가 없다.) 신체의 모든 섭취와 배설이 이런 종류의 쾌락에 속한다. 또한 '시각', '청각', '후각', '미각', '촉각'에 유쾌한 것도 모두 여기에 포함된다. 이와 다른 것으로는 일의 결말 또는 귀결을 예견하거나, 그런 일을 기대함으로써 생기는 쾌락이 있는데, 감각에 유쾌한 것일 수도 있고 불쾌한 것일 수도 있다. 이런 종류의 쾌락은 그런 귀결을 이끌어내는 사람의 입장에서 보면 '정신의 쾌락'(*pleasure of the mind*)으로서 일반적으로 기쁨(*joy*) 이라고 한다. 정신의 쾌락 기쁨 마찬가지로 불쾌 중에서도 감각에 일어나는 것은 고통(*pain*)이라고 하고, 귀결에 대한 기대에서 생기 고통

슬픔 는 것은 슬픔(*grief*)이라고 한다.

이러한 단순한 정념들, 즉 '욕구 · 욕망 · 사랑 · 혐오 · 미움 · 기쁨 · 슬픔' 등은 고찰하는 관점에 따라 다양한 이름을 지니게 된다. 첫째, 이들 정념이 계속되어 일어날 경우 자신의 바람이 달성될 가능성이 있느냐 없느냐에 따라 그것을 부르는 이름이 달라진다. 둘째, 사랑의 대상이냐 미움의 대상이냐에 따라 이름이 달라진다. 셋째, 낱개로 보느냐 여러 개를 묶어서 보느냐에 따라 이름이 달라진다. 넷째, 정념 그 자체의 변화 혹은 계속 여부에 따라 이름이 달라진다.

희망 획득할 수 있을 것 같은 생각이 드는 '욕구'는 희망(*hope*)이라고 한다.

절망 획득할 수 없을 것 같은 생각이 드는 '욕구'는 절망(*despair*)이라고 한다.

공포 대상으로부터 해(害 *hurt*)를 입을 수 있다는 생각이 드는 '혐오'는 공포(*fear*)라고 한다.

용기 저항하면 그 해를 피할 수 있다는 생각이 드는 '혐오'는 용기(*courage*)라고 한다.

분노 돌연한 '용기'는 분노(*anger*)라고 한다.

자신 변함없는 '희망'은 자신(自信 *confidence of oneself*)〔자기 자신에 대한 신뢰(信賴)〕이라고 한다.

자신 없음 변함없는 '절망'은 자신 없음(*diffidence of oneself*)〔자기 자신에 대한 불신(不信)〕이라고 한다.

분개 타인에게 가해진 큰 해(害)에 대한 '분노'는 그 해가 부당하게 가해진 것이라고 생각할 경우에 분개(憤慨 *indignation*)라고 한다.

인자
선량한 성품

타인에게 선을 베풀려는 '욕망'은 인자(仁慈 *benevolence*), 선의(善意 *good will*), 자선(慈善 *charity*)이라고 한다. 이것이 인간 일반에 대해 나타날 경우 선량한 성품(*good nature*)이라고 한다.

탐욕

부에 대한 '욕망'은 탐욕(*covetousness*)이라 한다. 이 말은 언제나 비난의 뜻으로 쓰인다. 왜냐하면 부를 얻기 위해 다투는 사람들은 서로 불쾌한 관계가 되기 때문이다. 물론 부에 대한 욕망 그 자체는 추구하는 수단이 무엇이냐에 따라 비난받을 수도 있고 허용될 수도 있다.

야심

지위나 윗자리에 대한 '욕망'은 야심(*ambition*)이라고 한다. 이 말 역시 언제나 나쁜 의미로 쓰인다. 그 이유는 앞에서 말한 것과 같다.

소심

우리의 목적에 조금밖에 도움이 되지 않는 것에 대한 '욕망'과 그리고 조금밖에 방해가 되지 않는 것에 대한 '공포'는 소심(小心 *pusillanimity*)이라고 한다.

아량

작은 도움이나 작은 방해에 대한 '경시'는 아량(雅量 *magnanimity*)이라고 한다.

용맹

죽을 위험이나 부상당할 위험에 처하여서도 '아량'을 보이는 것은 용맹(*valour*), 꿋꿋함(*fortitude*)이라고 한다.

후함

부를 사용하는데 '아량'을 보이는 것은 후함(*liberality*)이라고 한다.

가련

부를 사용하는데 '소심'한 것은 그것을 좋게 보느냐 나쁘게 보느냐에 따라 초라함(*wretchedness*), 가련(可憐 *miserableness*), 인색(吝嗇 *parsimony*)이라고 한다.

친절

사교를 위해 사람을 '사랑하는' 것은 친절(*kindness*)이라고 한다.

자연적 정욕

감각적 쾌락만을 위해 사람을 '사랑하는' 것은 자연적 정욕(*natural lust*)이라고 한다.

열락

회상(回想), 즉 과거의 쾌락에 대한 상상을 통해 타인을 '사랑하는' 것은 열락(悅樂 *luxury*)이라고 한다.

애정

질투

자신만이 사랑 받고 싶은 욕망을 동반한, 단 한 사람에 대한 '사랑'은 애정(*passion of love*)이라고 한다. 그 사랑이 상호적인 것이 아니라는 공포가 있을 때는 질투(*jealousy*)라고 한다.

복수심

타인에게 해를 가함으로써 그로 하여금 자신이 저지른 일에 대해 스스로 책망하게 하려는 '욕망'은 복수심(*revengefulness*)이라고 한다.

호기심

'왜' 그리고 '어떻게'를 알고자 하는 '욕망'은 호기심(*curiosity*)이라고 한다. 이것은 '인간' 이외의 다른 생물에게는 없다. 따라서 인간은 이성(*reason*)[2]을 가지고 있다는 점 이외에도 바로 이 정념을 가지고 있다는 점에서 다른 '동물들'과 다르다. 동물의 경우에는 식욕이나 기타 감각상의 쾌락에 대한 욕망이 지배적이기 때문에 원인을 알려고 하는 호기심은 없어진다. 호기심은 정신의 정욕으로서, 지칠 줄 모르고 계속해서 지식을 생산하는 일에 환희를 느낄 경우 그 어떤 육체적 쾌락의 순간적 격렬함보다 크다.

종교, 미신

머리로 가상하거나 이야기를 듣고 상상한, 보이지 않는 힘에 대한 '공포'는 공공연하게 인정된 경우 종교(*religion*)라고 하고, 인정되지 않은 경우 미신(迷信 *superstition*)이라고 한다. 그 힘이 진실로 우리가 상상한 그대로일 때,

---

2) 'reason'은 '추론'을 의미하기도 하고 '이성'을 의미하기도 한다.

진정한 종교(*true religion*)라고 한다. 진정한 종교

공포의 이유와 대상에 대한 이해가 없는 '공포'는 돌연한 공포(*panic terror*)라고 한다. 〔목양신〕 판(Pan)이 〔돌연히 나타나〕 그런 공포를 만들어냈다는 우화에서 그런 이름이 생겨났다. 그러나 실은 맨 처음에 그러한 공포를 느끼는 사람은 그 나름의 이유가 있다. 나머지 사람들은 그 사람을 보고 따라서 도망간다. 이유가 있기 때문에 그 사람이 도망가는 것이라고 짐작하기 때문이다. 그러므로 이 정념은 군중 속에 있는 사람에게만 생긴다. 돌연한 공포

신기한 것에 대한 이해에서 생기는 '기쁨'은 감탄(感歎 *admiration*)이라고 한다. 오직 인간에게만 있다. 왜냐하면 그것은 원인을 알려고 하는 욕구를 일으키기 때문이다. 감탄

자신의 힘과 능력에 대한 상상에서 생기는 '기쁨'은 득의(得意 *glorying*)라고 하는 정신적 환희이다. 그것이 만약 그 자신의 이전의 행동 경험에 근거한 것이면 '자신'(自信)과 같은 것이다. 그러나 만일 타인의 아첨에 근거하거나 그 결과에 대한 기쁨 때문에 혼자서 상상한 것이라면 허영(虛榮 *vain-glory*)이라고 한다. 이 이름은 적절하게 부여된 것이다. 충분한 근거를 가진 '자신'(自信)은 시도(試圖)를 낳지만, 있지도 않은 힘을 상상한 경우에는 그렇지 못하기 때문에 '허'(虛 *vain*)자가 사용되었는데 적절한 이름이라고 할 수 있다. 득의 허영

힘이 부족하다는 생각에서 생기는 '슬픔'은 실의(失意 *dejection*)라고 한다. 실의

'허영'은 실상은 그렇지 않다는 것을 알고 있으면서, 자신의 능력을 상상하거나 가정할 때 생기는 것인데, 젊은 이들에게 흔히 있는 일이며, 용감한 인물에 대한 역사서

나 소설에 의해 조장된다. 그러나 종종 연령과 직업에 의해 고쳐진다.

돌연한 득의, 웃음

'돌연한 득의'는 '파안'(破顔 *grimaces*), 이른바 웃음(*laughter*)을 일으키는 정념이다. 이것은 자신의 어떤 갑작스러운 행동이 만족을 주거나, 혹은 다른 사람에게서 보기 흉한 일을 발견하고 자신과 비교하여 갑자기 자찬(自讚)하는 마음이 생길 때 일어난다. 이것은 자신에게서 최소한의 능력밖에 의식하지 못하는 사람에게 가장 일어나기 쉽다. 이런 사람들은 다른 사람의 결점을 볼 때 흐뭇하게 여긴다. 그러므로 타인의 결점을 보고 파안대소(破顔大笑)하는 것은 소심의 표시이다. 왜냐하면 위대한 정신의 소유자가 본래 할 만한 일 가운데 하나는 타인이 조소를 당하지 않게 해주고, 자신을 오직 가장 유능한 사람과 비교하는 것이기 때문이다.

돌연한 실의, 울음

이와 반대로 '돌연한 실의'는 울음(*weeping*)을 일으키는 정념이다. 그것은 예를 들면, 어떤 강렬한 희망이나 의지하던 힘을 갑자기 잃었을 때 일어난다. 여성이나 어린이처럼 주로 남의 도움에 의존하는 사람들이 이 정념에 가장 빠지기 쉽다. 그러므로 친구를 잃고 우는 이도 있고, 타인의 불친절 때문에 우는 이도 있고, 중재에 의해 자기의 복수심에 갑자기 제동이 걸렸을 때 우는 이도 있다. 그러나 어떤 경우에든 웃음과 울음은 둘 다 돌연한 운동이며, 습관이 되면 울지도 웃지도 않게 된다. 누구든 케케묵은 농담에는 웃지 않으며, 해묵은 재난에는 울지 않는다.

수치

얼굴 붉힘

능력의 결함을 발견했을 때 생기는 '슬픔'은 수치(羞恥 *shame*)이다. 이 정념은 얼굴 붉힘(*blushing*)으로 나타난다. 불명예스럽다고 느꼈을 때 생긴다. 젊은이들에게 이런 정념이 나타나면 평판을 소중히 여기고 있다는 증거이며 칭찬할 만한 일이다. 늙은이의 경우에도 같은 증거이기는 하나 시기가 너무 늦었으므로 칭찬할 만한 일은 못된다.

좋은 평판을 '경시'하는 것은 **몰염치**(沒廉恥 *impudence*)라고 한다. 몰염치

타인의 재난에 대한 '슬픔'은 **연민**(憐憫 *pity*)이다. 이것은 그와 같은 재난이 자신에게도 일어날 수 있다는 생각에서 생긴다. 그러므로 **동정**(同情 *compassion*)이라고 하기도 한다. 시쳇말로는 **공감**(共感 *fellow-feeling*)이다. 그러므로 사악한 일로 인해 발생한 참화에 대해서는 선량한 사람들은 거의 연민을 보이지 않는다. 또한 그런 종류의 참화에 대해서 자기에게 그런 일이 일어날 가능성은 거의 없다고 생각하는 사람들 역시 거의 연민을 보이지 않는다. 연민

타인의 재난을 '경시'하거나 혹은 〔연민을〕 거의 느끼지 않는 것은 **잔혹**(殘酷 *cruelty*)이라고 한다. 이것은 자기 자신의 운명은 안전하다는 생각에서 발생한다. 만약 자기 자신은 그 사람과는 다른 운명을 지니고 있다고 생각해서 그런 것이 아니라면, 타인의 재난을 보고 어떻게 기뻐할 수 있겠는가? 나는 그런 일이 가능하지 않다고 생각한다. 잔혹

부나 명예 등 좋은 것을 둘러싼 경쟁에서 경쟁자가 성공했을 때 느끼는 '슬픔'은, 만약 상대를 필적하거나 혹은 능가하는 능력을 스스로 갖추려는 노력과 결합될 경우 **경쟁심**(競爭心 *emulation*)이라고 한다. 그러나 그 슬픔이 경쟁자를 밀어내고 그 자리를 빼앗으려 하거나 방해하려는 노력과 결합된다면 **시기**(猜忌 *envy*)라고 한다. 경쟁심 시기

사람의 마음속에 동일한 일에 대한 욕구, 혐오, 희망, 공포가 교대로 일어난다고 해보자. 그리고 어떤 일을 하

거나 혹은 하지 않거나 할 경우에 생기는 선악의 결과가 마음속에 번갈아 떠오른다고 생각해보자. 이런 경우 우리는 그 일에 대해 욕구를 느끼기도 하고, 혐오를 느끼기도 하고, 그 일을 할 수 있다는 희망이 생기기도 하고, 그 일을 할 수 없을 것 같은 절망이나 공포를 느끼기도 한다. 이러한 욕구, 혐오, 희망, 공포 등이 그 일을 실행에 옮기거나, 혹은 포기할 때까지 계속될 경우 그 정념들을 통틀어 **숙고**(熟考 *deliberation*)라고 한다.

숙고

그러므로 지나간 일에 대해서는 숙고가 존재하지 않는다. 결과를 바꿀 수 없다는 것이 명백하기 때문이다. 불가능한 것으로 알려져 있는 일이나 불가능하다고 생각되는 일에 대해서도 존재하지 않는다. 숙고해봐야 아무런 소용이 없다는 것을 알고 있거나 또는 그렇게 생각하기 때문이다. 그러나 〔알고 보면〕 불가능한 일을 가능하다고 생각할 경우 숙고하는 일이 생길 수 있다. 그런 숙고가 무익하다는 것을 알지 못하기 때문이다. 이것을 '숙고'라고 하는 이유는, 우리가 욕구를 가지고 행동하거나, 혹은 혐오를 느껴서 회피하거나 할 '자유'(*liberty*)를 그치게 하기 때문이다.[3)]

이러한 욕구, 혐오, 희망, 공포가 번갈아 일어나는 것은 인간 이외의 다른 생물에게도 있다. 그러므로 동물들도 숙고한다.

모든 '숙고'는 숙고의 결과 실행하거나 혹은 불가능하다고 생각되었을 때 '끝'난다. 그때까지는 욕구를 가지고 실

3) 숙고(*deliberation*)라는 말의 라틴어 어원은 'de'+'librare' 이다. 'librare'는 '저울에 달아 잰다'는 뜻으로, 서로 비교해 본 다음 그 중 어느 하나를 선택한다는 의미를 가지고 있다. 'de'는 '빼앗다' '부정하다'의 뜻이다.

행에 옮기거나 혐오가 생겨 그만두거나 할 자유를 가지고 있다.

'숙고'의 결과, 직접적으로 행위 또는 행위의 회피와 연결되는 최종적 욕구 또는 혐오를 의지(意志 *will*) 라고 한다. 그것은 '의지가 있는'(*willing*) 행위(능력이 아닌) 이다. '숙고'를 할 줄 아는 동물은 필연적으로 '의지'를 가지고 있다. 스콜라 학자들은 일반적으로 '의지'를 '이성적 욕구'(*rational appetite*) 라고 정의하고 있는데 이것은 올바르지 못하다. 만약 의지가 이성적 욕구라면, 이성에 반하는 자발적 행위는 있을 수 없을 것이다. '자발적 행위'(*voluntary act*) 는 어디까지나 '의지'에서 생길 뿐 그 이외의 다른 어떤 것으로부터도 생기지 않는다. 그러나 만약 의지를 이성적 욕구라고 하지 않고, 그에 선행하는 숙고의 결과로 생긴 욕구라고 말한다면, 그것은 지금 내가 말한 정의와 같은 것이 된다. 따라서 '의지는 숙고 중 최후의 욕구'이다. 그리고 우리가 일상 대화에서 어떤 사람이 어떤 일을 하려는 의지가 있었는데 그럼에도 불구하고 그렇게 하지 않았다고 말하고 있지만, 제대로 말하자면 그것은 하나의 '의향'(*inclination*) 일 뿐이다. 의향은 자발적 행위를 일으키지는 않는다. 왜냐하면 행위는 의향이 아니라 최후의 의향 또는 욕구에 의한 것이기 때문이다. 만약 중간단계의 욕구들이 어떤 행위를 자발적인 것으로 만든다면, 같은 이유로 모든 중간단계의 혐오들은 동일한 행위를 비자발적인 것으로 만들고 만다. 이렇게 되면 같은 행위가 자발적이면서 동시에 비자발적인 것이 되고 만다. 의지

이런 점에 비추어 볼 때 어떤 것에 대한 탐욕, 야심, 욕정, 기타 욕구에서 비롯된 행위들만 '자발적 행위'가 아

니라 그러한 행위의 회피가 가져올 결과들에 대한 혐오나 공포에서 비롯된 행위들 역시 '자발적 행위'이다.

정념이 표현되는 화법의 형태들

정념이 표현되는 화법의 형태들은 사고를 표현하는 형태들과 부분적으로는 같고 부분적으로는 다르다. 첫째, 모든 정념은 일반적으로 '직설법으로' 표현될 수 있다. '나는 사랑한다', '나는 무섭다', '나는 기쁘다', '나는 숙고한다', '나는 의지한다', '나는 명령한다'처럼. 그러나 정념 중 어떤 것은 그 자체의 특유한 화법을 가지고 있다. 그렇기는 하나 그러한 화법은, 그것이 생겨난 정념에 관한 추론 이외에 다른 추론을 하는데 도움이 되지 않는 한, 단정은 아니다.4) 숙고는 '가정법'으로 표현된다. 가정법은 가정(假定)과 그 귀결을 나타내는 데 적합한 화법이다. 예를 들면, '만약 이것이 된다면 그때에는 이렇게 될 것이다'와 같은 것이다. 이것은 추론을 할 때 쓰는 언어와 다르지 않다. 다만 추론은 일반적인 말로 이루어지고 숙고는 대체로 특정한 말로 이루어진다는 점이 다를 뿐이다. 의욕이나 혐오의 화법은 '명령법'이다. '이것을 하라', '그렇게 하지 말라'와 같은 것이다. 그리고 이것은 당사자가 어떤 행위를 하도록 되어있거나, 혹은 하지 못하도록 되어있을 경우 '명령'(*command*)이 된다. 그렇지 않은 경우에는 '기원'(祈願 *prayer*)이나 혹은 '조언'(助言 *counsel*)이 된다. 허영, 분노, 연민, 복수심의 화법은 '기원법'(祈願法)이다. 그러나 알고 싶은 욕망에 대하여는 '의문법'(疑問法)이라고 불리는 특별한 표현이 있다. '그것은 무엇인가?', '언제

4) 예를 들어, 누군가 '아!' 하고 감탄하는 말을 했을 때, 그가 '감탄'의 정념을 가지고 있다는 사실만을 추론할 수 있을 뿐, '아!' 하는 말이 어떤 사실에 대해 진술하고 있는 것은 아니라는 뜻이다.

인가?', '그것을 어떻게 할까?', '왜 그런가?' 등이 그것이다. 정념을 나타내는 말은 내가 알기로는 이것이 전부다. 저주, 맹세, 욕설과 같은 것은 화법으로 나타내는 것이 아니라 습관적인 혀의 움직임으로서 의미를 지니는 것에 불과하다.

이상에서 말한 화법의 형태들이 정념의 표현 혹은 자발적 표시법이다. 그러나 이것이 감정표현의 확실한 표시는 아니다. 왜냐하면 이들 표현은 정념이 있고 없고를 불문하고 임의로 사용될 수 있기 때문이다. 지금 어떤 정념이 존재하는지를 가장 잘 알 수 있는 것은 표정, 신체의 동작, 행동이나 혹은 다른 방식으로 우리가 알게 된 그 사람의 목적 또는 목표를 통해서이다.

그리고 숙고할 때, 욕구나 혐오는 숙고의 대상이 되는 행위의 결과와 추이(推移)에 대한 예견에 의해 일어나고, 결과의 선악 여부는 일련의 긴 귀결에 대한 예견에 달려 있는데, 실제로 이것을 끝까지 내다볼 수 있는 사람은 드물다. 그러나 인간이 내다볼 수 있는 한도 내의 귀결에서 선이 악보다 크다면 그 전체는 저작자들이 흔히 말하는 '외견상의 선(*apparent good*)' 혹은 '선으로 보이는 것(*seeming good*)'이다. 반대로 악이 선을 능가한다면 그 전체는 '외견상의 악(*apparent evil*)' 또는 '악으로 보이는 것(*seeming evil*)'이다. 그러므로 경험 또는 추론에 의해 결과에 대한 최고의, 그리고 가장 정확한 예상을 할 수 있는 사람은 숙고(熟考)를 가장 잘하는 사람이며, 본인이 그럴 생각이 있을 경우 타인에게 최선의 조언을 해줄 수가 있다.

외견상의 선악

사람이 시시때때로 욕망하는 사물들을 획득하는 일에 '계속해서 성공하는 것', 다시 말해서 계속해서 번영하는 복됨 것을 복됨(*felicity*)[5]이라고 한다. 이것은 물론 이 세상에서의 복됨을 의미한다. 우리들이 이 세상에 있는 한, 영원한 정신적 평정(平靜) 같은 것은 없다. 왜냐하면 '삶' 자체는 '운동'에 불과하며, 삶이 감각 없이 존재할 수 없는 것처럼 욕망이나 공포 없이도 존재할 수 없기 때문이다. 하느님을 경건하게 섬기는 자들에게 하느님이 어떤 종류의 복됨을 내렸는지는 그 복을 누려본 사람만이 알 것이다. 그 기쁨이 어떠한 것인지는, 스콜라 학자들이 즐겨 쓰는 '지복의 환상'(*beatifical vision*)이란 말이 불가해한 것처럼, 현재로서는 측량할 수가 없다.

칭찬 찬미 어떤 것이 좋다는 의견을 나타내는 말은 칭찬(*praise*)이다. 어떤 것의 힘과 위대함을 나타내는 말은 찬미(*magnifying*)이다. 또한 사람들이 인간의 복됨에 관한 의견을 나타내는 말은, 마카리스모스 그리스어로는 '마카리스모스'(*μακαρισμός*)라고 하는데, 영어에는 이에 해당하는 단어가 없다. 정념들에 관하여는 현재의 목적을 위해서는 이 정도의 논의로 충분하다.

5) 'felicity'는 라틴어 'felicitas'에서 온 말로 원래의 뜻은 '행운'인데, '지복'(至福), '교묘함' 등의 뜻으로 쓰인다.

제7장
담화의 종결 또는 해결에 대하여

모든 '담화'(*discourse*)는 지식욕에 의해 지배되는데, 지식을 획득하거나 혹은 포기하는 형태로 '종결'을 보게 된다. 그리고 담화의 연쇄가 도중에 중단된 경우에도 그 시점에서의 종결이 있다.

담화가 단지 마음속에 있을 때는 어떤 일이 있을 것이다, 없을 것이다, 혹은 있었다, 없었다 하는 생각으로 이루어진다. 따라서 만약 어떤 사람의 담화의 연쇄를 끊으면 그 시점에서 그의 생각의 종결은 '있을 것이다', '없을 것이다', '있었다', '없었다' 중의 어느 하나가 된다. 이런 것이 바로 '의견'(*opinion*)이다. 선과 악에 대해 숙고할 때에 욕구가 번갈아 일어나는 것과 마찬가지로, '과거'나 '미래'의 진리를 탐구할 경우에도 이런 저런 의견이 번갈아 나타난다. 그리고 숙고에서 최후의 욕구를 '의지'라고 하는 것과 마찬가지로, 과거나 미래의 진리탐구에서 최후의 의견을 '담화하는' 자의 판단(*judgement*) 또는 '결정적 · 최종적 판결'이라고 한다. 또한 선악의 문제에서 번갈아 나타나는 욕구의 연쇄를 '숙고'라고 하듯이, 진위(眞僞)의

판단 또는 최종판결

의문 문제에 대하여 번갈아 나타나는 의견의 연쇄를 의문(*doubt*)이라고 한다.

어떠한 담화도 과거나 미래의 사실에 관한 절대적인 지식에는 도달하지 못한다. 왜냐하면 사실에 대한 지식은 본래 감각이며, 그 후는 기억일 뿐이기 때문이다. 또한 〔개별적 단정들의〕 연결관계에 대한 지식이 과학적 지식이라고 앞에서 말했지만 이것도 절대적인 것이 아니라 조건적인 것이다. 즉 담화에 의해 어느 누구도 어떤 것이 있다, 있었다, 있을 것이다 하는 것을 절대적으로 알 수는 없다. 알 수 있는 것은 '이것이 이렇다면 저것은 저렇다, 이것이 이렇게 되면 저것은 저렇게 된다' 하는 것뿐인데, 이것은 조건적으로 아는 것이다. 또한 담화에 의해 알 수 있는 것은 어떤 것과 다른 것과의 연쇄가 아니라 어떤 것의 하나의 이름과 그것의 또 다른 이름과의 연쇄이다.

그러므로 담화가 말로 나타나 단어의 정의에서부터 시작되고, 그 정의들의 결합을 통하여 일반적 단정으로 진행하고, 이 단정들이 다시 결합하여 삼단논법으로 나아가게 될 때, 그 종결, 즉 최후의 요약은 결론이라고 불린다. 그리고 이를 통해 나타나는 정신의 사고는 조건적 지식, **과학** 혹은 말들의 연결관계에 관한 지식이며, 보통 과학이라고 불린다. 그러나 만약 담화의 최초의 근거가 정의가 아니거나, 또는 그 정의들이 삼단논법으로 올바로 결합되지 않은 경우에는 그 종결 혹은 결론은 어떤 것의 진리성 **의견** 에 대한 의견(*opinion*)이다. 이런 의견들 중에는 불합리하고 무의미한 말로 서술되어 무슨 말인지 이해할 수 없는 것들도 많다. 둘 또는 그 이상의 사람들이 같은 일에 대해 알고 있을 경우 그들은 상호 그것을 의식하고(*consciou* *s)*[1] 있다고 말한다. 이것은 같이 알고 있다(*know together*)는 말과 같은 것이다. 그들은 상호간 혹은 제3자에 관한 사실에 대하여 최적의 증인이기 때문에 그의 '양심'(*conscience*)[2]에 반하여 말하거나, 다른 사람을 매수 또는 강요하여 그렇게 하도록 하는 일은 지금까지 큰 죄악으로 간주되었으며, 앞으로도 그럴 것이다. 시대를 막론하고 사람들이 양심의 호소를 경청했던 이유가 바로 여기에 있다. 후에 사람들은 양심이란 말을 자신의 비밀스런 일이나 비밀스런 사고에 관한 지식을 가리키는 말로 비유적으로 사용하게 되었으며, 양심은 천명의 증인이라는 수사적 표현까지 생겼다. 심지어는 자기 나름의 남다른 의견에 완고하게 집착할 경우에도, 혹은 불합리한 의견을 집요하게 주장하는 경우에도 자신의 의견에 양심이라는 거룩한 이름을 붙이기까지 하였다. 이것은 그 의견을 바꾸어 놓으려하거나 혹은 그 의견에 반대하면 불법이라도 저지르는 것처럼 느껴지도록 하기 위한 것이었다. 이런 식으로 〔양심이란 말을 사용하여〕, 기껏해야 자기는 그렇게 생각하고 있다는 정도에 불과한 것을 마치 진리를 알고 있다는 듯이 주장한다. 양심[3]

담화가 정의에서부터 시작하지 않고 자신의 명상에서 시작하는 경우, 그것 또한 의견이다. 그 외에도 다른 사람의 말에서 시작하는 경우가 있다. 이 경우에는 그 사람

---

1) 'conscious'의 어원인 라틴어 'conscius'는 'con'(*together*)+'scio'(*I know*)의 합성어로 '함께 알고 있는'이란 뜻이다.

2) 'conscience'는 'con'(*together*)+'scientia'(*knowledge*)의 합성어로 '함께 알고 있는 것'이란 뜻이다.

3) 원문에는 소제목이 'conscious'로 되어 있으나 본문의 내용을 고려하여 '양심'으로 하였다.

에게 진리를 아는 능력이 있고, 또 남을 속이지 않는 정직성이 있다고 믿고서 하는 말이기 때문에 이 담화는 사실에 관한 것이 아니라 인격에 관한 것이 되고 만다. 그리고 이런 결심은 믿음(*belief*) 또는 신앙(*faith*)이라고 부른다. 즉 '그 사람에 대한 신앙', 또는 '그 사람에 대한 믿음'과 '그가 하는 말의 진실성에 대한 믿음'이다. 따라서 믿음에는 두 가지가 있다. 그 하나는 그 사람의 말을 믿는 것이며, 또 하나는 그 사람의 덕성을 믿는 것이다. 어떤 사람을 '신앙한다', '신뢰한다', '믿는다'는 말은 같은 뜻으로서 그 사람의 성실성에 대한 의견을 나타내는 말이다. 그러나 '그가 한 말을 믿는다'는 것은 그 말의 진실성에 대한 의견을 나타내는 말이다. 우리가 여기에서 유의해야 할 것이 있다. '나는 믿는다'(*I believe in*), 라틴어로 'credo in', 그리스어로 '*πιςτένω έις*'와 같은 말은 성직자들의 저술 이외에서는 결코 사용된 적이 없다는 점이다. 보통 그 말 대신에 'I believe him'(그를 믿는다), 'I trust him'(그를 신뢰한다), 'I have faith in him'(그를 신앙하고 있다), 또는 'I rely on him'(그에게 의지하고 있다), 라틴어로는 'credo illi', 'fido illi', 그리스어로는 '*πιςτένω α ύτω*'라는 표현이 사용되고 있다. 교회에서 사용하는 용어의 특이성은 기독교 신앙의 올바른 대상이 무엇인지에 대해 많은 논쟁을 불러 일으켰다.

믿음, 신앙

〔예를 들면〕 '믿는다'(*believing in*)는 말은 《신경》(信經 *the creed*)에서 보는 바와 같이 인격에 대한 신뢰가 아니라 신앙고백의 말로, 그리고 교리를 인정한다는 뜻으로 쓰이고 있다.[4] 기독교도뿐만 아니라 누구라도 하느님을 믿을

4) 〈신경〉(信經)은 가톨릭의 신조를 기록한 경문(經文)이다. 신앙고백이 주된

수 있다. 즉 하느님이 자기에게 가르치는 바를 이해가 되건 안 되건 모두 진리로 여긴다면 하느님을 믿는다고 할 수 있다. 이것은 아마 인격에 대해 지닐 수 있는 신앙과 신뢰의 전부일 것이다. 그러나 그들이 《신경》의 교리를 다 믿어야 하는 것은 아니다.

그러므로 다음과 같은 추론이 가능하다. 즉 어떤 일에 대해서 어떤 말을 진실이라고 믿을 때, 그것이 그 자체에서 또는 자연적 이성의 원리에서 나온 논증에 의해서가 아니라, 그렇게 말한 사람의 권위나 그 사람에 대한 우리의 평가에 의한 것일 경우, 우리들이 믿고 있는 대상은 그렇게 말한 사람, 혹은 우리가 신앙하고 있는, 혹은 신뢰하고 있는 인격이다. 즉 그를 믿고서 그의 말을 신앙의 대상으로 취한 것이다. 이 경우 그 믿음에 나타난 존경은 오직 그 사람을 향한 것이다. 따라서 만약 우리들이 하느님으로부터 직접 계시를 받지 않았음에도 불구하고 《성경》이 하느님의 말씀이라고 믿을 경우, 우리의 신용과 신

내용이며, 가톨릭의 기본교리가 들어있다. 사도신경, 니케아 신경, 칼케돈 신경, 아다나시우스 신경 등 여러 종류가 있는데, 1014년 가톨릭 교회는 〈사도신경〉(*The Apostles' Creed*)을 공식 신앙고백문으로 채택하였다. 그 내용은 다음과 같다. "전능하사 천지를 만드신 하느님 아버지를 내가 믿사오며, 그 외아들 우리 주 예수 그리스도를 믿사오니, 이는 성령으로 잉태하사 동정녀 마리아에게 나시고, 본디오 빌라도에게 고난을 받으사, 십자가에 못박혀 죽으시고, 장사한지 사흘 만에 죽은 자 가운데서 다시 살아나시며, 하늘에 오르사, 전능하신 하느님 우편에 앉아 계시다가, 저리로서 산자와 죽은자를 심판하러 오시리라. 성령을 믿사오며, 거룩한 공회와, 성도가 서로 교통하는 것과, 죄를 사하여 주시는 것과, 몸이 다시 사는 것과, 영원히 사는 것을 믿사옵나이다." 여기에서 '믿는다'는 표현은 전부 'believe in'이다. 즉 신경에 나오는 '믿는다'는 말의 뜻은 '예수가 이 세상을 구원하러 왔고, 그를 통해 구원받을 수 있다는 사실', 즉 '교리'를 인정한다는 말이며, 그렇게 말하는 행위가 바로 '신앙고백'이다.

앙과 신뢰의 대상은 바로 교회인 것이다. 즉 교회의 말을 믿고서 그 말에 따르는 것이다. 또한 어떤 예언자가 하느님의 이름으로 자기에게 말하는 것을 믿는 자는 그 예언자의 말을 받아들이는 것이며, 그를 존경하고 그를 신뢰하고 믿는 것이다. 즉 그 예언자가 한 말의 진실성에 관한 믿음은 그 예언자에 대한 (그가 진실한 예언자인지 거짓 예언자인지에 대한) 믿음이다. 이것은 다른 역사의 경우에도 마찬가지이다. 내가 알렉산더나 카이사르의 빛나는 업적에 대해 역사가들이 기술한 것을 믿지 않을 경우, 화낼 사람은 알렉산더나 카이사르의 영혼이 아니라 그 역사가들이다. 리비우스[5]가 신(神)이 소(牛)에게 말하게 한 적이 있다고 했는데, 이 말을 믿지 않는다면, 이것은 신을 불신하는 것이 아니라 리비우스를 불신하는 것이다. 따라서 사람들의 권위나 그들의 저작의 권위 이외에는 어떠한 근거도 없이 어떤 것을 믿는다면, 오직 그 사람들을 (그들이 신의 사자인지 아닌지에 대해) 믿는 것이 된다.

---

5) Titus Livius (BC 59~AD 17): 로마의 역사가. 로마 시의 건설에서부터 BC 9년까지의 《로마 건국사》(*Ab urbe Condita libri*) 142권(현존 35권)을 집필하였다.

제8장

보통 지적이라 부르는 미덕 및 그 반대의 결점에 대하여

지적인 덕의 정의

덕(德 *virtue*)은 일반적으로 어떤 종류의 문제에서든 탁월하다고 평가되는 것을 말한다. 그러므로 그것은 비교에 바탕을 두고 있다. 만약 모든 사람들이 모든 것을 평등하게 구비하고 있다면 어느 누구도 칭찬받을 일이 없을 것이다. 그리고 '지적인 덕'(*virtues intellectual*)은 일종의 정신적 능력들로서, 사람들이 칭찬하고, 존중하고, 자신들도 그런 것을 가졌으면 하고 바라는 것이다. 이것은 보통 '훌륭한 지력'(知力 *good wit*)[1] 이라는 이름으로 통한다. 물론 '위트'(*wit*)라는 말은 어떤 특정한 능력을 다른 것과 구별하는 데 사용되기도 한다.[2]

지력, 천부적인 것과 획득된 것

이러한 덕에는 두 종류가 있다. 하나는 '천부적'(*natural*)인 것이고, 또 하나는 '획득된'(*acquired*) 것이다. 여기에서 천부적이라는 말이 인간이 날 때부터 가지고 있다

---

1) 오늘날에는 'wit'라는 말이 '경우에 따라 재치 있게 대응하는 지혜', 즉 '기지'(機智)라는 의미를 지니고 있는데, 홉스는 이 책에서 '지적 능력', '지력'을 일반적으로 지칭하는 말로 사용하고 있다.

2) '기지'(機智)라는 의미로 사용되기도 한다는 뜻이다.

는 의미는 아니다. 인간이 날 때부터 가지고 있는 것은 감각뿐이다. 감각은 인간들끼리 별 차이가 없고 야수와 비교해도 큰 차이는 없다. 그러므로 이것을 덕의 일종으로 볼 수는 없다. 내가 말하는 것은 방법이나 양육이나 지도(指導) 없이 오직 감각의 사용, 즉 경험만으로 얻은 '지력'을 의미한다. 이러한 천부적 지력(*natural wit*)은 주로 다음과 같은 두 가지로 이루어진다. '상상의 신속함', 즉 하나의 사고에서 다른 사고로 신속히 이어가는 것과, 어떤 승인된 목표에 대한 '확고한 지향'이다. 이에 반해 상상이 느린 것은 정신적 결함이다. 이것은 보통 멍청함(*dullness*) 또는 '우둔'(愚鈍 *stupidity*)이라고 불리는 것으로서, 운동의 느림이나 혹은 움직이기 어려운 것을 나타내는 다른 말로 불릴 때도 있다.

천부적 지력

그리고 이 신속성의 차이는 인간의 정념의 차이, 즉 여러 가지 일에 대한 호오(好惡)의 차이에 의해 발생한다. 따라서 갑의 사고는 이 방향으로 달리고, 을의 사고는 저 방향으로 달린다. 그 결과 그들의 사고는 그들의 상상을 통과하는 사물들을 서로 다르게 포착하고 서로 다르게 관찰한다. 그리고 인간의 사고가 이와 같이 계속되고 있을 때 그들의 사고에서 관찰되는 것은 다음과 같은 것뿐이다. 즉 어떤 점에서 '서로 비슷한가' 또는 '비슷하지 않은가', '무엇에 유용할까', 혹은 '그 목적에 어떻게 유용할까' 하는 것이다. 다른 사람들이 잘 발견하지 못하는 그러한 유사성을 발견하는 사람을 두고 바로 '훌륭한 지력'을 가졌다고 한다. 이 경우 '훌륭한 지력'은 '훌륭한 상상력'(*good fancy*)을 의미한다. 이에 대하여 사물간의 차이, 즉 유사하지 않은 점을 관찰하는 일은 '구별하기', '식별하기', '판단하기'라고 하는데, 식별하기 쉽지 않은 것을 잘 식별하는 사람

훌륭한 지력 혹은 훌륭한 상상력

은 '훌륭한 판단력'을 가졌다고 한다. 특히 사교나 사업의 경우에는 시간과 장소와 사람을 잘 식별해야 하는데, 이 훌륭한 판단력 런 일을 잘하는 것은 분별(分別 *discretion*)이라고 한다. 전 분별 자, 즉 상상력은 판단력의 도움 없이는 덕으로 칭찬받지 못한다. 그러나 후자, 즉 판단력과 분별은 상상력의 도움 없이도 그 자체만으로 칭찬의 대상이 된다. 훌륭한 상상에는 시간·장소·사람에 대한 분별이 필요할 뿐만 아니라, 자신의 사고를 그 목적에 맞게, 즉 그 사고들이 어떤 효용을 발휘하게 하는 일도 필요하다. 이것이 되면, 그러한 덕을 가진 사람은 비유를 능란하게 할 수 있으며, 대화 도중 예를 들거나, 신선하고도 적확한 비유를 하거나, 혹은 독창적 화법으로 남을 즐겁게 할 수 있다. 그러나 착실함과 어떤 목표에 대한 지향이 없을 때에는 대단한 상상도 일종의 광기(狂氣)에 불과하다. 예를 들면, 어떤 이야기를 시작하면서 자기 머리에 떠오르는 생각을 모조리 늘어놓게 되면, 이야기가 자꾸 옆길로 가거나 엉뚱한 이야기가 자주 끼어들게 되어 이야기 본래의 취지에서 벗어나게 되고, 마침내 스스로 무슨 말을 하고 있는지 알 수 없게 된다. 이런 종류의 어리석음을 무엇이라고 불러야 좋을지 모르겠지만, 그 원인은 대체로 경험의 부족에 있다. 즉 경험이 부족하여 다른 사람들에게는 그렇지 않은 것이 당사자에게는 새롭고 진귀한 것으로 보이는 것이다. 때로는 소심이 원인인 경우도 있다. 즉 소심하여 남들은 사소한 것이라고 생각하는 것이 당사자에게는 중요한 것처럼 보이는 것이다. 이런 이유들로 인해 본인 생각으로는 신선하고 중요하다고 여겨 그런 말을 하지만, 이야기 본래의 취지에서 점점 멀어지게 되는 것이다.

훌륭한 시에서는 ('서사시'이든 '극시'이든, '소네트'든 '풍

자시'이든 기타 어떤 시든) 판단력과 상상력이 모두 필요하다. 그러나 그 중에서도 상상력이 더욱 탁월해야만 한다. 왜냐하면 시는 과장 때문에 기쁨을 주는 것인데, 무분별하다고 해서 불유쾌할 리는 없기 때문이다.

훌륭한 역사에서는 판단력이 뛰어나야만 한다. 왜냐하면 역사의 우수함은 방법의 선택에, 진실성에, 그리고 알릴만한 가치가 있는 행동들의 선택에 있기 때문이다. 상상은 문체를 장식하는 것 이외에는 들어갈 여지가 없다.

찬사나 악담의 경우에는 상상이 지배적이다. 왜냐하면 그 의도가 진실을 밝히는 데 있는 것이 아니라 명예나 불명예에 있기 때문이다. 보통 이런 일은 고상한 비유나 혹은 천박한 비유를 통해 이루어진다. 판단은 다만 어떤 경우에 어떤 행위를 칭찬 또는 비난할 것인가를 시사하는 데 지나지 않는다.

권고와 변호의 경우에는 진실인가 거짓인가 하는 것이 당면한 문제와 직결되기 때문에 판단력이나 상상력이 가장 크게 요구된다.

논증이나 토의 등 엄밀한 진리 탐구에서는 판단력만으로 충분하다. 물론 예외는 있다. 어떤 적당한 비교를 통해 〔문제에 대한〕 이해가 쉽게 이루어질 수 있는 경우가 종종 있는데, 이런 때에는 상상이 큰 역할을 한다. 그러나 이 경우에 은유는 완전히 배제된다. 은유는 공공연히 허위를 표명하는 것이기 때문에 토의하거나 추론하면서 은유를 사용하는 것은 분명히 어리석은 일이다.

또한 어떤 논의에서도 분별의 결여가 명백하다면, 그 상상이 아무리 기발한 것이라 할지라도 그 논의 전체는 지력이 결핍된 증거로 간주된다. 분별이 있다는 것이 명백할 때는 상상이 지극히 평범할지라도 결코 그렇게 간주되지는 않는다.

인간의 내밀한 사고는 어떤 부끄러움도 없이, 또는 전혀 비난받을 염려를 느끼지 않으면서 모든 것에 대해 이루어질 수 있다. 신성한 것도, 불경한 것도, 청결한 것도, 음탕한 것도, 중대한 것도, 사소한 것도 모두 다 가능하다. 그러나 이러한 사고를 말로 나타낼 경우에는 판단력이때와 장소와 사람에 따라 허락하는 범위 이상으로는 할 수 없다. 해부학자나 의사는 불결한 것들에 관하여 자신의 판단을 말하거나 쓸 수 있다. 사람을 즐겁게 해서가 아니라 유익하기 때문이다. 그러나 다른 사람이 그런 일에 대해 자신의 기발하고 유쾌한 상상을 쓰는 것은 마치 오물을 뒤집어쓴 자가 점잖은 사람들 앞에 나타나는 것과 같은 것이다. 분별의 결여가 바로 그러한 차이를 낳는다. 또한 마음이 해이해졌거나 친한 친구 사이인 경우, 말의 음향이나 모호한 의미를 가지고 장난할 수도 있고, 기발한 상상이 떠오르는 대로 몇 번이고 말할 수도 있다. 그러나 설교하면서, 혹은 대중 앞에서, 혹은 낯선 사람들 앞에서, 혹은 존경해야 할 사람 앞에서의 그런 말장난은 하나같이 어리석은 짓으로 간주된다. 이러한 차이도 분별의 결여에서 생겨난다. 따라서 지력이 없을 때 결여된 것은 상상력이 아니라 분별이다. 상상이 없는 판단은 지력이지만, 판단이 없는 상상은 지력이 아니다. 그러므로 상상력 없는 판단력은 지력이지만, 판단력 없는 상상력은 지력이 아니다.

사람이 어떤 의도를 가지고, 여러 가지 일들을 놓고 그것이 자신의 의도에 도움이 되는지, 또한 어떤 의도에 도움이 될 것인지를 관찰할 때, 만약 그 관찰이 쉽지 않거나 혹은 평범하지 않은 것이라면, 그의 이러한 지력은 분별력(*prudence*)이라고 한다. 이것은 그와 유사한 일에 대한, 또한 그와 유사한 일이 지금까지 가져온 결과에 대한 풍부한 경험과 기억에 달려있다. 그러나 이런 일에서는 상상력과 판단력에서처럼 그렇게 큰 차이는 나지 않는다. 왜냐하면 경험은 나이가 같을 경우 양적으로 그다지 큰 차이가 나지 않기 때문이다. 다만 사람들의 의도가 제 각각이기 때문에 경험의 기회가 서로 다를 뿐이다. 제가(齊家)와 치국(治國)은 분별력의 정도가 다른 것이 아니라 일의 종류가 다른 것이다. 그것은 그림을 실물보다 작게 그린다고 해서 같게 혹은 더 크게 그리는 것에 비해 예술의 정도에 차이가 있다고 말할 수 없는 것과 같다. 평범한 농부도 자신의 집안일에 관하여는, 추밀원 고문관이 다른 사람의 일에 관해 가지고 있는 분별력보다 더 큰 분별력을 가지고 있다.

분별력

만약 이 분별력에, 부정한 또는 부정직한 수단들, 예를 들면, 사람이 공포에 질리거나 곤궁에 빠졌을 때나 생각날 법한 수단들이 덧붙여지면 간지(奸智 *craft*)라고 불리는 비뚤어진 지혜가 된다. 이것은 소심의 증거이다. 아량이 있다면 부정한 또는 부정직한 도움을 경시할 것이기 때문이다. 또한 라틴어로 '농간'(弄奸 *versutia*) —영어로는 '술책'(*shifting*)[3] 으로 번역되는—이라고 부르는 것은 현재의 위험이나 불편을 뒤로 미루는 것을 말하는데, 이것은 예를 들면, 자기가 진 빚을 갚기 위해 강도질하는 것처럼 더 큰 위험을 초래하는 근시안적 간지에 불과하다. '웨르

간지

3) 'shifting'에는 '이동, 변천, 교환'의 의미가 있다.

수티아’(*versutia*)라는 말은 당장 급한 이자를 지불하기 위해 고리(高利)로 돈을 빌리는 것을 의미하는 ‘웨르수라’(*versura* 돌려갚기)에서 온 말이다.

획득된 지력

‘획득된 지력’, 즉 방법이나 지도(指導)에 의해 획득된 지력에 대해 말하자면, 그것은 추론 이외의 아무것도 아니다. 추론은 화법의 올바른 사용에 바탕을 둔 것이며 학문을 생산한다. 추론과 학문에 대하여는 이미 제5장과 제6장에서 논한 바 있다.

지력이 사람마다 서로 다른 이유는 정념이 서로 다르기 때문이다. 그리고 정념이 서로 다른 이유는 신체의 소질이 서로 다르거나 받은 교육이 서로 다르기 때문이다. 만약 정념의 차이가 뇌(腦)의 상태와 내외의 감각기관의 차이에서 생겨나는 것이라면, 상상력과 분별력에서 볼 수 있는 개인차가 시각과 청각 및 다른 감각에도 나타나야 하기 때문이다. 그러므로 이 차이는 정념에서 생겨나는 것이 분명하다. 정념은 사람의 체질에 따라 다를 뿐만 아니라 관습과 교육의 차이에 따라 달라지기도 한다.

정념 중에서 지력의 차이를 좌우하는 정념은 주로 권력, 부, 지식, 명예에 대한 크고 작은 욕망이다. 이 모든 욕망은 처음 것, 즉 권력에 대한 욕망으로 귀착될 수 있다. 부, 지식, 명예도 결국은 권력의 한 종류에 불과하기 때문이다.

따라서 이들 중 어느 것에 대해서도 이렇다 할 정념이 없는, 이른바 무관심한 사람은 남에게 피해를 주지 않는다는 점에서 선량한 사람이긴 하지만, 대단한 상상력도, 훌륭한 판단력도 가질 수 없다. 사고와 욕망의 관계는 척후나 간첩이 사방을 배회하며 원하는 대상에 도달할 수 있는 길을 찾는 것과 같기 때문이다. 정신적 운동의 착실함과 신속성은 모두 거기에서 생겨난다. 욕망이 없는 것이 죽은 상태인 것처럼, 정념이 약한 것은 멍청함(*dullness*)이다. 또한 모든 일에 대해 무차별적으로 정념을

변덕 가지는 것은 **변덕**(變德 *giddiness*)이며 '산만'(散漫 *distraction*)이다. 그리고 어떤 일에 대해서나 보통 사람 이상

광기 으로 강하고 격렬한 정념을 보일 경우 이를 **광기**(狂氣 *madness*)라고 한다.

광기에는 정념 그 자체와 거의 같은 정도로 많은 종류가 있다. 신체기관의 소질 불량이나 손상으로 인해 이상하고 기괴한 정념이 생기는 경우도 있고, 거꾸로 정념의 격렬함 혹은 장기지속(長期持續)으로 인해 신체기관의 손상과 부조화가 일어나기도 한다. 그 어느 쪽이든 광기의 성질은 같다.

격렬함이나 지속성에 의해 광기를 낳는 정념은 엄청난 '허영'이거나, 혹은 엄청난 '실의'(*dejection*)이다. 엄청난 허영은 보통 '자만'(*pride*), 혹은 '자부심'(*self-conceit*)이라고 불린다.

자만은 사람을 쉽게 노하게 만드는데, 그 노여움이 과

분노 도해지면 **분노**(忿怒 *rage*) 또는 **격노**(激怒 *fury*)라고 불리는 광기가 된다. 그러므로 다음과 같은 일이 일어난다. 즉 과도한 복수심은 상습적이 되면 신체기관을 해치고, 분노가 된다. 과도한 사랑이 질투를 동반하면 이 또한 분노가 된다. 자기 자신의 영감, 지혜, 학식, 용모 등에 관한 평가도 과도해지면 산만(散漫)이 되고, 변덕(變德)이 된다. 그것이 시기(猜忌)와 결합되면 분노가 된다. 어떤 일의 진리에 대한 열정적 의견이 타인에 의해 반박 당하면 분

노가 된다.

실의는 사람을 원인 모를 공포에 빠지게 한다. 이것이 보통 우울(*melancholy*)이라고 불리는 광기인데, 다양한 방식으로 나타난다. 예를 들면, 쓸쓸한 곳이나 묘지 주변을 배회한다든지, 미신적인 행동을 한다든지, 어떤 특별한 사물을 두려워한다든지 하는 모습으로 나타난다. 요컨대, 이상하고 기괴한 행동을 일으키는 정념은 모두 광기라는 일반적인 이름으로 불린다. 그러나 광기의 종류에 대해 〔연구하는〕 수고를 기꺼이 치를 자가 있다면, 셀 수 없이 많은 이름을 목록에 올릴 수 있을 것이다. 그리고 만일 과도한 정념이 광기라고 한다면, 정념이 사악한 쪽으로 기울 경우, 그 정념 하나하나가 각각 정도가 다른 광기라는 것은 의심할 여지가 없다.

우울

광기

예를 들어, 자신이 영감을 받았다고 믿고 있는 사람들의 경우를 생각해보자. 그런 정념에 사로잡혀 아주 기괴한 행동을 하는 사람이 단 한 사람뿐일 때는 그의 어리석은 행동의 결과는 눈에 띄지 않을 수도 있다. 그러나 그런 사람들 다수가 모여 공모했을 때에는 그 군중의 격노가 가시적으로 나타난다. 우리의 가장 좋은 친구들에게 고함을 지르고, 때리고, 돌을 던지는 것보다도 더 큰 광기의 증거가 어디에 있겠는가? 그들의 광기는 여기서 그치지 않는다. 그들은 지금까지 자신들을 보호해주고, 위해(危害)를 막아준 사람들에게까지 고함을 지르고, 싸움을 걸고, 타도하려고 한다. 만일 이것이 군중에게 존재하는 광기라고 한다면, 〔그 군중을 이룬〕 개개인에게도 광기가 존재한다고 하지 않을 수가 없다. 바다 한가운데에 있으면, 자기 바로 옆에 있는 바닷물이 내는 소리는 지각되지 않는다. 그러나 그 부분의 물이, 그 바다에 있는 다른 부분의 물과 똑같이 바다의 포효(咆哮)의 원인이 되고 있다는 사실은 안다. 이와 마찬가지로 우리는 한두 사람에게서는 이렇다 할 불온(不穩)을 지각하지 못한다 할지라도, 그들의 정념 하나하나가 혼란에 빠진 민족의 선동적 포효의 일부라는 것은 충분히 알 수 있다. 그리고 그들의 광기를 폭로하는 증거가 달리 없다고 해도, 그들 자신이 그러한 영감을 받았다고 참칭(僭称)하는 것만으로 충분한 증거가 된다. 만일 베들럼(Bedlam)[4] 정신병원에서 누군가가 당신에게 정신이 멀쩡한 이야기를 했다고 하자. 그리고 헤어지기 전에 (나중에 그의 친절에 보답하려고) 그의 신분을 물었을 때, 그가 하느님 아버지라고 말했다고 하자. 그가 광기에 사로잡혀 있다는 증거로서 이것 말고 또 무엇이 필요하겠는가?

자신이 성령 감응(*inspiration*) — 보통 강신(降神)한 신령이라고 불리는 — 을 받았다고 믿는 이러한 종류의 생각은 다른 사람들이 일반적으로 가지고 있는 오류를 운 좋게 발견하는 데서 비롯되는 경우가 많다. 그들은 자기가 어떻게 하여 그런 독특한 진리에 (진리라고 스스로 생각하지만, 많은 경우에 그들이 우연히 만나게 된 허위에 불과하다) 도달했는지 추론을 통하여 알아보거나 혹은 기억해내지도 않은 채 대뜸 자기 자신을 존경한다. 즉 전능하신 하느님의 특별한 은혜로 초자연적 진리가 성령에 의해 자신에게 계시되었다고 생각하는 것이다.

거듭 하는 말이지만, 광기는 정념이 과도하게 발현된

4) 런던에 있는 베들레헴 성 마리아(St. Mary of Bethlehem) 정신병원. 1247년 수도원으로 건립되었는데, 1547년 정신병원이 되었다.

것이다. 이것은 포도주의 효과를 보더라도 알 수도 있다. 포도주의 효과는 신체기관의 부조화의 결과와 같다. 만취한 사람들에게서 나타나는 행동들은 미친 사람의 행동과 같기 때문이다. 화내는 자, 기뻐하는 자, 웃는 자, 어느 하나 도를 넘지 않은 자가 없지만, 그들 각자는 자기에게 지배적인 정념을 따르고 있는 것이다. 포도주의 효과는 사람의 마음속의 위선을 제거하고, 자신들의 정념의 추한 모습이 보이지 않도록 해 주는 것이다. 내 생각으로는 아무리 건전한 사람이라 하더라도 혼자서 특별히 마음 쓰는 일 없이 한가하게 산책할 때 그의 머리속에 떠오르는 이런저런 공상들이 대중 앞에 공개되는 일은 달가워하지 않을 것이다. 이것만 보더라도 유도되지 않은 정념은 대체로 광기에 지나지 않는다는 것을 알 수 있다.

광기의 원인에 관하여는 고대와 근세를 통하여 두 가지 의견이 있었다. 어떤 사람들은 그 원인을 정념에서 찾았고, 또 어떤 사람들은 귀신 또는 정령(선악을 막론하고)이 인간 속에 들어가서 그를 사로잡고 그의 신체기관을 미친 사람이 하듯이 이상하고 기괴하게 움직이는 것이라고 생각했다. 따라서 전자의 경우에는 그런 사람을 미치광이(*madman*)라고 불렀지만, 후자의 경우에는 '귀신들린 사람'(*demoniac*), '귀신에 홀린 사람'(*energumeni*)이라고 불렀다. 그래서 오늘날 이탈리아에서는 그런 사람들은 '미치광이'(*pazzi*)라 하기도 하고, '홀린 사람'(*spiritati*)이라 하기도 한다.

옛날 그리스의 도시 압데라[5]에서 〈안드로메다〉[6]라는

---

5) Abdera: 에게 해 연안에 있는 고대 그리스의 도시.

6) Andromeda: 그리스 신화에서 이디오피아왕 케페우스(Cepheus)와 카시오

비극이 상연되자 이를 보기 위해 대군중이 운집한 적이 있었다. 지독히 더운 날이었기 때문에 많은 관객이 열병에 걸렸다. 그리고 더위와 비극이 원인이 되어 사람들은 페르세우스(Perseus)와 안드로메다의 이름이 들어 있는 시(詩)를 운율에 따라 웅얼거렸다. 그런데 겨울이 오자 그런 일이 멎었고, 사람들의 열병도 나았는데, 당시 사람들은 이 광기가 비극에 의해 일어난 정념으로부터 비롯된 것이라고 생각하였다. 이와 마찬가지로 그리스의 다른 도시에서도 광기의 발작이 일어났다. 젊은 처녀들만 이 광기에 걸렸는데 이 병에 걸린 사람 다수가 목을 매어 죽었다. 당시 대부분의 사람들은 이것이 마귀(*the Devil*)의 짓이라고 생각했다. 그런데 어떤 사람이 처녀들의 그러한 생명 경시(輕視)가 정신상의 정념에서 생기는 것일지도 모른다는 의심을 품었다. 그는 처녀들이 자신의 명예는 경시하지 않을 것이라고 생각하고, 그와 같이 목매어 죽은 사람은 옷을 벗겨 벌거벗긴 채 매달도록 위정자에게 진언했다. 전하는 바로는 이렇게 해서 그 광란이 치료되었다고 한다. 그러나 다른 한편, 같은 그리스인들이 때때

페아(Kassiopeia, 라/Casiopea)의 딸이다. 카시오페아가 자신의 딸 안드로메다를 네레이스들(Nereis: 바다의 신 네레우스의 50명의 딸들)보다 아름답다고 자만했기 때문에 네레이스들의 아버지 네레우스(Nereus)는 화가 나서 괴물을 보내어 에티오피아를 황폐하게 하였다. 케페우스는 나라를 구하려면 안드로메다를 해신(海神)에게 바치라는 암몬의 신탁(神託)에 따라 안드로메다를 해변의 바위에 묶어 놓았는데 영웅 페르세우스(Perseus)가 여자괴물 메두사(Medusa)를 퇴치하고 안드로메다를 구하여 아내로 삼았다. 그 뒤 안드로메다는 페르세우스와 함께 그리스에서 살았고, 죽은 뒤 페르세우스·케페우스·카시오페아와 함께 별자리가 되었다. 일설에 따르면 페르세우스는 아시아로 건너갔는데, 그곳에서 그의 아들 페르세스(Perses)가 페르시아(Persia)인들의 왕이 되었다고 한다.

로 광기를 에우메니데스[7]나 푸리에스의 짓이라고 생각했으며, 때로는 케레스[8]나 포이부스[9]와 같은 다른 신들의 탓으로 돌렸다. 그리고 어떤 사람들은 유령(*phantasm*)의 탓이라 하였고, 그 유령들을 기체의 생물로 생각하여 보통 정령(精靈 *spirit*)이라고 불렀다.[10]

그리고 이 점에서는 (로마인들이 그리스인들과 같은 견해를 가진 것처럼) 유대인들도 그러했다. 그들은 미친 사람을 (선한 영인가 악한 영인가에 따라) 예언자 또는 귀신들린 사람이라고 불렀다. 유대인들 중에는 예언자와 귀신들린 사람 둘 다 미친 사람이라고 부르는 사람들도 있었고, 같은 사람을 놓고 귀신들린 사람이라고도 했고 미친 사람이라고도 했다. 그러나 이것은 이방인들[11]에게는 놀라운 일도 아니었다. 왜냐하면 그들은 질병과 건강, 악덕과 미덕, 기타 많은 자연적 사건들을 신령(神靈 *demons*)으로 부르면서 숭배하였기 때문이다. 따라서 신령이라는 말은 마귀(*devil*)를 의미하기도 했지만, 때로는 열병을 의미하기도 했다. 그러나 유대인들이 그런 의견을 가지고 있는

7) Eumenides: 그리스 신화의 복수의 여신들 에리뉘에스(Erinyes, 단수형 Erinys)의 애칭이다. 에리니에스는 알렉토·티시포네·메가에라 등 세 자매를 말한다. 그녀들은 크로노스(Kronos, 라/Cronus)에 의하여 절단된 우라노스(Ouranos, 라/Uranus)의 남근(男根)에서 흐르는 핏방울에서 탄생하였다고 한다. 날개가 있고 머리카락은 뱀모양을 하고 있으며, 항상 채찍과 횃불을 가지고 죄인을 쫓아가 괴롭힌 뒤에 그들을 미치게 한다. 로마 신화에서는 그 이름이 푸리에스(Furies)이다.

8) Ceres: 로마 신화에서 풍작의 여신. 그리스 신화의 데메테르(Demeter)에 해당한다.

9) Phoebus: 그리스 신화에서 아폴로 신.

10) 원문에는 다음 문단과 한 문단으로 이어져 있다.

11) 유대인 이외의 민족을 의미한다.

것은 약간 이상한 일이다. 모세도 아브라함도 결코 정령에 홀려 예언자가 되었노라고 한 일은 없기 때문이다. 그들은 하느님의 목소리나 혹은 자신이 본 환영이나 꿈을 내세웠을 뿐이다. 또한 그들이 〔하느님으로부터〕 받은 도덕법이나 의례(儀禮) 어디를 보더라도 영적 열광이나 신들림이 있었다는 것을 보여주는 것은 없기 때문이다. 〔《성경》에〕 "주님께서 모세에게 내린 영을 장로들 70명에게 내리셨다"(민 11:25) 고 되어 있는데, 그렇다고 해서 여호와의 영(이것을 신의 실체라고 한다면) 이 분할된 것은 아니다. 《성경》에서 말하는 인간에게 나누어준 여호와의 영은 신성(神性) 을 지향하는 인간의 영을 의미한다. 그리고 "내가 지혜로운 영으로 채운 자들에게 아론의 옷을 짓게"(출 28:3) 했다는 말은 그들에게 옷을 지을 수 있는 또 하나의 영을 넣어준 것이 아니라 그들 자신의 영에 그런 일을 할 수 있는 지혜를 주었다는 뜻이다. 같은 의미에서 인간의 영(*spirit*) 이 더러운(*unclean*) 행위를 했을 때 보통 '더러운 귀신'(*unclean spirit*)[12] 이라고 불린다. 그 외의 경우에도 예를 들면, 꼭 그런 것은 아니지만, 어떤 이름의 미덕이나 악덕이 비범하거나 탁월하거나 하면 그 '영'이라고 한다. 《구약성경》의 어떤 예언자도 영적 열광이 있었다고 한 일이 없고, 하느님이 자기 안에서 말했다고 한 일도 없다. 하느님이 그들에게 목소리로, 환상으로, 꿈으로 계시했다고 했을 뿐이다. "부담이 되는 주님의 말씀"[13]

12) '더러운 귀신'이라는 말은 《성경》, 〈마태복음서〉와 〈마가복음서〉에서 여러 번 언급되고 있다. '더러운 악령'(《공동번역 성경》), '악한 귀신'(《새번역 성경》) 등으로 번역되기도 한다.

13) 원문은 'burthen of the Lord'이다. 'burthen'은 'burden'의 고어이다. 《성경》, 〈예레미야서〉 제 23장 33~40절 참조.

도 신들림이 아니라 명령이었다. 그렇다면 어떻게 유대인들은 신들린다는 생각을 하게 되었을까? 내가 생각할 수 있는 이유는 누구에게나 공통으로 적용될 수 있는 이유뿐이다. 즉 자연적 원인을 탐구하고자 하는 호기심이 결여된 것, 그리고 조악한 감각적 쾌락을 얻는 일을 가장 큰 복으로 삼고, 그에 당장 도움이 되는 것만 복으로 여긴 것 등이다. 왜냐하면 인간의 정신 속에서 어떤 특이하고 비범한 능력이나 혹은 결함을 발견했을 때, 그것이 어떤 원인으로 말미암은 것인지를 모를 경우에는 그것이 자연적인 것이라고 생각하기 어려울 것이기 때문이다. 자연적인 것이 아니라면 초자연적인 것이라고 생각할 수밖에 없고, 그렇다면 그 안에 신이 있거나 혹은 마귀가 있다고 생각하는 수밖에 없지 않겠는가? 그런 이유로 다음과 같은 일이 벌어졌다. (막 3:21) 우리 구주가 무리에 둘러싸였을 때 예수의 친족들이 그가 미쳤다고 의심하여 그를 붙잡으러 나섰다. 〔예루살렘에서 내려온〕 율법학자들은 그가 바알세불[14]이 들렸다 하였으며, 마치 더 크게 미친 사람이 덜 미친 사람을 쫓아내듯이, 귀신의 두목의 힘을 빌어서 귀신을 쫓아낸다고 하였다. 또 어떤 사람들은 "그가 귀신이 들려 미쳤다"(요 10:20)고 하였으나, 그를 예언자로 생각하여 "이 말은 귀신들린 자의 말이 아니라"고 한 사람들도 있었다. 《구약성경》에서도 예후[15]에게 기름을 부으러 온 자는 예언자였으나, 그곳에 있던 사람 중 하나는 예후에게 "그 미친 녀석이 장군께는 무슨 일로 왔었

14) Beelzebub: 악귀의 우두머리를 뜻함. 《성경》, 〈마태복음서〉 제 12장 24절 참조.

15) Jehu: 이스라엘의 왕(재위 BC 844~816). 수많은 잔학행위를 하여 후에 이스라엘의 불행의 원인이 되었다.

소?"(왕하 9:11) 하고 물었다. 따라서 요약하면, 유대인들은 괴상한 행동을 하는 자는 선한 영이든 악한 영이든 귀신 들린 것으로 생각한 것이 분명하다. 다만 사두개파 사람들[16] 만은 예외였는데, 이들은 그와 반대의 방향으로 너무 가서 오류에 빠졌다. 즉 그들은 어떠한 영도 믿지 않았다. 거의 노골적인 무신론(無神論)에 가까웠다. 어쩌면 이들의 이러한 태도에 자극을 받아서 다른 종파의 사람들이 그런 사람들을 미친 자라고 하기보다는 귀신들린 자라고 했을 수도 있다.

그러나 그렇다면 왜 우리 구주는 그들을 치료하면서 미친 자로 취급하지 않고 악귀 들린 자로 취급하였을까? 이 문제에 대해서 나는 《성경》이 지동설과 맞지 않는다고 주장하는 사람들에게 들려주는 대답과 같은 종류의 대답 밖에 할 수 없다. 《성경》이 쓰인 목적은 인간에게 하느님의 나라를 보여주고, 하느님의 유순한 백성이 되도록 그들의 마음을 준비하게 하기 위한 것이었다. 따라서 현세와 그에 관한 철학은 인간들이 자연적 이성을 행사하여 논쟁하도록 맡기신 것이다. 낮과 밤을 만드는 것은 지구의 운행인가 태양의 운행인가, 또한 인간의 기괴한 행동은 정념 탓인가 악귀 탓인가(그러므로 우리는 악귀를 숭배하지 않는

16) 사두개파(*Sadducees*): BC 2세기에서 서기 1세기 사이에 존재했던 유대교의 일파. 사두개라는 이름은 솔로몬 시대(BC 10세기)의 제사장 사독(왕상 2:35)에서 유래하며 사독의 자손을 의미한다. 예루살렘 신전의 제사(祭祀)를 중요시하였으며, 성경 본문의 자구(字句)를 고집했다. 이 점에서 유연한 성경해석을 전개한 바리새파와 대립했다. 《성경》, 〈사도행전〉 제23장 7~8절에는 다음과 같이 기록되어 있다. "바울이 이렇게 말하니, 바리새파 사람과 사두개파 사람 사이에 다툼이 생겨서, 회중이 나뉘었다. 사두개파 사람은 부활도 천사도 영도 없다고 하는데, 바리새파 사람은 그것을 다 인정하기 때문이다." 바리새파에 대하여는 제20장의 주9 참조.

다), 이런 문제들에 대해 어떤 입장을 취하든, 《성경》이 쓰인 목적, 즉 전능하신 하느님에 대한 우리들의 순종과 복종은 달라질 것이 없다. 우리 구주는 사람에게 말하듯이 병(病)에게 말했는데, 이런 일은 그리스도처럼 말로 병을 치료하는 자는 누구나 항용 하는 일이다. 마법사들도 그렇게 한다고 (사실여부와 관계없이) 자칭한다. 그리스도는 바람을 꾸짖으신 일이 있지 않은가? (마 8:26)[17] 열병을 꾸짖으신 일도 있지 않은가? (눅 4:39)[18] 그랬다고 해서 열병이 곧 악귀라는 것이 증명되는 것은 아니다. 또한 많은 악귀들이 그리스도에게 고백한 것으로 되어있는데, 이러한 부분들도 미친 사람들이 그에게 고백했다고 해석하면 된다. 달리 해석할 필요가 없다. 또한 우리 구주는 "더러운 귀신이 어떤 사람에게서 나왔을 때에 그는 쉴 곳을 찾느라고 물 없는 곳을 헤맸으나 찾지 못하고 … 자기보다 더 악한 딴 귀신 일곱을 데리고 들어간"(마 12:43~45) 이야기를 하고 있는데, 이 역시 일종의 비유로서 정욕을 버리려고 조금 노력하였으나 다시 정욕에 사로잡혀 형편이 전보다 일곱 배나 심하게 된 사람을 말하는 것이 명백하다. 그러므로 나는 《성경》에서 귀신들린 사람과 미친 사람을 서로 다른 종류의 사람으로 보아야 할 어떤 증거도 찾아낼 수 없다.

일부 사람들의 논의에는 앞에서 말한 것과는 다른 종류의 결합이 있는데, 이것 역시 광기의 한 종류로 볼 수 있다. 그것은 앞서 제5장에서 불합리의 이름으로 논한 언 무의미한 말

17) "예수께서 그들에게 '왜들 무서워하느냐? 믿음이 적은 사람들아!' 하고 말씀하시고 나서, 일어나 바람과 바다를 꾸짖으시니, 바다가 아주 잔잔해졌다."

18) "예수께서 그 여자에게 다가서서 굽어보시고, 열병을 꾸짖으셨다. 그러자 열병이 물러가고, 그 여자는 곧 일어나서 그들에게 시중을 들었다."

어의 남용이다. 즉 결합된 낱말들이 아무런 의미가 없는 그런 말을 할 때인데, 뜻도 모르면서 기계적으로 외운 말을 하는 사람들이나, 혹은 고의로 모호하게 하여 남을 속이려 하는 사람들이 이런 화법을 사용한다. 그러나 이런 일은 스콜라 학자들처럼 이해할 수 없는 일에 대해, 혹은 심오한 철학적 문제들에 대해 이야기하는 사람들에게나 있는 일이다. 보통 사람들은 무의미한 말을 하는 경우가 거의 없으며, 이런 이유로 그런 잘난 사람들〔스콜라 학자들〕로부터 바보 취급을 당한다. 이들 스콜라 학자들의 말은 그 말에 해당하는 것이 자기들 사고 속에 존재하지 않는다. 이렇게 단언하기 위해서는 약간의 예증이 필요할 것이다. 그런 예를 보고 싶은 사람은 삼위일체(*Trinity*), 신성(神性 *Deity*), 그리스도 본질, 성변화(聖變化 *transubstantiation*),[19] 자유의지 등과 같은 난해한 문제들에 관해 스콜라 학자들이 쓴 글을 하나 골라서 현대어로 이해하기 쉽도록 번역해 보라. 혹은 라틴어가 널리 쓰이던 시대에 살았던 사람들에게 친숙한 라틴어로 번역해 보라. "제 1원인은 제 2원인의 본질적 종속의 힘에 의해 제 2원인에 꼭 무엇인가를 주입하는 것은 아니지만, 제 2원인은 본질적 종속의 힘에 의해 제 1원인의 작용을 돕는다."[20] 이게 대체 무슨 말인가? 이것은 수아레스[21]의 최초의 저서《하

19) 성찬(聖餐)의 떡과 포도주가 그리스도의 몸과 피로 변하는 것을 말한다. 《성경》, 〈마태복음서〉 제 26장 26~28절 및 〈고린도 전서〉, 제 11장 23~26절 참조.

20) 원문은 다음과 같다. "The first cause does not necessarily inflow anything into the second, by force of the essential subordination of the second causes, by which it may help it to work."

21) Francisco de Suarez (1548~1617): 에스파냐 철학자·신학자. 신스콜라 학파의 시조. 형이상학 및 법철학에 관한 많은 저서가 있다.

느님의 관여하심과 움직이심 및 도우심에 관하여》의 제6장의 제목을 번역한 것이다. 자기가 미쳤거나 남을 미치게 할 작정이 아니고서야 어떻게 글을 이런 식으로 쓸 수 있겠는가? 이런 일은 성변화의 문제에서 특히 심하다. 무슨 말을 한 다음에 '희기'(*whiteness*), '둥글기'(*roundness*), '크기'(*magnitude*), '성질'(*quality*), '부패성'(*corruptibility*) (이 모든 것이 형체 없는 것들이다) 등이 떡(*wafer*)[22] 으로부터 빠져나가 우리 구주의 육체로 들어간다고 하는데, 이렇게 말하는 사람은 'ness', 'tude', 'ty'[23] 가 그리스도의 육체로 들어가는 영이라고 생각하기라도 한 것일까? 영이라는 것이 형체는 없지만 한 곳에서 다른 곳으로 이동하는 사물이라고 보지 않고서야 도저히 그렇게 말할 수 없기 때문이다. 그러므로 이러한 종류의 불합리는 마땅히 광기의 일종으로 보아야 한다. 이들이 현세의 욕망에 관한 확실한 사고의 인도를 받아 그런 종류의 논쟁이나 저술을 중지할 때야말로 그들이 제정신으로 돌아간 때이다. 이상이 지적인 덕 또는 결함에 관한 설명이다.

---

22) 가톨릭에서 성체성사(聖體聖事)에 사용하는 둥근 떡. 누룩을 넣지 않고 굽는다.

23) 셋 다 분사 형용사 등에 붙어서 성질·상태 등을 나타내는 추상명사를 만든다. 이런 어미가 붙으면 '… 한 성질', '… 한 정도', '… 함' 등의 뜻이 된다.

제9장
지식의 여러 주제에 대하여

지식 　지식(知識 *knowledge*)에는 두 종류가 있다. 하나는 '사실에 관한 지식'이고, 또 하나는 '하나의 단정을 다른 단정과 연결한 결과에 관한 지식'[1]이다. 전자는 결국 감각과 기억으로서 '확실한 지식'(*absolute knowledge*)이다. 즉 어떤 일이 진행되는 것을 보거나, 혹은 진행된 일을 상기(想起)하는 것을 말한다. 이것은 증인(證人)에게 요구되는 지식이다. 후자는 이른바 '과학적 지식'(*science*)으로서, '조건적'이다. 예를 들면, '도형이 원(圓)일 경우, 그 중심을 통과하는 직선은 모두 그 원을 이등분한다'와 같은 지식을 말한다. 이것은 철학자(*philosopher*), 즉 추론한다는 사람에게 요구되는 지식이다.

'사실에 관한 지식'의 기록을 '역사'라고 한다. 역사에는 두 종류가 있다. 하나는 '자연사'(*natural history*)로서 인간의 '의지'와 관계없는 자연적 사실이나 결과의 역사이다. 예를 들면, '금속', '식물', '동물', '지역' 등의 역사를 말한

1) (사실에 관한) 명제들을 결합하여 논리학적으로 추론하여 얻는 지식을 말한다.

다. 다른 하나는 '사회사'(*civil history*)로서 코먼웰스에서의 인간들의 자발적 행위에 대한 역사이다.

학문의 기록은 하나의 단정을 다른 단정과 연결한 결과의 '실례'(實例 *demonstrations*)를 보여주는 '책'이다. 이러한 저술을 보통 '학술서적'(*books of philosophy*)이라고 한다. 다루고 있는 내용이 무엇인가에 따라 종류가 다양한데 나는 다음 표와 같이 분류해보고자 한다.

<table>
<tr><td rowspan="22">〈학문〉,
즉 〔논리적〕 귀결에 관한 지식.
〈철학〉이라고 한다.</td><td rowspan="20">자연 물체가 지닌 우유성으로부터 얻은 귀결.
〈자연철학〉이라고 한다.</td><td rowspan="6">모든 자연 물체에 공통된 우유성, 즉 '양'과 '운동'으로부터 얻은 귀결</td><td colspan="6">'불확정적' 양과 운동으로부터 얻은 귀결. 철학의 원리 혹은 제1의 기초가 되기 때문에 '제1철학(Philosophia Prima)'이라고 한다</td><td>〈제1철학〉</td></tr>
<tr><td rowspan="5">'확정적' 운동과 양으로부터 얻은 귀결</td><td rowspan="2">'확정적' 양과 운동으로부터 얻은 귀결</td><td colspan="3">도형에 의한 것</td><td rowspan="2">'수학'</td><td>〈기하학〉</td></tr>
<tr><td colspan="3">수(數)에 의한 것</td><td>〈산수〉</td></tr>
<tr><td rowspan="3">'특별한' 물체의 운동과 양으로부터 얻은 귀결</td><td colspan="3" rowspan="2">'지구'나 '별'과 같은 세계의 큰 부분의 운동과 양으로부터 얻은 귀결</td><td rowspan="2">'우주지(宇宙誌)'</td><td>〈천문학〉</td></tr>
<tr><td>〈지리학〉</td></tr>
<tr><td colspan="3">물체의 특별한 종류와 특별한 형태의 운동으로부터 얻은 귀결</td><td>'기계학', '중량'에 관한 학설</td><td>〈기사(技師)〉의 '학문'
〈건축학〉
〈항해학〉</td></tr>
<tr><td rowspan="14">물리학, 또는 '성질'에서 얻은 귀결</td><td colspan="6">나타났다 사라졌다 하는 '일시적'인 물체의 성질로부터 얻은 귀결</td><td>〈기상학〉</td></tr>
<tr><td rowspan="13">'영구적'인 물체의 성질로부터 얻은 귀결</td><td rowspan="2">'별'의 성질로부터 얻은 귀결</td><td colspan="4">별빛으로부터 얻은 귀결 및 이와 태양의 운동으로부터 얻은 학문</td><td>〈계시법(計時法)〉</td></tr>
<tr><td colspan="4">별의 '영향'으로부터 얻은 귀결</td><td>〈점성술〉</td></tr>
<tr><td colspan="5">'공기'나 에테르적 실체와 같은 성간(星間) '유동체'의 성질로부터 얻은 귀결</td><td></td></tr>
<tr><td rowspan="10">'지구상'의 물체의 성질로부터 얻은 귀결</td><td colspan="2" rowspan="2">지구상의, '감각'을 가지지 않은 부분으로부터 얻은 귀결</td><td colspan="3">'돌'이나 '금속'과 같은 '광물'의 성질로부터 얻은 귀결</td></tr>
<tr><td colspan="3">'식물'의 성질로부터 얻은 귀결</td></tr>
<tr><td rowspan="8">'동물'의 성질로부터 얻은 귀결</td><td rowspan="3">'동물일반'의 성질로부터 얻은 귀결</td><td colspan="2">'영상'으로부터 얻은 귀결</td><td>〈광학〉</td></tr>
<tr><td colspan="2">'소리'로부터 얻은 귀결</td><td>〈음악〉</td></tr>
<tr><td colspan="3">기타의 '감각'으로부터 얻은 귀결</td></tr>
<tr><td rowspan="5">'특히 인간'의 성질로부터 얻은 귀결</td><td colspan="2">인간의 '정념'으로부터 얻은 귀결</td><td>〈윤리학〉</td></tr>
<tr><td rowspan="4">'말'로부터 얻은 귀결</td><td>'과장'하거나 '비방'하거나 할 경우</td><td>〈시(詩)〉</td></tr>
<tr><td>'설득'할 경우</td><td>〈웅변술〉</td></tr>
<tr><td>'추론'할 경우</td><td>〈논리학〉</td></tr>
<tr><td>'계약'을 맺을 경우</td><td>〈정의〉와 〈불의〉에 관한 '학문'</td></tr>
<tr><td colspan="3" rowspan="2">'정치체'가 지닌 우유성으로부터 얻은 귀결. 〈정치학〉 또는 〈시민철학〉이라고 한다.</td><td colspan="6">1. 〈코먼웰스〉의 '설립'으로부터 '정치체' 및 '주권자'의 '권리'와 '의무'로의 귀결</td></tr>
<tr><td colspan="6">2. 위와 동일한 것으로부터 '백성'의 '권리'와 '의무'로의 귀결</td></tr>
</table>

제10장

힘 · 가치 · 위계 · 명예 및 적격에 대하여

일반적으로 말해서 '인간의' 힘(*power*)[1]은 미래에 분명히 선(善)이 될 것으로 보이는 것을 획득하기 위하여 그가 현재 가지고 있는 수단이다. 여기에는 '본래 갖추어져 있는'(*original*) 것과 '수단적'(*instrumental*)인 것이 있다. 힘

'자연적 힘'(*natural power*)은 신체나 정신의 여러 능력들의 우수성을 말한다. 예를 들면, 남달리 뛰어난 힘, 용모, 분별력, 기예, 웅변, 후함, 고귀함 같은 것이 바로 그것이다. '수단적 힘'은 자연적 힘이나 혹은 행운에 의해 획득되는 것으로서, 더 많은 힘을 획득하기 위한 수단이며 방법이다. 예를 들면, 부, 평판, 친구, 또는 사람들이 행운이라고 부르는 천우신조(天佑神助) 같은 것이 바로 그것이다. 힘의 성질은 이 점에서는, 명성과 같이, 가면

1) 'power'는 '어떤 것을 해낼 수 있는 심신의 능력'으로서의 힘을 의미하고, 'force'는 '실제로 사용된 power' 즉 겉으로 나타난 힘을 의미한다. 'strength'는 '사람 또는 물건에 본래 갖추어져 있는 power', 즉 체력, 강도, 내구력 등을 의미한다. 세 단어 모두 '힘'으로 번역될 수 있으며, 대체로 그렇게 하였다. 그러나 'power'가 사회적 의미를 지닐 때에는 '권력' 또는 '권한'으로, 'strength'가 육체에 내재된 힘을 가리킬 때에는 '체력'으로 번역하였다.

갈수록 더욱 커지고, 또한 무거운 물체의 운동과 같이, 가면 갈수록 속도가 빨라진다.

인간의 힘 중 가장 큰 것은 다수의 인간이 동의하여 단 한 사람의 자연인 또는 사회적 인격에 그 힘을 결집하는 경우이다. 그 하나의 인격이 다수가 지닌 힘을 사용하는 방식에는 두 가지가 있다. 하나는 코먼웰스의 힘처럼 하나의 인격의 의지에 따라 힘이 행사되는 경우이고, 또 하나는 당파의 힘이나 혹은 여러 당파가 연합한 힘처럼, 각자의 의사에 따라 힘이 행사되는 경우이다. 그러므로 종복이 있는 것은 힘이다. 친구가 있는 것도 힘이다. 두 경우 다 단결된 힘이기 때문이다.

또한 후함과 결합된 부도 힘이다. 친구와 종복을 얻을 수 있기 때문이다. 후함이 없으면 힘이 되지 않는다. 왜냐하면 그 부가 소유자를 보호하는 것이 아니라 거꾸로 그를 질투의 먹이로 만들고 말기 때문이다.

힘이 있다는 평판도 힘이다. 보호를 필요로 하는 사람들을 끌어 모으기 때문이다.

또한 조국을 사랑하고 있다는 평판, 즉 사람들 사이의 인기도 같은 이유로 힘이 된다.

마찬가지로 많은 사람들이 자기를 사랑하게 하거나 혹은 무서워하도록 만드는 모든 성질도 힘이고, 또한 그런 성질이 있다는 평판도 힘이다. 왜냐하면 그것은 많은 사람들의 원조나 봉사를 얻을 수 있는 수단이기 때문이다.

훌륭한 성공도 힘이다. 지혜나 행운을 지닌 사람이라는 평판을 얻게 되고, 그 결과 사람들은 그를 두려워하거나 혹은 신뢰하거나 하기 때문이다.

이미 힘을 지닌 자의 상냥함은 그의 힘을 증가시킨다. 사랑을 얻을 수 있기 때문이다.

평화 및 전쟁에 관한 행위에서 분별력이 있다는 평판도 힘이다. 왜냐하면 어느 누구보다도 바로 그런 사람들에게 기꺼이 우리들 자신에 관한 통치를 맡기기 때문이다.

고귀함도 힘이다. 그러나 그것은 어디에서나 그런 것은 아니고, 고귀함이 특권을 지닌 코먼웰스에서만 힘이 된다. 왜냐하면 고귀한 사람의 힘은 그러한 특권에 있기 때문이다.

웅변은 힘이다. 분별력이 있는 것처럼 보이기 때문이다.

용모도 힘이다. 선량하게 보이고, 여성과 낯선 사람들의 호감을 사기 때문이다.

과학적 지식들은 작은 힘이다. 과학적 지식은 눈에 띄지 않는 것이라서 누구나 다 인정하는 것은 아니다. 소수의 사람들을 제외하면 아무도 인정하지 않는다. 그 소수의 사람들도 오직 몇몇 특정한 일에 관하여만 인정한다. 과학적 지식은 상당한 수준으로 습득한 자 외에는 그 내용을 알 수 없는 성질을 가지고 있기 때문이다.

축성(築城)이나 무기의 제조와 같은 공공의 일에 도움이 되는 기술은 방위 및 승리와 관련된 것이기 때문에 힘이다. 그리고 이 기술의 진정한 어머니는 과학, 즉 수학이다. 그러나 기술자의 손을 통하여 빛을 보기 때문에 그 기술은 (세간에서 산파가 어머니로 통하는 것같이) 기술자의 산물로 평가된다.

인간의 '값어치'(*value*) 또는 **가치**(價値 *worth*)[2]는 다른 가치

2) 'value'는 실제적 유용성 또는 중요성에서 본 가치를 말하고, 'worth'는 지적, 도덕적, 정신적 측면에서 본 가치를 말한다.

모든 것과 마찬가지로 그의 시가(時價 *price*)이다. 즉 그가 사용하는 힘의 양(量)에 상응하는 것이다. 그러므로 그것은 절대적인 것이 아니라 다른 사람의 필요와 판단에 달려 있다. 군대의 유능한 지휘관은 전쟁 중이거나 혹은 전쟁이 임박한 상황에서는 시가가 매우 높지만 평화시에는 그렇지 않다. 학식 있고 청렴한 법관은 평화시에는 시가가 높지만 전시에는 그렇게 높지 않다. 그리고 다른 물건들도 다 그렇듯이, 인간의 경우에도 파는 자가 아니라 사는 자가 그 시가를 결정한다. 예를 들어, 어떤 사람이 자신을 최고의 가치로 평가한다고 해도 (사실상 대부분의 사람들이 그러고 있지만) 그의 실제 가치는 다른 사람들의 평가 그 이상은 아니다.

우리가 서로 상대를 평가하는 가치 표명은 명예를 부여하거나 혹은 불명예를 부여하는 것으로 나타난다. 상대를 높게 평가하는 것은 그에게 '명예를 부여하는 것'이며, 낮게 평가하는 것은 그에게 '불명예를 부여하는 것'이다. 그러나 이 경우에 높고 낮음은 여러 사람들이 자기에게 내리는 평가들을 비교하여 이해된다.

위계 인간의 공적 가치, 즉 코먼웰스에 의해 평가되는 가치를 보통 위계(位階 *dignity*)[3]라고 한다. 이것은 명령을 내리거나 공무를 집행하는 등의 직무에 의해, 혹은 그와 같은 가치를 구별하기 위해 정해진 명칭이나 칭호에 의해 이해된다.

다른 사람에게 원조를 요청하는 것은 종류를 불문하고 '명예(*honour*)를 부여하는' 일이다. 왜냐하면 원조를 요청

3) 벼슬의 품계(品階)를 말한다. 관계(官階), 관등(官等), 관위(官位)라고 하기도 한다.

하는 행위 자체가 그에게 자신을 도울 힘이 있다는 것을 내가 인정하고 있다는 증거이기 때문이다. 그리고 요청하는 원조가 힘든 일일수록 명예도 그만큼 커진다.

명예와 불명예를 부여하는 일에 대하여

복종하는 것도 명예를 부여하는 일이다. 왜냐하면 도울 힘이나 혹은 해칠 힘이 없다고 생각되는 사람에게는 아무도 복종하지 않기 때문이다. 그러므로 복종하지 않는 것은 '불명예를 부여하는 일'이다.

큰 선물을 주는 것도 그에게 명예를 부여하는 일이다. 이로써 보호를 사고〔買〕, 힘을 인정하는 것이기 때문이다. 작은 선물은 불명예를 부여하는 일이다. 그것은 자선일 뿐이며, 작은 도움밖에 필요하지 않다고 생각하고 있음을 나타내기 때문이다.

타인의 이익을 증진하는 데 힘쓰는 것과 타인에게 아첨하는 것도 명예를 부여하는 일이다. 그의 보호나 도움을 구하고 있다는 증거이기 때문이다. 한편, 경시하는 것은 상대에게 불명예를 부여하는 일이다.

어떤 이익이 있을 때, 타인에게 길을 양보하거나 장소를 양보하는 것은 명예를 부여하는 것이다. 상대에게 〔자기보다〕 더 큰 힘이 있다는 것을 인정하는 것이기 때문이다. 월권행위를 하는 것은 상대에게 불명예를 부여하는 일이다.

상대에게 사랑이나 공포의 표시를 보여주는 것은 명예를 부여하는 것이다. 사랑하는 것도 두려워하는 것도 모두 상대를 높이 평가하는 것이기 때문이다. 경시하거나 혹은 상대가 기대하는 것만큼 사랑이나 공포를 표시하지 않는 것은 불명예를 부여하는 것이다. 상대를 낮게 평가하는 것이기 때문이다.

상대를 칭찬하고 찬미하고 복되다고 하는 것은 명예를 부여하는 일이다. 선량함, 힘, 행복이야말로 높이 평가되는 것이기 때문이다. 욕설을 하거나 조롱하거나 혹은 동정하는 것은 상대에게 불명예를 부여하는 일이다.

남에게 말할 때 잘 생각해서 하고, 다른 사람 앞에서 품위를 지키며 겸손한 것은 상대에게 명예를 부여하는 것이다. 상대를 불쾌하게 하지 않을까 염려하고 있다는 표시이기 때문이다. 경솔하게 말하거나, 외설적인, 부주의한, 건방진 행동을 하는 것은 상대에게 불명예를 부여하는 일이다.

남을 믿고 신뢰하고 의지하는 것은 그에게 명예를 부여하는 일이다. 그에게 덕이나 힘이 있다고 생각하고 있음을 보여주기 때문이다. 신뢰하지 않거나 혹은 믿지 않는 것은 불명예를 부여하는 것이다.

다른 사람의 조언이나 이야기를 종류를 막론하고 경청하는 것은 명예를 부여하는 것이다. 그가 현명하다고, 혹은 설득력이 있다고, 혹은 지력이 있다고 생각하고 있음을 보여주기 때문이다. 이야기를 듣는 도중에 졸거나 나가 버리거나 떠들거나 하는 것은 상대에게 불명예를 부여하는 것이다.

또한 상대가 명예의 표시라고 생각하는 것, 혹은 법률이나 관습에 의해 명예의 표시로 되어 있는 것을 행하는 것은 상대에게 명예를 부여하는 일이다. 다른 사람이 그에게 부여한 명예를 인정함으로써, 다른 사람이 인정한 힘을 자신도 인정하는 것이기 때문이다. 그렇게 하기를 거부하는 것은 상대에게 불명예를 부여하는 것이다.

의견에 동의하는 것은 명예를 부여하는 것이다. 그의

판단과 지혜를 인정하는 표시이기 때문이다. 동의하지 않는 것은 불명예를 부여하는 것이다. 오류를 비난하는 것과, 여러 가지 점에서 동의하지 않는 것, 즉 어리석음을 비난하는 것은 상대에게 불명예를 부여하는 일이다.

모방하는 것은 명예를 부여하는 일이다. 상대를 전폭적으로 인정하는 것이기 때문이다. 상대의 적(敵)을 모방하는 것은 상대에게 불명예를 부여하는 일이다.

어떤 사람이 존경하는 사람을 자기도 존경하는 것은 그 사람의 판단을 인정한다는 증거이므로 그에게 명예를 부여하는 일이다. 어떤 사람의 적을 존경하는 것은 그에게 불명예를 부여하는 일이다.

조언이 필요하거나 난관에 부딪혔을 때 사람을 쓰는 것[4]은 그에게 명예를 부여하는 일이다. 그의 지혜나 기타의 힘을 인정한다는 표시이기 때문이다. 같은 상황에서 그렇게 해주기를 바라는 상대를 쓰지 않는 것은 그에게 불명예를 부여하는 일이다.

명예를 부여하는 이러한 방법들은 모두 자연적인 것으로서 코먼웰스 안에서나 밖에서나 마찬가지다. 그러나 코먼웰스에서는 최고의 권위를 가진 사람(들)이 마음대로 무엇이든 명예의 표시로 삼을 수 있기 때문에 〔앞에서 논의한 것과는〕 다른 명예 부여의 방법이 있다.

주권자는 백성에게 명예를 부여하는 수단으로 칭호·직무·등용·행위 등 백성에게 명예를 부여하고자 하는 자신의 의지를 나타낼 수 있는 것은 무엇이든지 사용할

---

4) 여기서 '사람을 쓴다'(*employ*)는 말은 두 가지 의미로 해석할 수 있다. 하나는 그를 고용하여 일을 맡긴다는 뜻이고, 하나는 그의 의견을 좇는다는 뜻이다.

수 있다.

예를 들면, 페르시아의 〔아하수에로〕 왕은 모르드개에게 명예를 부여하기 위하여, 왕이 입는 옷과 왕이 타는 말과 머리에 쓰는 왕관을 가져다가 그에게 옷을 입히고 말에 태워서 성안 거리로 지나가게 하면서, 말을 모는 신하에게는 "임금님께서는 높이고 싶어 하시는 사람에게 이렇게까지 대우하신다" 하고 외치도록 명령하였다.[5] 그러나 페르시아의 다른 왕은, 혹은 같은 왕이 다른 때에는, 어떤 커다란 공훈의 대가로 왕복을 입혀달라고 요구한 자에게 그렇게 하도록 허락했으나, 단 왕의 광대로서 그것을 입어야 한다고 덧붙였는데, 이때는 그것이 불명예였다. 그러므로 사회적 명예에 관한 한, 그 원천은 코먼웰스의 유일 인격 안에 있으며, 주권자의 의지에 달려있다. 따라서 이것은 일시적인 것이며, '사회적 명예'(*civil honour*)로 불린다. 예를 들면, 관직·직무·칭호 등이 그러한 것이며, 또한 어떤 지방에서는 문장(紋章)이나 채색된 방패가 그러한 것이다. 그리고 사람들은 그러한 것을 가진 사람을 코먼웰스의 총애를 받는 사람으로 여겨 존귀하게 생각한다. 그리고 이와 같은 총애는 힘이다.

명예로운 것

힘의 증거 또는 표시가 될 수 있는 모든 소유물, 행위, 자질은 '명예로운 것'(*honourable*)이다.

따라서 다수가 명예를 부여하고, 사랑하고, 혹은 두려워하는 것은 힘의 증거이며, 모두 명예로운 것이다. 명예를 부여하는 사람이 거의 없거나, 혹은 전혀 없는 일은 '불명예스러운 것'(*dishonourable*)이다.

불명예스러운 것.

5) 《성경》, 〈에스더기〉 제6장 7~9절 참조.

지배나 승리는 명예로운 것이다. 그것은 힘으로 획득되는 것이기 때문이다. 곤궁이나 공포 때문에 예속되는 것은 불명예스러운 것이다.

행운은 오래 계속되면 명예로운 것이다. 하느님의 은혜의 표시인 까닭이다. 불운과 상실은 불명예스러운 것이다. 부는 명예로운 것이다. 이것은 힘이기 때문이다. 빈곤은 불명예스러운 것이다. 아량·후함·희망·용기·신뢰는 명예로운 것이다. 이것은 힘을 의식하는 데서 생기기 때문이다. 소심·인색·공포·자신 없음은 불명예스러운 것이다.

해야 할 일에 대한 적시의 결단이나 결정은 명예로운 것이다. 사소한 장애나 위험을 경시하는 것이기 때문이다. 우유부단은 불명예스러운 것이다. 사소한 장애나 사소한 이익을 과대평가하는 표시이기 때문이다. 허락된 시간동안 일의 경중을 비교하고서도 결단을 내리지 못할 때, 중요성의 차이는 거의 없다. 그러므로 만일 결단을 내리지 못하면, 사소한 일을 과대평가하는 것이며, 그것은 소심이다.

풍부한 경험, 학문, 분별 또는 지력에서 생기거나, 혹은 그렇게 보이는 모든 행동과 말은 명예로운 것이다. 이 모든 것이 힘이기 때문이다. 오류, 무지, 어리석음에서 생기는 행동과 말은 불명예스러운 것이다.

중후함은 다른 어떤 일에 전념하고 있는 정신에서 나온 것으로 생각되면, 그만큼 명예로운 것이다. 전념하는 것은 힘의 표시이기 때문이다. 그러나 만일 중후하게 보이려는 의도에서 나온 것으로 생각되면 불명예스러운 것이다. 전자의 중후함은 상품을 적재한 배의 안정과 같은 것이지만, 후자의 중후함은 모래와 쓰레기로 바닥짐을 실은 배의 안정과 같은 것이기 때문이다.

저명한 것, 즉 부(富), 직무, 위대한 행동, 혹은 어떤 뛰어난 미덕 때문에 유명해지는 것은 명예로운 것이다. 그것은 그가 저명하게 된 힘을 가지고 있다는 표시이기 때문이다. 반대로 무명(無名)한 것은 불명예스러운 것이다.

저명한 조상을 둔 것은 명예로운 것이다. 선조의 도움과 선조의 친구들을 더 쉽게 얻을 수 있기 때문이다. 반대로 무명한 조상을 둔 것은 불명예스러운 것이다.

공평에서 나온 행동은 손실을 가져왔다 하더라도 명예로운 것이다. 그것은 아량의 표시이며, 아량은 힘의 표시이기 때문이다. 반대로 간계, 술책, 공평의 무시는 불명예스러운 것이다.

거대한 부에 대한 열망과 위대한 명예에 대한 야망은 명예로운 것이다. 그것들을 획득하는 힘의 표시이기 때문이다. 사소한 이득이나 승진에 대한 욕망과 야망은 불명예스러운 것이다.

어떤 행위가 위대하고 어려우며, 따라서 큰 힘을 표시하는 것이라면, 어떤 그 행위가 정당한지 부당한지는 그 행위의 명예에 아무런 영향도 미치지 않는다. 명예란 오로지 힘에 대한 평가이기 때문이다. 그러므로 고대의 이교도들이, 자기의 신들이 강탈과 절도를 비롯하여 기타 위대하지만 부당하거나 불결한 행동들을 저지른 것을 시(詩)로 읊었을 때, 그들은 그 신들에게 불명예를 부여한 것이 아니라, 오히려 큰 명예를 부여한 것이라고 생각했다. 유피테르[6]의 경우 그의 간통이 칭송되었고, 메르쿠리우스[7]의 경우 그의 사기나 절도가 칭송되었다. 호메로스의 찬가[8]를 보면, 메르쿠리우스가 아침에 태어나서 점심때에는 음악을 만들어내고 밤이 되기 전에 아폴로의 가축을 양치기 몰래 훔쳐갔다고 칭찬하고 있다.

또한 인간 사이에도 위대한 코먼웰스가 형성되기 전까지는 해적이나 산적이 되는 것을 조금도 불명예스럽게 생각하지 않았다. 오히려 합법적인 일로 여겼는데, 이것은 그리스인들만 그랬던 것이 아니라 다른 민족의 경우에도 마찬가지였다. 이 점은 고대사를 보면 명백하게 알 수 있다. 또한 오늘날에도 우리 지역에서는 사적 결투가 존재하는데, 현재 우리는 이것을 불법적인 것이라 할지라도 명예로운 것으로 여기고 있다. 이런 사고방식은 거부하는 자에게는 명예가, 도전하는 자에게는 치욕이 부여된다고 규정하는 날까지 계속될 것이다. 왜냐하면 결투도 대체로 용기가 있어야 되는 일이며, 용기의 근거는 언제나 체력

---

6) Jupiter: 로마 신화에서 천공(天空)의 신. 그리스 신화의 제우스(Zeus)에 해당한다. 영어발음은 주피터이다. 온갖 기상 현상을 지배하며, 비와 폭풍과 천둥을 일으키는 신이다. 전쟁에서는 로마에 승리를 가져다주는 수호신일 뿐만 아니라, 정의와 덕을 다스리고 서약과 법률을 지키는 신으로 모셨다. 로마에서는 예로부터 카피톨리노 언덕 위에 유피테르의 큰 신전이 건립되어 있어, 집정관(執政官)이 취임하면 우선 이 신전에 참배하였으며 또 원정에서 돌아온 장군의 개선(凱旋)행렬도 이 신전으로 향하는 것이 관례로 되어 있었다.

7) Mercurius: 로마 신화에서 사자신(使者神). 웅변가·장인·상인·도둑의 수호신. 그리스 신화의 헤르메스(Hermes)에 해당한다. 영어명은 머큐리(Mercury)이다.

8) Homeros: 고대 그리스 시인. 영어이름은 호머(Homer)이다. 《일리아드》(*Iliad*)와 《오디세이아》(*Odyssey*)의 작자로 알려져 있다. 작품의 성립연대는 BC 9~8세기 설이 유력하다. 이외에 《호메로스 찬가》(*Homeric Hymns*)도 그의 작품이라고 하나 이론(異論)이 있다. 《호메로스 찬가》 중에 582행에 달하는 〈헤르메스 찬가〉(Homeric Hymn to Hermes)가 있다.

이나 기량이며, 바로 그것이 힘이기 때문이다. 결투는 대부분 결투자 일방 혹은 쌍방이 홧김에 내뱉은 말 때문에, 또한 불명예에 대한 두려움 때문에 발생한다. 이들은 경솔한 맹세에 사로잡혀, 치욕을 피하기 위해 결투장으로 달려간다.

문장

방패의 무늬나 세습적 문장(紋章 *coats of arms*)은 그것이 어떤 특별한 특권을 갖는 곳에서는 명예로운 것이지만, 그렇지 않은 곳에서는 명예로운 것이 못된다. 왜냐하면 문장의 힘은 그러한 특권이나, 재산이나, 혹은 다른 사람이 가지고 있어도 똑같이 명예가 되는 것에 존재하기 때문이다. 이러한 종류의 명예는 보통 명문가(名門家 *gentry*)라고 불리는데, 고대 게르만족에 기원을 두고 있다. 게르만족의 관습이 알려지지 않은 곳에서는 그러한 일이 있었다는 것이 전혀 발견된 적이 없으며, 오늘날에도 게르만족이 살지 않았던 곳에서는 전혀 사용되지 않고 있다. 고대 그리스의 지휘관들은 출정(出征)할 때 각자가 선호하는 문장을 방패에 그려 넣었다. 그런 것이 없는 방패는 빈곤의 표시, 그리고 일개 병졸에 불과하다는 표시였다. 그러나 그러한 문장이 세습되지는 않았다. 로마인들은 가문을 나타내는 표시(*mark*)를 대대로 전했으나, 그것은 조상의 상(像)이었지 문장은 아니었다. 아시아, 아프리카 및 아메리카의 민족들 사이에는 그러한 것이 지금도 없고, 옛날에도 없었다. 오직 게르만족만이 그러한 관습을 가지고 있었으며, 이것이 영국, 프랑스, 스페인, 이탈리아 등지로 유입된 것은 그들이 대규모로 서방제국에서 로마인을 돕거나 혹은 이들 지방을 정복했기 때문이다.

고대 게르마니아는, 다른 나라들도 초기에는 다 그러했

듯이, 소영주나 족장으로 무수히 분할된 상태에서 끊임없이 전쟁하고 있었다. 이들 족장이나 영주는 무장했을 때, 그들의 가신(家臣)들이 알 수 있도록 하기 위해, 또한 장식을 겸하여, 갑옷이나 방패, 또는 겉옷에 짐승 그림 등을 그렸으며, 또한 투구의 앞꽂이 장식에도 특별히 돋보이는 표시를 하였다. 이러한 갑옷과 투구의 앞꽂이 장식은 세습적으로 자식들에게 전해졌다. 특히 장남에게는 원래 모양 그대로, 그 이외의 자식들에게는 노주인(老主人), 즉 네덜란드어로 '헤레알트'(*Here-alt*)가 적당하다고 생각하는 모양으로 물려주었다. 그러나 이러한 가족이 다수 결합하여 하나의 큰 왕국을 형성했을 때는, 문장에 의해 방패를 구별하는 노주인의 임무는 독립된 개인의 직무가 되었다. 그리고 이들 영주의 자손은 오늘날에는 위대하고 유서 깊은 명문가로서, 대부분 용기나 무용(武勇)으로 이름을 떨치는 동물이나, 성(城), 흉벽(胸壁), 검대(劍帶), 무기(武器), 성문(城門), 성책(城柵) 등 전쟁에 관한 징표를 가지고 있다. 당시에는 군사적 미덕 이외에는 명예로운 것이 없었기 때문이다. 후에는 왕뿐만이 아니라 민주적 코먼웰스에서도 출정하는 자나 전쟁에서 돌아오는 자를 격려하거나 그들의 전공(戰功)에 보답하기 위해 여러 가지 종류의 방패장식을 수여했다. 주의 깊은 독자라면, 그리스인과 라틴인의 고대사에서 당시의 게르만 민족과 그 풍습에 관해 언급한 대목을 읽을 때 앞에서 말한 내용들을 찾아 볼 수 있을 것이다.

영작의 칭호

'영작'(榮爵 *honour*)[9]의 칭호, 즉 공작·백작·후작·남

9) '영작'(榮爵)이란 '영예로운 작위'를 말한다. 영어 'honor'에는 '명예를 주다'는 의미와 '영예로운 작위를 주다'는 의미가 있다.

작 등과 같은 칭호가 영예로운 것은 그것이 코먼웰스의 주권에 의해 부여된 가치를 나타내기 때문이다. 이들 칭호는 옛날에는 직무(*office*)와 지배(*command*)의 칭호였는데, 로마인에게서 온 것도 있고, 게르만인에게서 온 것도 있고, 또 프랑스인에게서 온 것도 있다. 공작(*dukes*)은 라틴어로 '두케스'(*duces*)[10] 인데, 전시(戰時)의 장군을 뜻한다. 백작(*counts*)은 라틴어로 '코미테스'(*comites*)[11] 인데 우정(友情)으로 장군을 따라나선 자이며, 어떤 지역을 정복하거나 평정하고 나면 그 지역을 통치하고 방위하는 임무를 맡았다. 후작(*marquises*)은 '마르키오네스'(*marchioness*)로 제국의 변경(邊境 *march*) 또는 경계지역을 통치하던 백작이었다. 이러한 공작, 백작, 후작 등의 칭호는 콘스탄티누스 대제[12] 때 게르만 민병의 관습이 제국으로 들어온 것이었다. 그러나 남작은 골(Gaul)인(人)들의 칭호였던 것으로 생각되는데, 위인(偉人)이란 뜻으로, 예를 들면, 군왕이나 영주가 전시에 측근으로 곁에 두었던 사람들을 말한다. 'vir'(병사)가 'ber'와 'bar'가 되었다가(골어의 'ber'와 'bar'는 라틴어 'vir'와 의미가 같다) 다시 'bero'와 'baro'로 변한 것으로 보인다. 그래서 그들을 'berones'라고, 후에는 'barones'라고 하였다. 스페인어로는 'varones'라고 하였다. 영작 칭호의 기원에 대해 더 자세히 알고 싶은 사람은 이 문제에 관해 셀던 씨가 쓴 훌륭한 논문[13] 을 참

10) 'dux'의 복수형이다. 지도자, 인도자, 지휘관, 장군 등을 뜻한다.

11) 'comes'의 복수형이다. 동반자, 친구, 동료 등을 뜻한다.

12) Flavius Valerius Constantinus I (274?~337) : 로마 황제(재위 310~337). 처음 기독교를 공인하고 개종한 황제이다.

13) John Selden(1584~1654)의 "Titles of Honour"(1614)를 말한다. 셀던은 영국의 법학자로서 홉스의 친구였다. 조세문제의 권위자로서, 1618년에 출

조하시기 바란다. 나도 이 논문을 보고 알았다. 그런데 시간이 지남에 따라 이러한 영작의 직무는 곤란한 문제를 일으키기도 했고, 또 훌륭하고 평화로운 통치가 이루어지면서 이들 칭호의 대부분은 코먼웰스에서 백성의 귀천, 지위, 계급을 구별하는 데 도움을 주는 단순한 칭호로 변했다. 이리하여 소유하지도, 지배하지도 않는 지방의 공작, 백작, 후작, 혹은 남작이 생기게 되었고, 그 외에 다른 칭호들도 같은 목적으로 생겨났다.

적격(適格 *worthiness*)이라는 것은 인간의 가치 또는 값어치와는 다른 것이며, 또한 공적이나 공로와도 다르다. 적격이란 어떤 일을 하기에 알맞은 특별한 힘 또는 능력을 가진 것을 말한다. 이 특별한 능력을 보통 적합성(*fitness*) 또는 '적성'(*aptitude*)이라고 한다.

적격

적합성

예를 들면, 지휘관이든, 법관이든, 또는 다른 어떤 임무든 그 직무 수행에 필요한 여러 가지 자질을 가장 잘 갖춘 사람이 그 직무를 맡기에 가장 알맞은(*worthiest*) 사람이다. 그리고 재산을 소유하기에 가장 알맞은 사람은 곧 그 재산을 가장 유효하게 사용하는 데 필요한 여러 가지 자질을 갖춘 사람이다. 그러나 어떤 사람이 이러한 자질 중 어떤 것도 없다고 해도 그 밖의 어떤 일에 대하여는 적임자일 수도 있고, 가치 있는 인간일 수도 있다. 또한 어떤 사람이 재산을 가지기에, 혹은 어떤 직무를 맡기에, 혹은 등용하기에 알맞다고 하더라도, 다른 사람보다 먼저 그러한 것을 가질 권리를 주장할 수는 없으며, 그에 합당

간한 《십일조의 역사》(*History of Tithes*)는 종교계의 물의를 일으켜 발행금지되었다. 의회에서 찰스 1세의 권력에 저항, 장기의회에서는 종교적 · 시민적 자유를 주장하였다.

한 자격(*merit*)이나 합당함(*deserve*)이 있다고 말할 수는 없다. 왜냐하면 자격은 권리를 전제하는 것이며, 합당함은 약속에 의해 부여되는 것이기 때문이다. 이 문제에 대해서는 나중에 계약에 관해 논할 때 자세히 살펴볼 것이다.

제11장
생활태도의 차이에 대하여

여기에서 말하는 생활태도의 의미

여기에서 내가 논의하고자 하는 생활태도(*manners*)라는 말은, 예를 들면, 인사는 어떻게 해야 하고, 남들 앞에서 입 청소는 어떻게 해야 하고, 이빨은 어떻게 쑤셔야 하는지, 그런 '작은 품행'에 관한 예의범절을 의미하는 것이 아니고, 인류가 평화와 단결 속에서 함께 살아가는 문제와 관련된 인류의 특성들을 의미한다. 이러한 목적을 위해 우리가 생각해야 할 것은 현세에서의 우리의 삶의 복됨이 결코 만족된 정신의 휴식상태에 있는 것은 아니라는 사실이다. 왜냐하면 옛날 도덕 철학자들의 책에 나오는 '궁극목적'(*finis ultimus*)이나 '최고선'(*summum bonum*) 따위는 없기 때문이다.[1] 또한 욕망이 끝난 사람은 감각과 상상력이 정지된 사람과 마찬가지로 더 이상 살아갈 수 없

1) '궁극목적'과 '최고선' 등은 아리스토텔레스이래 토머스 아퀴나스에 이르기까지 서양철학 및 중세신학의 중심주제였다. 아퀴나스의 《신학대전》 제2부 제1장 QQ.1~5는 이 문제들을 집중적으로 다루고 있다. Thomas Aquinas, *Summa Theologica*. Mortimer J. Adler et als., ed. 1993. *Great Books of the Western World*. Encyclopaedia Britannica, Inc. 2nd Ed. Vol. 17, pp. 609~643 참조.

기 때문이다. 복됨이란 욕망이 하나의 대상에서 또 다른 대상으로 계속적으로 이행하는 것이며, 전자의 획득은 후자로 가는 길에 불과하다. 왜냐하면 인간의 욕망은 그 목적이 단 일회의, 혹은 단 한순간의 향락에 있는 것이 아니라 장래의 욕망에의 길을 영구히 확보하는 데 있기 때문이다. 따라서 만족된 생활을 획득하는 것, 그리고 만족된 생활을 확보하는 것은 모든 인간의 자발적 행위〔의 목적〕이며 자연적 성향이다. 다만 그 목적을 달성하는 방법이 다를 뿐이다. 방법의 차이가 생기는 이유는 사람들마다 정념이 서로 다르기 때문이기도 하고, 어떻게 해야 기대하는 결과를 얻을 수 있는지에 대해 사람들마다 지식이나 의견이 다르기 때문이기도 하다.

모든 인간에게 있는, 힘에 대한 부단한 욕망

그러므로 나는 모든 인간에게 발견되는 일반적 성향으로서 죽을 때까지 계속되는, 힘(*power*)[2]에 대한 끊임없는 욕망을 제일 먼저 들고자 한다. 이것은 인간이 이미 획득한 것보다 더 강렬한 환희를 구하기 때문에 그런 것이 아니요, 보통 수준의 힘에 만족할 수 없기 때문에 그런 것도 아니다. 잘 살기 위한 더 많은 힘과 수단을 획득하지 않으면, 현재 소유하고 있는 힘이나 수단조차 확보할 수 없기 때문이다. 그러므로 최고의 권력자인 군왕들은 국내에서는 법으로, 국외에서는 전쟁으로 권력을 확보하기 위해 노력한다. 이것이 달성되면 새로운 욕망을 가지게 된다. 새로운 정복을 통해 명성을 얻고자 하는 자도 있고, 일신의 안락과 감각적 쾌락을 구하는 자도 있고, 자신의 기예나 정신적 능력의 탁월함에 대한 칭송과 아첨을 구하는 자도 있다.

2) 'power'의 역어에 대하여는 제 10장의 주 1 참조.

부, 명예, 지배, 기타 다른 힘에 대한 경쟁은 논쟁이나 반목 또는 전쟁을 낳기 쉽다. 왜냐하면 한 경쟁자가 욕망을 달성하는 길은 다른 경쟁자를 죽이거나, 정복하거나, 축출하거나, 배격하는 것이기 때문이다. 특히 찬양에 대한 경쟁은 고대숭배(古代崇拜)로 기우는 경향이 있다. 인간은 살아 있는 사람과 싸우는 것이지 죽은 자와 싸우는 것이 아니기 때문에, 〔경쟁의 상대가 되는 살아 있는〕 타인의 영광을 흐리게 하기 위하여 죽은 자에 대한 칭찬을 아끼지 않는 것이다.

경쟁에서 생기는, 논쟁에 대한 사랑

안락과 감각적 쾌락에 대한 욕구는 인간으로 하여금 공통의 힘에 복종하게 한다. 그와 같은 욕구가 있을 경우, 스스로의 근면과 노동으로 자신을 보호하려는 생각이 없어지기 때문이다. 죽음이나 상해(傷害)에 대한 공포도 인간으로 하여금 공통의 힘에 복종하게 하는데, 같은 이유에서 그렇게 된다. 반대로 궁핍한 처지에 있거나 현재의 상태에 만족하지 않는 대담한 사람은, 군사적 지배의 야심을 가진 사람들과 마찬가지로, 전쟁의 원인을 지속시켜서 분쟁과 소요를 선동하는 경향이 있다. 전쟁을 하지 않고서는 군사적 명예는 없으며, 카드를 다시 뒤섞지 않고서는 불리한 게임을 유리하게 이끌 희망이 없기 때문이다.

안락의 추구에서 생기는 사회적 복종

죽음이나 상해에 대한 공포에서 생기는 사회적 복종

지식과 평화시의 기예에 대한 욕구는 인간으로 하여금 공통의 힘에 복종하게 한다. 왜냐하면 그러한 욕구는 여가에 대한 욕구를 포함하고 있으며, 따라서 자기 자신 이외의 다른 어떤 힘으로부터 보호를 받고자 하는 욕구를 낳기 때문이다.

또한 기예에 대한 사랑에서

칭찬에 대한 욕구는 칭찬받을 행동을 하게 만드는데, 이러한 행동은 자신이 그 판단을 존중하는 사람들을 기쁘

칭찬에 대한 사랑에서

생기는,
덕에 대한
사랑

게 하는 것이다. 자기가 경시하는 사람에 대해서는 그 사람의 칭찬도 경시한다. 사후의 명성에 대한 욕구도 마찬가지다. 물론 죽은 뒤에는 지상에서 우리에게 주어진 칭찬에 대한 감각은 존재하지 않는다. 죽고 나면 그런 기쁨은 하늘나라의 형용할 수 없는 기쁨 속에 묻혀버리거나, 지옥의 극단적 고통 속에서 소멸되고 말 것이기 때문이다. 그러나 그렇다고 하더라도 사후의 명성이 헛된 것은 아니다. 칭찬받을 것을 예견함으로써, 또한 그로 인해 자손들이 받게 될 혜택을 예견함으로써 현재 기쁨을 느낄 수 있기 때문이다. 보이지는 않지만 상상하는 것이다. 감각에 즐거움이 되는 일은 무엇이든 상상에서도 즐거운 일이다.

큰 은혜에
보답하기
어려울 때
생기는 증오

자기와 대등하다고 생각하는 사람으로부터 자기가 보답할 수 있는 것 이상의 큰 은혜를 입은 경우, 겉으로는 사랑하는 척하지만 실제로는 남몰래 증오하는 마음을 품게 된다. 이런 경우 그 사람은 절망적인 채무자의 상태가 되어서 채권자를 만나기 꺼려하고, 채권자가 아주 먼 곳으로 가 버리기를 바라게 된다. 은혜는 곧 채무이며, 채무는 속박이기 때문이다. 그리고 변제 불가능한 채무는 영속적 속박이다. 상대가 자기와 동등한 사람일 경우에는 증오의 대상이 되지만, 자기보다 우위에 있다고 인정하는 사람으로부터 은혜를 받은 경우에는 애정을 불러일으킨다. 이런 경우에는 그 채무가 새로운 억압이 아니기 때문이다. 이 채무를 기쁘게 받아들이면 (이것을 흔히 '감사'(感謝 *gratitude*)라고 한다) 채권자는 명예를 얻게 되고, 보통 이로써 〔채무에 상당하는〕 보답한 것으로 간주된다. 자기와 동등하거나 혹은 자기보다 열등한 사람으로부터 은혜를 받은 경우에도, 보답할 수 있는 희망이 있으면 애정을 불러일으킨다. 왜냐하면 은혜를 받은 자의 생각으로는 이 채무가 상호 원조와 봉사이기 때문이다. 여기에서 누가 은혜를 더 잘 주는가 하는 경쟁이 생겨나게 된다. 이 경쟁은 모든 경쟁 가운데 가장 고상하고 유익한 경쟁이며, 승자는 승리를 기뻐하고 패자는 이를 인정함으로써 한을 풀게 된다.

증오에 상당하는 의식에서 생기는 것

자신이 속죄할 수 있는 이상의, 혹은 속죄할 의사가 없는 해를 가한 경우, 가해자는 피해자를 증오하기 쉽다. 왜냐하면 가해자는 복수 당할 것을 각오하거나, 혹은 용서를 기대해야 하는데, 이 둘 다 하기 싫은 일이기 때문이다.

공포에서 생기는, 가해에 대한 즉각적인 반응

억압에 대한 공포가 있으면 인간은 사회의 원조를 기대하거나 추구하게 된다. 자신의 생명과 자유를 확보할 수 있는 다른 방법이 없기 때문이다.

또한 자신의 지력에 대한 불신에서 생기는 것

자신의 기민성을 믿지 못하는 사람들은, 혼란이나 소요가 일어났을 때, 스스로 현명하고 기민하다고 자부하는 사람들보다 승리할 가능성이 더 크다. 왜냐하면 전자는 〔그 일에 관해 다른 사람과〕 기꺼이 협의하려 하는 데 반해, 후자는 책략에 걸릴 것이 두려워 우선 공격부터 하기 때문이다. 소요가 일어났을 때는 전선(前線)에 있는 모든 사람들이 함께 모여 결집된 힘을 발휘하는 것이 교묘한 지력에서 나온 그 어떤 전술보다 낫다.

허영에서 생기는 헛된 계획

허영심 강한 사람은 내심으론 그 정도 능력이 있다고 생각하지 않지만 자기가 용감한 사람이라고 여기고 흐뭇해한다. 이런 사람은 허풍만 떨고 실행에 옮기지는 않는다. 왜냐하면 위험하거나 곤란한 상황이 실제로 닥치면 자신의 무능만 드러날 뿐 그 외에는 아무것도 기대할 수 없기 때문이다.

허영심이 강한 사람은 자신의 능력을 자신에 대한 진정

한 지식에서 나오는 확실한 희망의 근거에 의해서가 아니라 다른 사람의 아첨이나 혹은 이전의 운 좋은 어떤 행위에 의해 평가한다. 이런 사람은 경솔한 일을 저지르기 쉽다. 이런 사람들은 위험한 상황이나 난관이 닥치면 어떻게든 피하려고 한다. 즉 이들은 안전한 길이 보이지 않을 때에는 명예를 포기하고 목숨을 구하는 길을 선택한다. 명예는 변명하면 회복될 수도 있지만, 목숨은 무슨 수를 써도 다시 얻을 수 없다고 생각하기 때문이다.

유능하다는 생각에서 생기는 야심

자기에게 통치에 관한 지혜가 있다고 자부하는 사람들은 야심을 품기 쉽다. 모임에서 자리를 맡거나 관청에서 공직을 맡지 않으면 지혜롭다는 명예를 얻을 길이 없기 때문이다. 그러므로 연설을 잘하는 웅변가는 야심을 갖기 쉽다. 웅변은 자신에게도 다른 사람에게도 지혜가 있는 것처럼 보이기 때문이다.

작은 일을 과대평가하는 데서 생기는 우유부단

소심은 인간을 우유부단하게 만든다. 그 결과 행동해야 할 때와 절호의 기회를 놓치기 쉽다. 행동해야 할 때가 다가올 때까지 숙고에 숙고를 거듭하여도 어떤 것이 최선인지 분명치 않다면, 이쪽이든 저쪽이든 차이가 별로 없다는 뜻이기 때문에, 이때 결단을 내리지 않는 것은 사소한 것을 저울질함으로써 호기를 잃는 것이다. 그것이 바로 소심이다.

절약은 가난한 사람에게는 미덕이지만, 많은 사람의 힘이 동시에 필요한 일을 하는 사람에게는 부적합한 것이다. 절약이 그들의 노력을 약화시키기 때문이다. 사람들의 노력은 보수를 줄 때 더욱 증진되고 활기차게 유지된다.

달콤한 말을 곁들인 웅변은 사람들로 하여금 그 웅변가를 신뢰하게 만든다. 웅변은 지혜처럼 보이고, 달콤한 말은 친절처럼 보이기 때문이다. 여기에 군사적 명성까지 더해지면, 사람들은 그 사람을 따르고 복종하게 된다. 웅변과 달콤한 말은 그로부터 해를 입을 위험이 없다는 보증이며, 군사적 명성은 다른 사람으로부터 해를 입을 위험이 없다는 보증이기 때문이다.

지혜나 친절의 표시를 알지 못해 생기는 타인에 대한 신뢰

과학적 지식의 결여, 즉 원인에 대한 무지는 타인의 충고와 권위에 의존하게 하거나, 심지어는 그러한 의존을 불가피하게 만든다. 진리에 관심을 가진 사람은 자기 생각에 만 의존할 수 없는 상황이 되면 자기보다 더 현명하고, 또한 자기를 속이지 않을 것이라고 생각되는 다른 사람의 의견에 의지할 수밖에 없기 때문이다.

또한 자연적 원인에 대한 무지에서

말의 의미에 대한 무지, 즉 이해의 부족은 자신이 알지 못하는 진리뿐만 아니라 오류까지도 믿게 만든다. 심지어 자신이 믿는 사람이 말하는 무의미한 말까지 믿게 만든다. 오류나 무의미는 말에 대한 완전한 이해 없이는 발견할 수 없는 것이기 때문이다.

또한 이해의 부족에서

각자가 가진 정념의 차이에서, 동일한 사물에 서로 다른 이름을 부여하는 경우가 있는데, 이 역시 이해력의 결여가 원인이다. 예를 들면 어떤 개인적 의견에 관하여 이에 찬동하는 사람은 의견(*opinion*)이라고 하지만, 이를 달가워하지 않는 사람은 이단(異端 *heresy*)이라고 한다. 여기에서 이단이라는 말은 결국 개인적 의견이라는 말과 같은 의미이지만 분노의 색채를 띠고 있다는 점이 다를 뿐이다.

같은 이유에서, 과학적 지식과 대단한 이해력이 없이는, 다수 사람들의 하나의 행위와 하나의 군중의 다수 행위[3]를 구별할 수 없게 된다. 예를 들면 로마의 원로원 의원 전원이 카틸리나[4]를 죽일 때 했던 하나의 〔집단〕행위

와 다수의 원로원 의원들이 카이사르를 죽일 때 했던 다수 행위들을 구별하지 못한다. 그러므로 사람들은 어쩌면 한 사람의 선동에 이끌렸을지도 모르는 군중의 다수 행위들을 전체 인민의 행위로 생각하게 되는 것이다.

정사(正邪)의 본질에 대한 무지에서 생기는 관습에의 집착

권리, 공평, 법, 정의 등에 대하여 그 원인과 근본적 구조를 모르는 자는 관습과 선례를 행위의 법칙으로 삼기 쉽다. 즉 처벌하는 것이 관습으로 된 행위는 부정(不正)한 것으로 여기고, 처벌되지 아니하고 허가를 얻은 사례(*example*)가 있는 행위는 정당한 것으로 여긴다. 이러한 그릇된 척도로만 정의를 논할 줄 아는 법률가들은 그러한 실례를 거침없이 판례(*a precedent*)라고 부른다. 이것은 부모와 교사들로부터 받는 교정 이외에는 태도의 선악에 대한 어떤 법칙도 없는 어린이들과 같은 것이다. 다만 어린이들은 법칙에 충실하지만, 어른들은 그렇지 않은 점이 다를 뿐이다. 인간은 나이가 들어 강해지고 완고해지면, 그때그때의 편의에 따라 관습을 버리고 이성에 호소하거나, 이성을 버리고 관습에 호소한다. 또한 자신의 이익을 위해 필요하다 싶으면 관습에서 멀어지고, 또한 이성이 자기에게 불리하다 싶으면 이성에 반대한다. 정사(正邪)의 문제에 대해 붓과 칼의 논쟁이 그치지 않는 이유가 바로 여기에 있다. 그러나 선(線)과 도형에 관한 문제는 그

3) '다수 사람들의 하나의 행위'란 다수가 하나의 집단을 이룬 다음 그 집단이 행한 행위를 말하고, '하나의 군중의 다수 행위'란 군중을 이룬 사람들 개개인이 개별적으로 한 행위들을 말한다.

4) Lucius S. Catilina (BC 108~62) : 로마 공화정 말기의 정치가. 북아프리카의 속주 총독을 지냈으나 부당한 징수로 고발되어 집정관 선거에서 낙선되었다. BC 63년 일부 원로원 귀족들의 지원 아래 폭력적 수단으로 정권탈취를 기도하였으나 키케로가 탄핵한 변설이 효력을 발휘해 원로원에서 공적(公敵)으로 선고되어 에트루리아로 달아났다가 잔당과 함께 전사하였다.

렇지 않다. 이 경우에는 진리가 무엇이든 상관없다. 어느 누구의 야심도, 이익도, 쾌락도 방해받지 않기 때문이다. 만약 '삼각형의 세 각의 합은 두 직각의 합과 같다'는 것이 어떤 사람의 영토에 대한 권리나 혹은 영토소유자의 이익에 반하는 것이었다면 어떻게 되었을까? 그것이 논쟁거리가 되지는 않았을지라도, 틀림없이 기하학에 관한 모든 책을 불살라버리고 관계자의 힘이 미치는 한 이 학설을 억압했을 것이다.

평화의 원인에 대한 무지에서 생기는 사적 개인들에 대한 추종

원인에 대한 무지는 사람으로 하여금 모든 사건의 원인을 직접적이고 수단적인 것에서 찾게 만든다. 그것만이 그들이 알 수 있는 모든 원인이기 때문이다. 그러므로 어디에서나, 세금 내기 싫어하는 사람들은 그 분노를 세리에게, 즉 징세원이나 수금원이나 기타 세무담당 관리에게 터뜨리며, 공공단체의 통치를 비난하는 사람들을 추종한다. 그리고 이리하여 그들이 정당화하기 어려운 일을 하였을 때에는 처벌에 대한 공포나 사면을 받아야하는 부끄러움 때문에 최고 권위까지도 공격한다.

자연에 대한 무지에서 생기는 경신

자연적 원인에 대해 무지한 사람들은 무엇이든 가벼이 믿고, 때로는 불가능한 것까지 믿는다. 그런 사람들은 그 믿음이 진실이 아닐 가능성에 대해서는 아무것도 아는 것이 없기 때문에, 어떤 것이 불가능한 일이라고 하여도 그것을 알아낼 능력이 없다. 또한 경신(輕信)은 다른 사람들로 하여금 쉽게 거짓말을 하게 만든다. 친구들이 자기 말을 귀 기울여 들어주면 누구라도 좋아하기 때문이다.[5] 그러므로 악의가 없어도 무지 그 자체가 사람으로 하여금

5) 쉽게 믿는 사람들을 상대로 이야기를 하게 되면 거짓말을 하기도 쉽다는 뜻이다.

거짓말을 믿게 만들고, 거짓말을 하게 만들고, 또 때로는 지어내게 만드는 것이다.

미래에 대한 염려에서 생기는 지적 호기심

미래에 대한 불안은 인간에게 사물의 이치를 탐구하려는 마음을 불러일으킨다. 이치를 알고 있으면 현재의 상태를 자기에게 가장 유리하게 만들 수 있기 때문이다.

미래에 대한 염려에서 생기는 자연적 종교

호기심(*curiosity*), 즉 원인에 대한 지식애(知識愛)는 사람으로 하여금 결과에 대한 고찰로부터 그 원인에 대해 탐구하게 하고, 그리고 다시 그 원인의 원인을 탐색하도록 만든다. 이 과정은 마지막에 가서는 필연적으로 다음과 같은 생각에 도달하게 된다. 즉 그 이전에는 어떠한 원인도 없고 그것이야말로 영원한 원인이 되는, 그런 어떤 원인이 존재한다는 것이다. 바로 이 원인이 인간이 신(神)이라고 부르는 것이다. 따라서 영원한 유일신(*one God eternal*)이 존재한다는 것을 믿지 않고서는 자연적 원인에 대한 어떠한 심오한 탐구도 할 수 없다. 하지만 인간의 마음속에 신의 본성과 합치하는 신의 관념을 그려낼 수는 없다. 그 이유를 예를 들어 설명해 보자. 장님으로 태어난 사람이, 불로 온기를 얻는다는 이야기를 듣고, 자기도 직접 불을 쬐어 온기를 느낀 경험이 있다면, 사람들이 '불'이라고 부르는, 그리고 그가 느낀 온기의 원인이 되는 것이 존재한다는 것을 쉽게 이해할 수 있고 또한 확신할 수 있다. 그러나 그 불이 도대체 어떻게 생긴 것인지는 상상할 수 없으며, 불을 직접 본 사람처럼 마음속에 그려낼 수는 없다. 그와 마찬가지로 이 세상에 보이는 온갖 사물과 경이로운 질서를 보면서 그 원인을, 즉 사람들이 하느님이라고 부르는 것의 존재를 생각할 수는 있지만, 마음속에 신에 대한 관념 혹은 상(像)을 그려낼 수는 없다.

또한 사물의 자연적 원인에 대한 탐구를 거의 또는 전혀 하지 않는 사람들은 자신들을 이롭게 혹은 해롭게 하는 힘이 무엇인지 모른다. 이러한 무지에서 생기는 공포로 인하여 여러 가지 보이지 않는 힘을 상정하고 이를 원인으로 생각한다. 그리고 자신들이 상상한 그 힘들을 경외하고, 고민거리가 있을 때에는 그 힘들에게 빌고, 기대한 대로 성공을 거두었을 때에는 감사를 드리는 등, 상상력으로 신을 만들어낸다. 그리하여 무수히 다양한 상상으로부터 인간은 이 세상에 무수한 종류의 신을 창조했다. 그리고 보이지 않는 것들에 대한 이러한 공포야말로 각자가 종교라고 부르는 것(자기들이 믿는 것과 다른 힘을 숭배 혹은 경외하는 경우에는 미신이라고 부르는 것)의 씨앗이다.

많은 사람들이 이러한 종교의 씨앗을 보관해 왔으며, 그들 중 일부는 그에 영양을 공급하고 옷을 입혀서 법으로 만들고자 하였고, 그 위에 미래에 일어날 사건들의 원인에 관해 자신들이 만들어낸 의견을 덧붙이고자 하였는데, 이렇게 하면 사람들을 가장 잘 통치할 수 있고, 나아가 자기의 힘을 최대로 발휘할 수 있다고 생각했기 때문이다.

제12장
종교에 대하여

종교는 인간에게만 있다

'종교'의 〔존재를 보여주는〕 표시나 종교로부터 얻는 이익은 오직 인간에게만 찾아 볼 수 있다. 그렇다면 '종교'의 씨앗도 오직 인간에게만 존재하며, 다른 생물에게서는 발견되지 않는 인간 특유의 성질, 혹은 적어도 인간에게 현저한 어떤 성질에서 생겨난다는 것을 의심할 이유가 없다.

첫째, 원인을 알고 싶어하는 지적 욕구에서

첫째, 눈에 보이는 것은 무엇이든지 그 원인을 알고 싶어 하는 것이 인간 특유의 본성이다. 물론 사람마다 정도의 차이는 있을 수 있지만 자신의 행복과 불행의 원인을 알고 싶은 호기심은 누구에게나 있다.

사물의 시작에 대한 고찰에서

둘째, 인간은 어떤 일이 시작되는 것을 보면, 거기에도 또한 원인이 있었을 것이라고 생각하고, 그 일이 시작되기 전이나 후가 아니라 바로 그때 그 일이 시작되도록 만든 원인이 있었을 것이라고 생각한다.

사물의 결과에 대한 관찰에서

셋째, 짐승의 경우에는 일상적인 먹이나 안락 또는 쾌락을 즐기는 것 이외에는 다른 행복이 없으며, 눈에 띄는 일의 순서와 연관 및 의존관계를 관찰 또는 기억하지 못하기 때문에 미래에 대한 예견은 거의 또는 전혀 하지 못한다. 그러나 인간은 어떤 사건이 어떻게 다른 사건에 의해 생겨났는지를 관찰하고, 또 그러한 사건들의 전제와 결과를 기억한다. 그리고 사건의 진정한 원인을 확인할 수 없을 때에는 (행운과 불행의 원인은 대부분 눈에 보이지 않기 때문에) 자신의 상상력을 발동하여, 혹은 자기편이라고 생각되는 사람 중에서 자기보다 현명하다고 생각되는 사람들의 권위에 기대어 원인을 추정한다.

종교의 자연적 원인은 미래에 대한 불안에 있다

이 세 가지 특징 중 처음 두 가지에서 불안이 생겨난다. 이미 일어난 일이나 앞으로 일어날 일에는 모두 원인이 있다는 것을 알고 나면, 두려운 악으로부터 자신을 보호하기 위해, 또한 바라는 선을 획득하기 위해 노력하게 되고, 다가올 시간에 대해 항구적 불안을 느끼지 않을 수 없다. 그러므로 인간은 누구나, 특히 남달리 신중한 사람은 프로메테우스[1] —'신중한 사람'이란 뜻이다— 와 같은 상태에 놓이게 된다. 프로메테우스는 광막한 코카서스 언덕에 결박된 채 날마다 독수리 한 마리가 그의 간을 쪼아 먹는다. 밤이 되면 독수리에게 쪼인 만큼의 간이 다시 회복된다. 앞날을 멀리까지 내다보고 걱정하는 인간 역시 프로메테우스와 같은 고통을 느끼게 된다. 죽음이나 빈곤이나 혹은 이런 저런 재앙의 공포 때문에 잠시라도 편할 날이 없다. 잠잘 때를 제외하고는.

1) Prometheus: 그리스 신화에 나오는 신 이름. 제우스가 인간에게서 불을 빼앗아버렸을 때 제우스를 속여 불을 훔쳐서 인류에게 주었다. 'Prometeus'는 'forethinker' 즉 '미래를 내다보는 자'라는 뜻이다. 신과 사람에 관한 미래 지식의 소유자로서 제우스의 장래에 관한 비밀을 제우스에게 알려주지 않았다는 이유로 제우스는 그를 코카서스(Caucasus)의 큰 바위에 묶어 놓고 독수리로 하여금 간을 쪼게 하였으나 밤이 되면 그 간이 다시 회복되어 다음날이면 똑같은 고통을 당해야만 하였다. 오랜 세월 끝에 헤라클레스가 독수리를 죽여 구원을 받았고 제우스와도 화해하였다.

그러므로 인간은 보이지 않는 힘들을 두려워한다

마치 어둠 속에 있는 것처럼 원인들에 대해 알지 못하는 한, 항상 인간을 따라 다니는 이 영원한 공포는 어떤 대상을 필요로 한다. 공포의 대상이 눈에 보이지 않을 때에는 행운 또는 불행의 원인으로 삼을 수 있는 것이 '보이지 않는' 어떤 '힘'이나 동인(動因 *agent*) 밖에 없다. 고대의 시인들이 신은 인간의 공포심에서 생겨난 것이라고 말한 것도 이러한 의미였을 것이다. 신에 대한 이러한 언급은 (이방인들의 신에 관한 한) 진실이다. 그러나 영원하고 무한하며 전능한 유일신의 존재를 승인하는 것은 성격이 좀 다르다. 이것은 장래 그들에게 일어날 일에 대한 공포에서 생긴다기보다는 오히려 자연적 물체와 그것들의 여러 가지 힘이나 작용의 원인을 알고자 하는 인간의 지적 욕구에서 생긴다고 할 수 있다. 어떤 결과가 생기는 것을 보고 그로부터 그것과 가장 가까운 직접적 원인을 추론하고, 그로부터 또한 그 원인의 원인을 추론하고, 계속 이어지는 원인을 추적하다 보면, 끝에 가서 '최초의 기동자'(起動者 *one first mover*)에 이르게 된다. 이것은 이교도 철학자들까지도 인정하고 있다. 즉 모든 사물의 최초의 그리고 영원한 하나의 원인이 반드시 존재한다는 결론에 이르게 된다. 이것이 바로 사람들이 '하느님'이라는 이름으로 부르는 존재의 본질이다. 이러한 인과연쇄에서는 인간의 운명에 대한 고려는 없다. 〔따라서 인간들은 자신의 운명에 대해 근심을 가지게 되는데〕 운명에 대한 근심은 공포를 낳기 쉬울 뿐만 아니라, 다른 사물들의 원인에 대한 탐색을 방해한다. 운명에 대한 근심이 신을 낳기 시작하면 사람들의 수만큼 많은 신이 생겨나게 된다.

그러한 상상이 낳은 보이지 않는 동인의 질료 또는 실체는 도대체 무엇일까? 인간의 자연적 사고에 의하면, 그

그리고 그것들이 무형의 것이라고 상정한다

것은 인간의 영혼의 실체와 같은 종류의 것이고, 인간의 영혼은 잠자는 사람의 꿈에 보이는 것, 또는 깨어 있는 사람에게 거울에 비치는 것과 동일한 실체라는 것이다. 그러한 환영이 우리의 상상이 만들어낸 것에 불과하다는 것을 알지 못하기 때문에 사람들은 그것이 우리 외부에 실제로 존재하는 실체라고 생각하고 이를 유령(*ghost*)이라고 부른다. 그래서 라틴인들도 그것을 '상'(像 *imagines*) 또는 '그림자'(*umbrae*)라고 불렀고, 그 실체는 정령(*spirit*), 즉 희박한 공기와 같은 물체라고 생각했다. 다만 그 보이지 않는 동인은 마음대로 출몰한다는 점이 다른 정령들과 다를 뿐이라고 생각했다. 그러나 그러한 정령들이 무형적인 것 또는 비물질적인 것이라는 견해는, 보통 사람의 자연적 사고방식으로는 받아들이기 어렵다. 왜냐하면 '영'과 '무형'이라는 서로 반대되는 개념을 합치는 것까지는 받아들인다 하더라도 그에 상응하는 모습을 도저히 상상할 수 없기 때문이다. 그래서 자신의 명상을 통하여 무한하고 전능하며 영원한 유일신을 승인하기에 이른 사람은, 신이란 존재는 원래부터 인간으로서는 이해할 수 없는 대상이며, 인간의 이해범위를 초월해 있는 존재라고 주장하게 된다. 차라리 신의 본성을 '무형의 영'(*spirit incorporeal*)이라고 정의하고 그런데 이 말이 무슨 말인지 알 수 없다고 고백하는 것이 솔직한 태도가 아닐까? 혹은 그렇게 정의하고 나서, 신성(神性)을 이해할 수 있도록, 즉 신을 눈에 보이는 물체로 정의하게 되면 속된 느낌을 줄 우려가 있기 때문에 가능하면 이런 속된 느낌으로부터 멀리 떨어진 존재로 부각시켜 신을 찬양하려는 '경건한 마음에서' 그렇게 하는 것이지 '독단적으로' 그렇게 하는 것은 아니라고 〔변명〕하는 쪽이 낫지 않을까?

그러나 그들이 어떻게 사물에 영향을 주는지는 알지 못 한다

그러면 이러한 보이지 않는 동인은 어떻게 그 효과를 발휘하는 것일까? 다시 말하면 이런 저런 일이 발생하도록 만드는 직접적 원인으로서 그들이 어떻게 작용하는 것일까? 이 문제에 대하여, 우리가 '원인'(*causing*)이라고 부르는 것이 무엇인지 알지 못하는 사람들, 즉 거의 모든 사람들은 이전에 있었던 유사한 결과에 선행한 일이 무엇이었는지를 관찰하고 기억하여 이를 토대로 추측할 뿐, 달리 기댈 수 있는 법칙을 알지 못한다. 이 경우 선행현상과 후속현상 간에 어떤 의존관계나 연관관계가 있는지는 전혀 알 길이 없다. 따라서 과거에 있었던 유사한 일을 통하여 미래에도 유사한 일이 발생할 것이라고 예측하게 되고, 도저히 원인이라고 할 수 없는 일을 놓고 행운이나 불운과 관련지으려는 미신적 태도를 취하게 된다. 이것은 마치 아테네인들이 레판토 전쟁에서 제 2의 포르미오[2]가 나타나 주길 간절히 바랐고, 또 폼페이우스[3] 일당이 아프리카 전쟁에서 제 2의 스키피오[4]를 바랐던 것과 같은 것이며, 그 외에 다른 사람들도 각자 자신이 처한 상황에 따라서 그와 같이 했던 것이다. 마찬가지로 사람

---

2) Phormio: BC 5세기 무렵의 아테네 행정관. 펠로폰네소스 전쟁(BC 431~404)에서 아테네의 제독(提督)으로 무공을 세웠다.

3) Gnaeus Pompeius Magnus (BC 106~48): 고대 로마 공화정 말기 정치가·군인. 로마 출생. 원로원 귀족 가문에 태어나, 어릴 때 아버지의 참모진에서 쌓은 군사경험과 물려받은 유산을 기반으로 정계에 입문하였다. BC 83년 피케눔에서 모집한 3개 군단 병력을 이끌고 독립적인 동맹자 자격으로 술라와 합세, 마리우스파로부터 로마와 이탈리아를 탈환하기 위한 전투를 벌였다.

4) Publius Cornelius Scipio (BC 236~183): 제 2차 포에니 전쟁에서 이름을 떨친 로마의 명장으로, BC 203년에 자마에서 카르타고의 한니발에게 대승하여 카르타고를 항복시켰다. 이 공로로 스키피오 아프리카누스(Scipio Africanus)라는 별칭(*agnomen*)을 얻었다.

들은 자신의 운명을 곁에 있는 사람이나 장소의 선악에 따라, 또는 말을 어떻게 하느냐에 따라, 특히 기도(마녀의 기도)나 주문(呪文)을 어떤 신의 이름으로 하느냐에 따라 돌이 떡으로 변하거나, 떡이 사람으로 변하거나 하는 등의 변화가 일어날 수 있다고 믿었다.

셋째,[5] 보이지 않는 힘들에 대해 사람들이 보이는 숭배의 태도는 인간이 인간에 대해 보이는 존경의 표현과 다르지 않다. 즉 선물, 탄원, 감사, 신체적 복종, 신중한 호칭, 진실한 행동, 사려 깊은 말, 그들에게 빌면서 하는 맹세, 즉 상호간의 약속을 확인하는 일 등이 바로 그것이다. 그 이외에는 이성이 가르쳐주는 바가 없다. 사람들로 하여금 그렇게 하도록, 혹은 그 이상의 의식(儀式)을 거행할 때는 자기보다 더 현명하다고 여겨지는 사람들에게 의존하도록 방치할 뿐이다.

그러나 인간을 존경하듯이 그들을 숭배한다

마지막으로, 이러한 보이지 않는 힘들이 앞으로 일어날 일들을 인간에게 어떻게 알려주는가, 특히 행운이나 불행, 혹은 개별적인 일의 성패여부를 어떻게 알려주는가 하는 문제들에 관하여, 인간은 당연히 난관에 봉착한다. 다만 인간은 과거를 통하여 미래를 예측하는 데 익숙하기 때문에 어떤 일이 우연히 한두 번 계속되고 나면, 그런 일이 앞으로도 계속될 것이라고 생각하거나, 한두 번의 예측에 성공하여 선견지명이 있다고 여겨지는 사람들의 견해를 따르게 된다.

또한 이상한 일은 모두 그들의 탓으로 돌린다

이상에서 말한 네 가지 사실, 즉 ① 유령이 있다는 생각, ② 이차적 원인[6]에 대한 무지, ③ 두려운 대상에 대

종교의 자연적 씨앗, 네 가지

---

5) 첫째, '유령이 있다는 생각', 둘째, '원인들에 대한 무지'에 이어 셋째가 된다.

6) 홉스에 따르면, '신'이 모든 일의 '일차적' 원인이기 때문에, 우리가 흔히 원

한 헌신, ④ 우연히 생긴 일을 예고로서 받아들이는 것, 바로 이러한 것들이 '종교'의 씨앗이다. 그런데 사람마다 상상, 판단, 정념 등이 서로 다르기 때문에 그 네 가지 사실에서 생겨나는 의식은 각양각색으로 나타난다. 따라서 어떤 사람이 받드는 의식은 다른 사람의 눈에는 대부분 어리석은 것으로 보인다.

배양에 의해 달라졌다

이러한 씨앗들은 두 부류의 인간들에 의해 배양되었다. 한 부류는 그 씨앗들을 창의적으로 배양하고 정리한 사람들이고, 또 한 부류는 하느님의 명령과 지시에 의해 그렇게 한 사람들이다. 그러나 어느 쪽이든 그들에게 의지하는 사람들을 복종, 법, 평화, 자비, 시민사회에 더욱 적합한 인간으로 만들려는 의도에서 그렇게 한 것이다. 그러므로 전자의 종교는 인간의 정치의 일부이며, 지상의 왕들이 그 백성에게 요구하는 의무의 일부를 가르친다. 반면에 후자의 종교는 하느님의 정치로서, 하느님의 나라에 복종하여 백성이 된 사람들에 대한 계율을 포함하고 있다. 전자에는 국가를 건설한 사람과 이방인의 입법자들이 속하며, 후자에는 아브라함과 모세와 우리 구주 등 하느님 나라의 율법을 우리에게 전해준 사람들이 속한다.

이교도들의 불합리한 의견

종교의 내용 가운데 보이지 않는 힘들에 관한 의견을 살펴보면, 이교도들의 경우, 이름을 가진 존재는 거의 대부분이 어디에선가는 신 또는 악마로 섬김을 받아왔다. 이교도 시인들은 그곳에 정령 같은 것이 깃들어 살고 있다고 생각했고, 따라서 이름을 가진 모든 존재들을 생기(生氣)가 있는 것으로 그렸다.

이 세계가 형성되기 이전의 질료는 '혼돈'(混沌 *Chaos*)이

인이라고 부르는 것은 모두 '이차적' 원인이 된다.

라고 불리는 신이었다.

하늘, 바다, 유성(遊星), 불, 대지, 바람은 모두 신이었다.

남성, 여성, 새, 악어, 송아지, 개, 뱀, 양파, 부추도 신격화되었다. 그 외에도 거의 모든 장소에 정령으로 '수호신'(*demons*)을 세웠다. 즉 들판에는 남녀의 판[7] 또는 반인반수(半人半獸)의 사티로스가, 숲에는 파운과 요정들이, 바다에는 트리톤[8]과 요정들이, 하천에는 하천의 정령이나 요정이 살고 있는 것으로 믿었다. 집집마다 '라레스'[9]와 같은 가정의 수호신이나 가령(家靈 *familiar*)이 있고, 사람마다 그를 주관하는 '수호신'(*Genius*)이 있고, 지옥에도 유령과 그 유령의 부하들, 즉 카론[10]과 같은 나루지기, 케르베로스[11]와 같은 감시견(監視犬), 푸리에스와 같은 복수의 여신이 있다고 믿었다. 또한 밤에는 모든 장소에 '라르바'[12]와 '레무레스'[13], 즉 사자(死者)의 유령과 요녀(妖女)와 요괴(妖怪)가 출몰한다고 믿었다. 그들은 또한 시간, 밤, 낮, 평화, 화합, 사랑, 투쟁, 덕, 명예, 건강, 〔금속의〕 녹, 열 등과 같이 단순한 우유성이나 특성에 불과한 것에도 신성을 부여하고 신전을 세웠다. 그런

7) Pan: 그리스 신화에서 삼림, 목축, 수렵의 신.
8) Triton: 그리스 신화에서 반인반어(半人半魚)의 해신(海神).
9) Lares: 로마 가정의 수호신.
10) Charon: 그리스 신화에서 삼도천(三途川 *Styx*)의 나루지기. 삼도천은 저승에 있는 강 이름이다.
11) Cerberus: 그리스 로마 신화에서 지옥을 지키는 개. 머리가 셋에 꼬리는 뱀 모양이다.
12) Larvae: 'larva'는 라틴어로 '유령'이라는 뜻이다.
13) Lemures: 고대 로마의 원혼(寃魂), 원귀(寃鬼).

것들을 바라거나 혹은 피하고자 기도할 때는, 그들 유령이 마치 머리 위에 걸터앉아 그들이 바라는 선이나 피하고자 하는 악을 주거나 뺏기라도 하는 것처럼 기도하였다. 또한 그들은 뮤즈[14]의 이름으로 지혜를 빌었다. 포르투나[15]의 이름으로 무지를, 큐피드[16]의 이름으로 애욕을, 푸리에스의 이름으로 분노를, 프리아포스[17]의 이름으로 생식력을 빌었고, 몽정마저도 몽중마(夢中魔)[18] 탓으로 돌렸다. 시(詩)에 등장하는 인격 중 '신'이나 '악마'가 아닌 것은 단 하나도 없을 정도였다.

이들 이방인의 종교를 창시한 사람들은 종교의 두 번째 근거, 즉 원인에 대한 인간들의 무지에 착안하여, 또한 그러한 무지로 인해 자신들의 운명을 의존관계가 분명치 않은 원인으로 돌리는 경향이 있다는 사실에 주목하여, 이차적 원인 대신에 일종의 보조신을 만들어내서 이차적으로 활용하기에 이르렀다. 그리하여 생식의 원인은 비너스[19], 예술의 원인은 아폴로[20], 정교한 기술은 메리쿠리우스, 폭풍우의 원인은 아이올로스[21]에서 찾는 등 거의

14) Muses: 그리스 신화에서 학예, 시가, 음악, 무용을 관장하는 아홉 여신.
15) Fortuna: 로마 신화에서 운명의 여신. 그리스 명은 튀케(Tyche)이며, 영어명은 포춘(Fortune)이다. 영어명은 '행운'을 의미하는 일반명사로도 쓰인다.
16) Cupid: 로마 신화에서 비너스(Venus)의 아들로 사랑을 맺어주는 신. 그리스 신화의 에로스(Eros)에 해당한다.
17) Priapus: 로마 신화에서 남성 생식력(生殖力)의 신.
18) 잠자는 중에 와서 정교를 맺는다는 괴물. 부녀를 범하는 악마는 'Incubus', 남자를 범하는 마녀는 'Succubus'라고 불렀다.
19) Venus: 로마 신화에서 미와 사랑의 여신. 그리스 신화의 아프로디테(Aphrodite)에 해당한다.
20) Apollo: 그리스·로마 신화에서 태양신. 시, 음악, 예언 등을 주관한다.
21) Aeolus: 그리스 신화에서 바람의 신.

일의 종류만큼 많은 신들을 만들어냈다.

사람들이 신을 섬기는 데 적당하다고 생각할 만한 방법들, 예를 들면, 봉납(奉納), 기도, 감사, 기타 앞에서 말한 여러 가지 방법들 외에도, 이방인의 입법자들은 그림이나 조각으로 신상(神像)을 만들어서 마치 그 그림이나 조각 속에 신이 깃들어있는 것처럼 무지한 사람들(사실상 대부분 또는 다수의 사람들)을 현혹하여 두려워하게 하였다. 그리고 그들 신에게는 별도의 토지, 건물, 관리(官吏), 수입 등을 제공하였다. 즉 동굴, 숲, 수목, 산, 섬 등을 그 우상들에게 봉납하거나 신성한 곳으로 만들었다. 또한 그들에게 인간이나 야수나 괴물의 모습을 부여했을 뿐만 아니라 인간이나 야수가 가진 능력이나 정념까지도 그들에게 부여하였다. 예를 들면, 감각, 언어, 성(性), 애욕, 생식 등과 같은 것이다. 신들은 상호간의 교접으로 자식 신들을 번식시켰고, 인간과의 교접으로 바쿠스,[22] 헤라클레스 등과 같은 잡종 신이나 천국의 거주자들을 낳았다. 또한 그 신들은 분노, 복수 등 생물들이 지닌 다양한 정념을 가지고 있었고, 그러한 정념들로부터 생기는 행위들, 예를 들면, 사기, 절도, 간통, 남색(男色) 등, 쾌락을 위해 힘의 위력으로 온갖 종류의 악덕한 행위를 저질렀다. 이러한 행위들은 인간들 사이에서는 불명예를 넘어 위법으로 간주되는 행위들이다.

마지막으로, 미래의 징후에 관한 문제인데, 이것은 자연적으로는 경험에 기초한 추론이며, 초자연적으로는 신의 계시일 뿐인데, 앞서 말한 이방종교의 창시자들은 거

22) Bacchus: 로마 신화에서 술의 신. 그리스 신화의 '디오니소스'(Dionysos)에 해당한다. 영어식 발음은 '바커스'이다.

짓 경험이나 거짓 계시를 바탕으로 미신적인 점술(占術)을 일삼으며, 그런 방법으로 운명을 알 수 있다고 가르쳤다. 때로는 미래의 징후를 델포이,[23] 델로스,[24] 암몬[25] 등과 같은 유명한 신탁소의 신관(神官)들이 제시하는 모호하고 무의미한 대답에서 찾을 수 있다고 역설하였다. 그들의 대답은 양쪽으로 해석이 가능하도록 고의적으로 모호하게 되어 있었다. 사람을 취하게 하는 기체를 그 장소에 뿌려놓아 정신을 혼미하게 만들기도 했는데, 이런 일은 유황동굴에서 흔히 찾아볼 수 있다. 무녀(巫女)들이 나뭇잎에 기록해 놓은 예언에서도 미래의 징후를 찾았다. 그 무녀들의 예언은 노스트라다무스[26]의 예언처럼 (현재 남아 있는 단편들은 후대에 와서 각색된 것으로 보인다) 책으로 출판되기도 했는데, 로마공화국 시대에는 유명한 책이 몇 권 있었다. 신들린 것으로 여겨지는 미치광이의 무의미한 말에서도 미래의 징후를 찾았다. 이러한 신들림을 사람들은 열광(熱狂 *enthusiasm*)이라고 불렀다. 그리고 그들이 하는 말을 신점(神占) 또는 예언이라고 생각했다. 탄생시의 별자리 모양에서도 미래의 징후를 찾았다. 이른

23) Delphi: 그리스의 옛 도시. 아폴론 신전이 있었다.

24) Delos: 그리스 키클라데스 제도 중의 작은 섬. 지금은 딜로스(Dhilos)라고 한다. 전설에 의하면 제우스의 애인 레토(Leto)가 이곳에서 아폴로(Apollo)와 아르테미스(Artemis)를 낳았다고 하며, 그리스 시대에는 종교적 중심지로 번성했다. 여기에서는 델로스 섬에 있던 신전을 의미한다.

25) Ammon: 아몬 신의 그리스식 표기. 아몬은 고대 이집트인들이 가장 일반적으로 숭배하던 신으로 아몬(Amon), 아멘(Amen), 아문(Amun)이라고도 한다. 초기에는 세계창조의 원동력으로 여겨 발기한 남근을 가진 남신으로서 표현되었다. 그리스의 제우스에 해당한다. 아몬신의 신탁을 받는 신탁소가 리비아(Libya)에 있었는데 델피 신탁소만큼이나 유명하였다.

26) Michel Nostradamus (1503~1566): 16세기의 프랑스 의사·점성술사. 1555년 4행시로 된 《예언집》을 출간하였다.

바 점성 천궁도가 바로 그것인데, 천문학의 일부로 간주되었다. 그들 자신의 희망과 공포에서도 미래의 징후를 찾았는데, 이런 경우에는 예감, 혹은 육감이라는 말로 불렀다. 죽은 자와 말을 한다는 마녀들의 예언에서도 미래의 징후를 찾았는데, 요술, 주법(呪法), 마술이라고 하는 것이 바로 그것이다. 그러나 이러한 일은 실제로는 〔마녀와〕 공모하여 사람들을 속이는 부정행위에 지나지 않는다. 새가 나는 모습이나 먹이를 먹는 모습에서도 미래의 징후를 찾았는데, 새점이 바로 그것이다. 희생된 짐승의 내장에서도 미래의 징후를 찾았는데, '창자점'이 바로 그것이다. 꿈에서도, 갈까마귀의 울음소리나 새의 지저귐에서도 미래의 징후를 찾았다. 얼굴의 상(相)이나 손금에서도 미래의 징후를 찾았는데, 이른바 관상술(觀相術)과 수상술(手相術)이 바로 그것이다. 우연히 내뱉은 말을 가지고 그렇게 하기도 했는데, 이것이 바로 '오미나'(*omina*)이다. 괴이한 일이나 이변—예를 들면, 일식, 월식, 혜성, 희한한 유성(流星), 지진, 홍수, 이상한 출생 등과 같은 이상한 사건—에서도 미래의 징후를 찾다. 이러한 일은 닥쳐올 재변을 예고한다고 생각했기 때문에 '전조'(前兆 *portenta*) 또는 '예징'(豫徵 *ostenta*)이라고 불렀다. 심지어는 완전히 운에 의한 것, 예를 들면, 화폐의 앞뒷면을 보고서, 혹은 조리에 나있는 구멍의 수효를 세어, 혹은 호메로스와 베르길리우스[27]의 시집을 무작위로 펼쳐서 미래의 징후를 찾기도 하였다. 실로 온갖 기발한 착상들이 있었

27) Pblius Vergilius Mar (BC 70~19): 고대 로마시대의 시인. 《전원시》, 《농경시》(4권), 《아이네이스》(*Aeneis*, 미완성) 등의 장편 서사시를 지었다. 중세에는 위대한 시인·예언자로서 숭배되었고 오늘날에는 '시성'(詩聖)으로 불리고 있다. 영어명은 버질(Virgil 또는 Vergil)이다.

다. 사람은 자기가 신용하는 사람의 말은 믿게 마련인데, 〔이런 심리를 악용하여〕 사람들에게 친절하고 교묘하게 접근한 다음, 그들의 공포와 무지를 이용하는 것이다.

이방종교의 창시자들의 의도

따라서 이방인들 사이에서 나라를 세운 최초의 건설자와 입법자들은 그 목적이 다만 인민을 복종시키고 평화를 확보하는 것이었기 때문에 어디에서나 다음과 같은 점에 유의했다. 첫째, 그들이 가르친 종교상의 계율들은 그들 자신이 만들어낸 것이 아니라 신 또는 정령의 명령에서 나온 것이라는 것, 혹은 자신들은 평범한 인간과는 다른 고상한 본성을 지니고 있다는 것 등을 강조하였다. 그들의 법이 좀 더 쉽게 받아들여질 수 있도록 하기 위해서였다. 누마 폼필리우스[28]는 자기가 제정한 의식을 요정(妖精) 에게리아[29]에게 받았다고 하였고, 페루 왕국을 창건한 초대 왕은 자기와 부인이 태양의 자식들이라고 하였고, 마호메트는 새 종교를 창시할 때 비둘기 모습을 한 성령과 협의하였다고 주장했다. 둘째, 법으로 금지한 것은 신들이 달가워하지 않는 일이기 때문에 그렇게 한 것이라고 가르쳤다. 셋째, 여러 가지 의식, 기원, 제물, 축제를 정하고 이러한 행사를 통해 신의 노여움을 진정시킬 수 있다고 가르쳤다. 또한 전쟁에서 패하는 것, 역병이 도는 것, 지진이 일어나는 것, 개개인의 불행 등은 신의 노여움에서 생기며, 신의 노여움은 숭배를 제대로 하지 않거나 치러야할 의식(儀式)을 제대로 치르지 않기 때문에 생기는 것이라고 가르쳤다. 고대 로마인들 사이에는

28) Numa Pompilius (BC 714~671): 로마 제2대 왕.

29) Egeria: 물 및 출산의 여신. 누마 폼필리우스에게 통치에 관한 조언을 해 주었다고 한다.

시인들이 사후의 고락(苦樂)에 대해 써 놓은 것을 부정하는 것이 금지되지는 않았고, 또 국가적으로 권위 있는 중요한 지위에 있던 사람들이 그런 시를 공개적으로 조롱하는 연설을 하기도 하였지만, 그럼에도 불구하고 그러한 믿음은 오히려 더 깊이 자리잡아갔다.

그리고 이러한 제도와 기타 그와 유사한 제도를 통하여 그들은 일반 민중들이 불행하게 되는 것은 의식(儀式)을 태만히 하였거나, 혹은 의식을 잘못하였거나, 혹은 법에 복종하지 않았기 때문이라고 설명하여 통치자에 대한 반항을 줄이고, 공화국의 평화라는 그들의 목적을 달성하고자 하였다. 사람들은 신들을 받들기 위해 열리는 화려한 제례(祭禮)나 오락성이 강한 경기(競技)를 통해 즐거움을 얻기 때문에 빵만 부족하지 않으면 국가에 대해 불평불만을 터트리거나, 혹은 폭동을 일으킬 이유가 없었다. 그러므로 당시 알려진 세계의 가장 큰 부분을 점령했던 로마인들은 로마 시 안에서조차, 어떠한 종교를 믿든 그들의 통치와 양립할 수 있는 한 기꺼이 관용하였다. 유대인의 종교 이외에는 어떤 종교도 금지되었다는 기록은 없다. 유대인들은 (특별한 하느님의 나라에 살기 때문에) 지상의 왕이나 국가에 백성으로서 복종하는 것은 불법적인 것이라고 생각했다. 이와 같은 일로부터 이방종교가 어떻게 로마인의 정책의 일부가 되었는가를 알 수 있다.

진정한 종교와 하느님 나라의 법은 동일한 것이다

그러나 하느님이 직접 초자연적 계시를 통해 종교를 수립한 곳에서는 하느님의 특별한 왕국이 수립되었다. 그리고 하느님을 섬기는 법은 물론 인간들 상호간의 행위에 대한 법도 정했다. 그러므로 하느님의 나라에서는 정책과 시민법은 종교의 일부분이며, 따라서 세속적 지배와 정신적 지배의 구별은 존재하지 않는다. 하느님이 이 세상 전체의 왕이라는 것은 진리이다. 그러나 하느님은 특별히 선택한 민족의 왕일 수도 있다. 전군(全軍)의 총사령관이 자신의 특별한 연대나 중대를 가질 수 있는 것처럼, 그렇게 하여도 아무런 모순이 없다. 하느님은 그가 가진 권능에 의해 이 세상 전체의 왕이다. 그러나 그가 선택한 민족에 대하여는 언약(言約 *covenant*)[30]에 의한 왕이다. 하느님의 나라—자연에 의한 것이든 계약에 의한 것이든—에 대한 자세한 논의는 다른 곳(제 35장)에서 하겠다.

종교가 변화하는 원인들

종교가 어떻게 전파되는가를 살펴보면, 종교가 다양한 분파로 나뉘어져 그 최초의 씨앗과 원리로 분해되는 원인을 쉽게 알 수 있다. 종교의 원리 자체는 신성(神性)과 보이지 않는 힘 또는 초자연적 힘에 대한 의견일 뿐이다. 그러나 이것은 인간의 본성이 변하지 않는 한 간단하게 없어질 수도 없거니와, 사람들의 종교적 욕구를 충족시킴으로써 명성을 얻게 된 사람들에 의해 계속해서 새 종교가 발아되고 배양된다.

기존의 모든 종교는 처음에 다수가 어느 한 사람을 믿는 신앙에서 시작된다. 사람들은 그가 현명한 사람으로서 자신들의 행복을 위해 일하며, 신으로부터 신의 의지에 관한 초자연적 계시를 받는 성인(聖人)이라고 믿는다. 따라서 종교상의 지배권을 가진 사람들이 지혜나 성실성이나 애정을 의심받거나, 혹은 그럴듯한 신의 계시의 증거를 보여줄 수 없을 때에는 그들이 유지하고자 하는 종교 또한 의심을 받게 되고, (정치적 칼의 공포가 없으면) 반박되고 거부된다.

---

30) 'covenant'에 대하여는 제 14장의 주 4 참조.

하나의 종교를 이루었거나 혹은 기존의 종교에 무엇인가를 추가한 자가 모순된 일에 대한 믿음을 강요할 경우, 지혜로운 자로서의 평판을 잃게 된다. 서로 모순관계에 있는 두 가지 사실이 동시에 진리일 수는 없기 때문에 그에 대한 믿음을 강요하는 것은 강요하는 자의 무지를 보여줄 뿐이다. 교주의 무지가 폭로되면 그가 초자연적 계시에 따른 것이라고 선포한 다른 모든 것들도 불신을 받게 된다. 인간은 자연적 이성의 능력으로 알 수 없는 것들에 관하여는 초자연적 계시를 받아들이지만, 자연적 이성에 반하는 일에 대하여는 계시를 받아들이지 않는다.

불가능한 것에 대한 믿음을 강요하는 일

다른 사람에게는 믿으라고 해 놓고선 정작 그들 자신은 그렇게 믿지 않는 듯한 언행을 하면 성실성을 의심받게 된다. 그러므로 그런 언행들은 모두 비행(*scandal*)[31]이 된다. 종교의 길을 걷는 자에게 올무가 되기 때문이다. 예를 들면, 부정, 잔인, 모독, 탐욕, 사치 같은 것들이다. 자기는 평소 그런 행동을 예사로 하면서 다른 사람에게는 그보다 덜한 잘못을 해도 보이지 않는 힘의 처벌을 받는다고 주장하면 누가 그 말을 믿겠는가?

그들이 수립한 종교에 반하는 행위를 하는 것

사적인 목적이 있다는 것이 드러나면 〔신도들에 대한 자신의〕 애정을 의심받게 된다. 예를 들면, 그들이 신도들에게 요구하는 신앙이 그 신앙을 요구한 자들 자신에게만 지배·부·권위·쾌락 등을 독점적으로 가져다주는 결과를 낳거나 혹은 그럴 것이라고 생각될 때 그런 일이 발생한다. 자기 자신에게 이익이 돌아오는 일을 할 경우, 다른 사람의 눈에는 그들이 자기 자신을 위해 일할 뿐 다른 사람에 대한 애정은 없는 것으로 보이기 때문이다.

---

31) 비행(卑行)에 대해서는 제 45장의 주 17 참조.

기적의 증거가 없을 때

마지막으로, '하느님으로부터 소명을 받았다는 것'(*divine calling*)을 보여줄 수 있는 증거는 기적의 작용이나, 참된 예언(이것도 기적이다)이나, 넘치는 행복 외에는 다른 어떤 것도 있을 수 없다. 그러므로 기적을 행한 사람들의 종교적 가르침은 따를지언정, 그러한 소명을 입증할 만한 기적을 보여주지 못한 자들이 새로 추가한 내용들은 신앙의 대상이 될 수 없으며, 이 경우 사람들의 신앙은 자신들이 교육받은 지역의 관습과 법의 테두리를 벗어나기 어렵다. 지각 있는 사람들은, 자연적인 일들에 대해 자연적 징표나 증거를 요구하듯이, 초자연적 일들에 대해서도 초자연적 징표(그것은 기적이다)를 요구한다. 그런 것이 없으면 진심으로 동의하지는 않는다.

사람들의 신앙을 약화시키는 원인이 무엇인가 하는 것은 다음의 예를 보면 분명하게 알 수 있다. 첫째, 이스라엘의 자손들의 예이다. 모세는 기적을 행하여 그의 소명을 보여주었고, 이스라엘 백성들을 이집트의 속박으로부터 해방시켰다. 그러한 모세가 불과 40일 동안 자리를 비우자 그들은 모세가 가르쳐준 진정한 신을 저버리고 금송아지를 신으로 모셨다.[32] 이집트에 속박되었던 시절의 우상숭배로 되돌아가고 만 것이다. 또한 모세, 아론, 여호수아[33] 등 이스라엘에서 하느님의 위대한 사업을 목격한 세대가 죽은 뒤에는 다른 세대가 나타나 바알[34]을 받

32) 《성경》, 〈출애굽기〉 제 32장 1~8절 참조.

33) Joshua: 모세 휘하의 군대 대장으로 활동하였으며, 모세 사후에 이스라엘 백성들을 인도하여 가나안 땅으로 들어갔다. 《성경》, 〈출애굽기〉 제 7장 8~13절 참조.

34) Baal: 고대 시리아의 신. 셈어로 '주(主)' 또는 '소유자'라는 뜻이다. 비와 우레의 신으로 토지에 비옥함을 가져다주는 신으로 여겨졌다. 바알 신앙은

들었다(삿 2:11). 이와 같이 기적이 실패함에 따라 신앙도 쇠퇴해갔던 것이다.

또한 사무엘의 아들들이 아버지의 명에 의해 브엘세바의 사사(士師)로 임명된 뒤 뇌물을 받고 판결을 굽게 하자, 이스라엘 인민들은 하느님을 왕으로 섬겨오던 종전의 방식을 거부하고, 사무엘에게 자신들도 이웃 나라와 같이 왕을 세워 달라고 호소하였다(삼상 8:3).[35] 이와 같이 정의가 실패함에 따라 신앙도 쇠퇴했으며, 마침내 신정(神政)이 폐지되는 지경에까지 이르렀다.

기독교가 전파되자 로마제국 내의 모든 지방에서 신탁소는 소멸되고, 기독교 신자의 수는 사도나 복음전도사의 전도에 의해 나날이 각지에서 경이적으로 증가되었다. 그러나 이러한 성공의 대부분은 당시 이방인 사제들이 부패와 탐욕에 빠지고 왕후(王侯)들 사이를 오가면서 책략을 부림으로 말미암아 스스로 경멸을 자초한 데 있다고 할 수 있다. 또한 로마교회의 종교도 부분적으로는 그와 동

고왕국 시대에 이미 이집트에 들어와 페니키아, 카르타고, 바빌로니아, 아시리아 등에 전파되었다. 《성경》에서는 악신(惡神) 일반을 지칭한다.

35) 사사(士師 *judges*)는 구약 시대에 가나안 점령부터 사울 왕국이 건설될 때까지 유대민족을 다스리던 제정일치의 통치자를 말한다. 히브리어로 '판결하는 사람들' '다스리는 사람들'이라는 뜻이다. 평상시에는 재판을 하며 백성들을 다스렸고, 비상시에는 군사 지도자로 활동하였다. 사사로 임명된 사무엘의 아들들이란 장남 요엘(Joel)과 차남 아비야(Abiah)를 말한다. 사사들의 부정에 대한 불만도 있었지만, 특히 블레셋 사람들과의 싸움에서 자주 패전하자 이웃나라와 유사한 국가조직의 필요성을 인식하여 장로들이 왕정(王政)을 요구한 것으로 보인다. 이스라엘 백성들의 이러한 요구에 따라 사무엘은 사사(士師)가 통치하는 신정(神政)을 폐지하고, 사울(Saul)을 왕으로 세웠다. 이때부터 이스라엘은 왕국이 되었다. 《성경》, 〈사무엘기상〉 제 8장 1~4절 참조.

일한 원인 때문에 영국을 비롯한 여러 기독교 국가에서 폐지되었고, 목자(牧者)의 덕이 타락함에 따라 인민의 신앙도 쇠퇴하였다. 또한 부분적으로는 스콜라 학자들이 철학과 아리스토텔레스의 학설을 종교에 도입함에 따라 아주 많은 모순과 불합리가 발생하였다. 그로 인해 성직자들은 무지할 뿐만 아니라 불순한 의도를 가지고 있다는 비난이 자자했고, 민심의 이반이 일어나기 시작했다. 이러한 민심의 이반은 프랑스와 네덜란드에서는 왕후(王侯)의 의지에 반하는 형태로, 영국에서는 왕후의 의지에 부합하는 형태로 진행되었다.

마지막으로, 로마교회가 구원에 필수적인 것이라고 선언한 교리 중에는 교황에게, 또한 여타 기독교 왕후의 영토 내에 있는 교황의 영적 신하들에게 명백히 유리한 내용이 많았다. 이로 인해 왕후들 상호간에 경쟁이 벌어졌는데, 이러한 경쟁이 없었더라면, 영국에서처럼 전쟁이나 분쟁 없이도 외세를 쉽게 물리칠 수 있었을 것이다. 주교가 왕관을 씌워주지 않으면 왕의 권위를 그리스도로부터 받은 것이 아니라는 교리가 누구를 위한 것인지 모를 사람이 어디 있겠는가? 또한 왕이 성직자라면 결혼할 수 없다든가, 어떤 왕후가 합법적 결혼에서 태어났는지는 로마교황이 판단한다든가, 로마의 법정이 이단이라고 판정한 왕에게는 신하들이 복종하지 않아도 된다든가, (자카리어스 교황이 프랑스 왕 실페릭〔실데릭〕[36]을 그렇게 한 것처럼)

36) 로마교황 자카리어스(Zachary, 재위 741~752)가 폐위한 왕은 프랑크 왕국의 메로빙거 왕조의 마지막 왕 실데릭 3세(Childeric III, 재위 741~751)이다. 그의 후임으로 피핀 3세(Pippin III, 재위 751~768)가 임명되었는데 이때부터 카롤링거 왕조가 시작된다. 본문에서 홉스가 '실페릭(Chilperic) 왕'이라고 한 것은 실데릭 왕의 폐위 사건을 말하는 것으로 보인다. 프랑크

교황이 왕을 제멋대로 내쫓고 나라를 빼앗아 자기 신하에게 준다든가, 성직자와 수도자는 어느 나라에서 죄를 저질러도 그 나라의 사법권의 적용대상에서 제외된다든가 하는 따위의 교리가 누구를 위한 것인지 모를 사람이 어디 있겠는가? 또한 사적(私的) 미사와 연옥의 골짜기[37]의 예금(禮金)이 누구 주머니로 들어가는지 모를 사람이 어디 있겠는가? 사람들은 그들의 교사에 대해 신성하고 현명하고 성실하다고 생각하고 있는데, 위정자나 관습이 (앞에서 말한 것처럼) 사사로운 이익에 눈멀어 있을 경우 그런 신앙이 어떻게 지탱될 수 있겠는가? 그러므로 나는 이 세상 종교의 모든 변화의 원인은 단 하나, 즉 못된 성직자 탓이라고 생각한다. 이런 못된 성직자들은 가톨릭교도 중에도 있고, 종교개혁에 앞장 선 교회 안에도 있다.

왕 중에 실페릭(Chilperic)이란 이름의 왕이 두 명(Chilperic I, 567~584; Chilperic II, 715~720) 있지만, 자카리어스 교황과 동시대인이 아니며, 폐위 사건과도 관계가 없다.

37) 가톨릭의 교리에 따르면, 작은 죄를 지은 사람의 영혼은 천당과 지옥 사이에 있는 연옥에 가서 일정한 기간 동안 불로 영혼의 정화를 받은 후에 천당으로 간다고 한다. 정화기간 동안 연옥에서 받는 고통은 지상에서 받는 그 어떤 고통보다 심하다고 한다. 이러한 연옥의 골짜기에 가지 않으려면 미사에 참예하거나, 속전을 내야 한다. 15세기 무렵에는 이와 관련한 면죄부를 판매하거나 의연금을 모집하는 직무가 교회 안에 있었다.

제13장

인간의 자연상태, 그 복됨과 비참함에 대하여

인간은 본래 평등하다

자연은 인간이 육체적·정신적 능력의 측면에서 평등하도록 창조했다. 간혹 육체적 능력이 남보다 더 강한 사람도 있고, 정신적 능력이 남보다 뛰어난 경우도 있지만, 양쪽을 모두 합하여 평가한다면, 인간들 사이에 능력 차이는 거의 없다. 있다고 하더라도 다른 사람보다 더 많은 이익을 주장할 수 있을 만큼 크지는 않다. 왜냐하면 체력이 아무리 약한 사람이라 하더라도 음모를 꾸미거나, 혹은 같은 처지에 있는 약자들끼리 공모하면 아무리 강한 사람이라도 충분히 죽일 수 있기 때문이다.

정신적 능력들의 경우에는 체력보다도 오히려 더 평등하다고 나는 생각한다. 물론 예외는 있다. 언어를 도구로 한 기술이나, 특히 확실한 보편적 규칙, 즉 이른바 과학〔적 지식〕에 따른 일 처리 능력에는 사람마다 차이가 있다. 하지만 이러한 방면에서 남보다 뛰어난 능력을 가진 사람은 극소수에 불과하고, 또 그 능력이 발휘될 수 있는 영역도 극히 제한되어 있다. 이런 능력들은 타고난 자연적 능력도 아니고, 분별력처럼 살다 보면 저절로 생기는 능력도 아니다. 인간의 분별력은 경험에서 생기는 것이므로 같은 시간 동안 같은 일을 하는 사람은 동일한 분별력을 갖게 되어 있다. 이러한 동등성을 부정하는 것은 자신의 지혜에 대한 헛된 자만일 뿐이다. 거의 모든 사람들이 이런 자만에 빠져 자신이 보통사람들보다 더 지혜롭다고 생각한다. 특별히 이름난 사람이나 혹은 자기와 의견이 일치한다고 생각되는 일부 사람들에 대해서만 예외를 인정할 뿐이다. 자기보다 더 지혜롭고 더 유창하고 더 학식이 깊은 사람들이 많이 있다는 사실은 인정하면서도, 남들도 다 자기 못지않게 지혜롭다는 사실은 믿으려 하지 않는 것이 인간의 본성이다. 자기 지혜는 가까이서 보고, 남의 재주는 멀리서 보기 때문이다. 이것이야말로 인간이 얼마나 평등한가 하는 것을 보여주는 좋은 증거다. 사람들이 각자 자기의 천품에 만족하고 있다는 사실 이상으로 이 세상에서 평등한 분배를 볼 수 있는 곳이 또 어디에 있겠는가?

평등에서 불신이 생긴다

능력의 평등에서 희망의 평등이 생긴다. 즉 누구든지 동일한 수준의 기대와 희망을 품고서 목적을 설정하고, 그 목적을 달성하기 위해 노력한다. 같은 것을 놓고 두 사람이 서로 가지려 한다면, 그 둘은 서로 적이 되고, 따라서 상대방을 파괴하거나 굴복시키려 하게 된다. 파괴와 정복을 불가피하게 만드는 경쟁의 주된 목적은 자기보존이다. 때로는 〔파괴와 정복에서 오는〕 쾌감 그 자체가 목적인 경우도 있다. 일단 파괴와 정복을 위한 싸움이 벌어지면 다음과 같은 일이 일어난다. 즉 다른 힘은 두려워할 것 없이 오직 상대방 한 사람만 이길 수 있으면 침략이 성공할 수 있는 상황에서는, 누군가 농사를 짓거나 안락한 거처를 마련해 놓으면 다른 사람들이 몰려와서 그의 노동의 열매를 약탈하고 심지어는 생명이나 자유까지 박탈할 가능성이 언제든지 있다. 그리고 그 침략자 또한 같은 종류의 침략을 당할 위험이 있다.

불신에서 전쟁이 일어난다

이와 같이 상호간에 불신이 존재하는 상황에서는 누구라도 예상되는 위협으로부터 자기 자신을 안전하게 보존하기 위한 합리적 조치를 강구하게 된다. 그것은 곧 폭력이나 계략을 써서 가능한 한 많은 사람들을 오랫동안 지배하여 더 이상 자신에 대한 위협이 되지 못하도록 무력화하는 일이다. 이것은 오로지 자기 자신을 보존하기 위한 불가피한 조치이기 때문에 일반적으로 허용될 수밖에 없다. 또한 자신의 안전에 필요한 범위를 넘어서서 정복 행위 그 자체를 통하여 자신의 권력을 과시하고 쾌감을 느끼려는 자들이 있기 때문에, 안전만 보장된다면 일정한 범위 내에서 만족하려는 사람들조차도 자위(自衛) 수준에 머무를 경우 생존이 보장되지 않는다. 따라서 이런 선량한 사람들조차도 침략을 통한 권력의 증대를 꾀하지 않을 수 없다. 이처럼 타인에 대한 지배의 증대를 도모하는 일은 모든 인간에게 자기보존을 위한 필수적인 일이기 때문에 허용될 수밖에 없다.

또한 인간은 친구를 사귀는 기쁨을 누릴 수도 없다. 그들 모두를 위압할 수 있는 힘이 없는 곳에서는 다른 사람과의 교제가 오히려 슬픔의 원인이 될 뿐이다. 인간은 누구나 자기 친구들이 자기를 높이 평가해주기를 바란다. 최소한 자기가 자기를 평가하는 정도만큼은 평가해주기를 바란다. 따라서 자기를 경멸하거나 혹은 과소평가하는 기미가 보이기만 하면, (그들 모두를 위압할 수 있는 공통의 힘이 없는 곳에서는 상호파괴로까지 나아갈 수 있다.) 자기를 경멸한 사람을 공격하여 평가의 수정을 강요하고, 다른 사람들에게는 하나의 본보기를 보여줌으로써, 자신에 대한 그들의 평가가 더욱 높아질 것을 기대한다.

인간의 본성이 바로 이러하기 때문에, 우리는 인간들 사이에 분쟁이 발생하는 원인을 세 가지로 정리할 수 있다. 첫째는 경쟁(*competition*)이며, 둘째는 자기 확신의 결여(*diffidence*)이며, 셋째는 공명심(*glory*)이다.

인간은 경쟁 때문에 이익확보를 위한 약탈자가 되고, 자기 확신의 결여 때문에 안전보장을 위한 침략자가 되고, 공명심 때문에 명예수호를 위한 공격자가 되는 것이다. 첫째는 타인과 그들의 처자권속 및 가축들을 지배하기 위해 폭력을 동원하는 것이고, 둘째는 자기 방어를 위해 폭력을 동원하는 것이며, 셋째는 한마디 말, 혹은 단 한 번의 웃음, 혹은 의견의 차이 등, 자신의 신상이나 자신의 친척, 친구, 민족, 직업, 가문에 대해 얕잡아보는 사소한 표현들 때문에 폭력을 동원하는 것이다.

사회상태 밖에서는 만인에 대한 만인의 전쟁상태가 상존한다

이로써 다음과 같은 사실이 분명해진다. 즉 인간은 그들 모두를 위압하는 공통의 권력이 존재하지 않는 곳에서는 전쟁상태에 들어가게 된다는 것이다. 이 전쟁은 만인에 대한 만인의 전쟁이다. 전쟁이라는 것은 싸움 혹은 전투행위의 존재 유무만으로 판단하는 것이 아니다. 전쟁이란 '시간'(*time*)에 관한 개념으로서 일정한 기간에 걸쳐 전투의 의지가 존재하는 것이 확실하다면, 그 기간 동안은 전쟁상태에 놓여 있는 것이다. 날씨를 말할 때도 마찬가지다. 한두 번의 소나기에 의해서가 아니라 여러 날에 걸쳐 비가 오락가락 할 경우 일기가 불순하다고 말한다. 마찬가지로 전쟁의 본질도 실제 전투행위의 존재유무에 있

는 것이 아니라 전투가 벌어질 가능성이 있느냐 없느냐, 전투가 벌어지지 않는다는 보장이 있느냐 없느냐에 달려 있다. 그 외의 기간이 평화이다.

전쟁상태에 뒤따르는 불편

전쟁상태에서 벌어지는 모든 일은 만인이 만인에 대해 적(敵)인 상태, 즉 자기 자신의 힘과 노력 이외에는 어떠한 안전대책도 존재하지 않는 상태에서도 똑같이 발생할 수 있다. 이러한 상태에서는 성과가 불확실하기 때문에 근로의 여지가 없다. 토지의 경작이나, 해상무역, 편리한 건물, 무거운 물건을 운반하는 기계, 지표(地表)에 관한 지식, 시간의 계산도 없고, 예술이나 학문도 없으며, 사회도 없다. 끊임없는 공포와 생사의 갈림길에서 인간의 삶은 고독하고, 가난하고, 험악하고, 잔인하고, 그리고 짧다.

이런 일들에 대해 자세히 생각해 보지 않은 사람들에게는, 이처럼 자연이 인간들을 뿔뿔이 흩어놓고, 서로 침략하도록, 서로 파괴하도록 만들고 있다는 것이 이상하게 보일지도 모른다. 그런 사람들은 인간의 정념으로부터 이끌어낸 나의 추론이 과연 경험적으로도 뒷받침될 수 있는지 궁금해 할 것이다. 그렇다면, 경험적 증거를 제시해 보겠다. 우선 나의 추론에 대해 의심을 품는 그 사람 자신의 행동을 살펴보기로 하자. 여행갈 때는 무장하고, 여러 사람과 같이 가려고 한다. 잠자리에 들기 전에는 반드시 문단속을 한다. 집에 있을 때에도 금고 문을 단단히 잠가 둔다. 여행지에서 만나게 될 사람들도 한 나라 백성인데 그들을 도대체 어떻게 생각하기에 무장하고서야 말 등에 오르는 것일까? 이웃사람들을 어떻게 생각하기에 문단속을 그처럼 철저히 하는 것일까? 집안 아이들과 하인들을 어떻게 여기기에 금고 문을 잠가 두는 것일까? 내가 말로써 인류를 비난하고 있다면, 그런 사람들은 행동으로써 인류를 비난하고 있는 것은 아닐까? 그러나 나나 그들이나 그 어느 누구도 인간의 본성을 비난하는 것은 아니다. 인간의 욕망과 기타 여러 가지 정념들은 결코 그 자체로서는 죄가 아니다. 그러한 정념에서 생기는 행동들도 이를 금지하는 법이 있다는 것을 알기 전까지는 결코 죄가 될 수 없다. 그러한 행동들을 금지하는 법이 만들어지기 전까지는 결코 법의 내용을 알 수 없다. 누가 법을 만들 것인가에 대한 합의가 이루어지기 전까지는 결코 어떠한 법도 만들어질 수 없다.

그런 전쟁의 상태는 과거 어느 시기에도 존재한 일이 없다고 반론을 제기할 사람이 있을지도 모르겠다. 나도 전 세계에 걸쳐 그런 상태가 보편적으로 존재했다고 생각하지 않는다. 하지만 아직도 그렇게 살고 있는 지역들이 많이 있다. 아메리카 곳곳에서 많은 야만족들이 오늘날에도 여전히 국가가 없는 상태에서, 앞에서 말한 바와 같은 잔인한 삶을 살아가고 있다. 기껏해야 몇몇 가족들이 모여 본능적 욕망에 따라 일시적으로 합의를 이루어나갈 뿐이다. 어쨌든, 두려워할 만한 공통의 권력이 존재하지 않는 곳에서 인간의 삶이 어떠할 것인가 하는 것은 평화로운 국가 생활을 하다가 내란에 빠져들곤 했던 인간의 역사를 살펴보는 것으로도 족할 것이다.

사람들 상호간에 적대하는 전쟁상태가 과거 역사상 어느 시기에도 존재한 일이 없었다고 할지라도, 오늘날 군주나 통치자들은 자국의 독립이 위협받지나 않을까 끊임없이 경계하고 있으며, 무기를 들고 서로 노려보는 검투사와 같은 자세를 취하고 있다. 이것은 예나 지금이나 마찬가지다. 국경지대에 요새를 건설하고, 무장 수비대를 배치하고, 정보원을 침투시켜 주변국의 정세를 염탐하는 것, 이것이 바로 전쟁준비 태세인 것이다. 그러나 바로 이렇게 하여 자국 백성들의 생업을 보장하기 때문에, 백성들이 결코 비참한 상태에 놓여 있다고 말할 수는 없다. 비참한 상황은 오히려 개개인이 자유를 누릴 때 발생한다.

전쟁상태에서는 그 어떤 것도 부당한 것이 아니다

만인이 만인에 대하여 전쟁을 하는 상황에서는 그 어떠한 것도 부당한 것이 될 수 없다. 정(正)과 사(邪)의 관념, 정의와 불의의 구별이 존재하지 않기 때문이다. 공통의 권력이 없는 곳에는 법도 존재하지 않는다. 법이 없는 곳에는 불의(*injustice*) 〔즉 불법〕[1] 도 존재하지 않는다. 전쟁에서 요구되는 것은 오로지 폭력과 기만뿐이다. 정의·불의는 육체의 능력도 아니요, 정신의 능력도 아니다. 정의·불의가, 감각이나 정념처럼 인간의 육체적 및 정신적 능력의 일부라면, 세상에서 혼자 살아가는 사람에게도 있어야 할 것이다. 정의·불의는 사회생활을 하는 인간들과 관계있는 성질일 뿐, 고립적으로 존재하는 인간들과는 아무런 관계가 없다. 또한 그러한 전쟁상태에서는 소유(*propriety*)도, 영유(*dominion*)도, '내 것'과 '네 것'의 구별도 존재하지 않는다. 획득 가능한 모든 것이 자기 것이며, 자기 것으로 유지 가능한 기간 동안 자기 것이다. 인간의 자연적 상태가 얼마나 가혹한가 하는 것은 지금까지의 설명으로도 충분할 것이다. 그러나 인간이 그러한 가혹한 상태로부터 빠져나올 수 있는 가능성이 없는 것은 아니다. 그 가능성의 일부는 인간의 정념에서, 일부는 인간의 이성에서 생겨난다.

---

1) 불의, 혹은 불법(행위)에 대하여는 제 14장의 주3 참조.

인간을 평화로 향하게 하는 정념

인간을 평화로 향하게 하는 정념으로는, 죽음에 대한 공포, 생활의 편의를 돕는 각종 생활용품에 대한 욕망, 그러한 생활용품을 자신의 노력으로 획득할 수 있다는 희망 등이 있다. 그리고 이성은 인간들이 서로 합의할 수 있는 적절한 평화의 규약(規約 *article*)들을 시사한다. '자연법'(*Laws of Nature*)이라고 불러도 좋을 이러한 규약들에 대해서는 다음 2개 장에서 좀 더 자세히 살펴보기로 하겠다.

제14장
제1 및 제2의 자연법과 계약에 대하여

자연권이란 무엇인가

일반적으로 학자들이 '자연적 권리'(*jus naturale*) 라고 부르는 '자연권'(*right of nature*) 은 모든 사람이 그 자신의 본성, 즉 자신의 생명을 보존하기 위해 자기 뜻대로 힘을 사용할 수 있는 자유, 즉 그 자신의 판단과 이성에 따라 가장 적합한 조치라고 생각되는 어떤 일을 할 수 있는 자유를 말한다.

자유란 무엇인가

자유(*liberty*) 란 말은 정확히 말하면 외부적 방해의 부재를 의미한다. 외부적 방해가 있을 경우에는 인간이 자기 뜻대로 힘을 사용하는 데 제한받기는 하지만, 그렇다고 해서 자신의 판단과, 그리고 자신의 이성이 명하는 바에 따라 사용 가능한 힘을 행사하는 것까지 막을 수는 없다.

자연법이란 무엇인가

자연법(*lex naturalis*) 이란 인간의 이성이 찾아낸 계율(*precept*) 또는 일반적 원칙(*general rule*) 을 말한다. 이 자연법에 따라, 자신의 생명을 파괴하는 행위나 자신의 생명보존의 수단을 박탈하는 행위는 금지되며, 또한 자신의 생명보존에 가장 적합하다고 생각되는 행위를 포기하는 것이 금지된다. 이 문제에 관한 논의를 할 때 사람들은

권리와 법의 차이

흔히 '권리'(*jus*)와 '법'(*lex*)을 같은 뜻으로 혼용하는데, 이 둘은 서로 다른 개념이다. 권리는 어떤 일을 하거나, 혹은 하지 않을 자유를 말하는 반면, 법은 어떤 일을 하도록 지시하거나 혹은 하지 못하도록 금지하는 것이기 때문이다. 그러므로 법과 권리는 의무와 자유만큼이나 다르며, 똑같은 방식으로 서로 다른 말이다.

만인은 만물에 대하여 자연적 권리를 가진다

앞 장〔제 13장〕에서 밝힌 바와 같이, 인간의 상태는 만인에 대한 만인의 전쟁상태이기 때문에, 모든 사람은 오직 자신의 이성의 지배만 받을 뿐이며, 적으로부터 자기의 생명을 지키는 데 도움이 되지 않는다고 판단되는 일은 결코 하지 않을 것이다. 따라서 만인은 만물에 대한 권리를 가지며, 심지어는 다른 사람의 신체에 대해서까지도 권리를 갖는다. 이처럼 만인이 만물에 대하여 자연적 권리를 갖는 상황이 지속되는 한, 어느 누구도 천수를 안전하게 누릴 수 있는 보장이 없다. 여기에는 강한 자이든 약한 자이든 예외가 없다. 따라서 다음과 같은 이성의 계율 혹은 일반적 원칙이 등장한다. '모든 사람은, 달성될 가망이 있는 한, 평화를 얻기 위해 노력해야 한다. 평화를 달성하는 일이 불가능할 경우에는 전쟁에서 승리하기 위한 어떤 수단이라도 사용해도 좋다.' 이 원칙의 앞부분은 자연법의 기본을 나타내고 있는 것으로서 '평화를 추구하라'는 것이고, 뒷부분은 자연권의 요지를 나타내고 있는 것으로서 '모든 수단을 동원하여 자신을 방어하라'는 것이다.

기본 자연법

제2의 자연법

평화추구의 의무를 규정한 기본 자연법으로부터 다음과 같은 제 2의 자연법이 도출된다. '인간은 평화와, 그리고 자기 방어가 보장되는 한, 또한 다른 사람들도 다 같이 그렇게 할 경우, 만물에 대한 이러한 권리를 기꺼이 포기하고, 자신이 타인에게 허락한 만큼의 자유를 타인에 대해 갖는 것으로 만족해야 한다.' 왜냐하면 모든 사람이 자기 뜻대로 무엇이든지 할 수 있는 그런 권리를 보유하는 한, 모든 인간은 전쟁상태에 놓이게 되기 때문이다. 그러나 자기는 그러한 권리를 포기할 의사가 있지만, 다른 사람들은 그러한 권리를 포기할 의사가 없는 경우에는, 어느 누구도 자신의 권리를 포기할 이유가 없다. 그것은 평화를 달성하는 일이 아니라 자기 자신을 타인의 먹이로 제공하는 일이기 때문이다. 어느 누구도 그렇게 해야 할 의무는 없다. 그러므로 《복음서》에 이르기를, '너희는 남에게 대접을 받고자 하는 대로 남을 대접하라'[1] 고 하였으며, '남이 너에게 행하기를 원치 않는 일은 너도 남에게 행하지 말라' (quod tibi fieri non vis, alteri ne feceris) 는 것이 만인의 법이 된 것이다.

권리를 포기한다는 것은 무엇인가

인간의 '권리'를 '포기한다' (*lay down*) 는 것은 다른 사람이 그런 권리를 누리는 것을 방해할 '자유'를 자기 스스로 포기한다는 것을 의미한다. 어떤 사람이 자기의 권리를 포기하거나 양도했다고 해서 다른 사람에게 전에 없던 새 권리가 생기는 것은 아니다. 자연적으로 모든 사람이 모든 권리를 가지고 있기 때문에 새로 생길 권리는 없다. 그러나 권리를 포기하는 사람이 있을 경우, 자신의 권리를 행사하는 데 최소한 그 권리포기자로부터의 방해는 없어진다. 그렇다고 해서 다른 사람으로부터의 방해까지 없어지는 것은 아니다. 그러므로 어떤 사람이 자기

1) 《성경》, 〈마태복음서〉 제 7장 12절 및 〈누가복음서〉 제 6장 31절. 예수 그리스도의 산상수훈에 나오는 말이다. 흔히 '황금률' (黃金律) 이라고 한다.

권리를 포기할 경우에 생기는 파급효과는 다른 사람들이 자기 권리를 행사하는 데 방해요소가 그만큼 줄어들었다는 것뿐이다.

권리의 폐기란 무엇인가

권리의 양도란 무엇인가

권리의 포기는 두 가지 방식 중 하나로 이루어진다. 하나는 권리를 폐기하는 것이고, 또 하나는 권리를 다른 사람에게 양도하는 것이다. 폐기(*renounce*)[2]는 결과적으로 누구에게 이익이 되느냐와 상관없이 '일방적으로' 자기의 권리를 버리는 것을 말한다. 양도(*transfer*)는 어느 특정인(들)에게 이익이 될 것을 염두에 두고 자기의 권리를 버리는 것을 말한다. 그 두 가지 중 어느 방식으로든 권리를 포기하고 나면, 그로부터 이익을 얻을 사람의 권리행사를 방해하지 않을 의무(*obliged*)를 지거나, 혹은 방해하지 않도록 속박(*bound*)된다. 그는 〔권리를 포기한〕 자신의 자발적 행동을 무효화하지 '말아야 한다'. 그것이 바로 그의 책무(*duty*)이다. 만일 방해행위를 한다면 그것은 불의(不義 *injustice*)[3]이며, 또한 권리침해(*injury*)에 해당한다. 방해할 권리를 이미 폐기했거나 양도했기 때문에 그럴 '권리가 없는'(*sine jure*) 상태에 있기 때문이다. 스콜라 학자들의 논쟁에서 자주 등장하는 개념을 빌자면, 이른바 '불합리'(*absurdity*)에 해당한다. 논쟁에서는 처음 주장과 나

의무

책무

불의

---

2) 홉스는 'lay down/aside'과 'renounce'를 구별하여 쓰고 있다. 둘 다 '포기하다, 폐기하다, 버리다' 라는 의미를 가지고 있지만, 홉스의 구별에 따라 앞의 것은 '포기하다'로, 뒤의 것은 '폐기하다'로 번역하였다.

3) 'injustice'는 정의에 반하는 행위, 즉 '불의'를 가리키는 말인데, 현대 민법에서는 이를 '불법행위'라고 부른다. 불법행위는 '타인에게 손해를 주는 위법행위'를 말한다. 즉 법이 성립되기 이전의 상태에서 '불의'에 해당하는 행위는 불의를 금지하는 법이 성립된 이후에는 '불법행위'가 된다. 본 역서에서는 대체로 '불의'로 번역하였으나, 경우에 따라 '불법' 또는 '불법행위'로 번역하였다. 제 15장의 〈정의, 불의란 무엇인가〉 항 참조.

중 주장이 서로 달라 모순적 관계를 나타낼 때 이를 불합리라고 하는데, 행동의 세계에서도 처음 행동과 나중 행동이 서로 달라 모순적 관계를 나타내면, 이것이 바로 '불의'이며, 또한 '권리침해'가 되는 것이다. 자신의 권리를 폐기 또는 양도하는 방식으로는 선언(宣言) 혹은 명시(明示)가 있다. 명시란 권리를 폐기 혹은 양도한다는 사실을, 혹은 이미 폐기했거나 다른 사람에게 양도했다는 사실을 분명한 기호로 나타내는 것을 말한다. 이 기호는 말일 수도 있고, 행위일 수도 있고, 또 흔히 그러하듯이 말과 행위를 병용할 수도 있다. 증서(證書 *bonds*)가 바로 그러한 구속과 의무를 나타내는 행위에 속한다. 증서의 힘은 증서 그 자체에서 나오는 것이 아니라 (사람의 말은 쉽게 뒤집힐 수 있기 때문에), 일탈행위에 뒤따를 해로운 결과에 대한 공포에서 오는 것이다.

모든 권리가 양도 가능한 것은 아니다

인간이 자신의 권리를 양도하거나 폐기할 때는 다 이유가 있다. 그렇게 하여 자기에게 돌아올 반대급부가 있거나, 혹은 다른 어떤 이익을 기대할 수 있기 때문이다. 자신의 권리를 포기하는 행위는 자발적 행위인데, 모든 자발적 행위는 '자신의 이익'을 목적으로 한다. 그러므로 어떤 서약과 어떤 표시에 의해서도 결코 폐기 혹은 양도된 것으로 볼 수 없는 권리들이 존재한다. 첫째, 폭력적 공격으로 생명을 빼앗으려는 자들에 대하여 저항할 권리는 누구라도 포기할 수 없다. 그러한 권리의 포기가 어떤 경우에도 그에게 이익이 된다고 생각할 수 없기 때문이다. 상해, 구금, 투옥의 경우에도 마찬가지다. 구금이나 투옥의 경우, 그것을 견뎌냄으로써 생길 수 있는 이익은 아무것도 없다. 상해의 경우에도 폭력적 공격자가 살해할 의사가 있는지 어떤지 알 수 없〔기 때문에 살해의 초기단계로 간주할 수밖에 없〕다. 둘째, 모든 인간의 삶의 목적은 자신의 생명을 보존하고, 또한 생명보존의 수단들을 안전하게 확보하여 삶이 고단해지지 않도록 하는 것이기 때문에, 권리를 폐기하거나 양도할 때에도 바로 그러한 동기와 목적을 지닌 것으로 보아야 한다. 따라서 말이나 혹은 다른 표시로 그러한 목적에 위배되는 의사표시를 한 경우에는 의사와 표시가 일치하지 않는 의사표시, 혹은 진의가 아닌 의사표시로 보아야 하며, 표의자(表意者)가 자신의 내심의 의사가 그 표시〔행위〕를 통하여 추측되는 〔효과〕의사와 일치하지 않는다는 것을 모르고 있는 것으로 보아야 한다.

계약이란 무엇인가

권리를 상호 양도하는 것을 **계약**(契約 *contract*)이라고 한다.

사물에 대한 권리를 양도하는 것과, 사물 그 자체를 양도 및 교부(交付), 즉 인도(引渡)하는 것은 서로 다른 것이다. 사물의 인도는, 현금매매나 재화 및 토지의 교환처럼, 권리이전과 동시에 이루어질 수도 있지만, 권리이전 후에 이루어질 수도 있다.

신의계약이란 무엇인가

또한 계약당사자 중 일방이 약정된 물품을 상대방에게 인도하고, 상대방의 채무는 일정 기간이 지난 후의 특정 시점에 이행하도록, 신뢰하고 기다릴 수도 있다. 이러한 종류의 계약은 채무를 먼저 이행한 선이행자(先履行者)의 입장에서 보면 **약정**(*pact*), 또는 **신의계약**(信義契約 *covenant*)[4]에 해당한다. 또한 계약당사자 쌍방이 각각의 채무

4) 보는 바와 같이, 홉스는 'contract'(계약)와 'covenant'(신의계약)를 구별하여 사용하고 있다. 그에 따르면 'contract'는 "권리를 상호 양도하는 행위"를 말한다. 그런데 이러한 양도행위가 이루어지는 시점을 기준으로 보면, 1)

를 나중에 이행할 것을 현재 계약할 수도 있다. 이런 경우에는, 장래의 채무이행이 신뢰된 상태에 있기 때문에, 그의 채무이행은 '약속의 준수' 또는 신의성실(*faith*)을 좇은 것이며, 채무의 불이행은 (자발적 의사로 이루어진 경우) '반신의행위'(反信義行爲 *violation of faith*)에 해당한다.

권리의 양도가 쌍무적이 아니라 일방적인 경우도 있다. 일방적 권리양도는, 친구의 우정을 얻기 위해, 혹은 타인의 조력을 받기 위해, 혹은 자비롭다는, 아량이 넓다는 명성을 얻기 위해, 혹은 동정심을 이기지 못해, 혹은 하늘나라에서의 보상을 기대하여 이루어질 수 있다. 이것은 계약이 아니라 증여(贈與 *gift*), 무상증여(無償贈與 *free-gift*), 은전(恩典 *grace*)이다. 이 세 단어는 다 같은 말이다.

무상증여

계약의 표시는 '명시〔적 의사표시〕에 의한'(*express*) 것

양당사자가 즉시 이행하는 경우, 2) 일방은 즉시 이행하고 상대방은 나중에 이행하겠다고 약속하는 경우, 3) 양당사자 모두 나중에 이행하겠다고 약속하는 경우로 나눌 수 있다. 여기에서 2)와 3)의 경우에는 '약속'(*promise*)이 포함되어 있고, 약속은 반드시 신뢰가 전제되어야 한다. 이처럼 계약 속에 신뢰가 전제된 경우를 홉스는 'covenant'라고 부르고 있다. 신의계약은 "가능한 것과 장래에 대한 것"이라고 한 이유도 거기에 있다. 한편 '약속'은 '미래에 관한 명시적 의사표시'를 말하는데, 이 약속에 권리의 상호양도가 포함된 경우에 이를 'pact'라고 부르고 있다. 다시 말하면 'covenant'는 신뢰가 전제된 계약이며, 'pact'는 계약적 성격의 약속이다. 홉스는 이 책 전편에 걸쳐 주권 설립의 계약을 'covenant'로 표현하고 있다. 주권 설립의 계약에서 각자의 권리, 즉 자연권의 양도(또는 포기)는 현재 이루어지는 반면(그 결과 주권이 성립한다), 주권으로부터의 보호는 현재로부터 미래에 이르기까지 계속되는 이른바 '약속'의 성격을 띤다. 이러한 권리양도의 시차(時差)를 반영하기 위해 'covenant'라는 단어를 선택한 것으로 보인다. 본 역서에서는 이러한 취지를 살려 'covenant'는 '신의계약'(信義契約)으로, 'pact'는 '약정'(約定)으로 번역하였다. 그러나 본문에서 'covenant'를 '계약'과 동의어로 쓰거나, 혹은 '약속'과 동의어로 쓴 경우에는 각각 그렇게 번역하기도 하였으며, 《성경》과 관련된 내용일 경우에는 '언약'(言約)으로 번역한 곳도 있다.

과, '추단(推斷)〔되는 행위〕에 의한'(*by inference*) 것이 있다. 명시〔적 의사표시〕는 자기가 하는 말의 의미를 이해한 상태에서 〔내심의 의사를〕 말로 표현하는 것을 말한다. 〔계약이행의〕 시점은 '현재' 또는 '과거'일 수도 있고, '미래'일 수도 있다. '준다, 승낙한다, 주었다, 승낙했다, 이것을 너에게 줄 작정이다'와 같은 명시는 현재 또는 과거에 관한 것이며, '주겠다, 승낙하겠다'와 같은 명시는 미래에 관한 것이다. 미래에 관한 〔내심의〕 의사를 말로 표현한 것을 약속(*promise*)이라고 한다.

명시에 의한 계약의 표시

약속

추단〔되는 행위〕에 의한 표시는, 말(*words*)의 결과일 수도 있고, 침묵의 결과일 수도 있고, 행위의 결과일 수도 있고, 어떤 행위를 억제한 결과일 수도 있다. 이러한 추단〔되는 행위〕에 의한 표시도 계약자의 의사가 충분히 표시된 것으로 볼 수 있다.

추단에 의한 계약의 표시

말의 내용이 무상증여에 대한 장래의 약속뿐일 경우에는, 이것은 불충분한 표시로서 결코 채무이행의 의무가 생겼다고 할 수 없다. 예를 들어, 증여대상물이 아직 증여되지 않은 상태에서 '내일 주겠다'고 말한 경우, 증여대상물에 대한 나의 권리는, 명시적 양도의 행위가 있을 때까지는 아직 양도되지 않은 것이다. 그러나 '주었다'거나 '지금 주고 내일 인도하기로 한다'는 말처럼, 현재나 과거에 관한 말일 경우, 그 말 자체만으로 증여대상물에 대한 권리가 이미 오늘 양도된 것으로서, 증여의사에 관한 다른 증명이 더 이상 필요하지 않다. 그리고 '나는 이것이 내일 당신의 것이기를 의욕한다'(I will that this be thine tomorrow)[5]는 말과, '나는 내일 이것을 당신에게 주겠다'(I will give it thee tomorrow)[6]는 말은 의미가 전혀 다

현재 또는 과거의 말에 의한 무상증여

른 말이다. 전자에서 'I will'은 현재의 자발적 행위〔*will*〕를 나타내지만, 후자에서 'I will'은 장래의 자발적 행위〔*give*〕에 대한 약속의지〔*will*〕를 나타낸다. 따라서 전자의 의사표시는 현재에 대한 것이기 때문에 미래의 권리를 양도하는 것이며, 후자는 미래에 대한 것이기 때문에 아무것도 양도하지 않는다. 그러나 말 이외에 권리양도의 의지를 나타내는 다른 표시가 있다면, 증여가 무상이라 할지라도, 그 권리는 미래에 관한 말에 의해 이전(移轉)되는 것으로 볼 수도 있다. 예를 들면, 경기에서 결승지점에 제일 먼저 도착하는 자에게 상(賞)을 주겠다고 제의한 경우, 이 말은 비록 미래에 관한 것이라 할지라도 현상물(懸賞物)에 대한 권리는 이동한다. 왜냐하면 그러한 제안을 한 사람이 그의 말이 그렇게 이해되기를 원하지 않았다면, 그런 경기를 열지 않았을 것이기 때문이다.

계약의 표시는 과거, 현재 및 미래에 관한 말이다

계약의 경우에는, 말이 현재 또는 과거에 관한 경우뿐만 아니라 미래에 관한 경우에도 권리가 이동한다. 왜냐하면 모든 계약은 권리의 상호양도 또는 권리의 변경이기 때문이다. 그러므로 계약당사자 중 일방은 약속만 하고 아직 자신의 채무를 이행하지 않은 상태이고, 상대방은 이미 계약의 내용을 선이행(先履行)한 경우에도, 약속만 한 일방이 권리의 이동을 의도한 것으로 이해되어야 한다. 왜냐하면 그가 자신의 말이 그렇게 해석되는 것을 못마땅하게 생각하고 있었다면, 상대방도 자신의 채무를 먼저 이행하려 하지는 않았을 것이기 때문이다. 바로 그러한 이유 때문에 매매(賣買)를 비롯한 기타 계약행위에서 약속은 곧 신의계

5) 〔원문〕 "volo hoc tuum esse cras."
6) 〔원문〕 "cras dabo."

약과 같은 것이며, 따라서 의무적인 것이다.

자격이란 무엇인가

계약의 경우, 계약 내용을 먼저 이행한 사람은 상대방의 채무이행에 의해 발생할 이익을 누릴 자격(*merit*)을 가진다. 이것은 채무의 선이행자가 갖게 되는 '당연한 권리'이다. 또한 승자에게 상을 주기로 하고 다중에게 현상광고(懸賞廣告)했을 경우나, 혹은 다중 앞에 돈을 살포하여 먼저 습득한 사람이 가지도록 한 무상증여의 경우에도, 승자 혹은 돈을 습득한 사람은 현상물 혹은 습득한 돈을 가질 '자격'을 당연한 권리(*due*)로서 가진다. 왜냐하면 누가 권리를 갖는가 하는 것은 비록 경쟁의 결과로 결정되는 것이라고 하더라도, 현상광고를 한 순간, 돈을 살포한 순간, 권리가 양도되는 것이기 때문이다. 그러나 계약에서의 자격과 무상증여에서의 자격에는 다음과 같은 차이가 있다. 즉 계약의 경우에는 나 자신의 능력과 계약상대방의 필요에 의해 자격이 발생하지만, 무상증여의 경우에는 증여자의 자비에 의해 자격이 생기게 된다. 계약의 경우에는 권리가 계약상대방의 손을 떠나는 순간 자격이 발생하지만, 증여의 경우에는 증여자가 그의 권리를 증여한 것만으로는 자격이 발생하지 않는다. 그렇게 증여된 권리가 타인의 것이 아니라, 본인의 것이 되었을 때 비로소 자격이 발생한다. 스콜라 학자들은 '승인에 의한 자격'(*meritum congrui*)과 '가치에 의한 자격'(*meritum condigni*)을 구별하는데, 나는 이것이 내가 한 구별과 같은 것이라고 생각한다. 전능하신 하느님은 하느님이 준 계율과 정한 바에 따라 육욕과 싸우면서 이 세상을 살아가는 사람들에게 하늘나라를 약속했는데, 스콜라 학자들에 따르면, 이 경우 사람이 하늘나라에 갈 수 있는 것은 하느님의 '승인에 의해'(*ex congruo*) 이루어지는 일이라고 한다. 그 어떤 사람도 의로움이나 혹은 자신이 가진 다른 어떤 능력을 내세워 하늘나라에 갈 권리를 주장할 수는 없다. 즉 자기 자신의 '가치에 의해'(*ex condigno*) 하늘나라에 갈 수 있는 사람은 없다. 오로지 하느님의 무상의 은혜로 하늘나라에 갈 수 있을 뿐이다. 나는 스콜라 학자들이 사용하는 두 가지 개념의 뜻이 이렇게 다른 것이라고 이해하고 있다. 그러나 논쟁적인 학자들은 각자 자기주장에 부합하는 뜻으로만 용어를 사용하려 하기 때문에, 용어의 개념을 놓고 그들과 일일이 논쟁할 생각은 없다. 나는 다만, 현상광고의 예에서처럼 증여물이 불특정적으로 공여되었을 경우, 승자는 그 상을 받을 자격이 있으며, 그 상에 대한 당연한 권리를 가지게 된다는 것을 말하고 싶을 뿐이다.

상호 신의계약이 무효인 경우

계약자 쌍방이 계약의 내용을 현재 이행하지 않은 상태에서 상호신뢰를 바탕으로 한 신의계약이 자연상태, 즉 만인에 대한 만인의 전쟁상태에서 체결되었다면, 어느 모로 보나 이 계약은 무효이다. 그러나 그들 쌍방에 대하여 약정된 채무를 이행하도록 강제할 수 있는 충분한 권리와 힘을 가진 공통의 권력이 존재한다면, 그 계약은 무효가 아니다. 자연상태, 즉 모든 사람이 평등하고, 각자가 품게 된 공포심의 정당성에 관한 판단도 각자가 하게 되는 자연상태에서는 그러한 강제적 힘을 기대할 수 없다. 강제적 힘에 대한 공포가 없으면 말로 이루어진 약정은 인간의 야심, 탐욕, 분노 및 다른 정념을 이겨내지 못한다. 따라서 채무의 선이행자는 상대방이 나중에 이행할 것이라는 보증을 받을 수가 없다. 이러한 보증이 없는 상태에서 채무를 먼저 이행하는 것은 자기 자신을 적에게 넘겨주는 것과 다를 바가 없다. 이것은 생명과 생활수단의 방어라는, 결코 포기할 수 없는 권리에 반하는 것이다.

그러나 사회상태에서는 그런 걱정을 할 이유가 없다. 사회상태에서는 반신의행위를 하는 자를 규제하는 권력이 존재하기 때문에 어느 일방에게 채무의 선이행이 의무화된 신의계약 같은 것이 유효하게 성립할 수 있다.

신의계약을 무효로 만드는 공포의 원인은 신의계약이 체결된 이후에 발생한 어떤 일, 즉 어떤 새로운 사실이나, 혹은 채무의 이행을 거부하는 의사표시 같은 것들이다. 다시 말해서 계약체결 전에 발생한 사유로 인해 신의계약이 무효가 될 수는 없다. 계약의 체결을 방해하지 않았던 사유를 이행의 방해사유로 인정할 수 없기 때문이다.

목적에 대한 권리는 수단에 대한 권리를 포함한다

어떤 권리가 양도되면, 그 권리를 향유할 수단〔에 대한 권리〕까지 양도된다. 그러므로 권리를 양도한 자는, 자신의 힘이 미치는 한, 양도된 권리의 향유에 필요한 모든 수단들을 함께 양도해야 한다. 토지를 팔게 되면 목초 등 그 토지에서 자라는 것들도 같이 판 것이며, 물방앗간을 팔면 물레방아를 움직이는 개울물〔의 사용권리〕도 같이 판 것이다. 마찬가지로, 어떤 사람에게 국가의 통치권을 맡겼을 때는 군대유지에 필요한 돈을 징수하는 권리와 사법행정에 필요한 관리를 임명하는 권리를 같이 맡긴 것으로 이해되어야 한다.

야수와의 신의계약은 없다

야수와 신의계약을 맺을 수는 없다. 야수들은 우리가 하는 말을 알아듣지 못할뿐더러, 권리의 이전을 이해하지도 수용하지도 못하며, 또한 어떤 권리를 타인에게 이전할 수도 없기 때문이다. 상호 수용이 없으면 신의계약도 없다.

하느님과 신의계약을 맺을 수도 없다. 다만 하느님의 말씀이 초자연적 계시에 의해, 혹은 하느님의 이름으로 특별한 계시 없이는 하느님과의 신의계약도 없다.

다스리는 대리인에 의해 매개된 경우에는 가능하다. 그런 경우가 아니라면, 우리의 신의계약이 수용되었는지를 알 길이 없기 때문이다. 만일 하느님에 대한 맹세가 자연법에 반하는 것이라면, 그 맹세는 헛된 것이다. 그러한 맹세를 이행하는 것은 옳지 못한 일이기 때문이다. 그리고 그 맹세가 자연법이 명한 바를 맹세한 것이라면, 그것은 맹세가 아니라 그들이 당연히 따라야 할 법이다.

신의계약은 가능한 것과 장래에 대한 것이다.

신의계약의 내용, 혹은 주제는 항상 숙고를 거친다. 신의계약은 자발적 행위, 즉 숙고 끝에 나온 행위, 숙고의 결론으로 나온 행위이기 때문이다. 따라서 신의계약의 내용은 장래의 일에 관한 것으로 이해되어야 하며, 그리고 계약자에게 그 일을 이행할 의사와 능력이 있는 것으로 간주된다.

그러므로 거래 관념상 이행 불가능한 것으로 여겨지는 약속은 신의계약이 아니다. 그러나 채무가 성립할 당시에는 이행 가능한 것으로 여겨서 계약을 체결했다가 후에 이행불능이 된 경우, 그 계약은 유효하며, 또한 여전히 구속력을 갖는다. 이행불능이 된 채무를 이행해야 한다는 말이 아니라, 대가적 급부[7]를 해야 할 〔배상〕책임이 여전히 있다는 말이다. 대가적 급부를 하는 것조차 이행 불가능할 경우에는 가능한 모든 노력을 다해야 한다. 그 이상에 대해서는 어느 누구도 어찌할 수가 없다.

신의계약의 채무는 어떻게 소멸되는가

신의계약으로 인해 발생한 채무가 소멸되는 사유로는 다음 두 가지가 있다. 하나는 채무의 이행, 즉 변제(辨濟 *performance*)이며, 또 하나는 면제(免除 *forgiveness*)이다.

---

7) 계약 상대방이 그 계약의 유효를 믿었기 때문에 받은 손해, 즉 신뢰이익(信賴利益)을 말한다.

채무가 이행되면 당연히 의무는 종결된다. 면제는 자유의 원상회복으로서, 의무이행을 요구할 권리를 의무 있는 당사자에게 다시 이전하는 재이전(再移轉) 행위를 말한다.

공포에 의해 강요된 신의계약은 유효하다

완전한 자연상태에서 공포에 의해 맺어진 신의계약은 지킬 의무가 있다. 예를 들어, 내가 내 생명을 위해 적(敵)에게 대가를 지불하기로 약조했다면, 그 계약은 구속력을 갖는다. 이것 역시 일종의 신의계약으로서, 나는 생명의 이익을 얻고 상대방은 내 생명을 빼앗는 대신 돈이나 다른 대가를 받는 쌍무적 채무관계이기 때문이다. 따라서 완전한 자연상태에서처럼 그러한 채무의 이행을 금지하는 다른 법이 없을 경우, 그 계약은 유효하다. 그러므로 전쟁포로들이 자신들의 몸값을 지불하기로 신의계약을 맺었다면, 마땅히 그 몸값을 지불해야 한다. 또한 약소국의 군주가 겁에 질려 강국의 군주와 불평등한 평화조약을 체결했을 경우에도, 그 조약을 준수할 의무가 있다. 앞에서 말한 바와 같이, 전쟁을 재개할 만한 정당한 명분이 새로 생기지 않는 한, 그렇게 해야 한다. 또한 코먼웰스가 존재한다 하더라도, 강도의 협박에 못 이겨 돈을 주기로 한 경우에는, 시민법이 그 강요된 채무를 면제해주기 전까지는 그 돈을 지불할 의무가 있다. 자유의사에 의해 어떤 일을 하기로 계약한 것이 합법적인 것과 마찬가지로, 공포 때문에 어떤 일을 하기로 계약한 것도 역시 합법적인 것이다. 계약이 합법적으로 이루어진 이상, 그 계약을 위반하는 것은 합법적인 일이 아니다.

선약이 있으면 제3자와의 후약은 무효이다.

선약(先約)이 있으면 〔동일 대상물에 대한〕 제 3자와의 후약(後約)은 무효이다. 오늘 갑에게 권리를 양도하고서, 내일 을에게 그 권리를 또 양도할 수는 없다. 그러므로 나중의 약속은 어떤 권리도 양도하지 않으며, 무효이다.

자기 방어를 포기하는 신의계약은 무효이다

폭력에 대한 자기방어의 권리를 포기하는 신의계약이 폭력에 의해 이루어졌다면, 이 신의계약은 무효이다. 앞에서 이미 말한 바와 같이, 어느 누구도 죽음, 상해, 투옥으로부터 자신을 보호할 권리를 양도하거나 포기할 수는 없기 때문이다. 바로 그러한 자기보존 및 자기보호가 모든 권리포기 행위의 목적이기 때문에, 폭력에 대한 저항의 포기를 약속하는 신의계약은 무효로서 어떠한 권리 이전도 없으며, 또한 어떠한 채무도 발생시키기 않는다. '이러저러한 경우에, 나를 죽이라'고 신의계약을 맺을 수는 있지만, '이러저러한 경우에, 나는 당신이 나를 죽이려 할 때 결코 저항하지 않겠다'고 계약을 맺을 수는 없다. 인간은 본성적으로 대악(大惡)을 피해 소악(小惡)을 선택한다. 저항하지 않고 받아들이는 확실한 죽음은 대악이요, 저항할 경우 생기는 죽음의 위험은 소악이다. 모든 사람들이 이렇게 행동하고 있다는 사실은 경험적으로도 확인할 수 있다. 범죄자들을 형장이나 감옥으로 호송할 때 호송원들이 무장계호를 하는 이유가 무엇이겠는가? 그 범죄자들이, 자신을 처벌하는 법에 동의했음에도 불구하고, 저항할 것이 예상되기 때문이다.

자기 자신을 고소할 의무는 없다

사면의 보장이 없는 상황에서 자신을 고소하기로 하는 신의계약도 또한 무효이다. 모든 사람이 판관인 자연상태에서는 고소의 여지가 없다. 그러나 사회상태에서는 고소가 곧 처벌을 의미하고, 그 처벌은 폭력이기 때문에, 자기를 고소하는 행위는 처벌, 즉 폭력에 대한 저항을 포기하는 행위에 해당한다. 어느 누구도 그렇게 해야 할 의무는 없다. 이것은 아버지나 아내, 혹은 은인(恩人)에 대해서도 마찬가지다. 즉 이들에 대한 고소가 결과적으로 자기 자신을 비참하게 만드는 경우에는 고소의 의무가 없다. 그 고소자의 증언이 자발적인 것이 아닌 경우에는 매수(買收)된 것으로 보아야 하며, 따라서 받아들여서는 안 된다. 또한 신뢰할 만한 증언을 할 수 없는 사람의 경우에도 증언의 의무는 없다. 마찬가지로 고문(拷問)에 의한 고소도 증언으로 간주되어서는 안 된다. 고문은 진실을 발견하기 위한 집중심문 과정에서 추측의 수단으로, 일종의 등불로 사용될 수 있을 뿐이다. 고문에 의한 자백은 피고문자가 고문의 고통을 덜기 위해 하는 것일 뿐, 고문하는 자에게는 어떠한 정보도 제공하지 않기 때문에, 그 자백을 충분한 증언이라고 믿어서는 안 된다. 인간은 자신의 생명보존을 위한 권리를 가지고 있기 때문에, 진실이든 거짓이든, 자신을 구하는데 도움이 된다고 판단되는 증언을 할 수 있다.

선서의 목적

앞에서 말한 것처럼, 말의 힘만으로는 인간이 스스로 맺은 신의계약을 이행하도록 만들 수가 없다. 다만 인간의 본성 속에, 신의계약의 이행을 강화시킬 것으로 생각되는 것이 딱 두 가지가 있다. 하나는 약속을 파기했을 때 생겨나는 결과에 대한 공포이고, 또 하나는 남들에게 약속을 잘 지키는 사람으로 평가받으려는 명예심, 혹은 자존심이다. 그러나 후자는 일종의 의협심으로서, 보통 사람들에서는 거의 찾아보기 힘든 미덕이기 때문에 기대할 바가 못 된다. 특히 부와 권세와 육체적 쾌락을 추구하는 사람들에게서는 전혀 기대할 수 없는 본성인데, 이런 인간들이 인류의 절대다수를 차지한다. 결국 우리가 기댈 수 있는 정념은 공포심 하나뿐이다. 공포의 대상이 되는 것으로는 크게 보아 두 가지가 있다. 하나는 보이지 않는 신령들의 힘이고, 또 하나는 약속의 위반으로 인해 피해를 입는 사람, 즉 계약 상대방이 행사하게 될 힘이다. 이 둘 가운데 전자가 힘은 더 크지만, 사람들은 일반적으로 후자에 대하여 더 큰 공포를 느낀다. 전자에 대한 공포는 모든 사람이 가지고 있는 종교적 신앙심으로서, 시민사회가 형성되기 이전부터 이미 인간의 본성에 들어 있는 것이다. 그러나 계약 상대방에 대한 공포는 그렇지 않다. 최소한, 사람들에게 자신이 한 약속을 이행하도록 만들 수 있는 지위에 있지 않은 것만은 분명하다. 왜냐하면 완전한 자연상태에서는 상대방의 힘이 나보다 더 강한지 약한지는 싸워본 후에야 알 수 있기 때문이다. 그러므로 시민사회 이전이나, 혹은 전쟁으로 시민사회가 중단된 기간에는 탐욕, 야심, 육욕 등의 강력한 욕망의 유혹에 대항하여 기존에 합의한 평화계약을 강화할 수 있는 것은 보이지 않는 힘에 대한 공포밖에 없다. 이것은 그들이 숭배하는 신이 자기의 배신행위에 대해 보복할 지도 모른다는 두려움이다. 따라서 사회적 권력에 복종하지 않는 두 사람 사이에서 할 수 있는 일은 상호간에 상대방이 두려워하는 신(*the God*)의 이름으로 각각 맹세하게 하는 것뿐

선서의 형식

이다. 이러한 '맹세'(*swearing*) 혹은 선서(宣誓 *oath*)는 '약속에 부가된 일종의 언어형식으로서, 만약 약속한 자가 약속을 이행하지 않을 경우, 신의 은총을 단념하거나, 또는 신의 보복을 요구한다는 것을 나타내는 것'이다. 이교도의 형식은 '이 약속을 어기면 유피테르로 하여금 나를 죽이게 하소서. 내가 이 짐승을 죽이듯이!' 하는 것이었다. 우리의 형식도 그와 마찬가지로 '내가 이러이러할 것이오니, 하느님! 나를 도와주소서!' 하는 것이다. 그리고 여기에 각자가 자기의 종교에서 사용하고 있는 관례나 의

식을 첨가하게 되면, 서약의 파기에 대한 공포도 한층 커지게 된다.

신 이외에는 선서의 대상이 없다

이로써 우리는 다음과 같은 사실을 명백하게 알 수 있다. 즉 선서는 선서자 자신의 형식 혹은 의식에 따라 이루어지지 않는 한 무효이며, 선서가 아니라는 것이다. 또한 선서자가 신이라고 생각하지 않는 것의 이름을 걸고 이루어지는 선서도 선서가 아니다. 사람들이 때때로 무서워서, 혹은 아첨하느라 왕의 이름을 걸고 맹세했다 하더라도, 이것은 그들이 왕에게 신성한 명예를 바친다는 것을 나타내기 위해 그렇게 했던 것이다. 또한 불필요하게 신의 이름을 걸고 맹세하는 것은 신의 이름을 모독하는 행위일 뿐이다. 또한 사람들이 보통 대화에서 하는 것과 같이, 다른 사물의 이름으로 맹세하는 것[8]은 맹세가 아니라 이야기에 너무 열중한 나머지 생겨난 불경스러운 관습일 뿐이다.

선서는 의무에 아무것도 부가하지 않는다

그러므로 또한 선서가 의무에 아무것도 부가하지 않는다는 것도 명백하다. 왜냐하면 신의계약이 합법적이면, 선서가 없더라도 선서를 한 것만큼이나 신 앞에서 구속력을 지니며, 합법적이 아니라면, 아무리 엄숙한 선서가 있어도 구속력이 전혀 없기 때문이다.

8) 예를 들면, 'by this hat'(이 모자를 걸고 맹세하건대), 'Fore George!'(성 조지에게 맹세코!) 따위를 말한다.

제15장

기타 자연법에 대하여

제3의 자연법, 정의(正義)

인간이 본래부터 가진 자연권은, 타인에게 양도하지 않고 자기가 가지고 있을 경우, 인류의 평화를 저해하게 된다. 그러므로 제1 및 제2의 자연법은 이 권리를 타인에게 양도할 것을 명하는데, 이로부터 제3의 자연법이 생겨난다. 그것은 '신의계약을 맺었으면 지켜야 한다'는 것이다. 이행의 의무가 없다면 신의계약은 아무 쓸모없는 공약(空約)에 불과하다. 만인에게 만물에 대한 권리가 남아있는 한, 우리는 여전히 전쟁상태에 있게 된다.

정의, 불의란 무엇인가

그리고 바로 이 자연법 속에 정의(正義 *justice*)의 원천이 있다. 신의계약이 성립되기 전에는 어떠한 권리도 양도된 것이 아니며, 따라서 만인이 만물에 대하여 권리를 가지기 때문에 어떤 행위도 불의가 될 수 없다. 그러나 신의계약이 맺어지면 이것을 깨뜨리는 행위는 '불의'가 된다. 불의(不義 *injustice*)란 간단히 말해서 '신의계약의 불이행'을 말한다. 불의가 아닌 것은 무엇이든지 '정당한 것'이다.

그러나 앞에서 말한 것처럼 상호신뢰에 의한 신의계약은 쌍방계약자 중 어느 쪽에서든 불이행에 대한 공포가

정의와 소유권은 코먼웰스의 수립과 더불어 시작된다

있는 경우에는 무효이기 때문에, 그러한 공포의 원인이 제거되기 전까지는 실제로 불의가 존재할 수 없다. 즉 그러한 공포가 존재하는 상황에서는 신의계약을 맺어놓고 이행하지 않더라도 불의가 되지 않는다. 그러한 공포의 원인은 인간이 전쟁이라는 자연상태에 있는 한 제거될 수 없다. 그러므로 정의와 불의의 개념이 존재하기에 앞서, 먼저 어떤 강제적 힘이 존재해야 한다. 이 강제력이 하는 일은 신의계약을 이행하지 않았을 때 얻을 수 있는 이익보다도 더 큰 처벌의 공포를 통하여 신의계약 당사자 쌍방이 각각의 채무를 이행하도록 평등하게 강제하고, 그들이 보편적 권리를 포기한 대가로 상호계약에 의해 소유권(*propriety*)[1]을 확보할 수 있도록 보장하는 것이다. 이런 일을 가능하게 하는 힘은 코먼웰스가 수립되기 전까지는 존재하지 않는다. 이것은 스콜라 학자들의 정의(正義) 개념으로부터도 추론해낼 수 있다. '정의는 각자에게 각자의 것을 부여하는 불변의 의지'라고 정의하고 있기 때문이다. 그러므로 '각자의 것', 즉 소유권이 없는 곳에는 불의가 없으며, 어떤 강제력, 즉 코먼웰스가 없는 곳에는 소유권이 없다. 왜냐하면 만인이 만물에 대하여 권리를 가지고 있기 때문이다. 그러므로 코먼웰스가 없는 곳에서는 불의가 있을 수 없다. 따라서 정의의 본질은 유효한 계약을 지키는 데 있으며, 계약의 유효성은 그 계약의 이행을 충분히 강제할 수 있는 사회적 권력의 수립과 더불어 시

1) 현대 영어에서는 이 말이 '예의범절, 타당함, 정당함' 등을 나타내는 말로만 쓰이고 있지만, 17세기에는 'property', 즉 '소유(권)'와 같은 뜻으로 사용되었다. 오늘날의 민법체계에서의 '소유권'과 완전히 같지는 않기 때문에 '관리권'이라고 번역하는 경우도 있으나, 본 역서에서는 '소유권' 또는 '소유'로 번역하였다.

작되며, 또한 그때 비로소 소유권도 발생한다.

정의는 이성에 반하지 않는다

어리석은 사람은 마음속으로 정의 따위는 없다고 하고, 때로는 이 말을 입에 담기까지 한다.[2] 그는 제법 진지하게 이렇게 주장한다.[3] '생명을 보존하는 일이나 만족을 얻는 일은 누구든지 각자가 알아서 해결해야 할 일이므로 자신의 생명보존과 만족에 도움이 된다고 판단되는 일은 무엇이든 할 수 있어야 한다. 못하게 할 이유가 없다. 그러므로 계약을 맺을 수도 있고, 맺지 않을 수도 있고, 또 맺은 계약을 지킬 수도 있고, 지키지 않을 수도 있다. 어느 쪽이든 자기에게 이익이 되는 쪽으로 행동하는 한 결코 이성에 반하는 것은 아니다.' 이런 주장을 하는 사람도, 신의계약이란 것이 있다는 것과, 그런 계약이 깨지기도 하고 지켜지기도 한다는 것과, 계약의 위반을 불의라고 하고, 계약의 준수를 정의라고 한다는 것은 물론 알고 있다. 그러나 그 어리석은 사람은 마음속으로 '하느님 따위는 없다'고 하기 때문에, '하느님에 대한 공포 같은 것은 처음부터 족히 고려할 바가 못 된다'고 여기고서, '불의라 하더라도 자기에게 이익이 되기만 하면, 이성에 부합하지 않을 이유가 없다. 특히 다른 사람들의 비난과 욕설은 물론, 피해를 입은 사람들이 실력행사로 나올 것을 각오하더라도 그렇게 하는 것이 자기에게 이익이 된다고 판단될 경우에는 어떤 불의라도 이성에 부합한다'고 주장한다. 여기에 '이성은 모든 사람에게 자기에게 좋은 것을 추구하도록 명한다'는 설명을 부연하고 〔이렇게 추론한다.〕

---

2) 《성경》, 〈시편〉(14:1, 53:1)에 "어리석은 사람은 마음속으로 '하느님이 없다' 하는구나" 하는 구절이 있다.

3) 이해의 편의를 위해 이하 '어리석은 자'의 주장 및 추론 내용은 ' '로 묶었다. 원문에는 이러한 표시가 없다.

'하느님의 나라는 폭력에 의해 획득된다. 그러면, 부당한 폭력으로 획득 가능한 경우에는? 그로 인해 내가 다칠 가능성은 절대로 없을 경우, 그렇게 하면 이성에 반하는 것인가? 만일 그렇게 하는 것이 이성에 반하는 것이 아니면, 그것은 또한 정의에 반하는 것도 아니다. 이성에 합치하는 것을 정의로 보지 않는다면, 어떻게 정의가 좋은 것이라고 말할 수 있겠는가?' 이러한 추론을 통해 사악(邪惡)이 미덕으로 둔갑한다. 다른 모든 일에서는 반신의행위를 결코 용납하지 않으면서, 오직 왕국의 획득 문제에 대해서만은 예외를 인정하는 사람들도 있다. 또한 이교도들은 유피테르가 그의 아버지 사투르누스[4]의 왕위를 찬탈하였다는 것을 알고 있었음에도 불구하고, 바로 그 유피테르가 불의를 응징하는 신이라고 믿었다. 이것은 코크의 《리틀턴 주해(註解)》[5]에 나오는 법과 흡사하다. 그 법에 따르면, 정통 왕위계승자가 〔더 일찍 왕위에 오르기 위해〕 반역으로 왕위를 찬탈한 경우에도, 왕으로서의 법통이 인정되며, 그가 왕위에 오르는 '그 순간'(*eo instante*) 왕위찬탈 행위는 없던 일로 간주된다. 이러한 사례들로부

---

4) Saturnus: 로마 신화에 나오는 농신(農神). '씨를 뿌리는 자'라는 뜻이다. 옵스(Ops)의 남편으로 유피테르 이전의 황금시대에 천지를 지배한 것으로 믿어진다. 로마인은 그를 그리스 신화의 크로노스(Cronos)와 같은 신으로 보는데, 크로노스는 제우스에게 쫓겨 이탈리아로 도망가 농업기술을 보급함으로써 황금시대를 이룩하였다고 한다. 사투르누스의 이름은 행성의 이름(Saturn·토성)과 요일의 이름(Saturday·토요일)에 그 흔적을 남기고 있다.

5) 영국의 법학자 에드워드 코크(Edward Coke, 1552~1634)의 《영국법 요론》(*The Institutes of the Laws of England*)의 제1부 "Commentaries on Littleton"을 말한다. 리틀턴(Thomas Littleton)은 15세기에 활동한 영국의 관습법 학자이다.

터 다음과 같이 추론하기가 쉽다. 즉, '어떤 왕국의 법정 왕위계승자가 왕국의 소유자, 즉 왕을 시해했을 경우, 그 왕이 비록 아버지라 하더라도, 이러한 시해행위를 불의니 뭐니 하는 이름으로 부른다고 하더라도, 이것은 결코 이성에 반하는 행위는 아니다. 인간의 자발적 행위는 모두 자신의 이익을 도모하기 위한 것이며, 이 목적에 가장 도움이 되는 행위가 가장 이성적인 행위이다.' 그러나 이러한 그럴듯한 추론은 허위이다.

왜냐하면 쌍방 어느 쪽이든 약속이행의 보장이 없는 곳, 예를 들면, 사회적 권력이 존재하지 않기 때문에 약속 당사자 어느 쪽에 대해서든 약속의 이행을 강제할 수 없는 곳에서는 상호간의 약속 자체가 존재할 수 없다. 그러므로 신의계약의 문제를 논할 수가 없다. 다음으로 당사자 중 일방이 약속한 채무를 이미 이행했거나, 혹은 그에게 이행을 강제할 수 있는 힘이 존재할 경우, 나머지 일방이 자기 채무를 이행하는 것이 이성에 반하는지, 즉 그의 이익에 반하는 지에 대해 생각해 보자. 내가 보기엔, 채무의 이행이 결코 이성에 반하지 않는다. 그 이유는 다음과 같다. 첫째, 자기 행위의 결과가 충분히 예견될 수 있는 상황에서 자신을 파괴하는 방향으로 가던 사람이, 전혀 예기치 못한 돌발적인 사건이 발생하여, 오히려 전화위복이 되는 경우도 있을 수 있다. 그러나 이러한 전화위복이 있다고 하더라고, 자기 파괴적 행위를 이성적 행위라고, 현명한 행위라고 할 수는 없다. 둘째, 모든 사람에게 강제력을 행사할 수 있는 공통의 힘이 없어서, 만인이 만인에 대하여 적인 전쟁상태에서는 그 어느 누구도 자기 자신의 힘과 지력만으로는 타인으로부터의 파괴공격을 안전하게 막아낼 수가 없다. 가능한 방법은 동료들과 힘을 합하는 것뿐이다. 동료들이 그와 같은 연합에 응하는 이유는 다 같은 입장에 놓여있기 때문이다. 이런 상황에서 자기를 돕는 사람들을 속이는 것이 오히려 이성적이라고 생각하는 사람은 이치상 자기 자신의 힘 이외에는 어떠한 안전보장의 수단도 기대해서는 안 된다. 따라서 신의계약을 파기하면서, 그러한 계약파기 행위가 이성에 반하는 것은 아니라고 주장하는 사람은 사회의 구성원이 될 자격이 없다. 평화와 방위를 위해 사람들이 결합하는 사회가 그런 사람을 받아들인다면, 그것은 사회의 실수다. 그런 사람은, 설혹 사회 속에 들었다 하더라도, 사회 속에 머무는 동안, 다른 사람들이 계속해서 실수하기를 기대해야 한다. 다른 사람의 실수에 기대어 자기의 안전을 보장받으려는 것은 결코 이성적인 것이라고 할 수 없다. 그러므로 그는 혼자 살아가거나, 혹은 사회에서 추방될 터인 즉, 어느 쪽이든 결국은 멸망하고 말 것이다. 요행히 다른 사람들의 실수 덕분에 사회생활을 하게 된 경우에도, 그 실수는 예견도 기대도 할 수 없는 것이기 때문에, 그의 사회생활이 자기보존을 위한 이성적 행위의 결과라고 볼 수는 없다. 다른 사람들이 그를 파괴하지 않고 있는 것은 그들이 자기의 이익이 무엇인지 잘 몰라서 그런 것이다. 말하자면 무지에 의해 그의 사회생활을 용납하고 있을 뿐이다.

안전하고 영속적인 하늘나라의 복됨을 획득하는 문제에 관해서는 더 이상 논할 것도 없다. 생각할 수 있는 길이 하나밖에 없는데, 그것은 신의계약을 깨뜨리는 것이 아니고 지키는 것이다.

그리고 반란으로 주권을 획득하는 문제에 관해서는, 그

러한 사건이 일어나기도 하지만, 그것은 이성적으로 기대할 수 있는 것이 아니다. 그와 같은 일이 벌어지면, 하나의 본보기가 되어 다른 일도 그런 식으로 하려는 사람들이 생겨나기 때문에, 그와 같은 시도는 오히려 이성에 반하는 일이다. 그러므로 정의는 신의계약을 준수하는 것이며, 우리 자신의 생명에 파괴적인 어떤 일을 하지 못하도록 금지하는 이성의 법칙이며, 따라서 자연법이다.

심지어는 이렇게 생각하는 사람들도 있다. '자연법은 이 세상에서의 생명 보존에 도움이 되는 법칙이 아니고, 사후에 영원한 행복을 얻는 데 도움이 되는 법칙이다. 그러므로 이 세상에서의 생명 보존에는 계약을 파기하는 쪽이 오히려 도움이 될 것이다. 따라서 계약의 파기는 정당하고 또 이성적인 것이다.' 이런 사람들은 그들 자신의 동의에 의해 옹립한 주권자를 시해하거나 폐위하거나 반역하는 것도 충분히 할 수 있는 일이라고 생각하는 사람들이다. 그러나 사후의 저 세상에 대해서는 우리가 알고 있는 과학적 지식(*natural knowledge*)이 아무것도 없는 마당에, 반신의행위에 대한 저 세상의 응보가 무엇인지 도대체 어떻게 알겠는가? 저 세상의 응보에 관한 속설들은 자연의 법칙을 초월한 신비한 방법, 즉 초자연적으로 그런 것을 알아냈다는 사람들의 말을 전해 듣고 하는 말이거나, 그런 말을 들은 사람이 전하는 말을 또 한 다리 두 다리 건너 전해 들었다는 사람들의 허황한 이야기일 뿐이다. 반신의행위는 결코 이성의 계율, 혹은 자연의 계율이 될 수 없다.

신의성실을 자연법으로 받아들이면서도, 특정한 사람들에게는 예외로 해야 한다고 생각하는 사람들도 간혹 있다. 예를 들면, 이방인이나 혹은 상습적으로 반신의행위를 하는 사람들에게는 신의성실의 의무를 지킬 필요가 없다는 것이다. 그러나 이것 또한 이성에 반하는 것이다. 만약 계약상대방의 결점이 신의계약의 해제사유가 될 수 있다면, 그 결점은 신의계약의 성립 자체를 방해하는 사유로 간주〔하여 신의계약을 체결하지 말아야〕하는 것이 이치상 합당하기 때문이다.

신의계약은 계약상대방의 악덕에 의해 해제되지는 않는다

정당하다(*just*)는 말과 부당하다(*unjust*)는 말은 인간에 대해 사용할 때와 인간의 행위에 대해 사용할 때가 서로 의미가 다르다. 인간의 속성을 나타낼 때는 생활태도가 이성에 부합하는지의 여부를 의미한다. 그러나 행위의 속성을 나타낼 때는 생활태도가 문제가 되는 것이 아니라 특별한 행위가 이성에 부합하는지의 여부를 의미한다. 그러므로 정당한(의로운) 사람은 모든 행위를 정당하게 하기 위해 주의하는 사람이며, 부당한(의롭지 못한) 사람은 그것을 등한히 하는 사람이다. 이처럼 인간의 속성을 나타낼 경우에는, 정당하다, 부당하다 하는 용어보다는, 의미는 같지만, 의롭다(*righteous*), 의롭지 못하다(*unrighteous*) 하는 말이 우리 말〔영어〕에서는 더 잘 어울린다. 그러므로 의로운 사람은 일시적 충동이나 실수로 한두 번 의롭지 못한 행위를 했다 하더라도 그 때문에 의롭지 못한 사람이 되지는 않는다. 마찬가지로 의롭지 못한 사람은 공포심 때문에 한두 번 의로운 행위를 하거나 혹은 의롭지 못한 행위를 자제했다 하더라도 그 때문에 갑자기 의로운 사람이 되지는 않는다. 그러한 행위의 동기가 정의에 있는 것이 아니라 그 행위를 통해 얻을 수 있는 이익에 있기 때문이다. 의로운 인간이 하는 의로운 행위에서는 용기의 고귀함(*nobleness*), 혹은 우아함(*gallantness*)을 느낄 수가 있

인간의 정의와 행위의 정의란 무엇인가

다. 의로운 사람은, 요즘 세상에 찾아보기 어렵기는 하지만, 바로 이러한 고귀함과 우아함을 가지고 있기 때문에, 일시적 생활의 만족을 위해 남을 기만하거나 약속을 어기는 것을 경멸하는 것이다. 정당하다, 부당하다 하는 말이 이처럼 인간의 생활태도를 나타내는 말로 사용될 경우, 정의(*justice*)는 미덕(*virtue*)으로, 불의(*injustice*)는 악덕(*vice*)으로 불린다.

그러나 행위의 정의는 그 행위자를 의로운 인간으로 만드는 것이 아니라 '무죄'(*guiltless*)로 만들고, 행위의 불의는 그 행위자를 '유죄'(*guilty*)로 만든다. 유죄인 불의〔또는 불법행위〕는 권리침해(*injury*)라고 부르기도 한다.

생활태도의 정의와 행위의 정의

또한 생활태도의 불의는 타인의 권리를 함부로 침해하는 기질, 또는 성향으로서, 그러한 행위를 하기 전부터, 또한 권리가 침해된 특정 개인을 상정하기 전에 이미 불의이다. 그러나 행위의 불의, 즉 권리침해는, 권리가 침해된 개인, 즉 신의계약의 당사자를 전제로 한다. 그러므로 어느 한 사람이 범한 권리침해가 〔선의의〕 제3자에게 피해를 주는 경우가 종종 있다. 예를 들면, 주인이 하인으로 하여금 손님에게 돈을 주라고 지시했는데, 하인이 이 지시를 이행하지 않은 경우, 일차적으로 권리침해를 당한 사람은 주인이다. 하인이 복종을 약속한 신의계약을 이행하지 않았기 때문이다. 그러나 피해는 여기서 그치지 않고 그 손님에게까지 파급된다. 물론 그 손님에게 하인은 아무런 의무도 없으며, 따라서 그의 권리를 침해할 수도 없다. 코먼웰스의 경우에도 마찬가지다. 코먼웰스 생활을 하는 사람들이 상호간의 채무를 면제하는 일은 각자 임의로 해도 좋지만, 강도나 혹은 여타 폭력행위에 대하여는 피해자가 임의로 죄를 용서해 줄 수는 없다. 부채를 갚지 않는 것은 계약 당사자에게만 피해가 미치는 것이지만, 강도나 폭력은 〔제 3자인〕 코먼웰스의 인격에까지 피해를 미치는 권리침해 행위이기 때문이다.

동의 아래 이루어진 일은 권리침해가 아니다

자신에 대한 어떤 행위에 대해 본인이 동의한 경우에는 어떠한 행위도 권리침해가 되지 않는다. 상대방의 동의 아래 어떤 행위를 한 자가, 무엇이든 마음대로 할 수 있는 본래의 권리를 어떤 선행계약에 의해 포기한 일이 없다면, 계약파기의 개념 자체가 존재할 수 없으며, 따라서 그가 한 어떠한 행위도 권리침해에 해당하지 않는다. 만일 그 행위자가 그러한 권리를 포기했다면, 〔타인의 권리를 침해하지 않을 의무가 발생하지만〕 상대방이 자기에게 어떤 행위를 해도 좋다는 의사표시를 한 이상, 그 신의계약에 구속될 필요가 없으며, 따라서 그가 한 행위는 권리침해에 해당하지 않는다.

교환적 정의와 분배적 정의

학자들은 행위의 정의(正義)를 '교환적'(*commutative*)인 것과 '분배적'(*distributive*)인 것으로 나눈다. 그들에 따르면, 교환적 정의는 산술적 비례에, 그리고 분배적 정의는 기하학적 비례에 기초하고 있다. 즉 교환적 정의는 계약을 통하여 발생한 쌍방의 채무가 동등한 가치, 즉 대가성을 지니는 것을 의미하고, 분배적 정의는 같은 자격을 가진 사람에게는 같은 이익을 분배해주는 것을 의미한다.[6] 예를 들면, 물건을 제값보다 비싸게 파는 행위나, 어떤 사람이 가진 자격 이상으로 이익을 제공하는 행위는 불의

6) 분배적 정의에 관하여는 Aristotle, ***Politics***. Book V, Chapter 1 (Mortimer J. Adler et als., ed. 1993. *Great Books of the Western World*. Encyclopaedia Britannica, Inc. 2nd Ed. Vol. 8, p. 503) 참조.

가 된다. 계약 대상물의 가치는 계약자의 〔주관적〕 욕구에 의해 측정된다. 그러므로 계약으로 약정된 쌍방 채무의 대가성, 즉 가치의 등가성은 계약당사자들의 만족 여부에 있다. 그리고 자격(*merit*)은 (신의계약에서도 일방의 채무이행이 상대방의 채무이행을 요구할 수 있는 '자격'을 낳는데, 이처럼 교환적 정의에서 사용되는 개념 말고, 분배적 정의에서 사용되는 개념에만 국한하여 볼 때) 정의의 이름으로 당연히 획득되는 것이 아니라 오로지 은혜(*grace*)에 의해서만 생긴다는 것이다. 학자들의 이러한 설명을 그대로 받아들인다면, '교환적 정의'라는 표현은 적절하지 않다. 정확하게 표현하자면, 교환적 정의는 계약자의 정의라고 해야 옳다. 왜냐하면 이 정의는 매매, 임대차, 대차, 교환, 물물교환, 기타 등등의 계약행위에서 신의계약을 이행하는 것을 의미하고 있기 때문이다.

그리고 분배적 정의는 심판자의 정의, 즉 무엇이 정의(正義)인가를 정의(定義)하는 행위이다. 이 경우에는, 심판자에 대한 신뢰가 전제되어 있는데, 심판자가 그 신뢰에 어긋나지 않게 심판할 경우, 그는 각자에게 각자의 몫을 분배한다. 이것이 바로 정당한 분배이다. 그러나 〔학자들이 사용하는〕 분배적 정의라는 용어는 적당하지 않다. 이것은 오히려 공평이라고 부르는 것이 정확하며, 역시 자연법의 하나이다. 이에 대해서는 뒤에[7] 다시 살펴보기로 하겠다.

제 4의 자연법, 보은

정의가 선행(先行)의 신의계약을 전제로 하는 것과 같이, 보은(報恩, *gratitude*)도 선행의 은혜, 즉 선행의 무상증여를 전제로 한다. 이것이 제 4의 자연법이다. 이 보은의

7) 본 장의 〈제 11, 공평〉 항 참조.

원칙은 다음과 같은 형식으로 표현될 수 있다. '타인의 은혜를 입은 사람은 은혜를 베푼 사람이 자신의 호의에 대해 후회할 만한 사유가 발생하지 않도록 노력해야 한다.' 자기에게 이익이 되지 않는데 자선행위를 하는 사람은 없다. 증여는 자발적 행위인데, 모든 자발적 행위의 목적은 자기의 이익이다. 자신의 자발적 행위가 〔기쁨을 주는 것이 아니라〕 오히려 좌절을 가져온다고 생각한다면, 자선행위는 결코 존재하지 않을 것이며, 사람들 사이의 신뢰도, 따라서 상호원조도, 화해도 존재하지 않을 것이다. 따라서 여전히 '전쟁' 상태에 머무르게 될 것이며, 이것은 '평화를 추구하라'고 한, 자연법의 기본인 제1의 자연법에 반하게 된다. 보은의 원칙을 위반하는 행위는 '배은'(背恩)이다. 은혜를 저버리는 배은행위는 신의계약상의 의무를 저버리는 불의와 그 성질이 같다.

제5, 상호수용, 또는 공손

제5의 자연법은 **공손**(恭遜 *complaisance*), 즉 '모든 사람은 자기 이외의 다른 사람들을 수용하려고 노력해야 한다'는 것이다. 이 문제가 중요한 이유는, 사람의 천성은 다양하기 때문에, 즉 사람들이 품고 있는 감정이 저마다 제각각이기 때문에, 사회에 대한 적응과정에서 충돌이 발생할 여지가 있기 때문이다. 사람이 모여 사회를 이루는 것은 돌멩이를 모아 집을 짓는 것과 다를 바가 없다. 모양이 울툭불툭하여 다른 돌멩이가 놓여야 할 자리까지 튀어나오고, 단단해서 알맞게 다듬어지지도 않는 돌멩이들은 집을 짓는데 전혀 도움이 되지 않기 때문에, 결국 버릴 수밖에 없다. 마찬가지로, 천성이 모난 사람은 자기에겐 별 것 아니라고 하더라도 다른 사람들에겐 중요한 것〔즉 예의범절〕을 갖추도록 노력해야 한다. 모난 성질을 고치지 않고 끝까지 고집을 부리는 사람은 결국 사회로부터 고립되거나 추방될 수밖에 없다. 그런 사람은 사회에 도움이 되지 않기 때문이다. 모든 사람은 자기보존에 필요한 것을 얻기 위해 필요한 노력을 다해야 하는 것이 타고난 권리이자, 또한 자연의 요구이다. 그런데, 별 것 아닌 문제들로 인해, 스스로 자기보존을 방해하고, 또 그로 말미암아 전쟁이 유발된다면, 이 전쟁에 대해 책임 있는 것은 물론, '평화를 추구하라'고 한 제 1의 자연법도 위반하는 결과가 된다. 이 공손의 원칙을 잘 지키는 사람을 사교적인(*sociable*) 사람, 라틴어로는 '예의바른'(*commodi*) 사람이라고 하고, 그렇지 않은 사람을 '고집이 센', '비사교적인', '심술궂은', '다루기 힘든' 사람이라고 한다.

제 6, 용서

제 6의 자연법은 다음과 같다. '과거의 잘못을 뉘우치면서 용서를 빌 때는, 다시는 그런 일을 저지르지 않겠다는 다짐을 받고 용서해야 한다.' 용서(容恕 *pardon*)는 곧 평화를 허용하는 것이다. 적의(敵意)를 굽히지 않는 자들에게 평화를 허용하면, 그것은 평화가 아니라 공포이다. 그러나 다시는 그런 일을 저지르지 않겠다고 다짐한 사람들에게조차 평화를 허용하지 않는 것은 평화에 대한 혐오의 표시이며, 따라서 자연법에 위배되는 것이다.

제 7, 복수는 미래의 선을 위한 것이다

제 7의 자연법은 악을 악으로 갚는 복수에 관한 것인데, '복수를 할 때는 지나간 악의 크기가 아니라 앞으로 다가올 선의 크기를 보아야 한다'는 것이다. 그러므로 범죄자를 처벌할 때는 반드시 그 목적이 범죄자의 교정 또는 다른 사람들의 교화에 있어야 한다. 그 이외에는 처벌이 금지된다. 이러한 원칙은 바로 앞의 용서의 원칙, 즉 미래에 대한 다짐이 있으면 용서하라는 원칙에서 나온 것이다. 처벌의 목적이 본보기를 보이거나 혹은 교정을 하기 위한 것이 아닌 경우에는, 남을 해쳐 놓고 의기양양하거나 혹은 자랑하려는 것일 뿐이다. 이런 것이 목적이 될 수는 없다. 목적이란 언제나 미래를 위한 것이기 때문이다. 이와 같이 아무런 목적도 없는 자랑은 헛된 허영이며, 이성에 반하는 것이다. 이유 없이 상해를 가하는 것은 전쟁을 유발하기 쉬우며, 또 자연법에도 반하는 것이다. 바로 이런 것을 '잔혹'(殘酷 *cruelty*)이라고 한다.

제 8, 오만불손의 금지

타인을 증오하거나 경멸하는 행동은 아무리 사소한 것이라도 투쟁을 유발한다. 대부분의 사람들은 이런 행동을 묵과하기보다는 자신의 생명을 거는 한이 있더라도 투쟁하는 쪽을 택한다. 그러므로 우리는 다음과 같은 계율을 제 8의 자연법으로 설정할 수 있다. '어떤 사람도 행위·언어·표정·동작으로 타인에 대한 증오나 경멸을 나타내서는 안 된다.' 이 법을 위반하는 것을 일반적으로 '오만불손'(傲慢不遜 *contumely*)이라고 부른다.

제 9, 자만의 금지

누가 더 훌륭한 사람인가 하는 문제는 순수한 자연상태에서는 성립할 수 없는 문제다. 왜냐하면 (앞에서 살펴본 것처럼) 자연상태에서는 모든 사람이 평등하기 때문이다. 현재 존재하는 불평등은 시민법 때문에 생긴 것이다. 아리스토텔레스는 그의 《정치학》 제 1권에서 지배에 적합한 사람이 따로 있고, 남을 섬기는 일에 적합한 사람이 따로 있다[8]고 주장하고 이러한 불평등을 자신의 학설의 기초로 삼았다. 지배에 적합한 사람이란, 예를 들면, 자기처

8) "지배하는 자와 지배를 받는 자가 따로 있는 것은 필요한 것일 뿐만 아니라, 편리한 것이기도 하다. 태어날 때부터 복종에 적합한 사람이 따로 있고, 지배에 적합한 사람이 따로 있다." Aristotle, *Politics*. Book I, Chapter 5 (Mortimer J. Adler et als., ed. 1993. *Great Books of the Western World*. Encyclopaedia Britannica, Inc. 2nd Ed. Vol. 8, p. 447).

럼 철학적 지식이 있는 현명한 사람들을 의미하고, 남을 섬기는 일에 적합한 사람이란 육체는 강건하지만 자기처럼 철학자가 아닌 사람들을 의미한다. 즉 어떤 사람은 주인이고 어떤 사람은 노예인 이유는 그들이 동의해서가 아니라 그들의 지혜가 서로 다르기 때문이라는 것이다. 아리스토텔레스의 이러한 주장은 이성에 반할 뿐만 아니라 경험에도 반한다. 자기가 주인이 되기보다는 차라리 남의 지배를 받는 것이 낫다고 생각할 바보가 누가 있겠는가? 스스로 지혜가 있다고 자부하는 사람이 그렇지 못한 사람과 힘겨루기를 할 경우 항상 이기는 것도 아니요, 자주 이기는 것도 아니요, 거의 언제나 이기는 것도 아니다. 그러므로 자연이 인간을 평등하게 만들었다면, 그 평등은 인정되어야 한다. 또한 비록 자연이 인간을 불평등하게 만들었다고 하더라도 스스로 평등하다고 생각하는 사람들은 평등한 조건에서가 아니라면 평화의 상태로 들어가려고 하지 않을 것이기 때문에 〔사람들을 평화의 상태로 들어가도록 하기 위해서라도〕 그러한 평등은 인정되어야 한다. 그러므로 나는 제9의 자연법을 다음과 같이 설정한다. '모든 사람은 타인을 본질적으로 자신과 동등한 존재로 인정해야 한다.' 이 계율의 위반은 '자만'(自慢 *pride*)이다.

제 10, 오만의 금지

제 9의 자연법에서 다음과 같은 자연법이 파생된다. 즉 '평화의 상태로 들어갈 때 타인에게 결코 허락할 수 없다고 생각하는 권리를 자신에게는 허락해달라고 해서는 안 된다.' 평화를 추구하는 사람은 누구든지 일부 자연권, 즉 자기 마음대로 할 권리를 어느 정도 포기할 필요가 있지만, 다른 한편 생명을 유지하기 위해 반드시 있어야 할 권리도 있다. 즉 자신의 신체에 대한 권리, 공기를 호흡할 권리, 물을 마실 권리, 몸을 마음대로 움직일 권리,

장소이동을 위해 도로를 사용할 권리, 그리고 그것 없이는 사람이 살아갈 수 없는, 혹은 잘 살 수 없는 것들에 대한 권리 등은 반드시 있어야 한다. 평화의 상태로 들어가면서 타인에게 결코 허락할 수 없다고 생각하는 권리를 자신에게는 허락해달라고 하는 사람은 자연적 평등의 인정을 명한 제 9의 자연법에 반하는 행위를 하는 것이며, 따라서 결과적으로 제 9의 자연법도 위반하게 된다. 이 법을 준수하는 사람을 '겸손하다'(*modest*) 고 하고, 이 법을 위반하는 사람을 '오만하다'(*arrogant*)[9] 고 한다. 그리스인들은 이 법을 위반하는 것을 '분에 넘치는 욕심'(*πλεονεξία*) 이라고 불렀다.

또한 만약 '인간과 인간 사이를 판정하도록 부탁받은 사람은 그들 사이를 평등하게 처리해야 한다'는 것도 자연법의 계율이다. 왜냐하면 그렇지 않으면 인간들 사이의 논쟁은 전쟁에 의해서만 해결될 수 있기 때문이다. 그러므로 재판을 불공평하게 하는 사람은 재판관과 중재자를 무용지물로 여기도록 만들기 때문에 기본 자연법에 반하는 결과를 낳으며, 전쟁의 원인이 된다. 제 11, 공평

이 법의 취지는 당연히 그에게 속하는 것은 그에게 평등하게 배분해야 한다는 것이기 때문에 **공평**(公平 *equity*) 이라고 불린다. 또한 (앞에서 말한 것처럼) 분배적 정의라

9) 영어의 'arrogant'는 라틴어 'arrogans'에서 온 말이다. 영어 'arrogate'도 같은 어원을 가지고 있다. 'arrogate'는 '(칭호 등을) 사칭하다', '월권행위를 하다', '부당하게 자기 것이라고 주장하다'는 뜻이다. 'arrogant'는 우리말로는 태도나 행동이 잘난 체하며 남을 업신여긴다는 뜻의 '오만하다', '거만하다', '건방지다', '주제넘다' 등으로 번역되는데, 홉스가 본 항에서 말하고 있는 'arrogance'(*arrogantia*) 는 '제 권리도 아닌 것을 부당하게 자기 것이라고 주장함, 또는 그런 태도'란 뜻이다.

고 하기도 한다. 이 법을 위반하는 것은 '역성들기'(*acception of persons*, *προσωποληψία*) 라고 한다.

제 12, 공유물의 평등한 사용

이 법에서 또 하나의 법이 생긴다. 즉 '분할할 수 없는 것은 가능한 한 공동으로 사용할 것, 만약 그 양이 충분하다면 무제한으로 그렇게 할 것, 그 양이 충분하지 않다면 권리를 가진 사람의 수에 비례하여 그렇게 할 것.' 그렇게 하지 않으면 그 분배는 불평등하게 되고 공평에 반하게 된다.

제 13, 추첨에 대하여

그러나 어떤 것은 분할될 수 없거나 공동으로 향유될 수 없다. 그때는 공평을 규정한 자연법은 '전체에 대한 권리, 혹은 (교대로 사용하기로 할 경우) 최초의 점유권을 추첨에 의해 결정할 것'을 요구한다. 왜냐하면 평등한 분배가 자연법의 요구인데, 이런 방법 외에 다른 평등한 분배 방법은 없기 때문이다.

제 14, 장자상속과 선점에 대하여

'추첨'에는 '임의적'인 것과 '자연적'인 것의 두 종류가 있다. 임의적 추첨은 경쟁자들 간의 협정에 의한 것이며, 자연적 추첨은 '장자상속'(*primogeniture*) 이거나 '선점'(先占) 에 의한 것이다. '장자상속'을 그리스인들은 '클레로노미아(*κληρονομία*)'라고 불렀는데, '운(運) 에 따라 받는 것'이란 뜻이다.

따라서 공동으로 공유할 수도 없고 분할할 수도 없는 것은 최초의 점유자의 것으로 인정하거나, 운에 의한 결정처럼, 장자의 것으로 결정할 수밖에 없다.

제 15, 중재자에 대하여

'평화를 중재하는 모든 사람은 행동의 안전이 허용되어야 한다'는 것도 또한 자연법이다. 왜냐하면 그 '목적'으로서 평화를 명하는 법은 '수단'으로서 중재를 명하고, 중재의 수단은 안전한 행동이기 때문이다.

그리고 인간이 이러한 법들을 지키려고 아무리 애쓰지

라도 인간의 행위에 관하여는 다음 같은 문제가 발생할 수 있다. 첫째로 과연 그렇게 했는가, 하지 않았는가. 둘째로 그렇게 한 경우에, 위법인가 위법이 아닌가 하는 것이다. 전자는 '사실'에 관한 문제라고 불리며, 후자는 '권리'에 관한 문제라고 불린다. 그러므로 만약 그런 문제들에 관해 쌍방이 제 3자의 판결을 지킬 것을 서로 신의계약하지 않으면 그들은 여전히 평화로부터 멀다. 이 제 3자, 즉 그들이 판결에 복종하기로 한 사람은 **중재자**(仲裁者 *arbitrator*) 라고 불린다. 그러므로 다음과 같은 것도 자연법이다. '다투는 자는 그들의 권리를 중재자의 판결에 맡겨야 한다.' 제 16, 중재에 대한 복종

인간이 하는 모든 행위는 자기의 이익을 위한 것이라고 생각되기 때문에, 어느 누구도 자기 자신의 사건에 대하여는 적절한 중재자가 아니다. 설혹 그가 더없이 적합하다 하더라도, 공평은 쌍방에게 평등한 이익을 인정하고 있기 때문에, 어느 일방이 재판관으로 인정된다면 상대방도 또한 인정되어야 한다. 그렇게 되면 다툼, 즉 전쟁의 원인이 자연법에 반하여 존속하게 된다. 제 17, 어느 누구도 자기의 재판관이 될 수는 없다

같은 이유로, 일방이 타방에게 승리할 경우 그 결과 어떤 사람이 막대한 이익이나 명예나 혹은 쾌락을 얻는 것이 명백한 경우에는 어떤 소송에서도 그를 중재자로 받아들여서는 안 된다. 결국 그는, 불가피한 뇌물이기는 하지만, 뇌물을 받았으며, 어느 누구에게도 그런 사람을 신뢰할 의무를 부과할 수는 없기 때문이다. 그렇게 되면 다툼과 전쟁상태가 자연법에 반하여 존속하게 된다. 제 18, 불공평의 자연적 원인을 가지고 있는 자는 재판관이 될 수 없다

'사실'에 관한 다툼에서 재판관은 어느 한 쪽을 일방적으로 신용해서는 안 되기 때문에, 달리 증거가 없을 경우 제19, 증인에 대하여

에는, 제 3자를, 혹은 제 3자와 제 4자를, 혹은 그 이상의 사람들을 신용해야 한다. 그렇게 하지 않으면 문제는 결정을 보지 못하고 힘에 맡겨져 자연법에 반하게 된다.

지금까지 말한 것이 군중(群衆)으로서의 인간에게 평화를 자기보존의 수단으로서 명하는 자연법들이다. 이것은 시민사회의 학설에 관한 것일 뿐이다. 이 외에도 개개인을 파멸로 이끌기 쉬운 것들이 있다. 만취라든가, 기타 모든 종류의 무절제 같은 것들이다. 따라서 이런 것들도 자연법이 금지한 것으로 볼 수 있겠지만 일일이 언급할 필요도 없고, 또 여기에서 다루기에 적당하지도 않다.

자연법을 쉽게 알 수 있는 방법

지금까지 자연법에 관한 연역적 추론을 너무 세밀하게 해서 모든 사람들이 다 주목하지 못할지도 모른다. 대부분의 사람들은 먹고살기에 너무 바쁘고, 그 나머지 사람들은 너무 게을러서 이해할 수 없다. 그래서 이제 어느 누구도 변명을 할 수 없도록, 아무리 능력이 모자라는 사람이라도 이해할 수 있도록 이들 법을 한마디로 요약하면 다음과 같다. '남이 너에게 행하기를 원치 않는 일은 너도 남에게 행하지 말라.' 이 말은 자연법이 무엇인지 알고 싶거든 다음과 같이 해보라는 것이다. 즉 다른 사람의 행위와 자기 자신의 행위를 비교하여 고찰하면서 만약 전자가 더 무겁게 생각되거든 비교의 위치를 서로 바꾸어 자기 자신의 정념이나 자기애(自己愛)가 무게를 재는 데에 영향을 미치지 않도록 해 보라는 것이다. 이렇게 하기만 하면 앞에서 말한 자연법 중 그 어느 것도 지극히 당연하게 생각되지 않을 것은 없다.

자연법은 '내면의 법정에서'(*in foro interno*) 구속력을 지닌다. 다시 말하면 그 자연법대로 시행되어야 한다는 의욕을 갖도록 구속한다. 그러나 '외부의 법정에서'(*in foro externo*)는, 즉 행동할 때에는 항상 그런 것은 아니다. 겸손하고 유순하고 약속을 잘 지키는 사람이, 아무도 그렇게 하지 않는 시대와 장소에서 혼자서만 그렇게 한다면, 그는 다른 사람의 먹이가 되고 말 것이고, 자기 자신의 파멸을 초래하고 말 것이다. 이것은 자연〔이 부여한 생명〕의 보존을 지향하는 모든 자연법의 근거에 반하는 것이다. 그리고 또한 다른 사람들이 자신에 대해 같은 법을 지킬 것이라는 충분한 보증이 있음에도 불구하고 그 법을 지키지 않는 사람은 평화가 아니라 전쟁을 구하는 것이며, 따라서 폭력에 의해 자기의 자연〔즉 자신의 생명〕이 파괴되는 결과를 자초하는 것이다.

자연법은 양심에는 항상 있지만 실제로는 안전의 보증이 있을 때에만 구속력을 지닌다.

'내면의 법정에서' 구속력을 가지는 모든 법은 그 법에 위반되는 사실에 의해서는 물론, 그 법에 위반되지 않는 사실에 의해서도 파괴될 수 있다. 행위자가 법에 위반되는 일이라고 생각하면서 행동한 경우에 그런 일이 발생한다. 왜냐하면 이 경우 그의 행위는 법에 따른 것이라고 할지라도 그 목적이 법에 반하고 있기 때문이며, 구속력이 존재하는 '내면의 법정에서'는 범법행위를 한 것이다.

자연법은 영원하다

자연법은 불변하고 영원한 것이다. '불의 · 배은 · 오만 · 자만 · 불공평 · 역성들기'와 같은 것이 결코 합법적인 것이 될 수는 없기 때문이다. 전쟁이 생명을 보존케 하고 평화가 생명을 파괴하는 일은 결코 있을 수 없기 때문이다.

또한 지키기 쉽다

자연법은 오직 의욕과 노력만을, 거짓 없는 부단한 노력만을 의무로 부과하기 때문에 지키기 쉽다. 노력 이외에는 아무것도 요구하지 않기 때문에 이행하려고 노력하는 자는

다 지킬 수 있다. 그리고 법을 지키는 사람은 의롭다.

자연법에 대한 학문이야말로 진정한 도덕철학이다

그리고 이들 자연법에 대한 학문이야말로 진정하고도 유일한 도덕철학이다. 왜냐하면 도덕철학은 인간의 사교와 사회생활에서 무엇이 '선'이고 무엇이 '악'인가에 관한 학문이기 때문이다. 선과 악은 우리들의 욕구 또는 혐오를 나타내는 이름인데, 기질이나 습관 및 〔그 사람이 가지고 있는〕 주의(主義)에 따라 다르다. 또한 사람에 따라 미각, 후각, 청각, 촉각, 시각 등에 무엇이 유쾌하고 무엇이 불쾌한지에 대한 감각 판단이 다를 뿐만 아니라, 일상생활의 행위에서도 무엇이 이성에 합치하고 무엇이 합치하지 않는지에 대한 판단도 다르다. 아니, 같은 인간도 때에 따라 다르다. 한 때 존중하던 것, 즉 선이라고 부르던 것을 어떤 때에는 비난하고, 악이라고 하기도 한다. 바로 여기에서 언쟁과 논쟁이 발생하고 마침내 전쟁이 일어나는 것이다. 개인적 욕구가 선악의 척도가 되는 한, 인간은 자연상태, 즉 전쟁상태에 존재하게 된다. 따라서 모든 인간은 '평화'가 선이라는 사실에 동의하고, 따라서 평화에 이르는 길 또는 수단도 선이라는 사실에 동의한다. 바로 이러한 길 또는 수단이, 앞에서 말한 바와 같은 '정의·보은·겸허·공평·자비' 등과 같은 자연법이자 '덕'이며, 그 반대는 '악덕', 즉 악이다. 덕과 악덕에 관한 학문이 도덕철학이므로, 자연법에 관한 진정한 학설이야말로 진정한 도덕철학이다. 그러나 도덕철학의 저작자들은 그 같은 덕과 악덕에 대해 알고는 있어도 그 진수가 어디에 있는지는 모르고 있으며, 자연법이 존중되는 이유가 평화로운 삶, 사회적인 삶, 안락한 삶의 수단이기 때문이라는 사실을 알지 못한 채 정념의 중용(中庸)에서 그 의미를 찾고 있다. 이것은 대담(大膽)의 원인이 꿋꿋함을 만드는 것이 아니라 그 정도가 꿋꿋함을 만든다고 생각하고, 증여의 원인이 후함을 만드는 것이 아니라 증여의 양(量)이 후함을 만든다고 생각하는 것과 같다.

이러한 이성의 명령을 사람들은 법이라는 이름으로 부르고 있는데, 적당한 말은 아니다. 왜냐하면 이들 명령은 무엇이 인간의 자기보존과 방어에 도움이 되는 것인가에 관한 결론 또는 공리일 뿐이기 때문이다. 반면에 법이라는 것은 원래 권리를 가지고 다른 사람을 지배하는 자의 말(*word*)이다. 그러나 만일 우리가 그와 같은 공리를, 권리를 가지고 만물을 지배하는 하느님의 말씀으로 생각한다면, 그때는 법이라고 불러도 된다.

제16장

인격, 본인 및 인격화된 것에 대하여

인격이란 무엇인가

인격(人格 *person*)이란 '말이나 행위가 그 자신의 것으로 간주되는 사람, 혹은 그의 말이나 행위가 타인 혹은 다른 사물의 말과 행위를 대표하고 있는 것으로 간주되는' 사람을 말한다. 여기에서 타인 혹은 다른 사물의 말과 행위란 '그 말과 행위가, 진실이든 의제(擬制 *fiction*)이든 그에게 귀속되는' 경우를 말한다.

자연인격과 인위적 인격

그 말이나 행위가 그 자신의 것으로 생각될 때 그는 '자연인격'(*natural person*)이라 불리며, 그 말이나 행위가 타인의 말과 행위를 대표하고 있는 것으로 생각될 때 그는 의제적(擬制的) 인격(*feigned person*), 또는 인위적 인격(*artificial person*)이다.

인격이란 말의 어원

인격(*person*)이란 말은 라틴어이다. 그리스인들은 그 말 대신에 '프로소폰'(*πρόσωπον*)이라는 말을 사용했는데 이것은 '얼굴'(*face*)을 의미한다. 이것은 마치 라틴어의 '페르소나(*persona*)라는 말이, 분장하고 무대에서 선 사람의 '가장'(假裝)이나 '외관', 그 중에서도 특히 가면이나 복면처럼 얼굴을 가장한 부분을 의미하는 것과 같다. 이 말이 극장의 무대를 떠나 법정으로 가서, 극장의 무대에서 그랬던 것처럼, 어떤 말과 행위의 대표자를 의미하게 되었다. 그러므로 '인격'이란 것은 무대 위에서나 일상회화에서나 배우(*actor*)가 하는 일과 같은 것이다. 그리고 '인격화하는'(*personate*) 것은 자기 자신으로 '행위'하거나, 혹은 타인을 '대표'하는 것이다. 타인의 역을 하는 사람에 대하여는 그 사람의 인격을 가지고 있다든가 혹은 그 사람 이름으로 행위한다고 말한다. 그런 의미에서 키케로는 다음과 같이 말했다. "나에게는 세 개의 인격이 있다. 나 자신과 나의 적(敵)과 재판관의 인격이다."[1] 그리고 경우에 따라 〔이 인격은〕 여러 가지 말로 불린다. 'representer'(대표자), 'representative'(대표자, 국회의원), 'lieutenant'(상관 대리자, 부관), 'vicar'(대리 목사, 주교 대리), 'attorney'(대리인, 〔소송을 대리하는〕 변호사, 검사), 'deputy'(대리인, 부관, 의원), 'procurator'(소송대리인, 징세관), 'actor'(배우, 연기자) 등.[2]

인위적 인격 가운데 어떤 인격의 말과 행위는 그 인격에 의해 대표되고 있는 사람들의 것이다. 이때의 인격은 '대리인'(代理人 *actor*)이며, 그리고 그의 말과 행동을 소유하는 사람은 본인(本人 *author*)이다.[3] 이 경우 대리인은 본

대리인

본인

---

1) 〔원문〕 "Unus sustineo tres personas; mei, adversarii, et judicis."

2) 전부 다 대리자, 또는 대표자란 뜻에서 파생된 말이다.

3) 일상 언어에서 '본인'이란 말은 '어떤 일이나 사건에 직접 관계가 있거나 관계한 사람'을 가리킨다. '당사자' '장본인' 등도 같은 의미로 쓰인다. 그러나 법률용어로서는 '법률행위의 효과가 귀속되는 자'를 말한다. 법률행위는 본인 자신이 할 수도 있고, 대리에 의해 이루어질 수도 있다. 당사자는 민사소송에서 소송의 주체로서 소를 제기하여 법원의 재판권 행사를 구하는 자와 소를 제기당한 상대방으로서 재판권 행사가 요구되는 자를 말한다. 판결절차에서는 본인 이름으로 소를 제기하여 판결을 받는 자와 그 상대방이다.

인의 권한에 따라 행동한다. 즉 재화나 재산에 대하여는 '소유자'(*owner*) — 라틴어로는 '도미누스'(*dominus*), 그리스어로는 '퀴리오스'(*κύριος*) — 로 불리는 사람이 행위에 대하여는 '본인'이라고 불린다. 그리고 재산에 관한 권리를 영유권(*dominion*)[4] 이라고 하듯이, 어떠한 행위를 하는

권한

권리는 권한(權限 *authority*) 이라고 한다. 따라서 권한이란 언제나 어떤 행위를 할 권한을 의미하는 것으로 해석된다. 그러므로 '권한에 따라 행위가 이루어졌다'는 것은 그 권리의 소유자로부터 위임(委任 *commission*) 또는 인가(認可 *license*)를 받아 그 행위가 이루어졌다는 것이다.

권한에 따른 신의계약은 본인을 구속한다

그러므로 대리인이 권한에 따라 신의계약한 경우, 본인은 본인 자신이 신의계약한 경우와 똑같이 그 신의계약에 구속되고, 그 신의계약의 모든 결과에 종속된다. 따라서 자연의 자격으로 사람과 사람 사이에 맺어진 신의계약의 성질에 대해 앞〔제 14장〕에서 말한 모든 것은, 그 신의계약들이 본인으로부터 권한을 위임받은 대행자, 대표자, 대리인에 의해 체결된 경우에도, 위임의 범위를 넘지 않는 한, 그 범위 내에서는 또한 진실이다.

그러므로 대리인 또는 대표자에게 위임된 권한이 무엇인지 모르고서 그와 신의계약을 체결하는 자는 위험을 감수하고 그렇게 하는 것이다. 왜냐하면 어느 누구도 자기가 본인이 아닌 신의계약에 대하여는 의무를 지지 않으며, 따라서 위임한 권한에 반하여 혹은 그 범위를 넘어서서 체결한 신의계약에 대해서도 의무를 질 필요가 없기 때문이다.

여기에서 홉스가 말하는 'author'는 법률용어로서의 '본인'이다.

4) 'dominion'은 법률용어로 '소유권' 또는 '영유권'의 의미이다. 주로 토지에 관한 소유권을 뜻한다.

그러나 대리인은 아니다

대리인이 본인의 명령에 의해 자연법에 반하는 어떤 일을 할 경우, 만약 그 대리인이 이전의 신의계약에 의해 본인의 명령에 따를 의무가 있다면, 자연법을 범한 것은 그 대리인이 아니라 본인이다. 왜냐하면 비록 그 행위가 자연법에 반하는 것이기는 해도, 그의 행위가 아니며, 오히려 그 행위〔본인이 대리인에게 명령한 행위〕를 거부하는 것이야말로 계약위반을 금지하고 있는 자연법에 반하는 것이기 때문이다.

권한은 명시되어야 한다

대리인이 어떤 권한을 가지고 있는지를 알지 못한 채, 단지 그의 말만 믿고, 그 대리인의 중개로 본인과 신의계약을 체결한 사람은, 대리인의 권한이 어디까지인지 알려줄 것을 요구하였음에도 명시(明示)되지 않은 경우에는 〔그 신의계약에 따른〕 의무를 질 필요가 없다. 왜냐하면 본인과 체결한 신의계약은 그의 맞보증(*counter-assurance*)이 없으면 무효이기 때문이다. 그러나 만약 그와 같이 신의계약한 사람이 대리인의 말 이외에는 어떠한 보증도 기대할 수 없다는 것을 이미 알고 있었다면 그 계약은 유효하다. 왜냐하면 이 경우에는 대리인의 행위가 바로 본인의 행위이기 때문이다. 그러므로 권한이 명백한 경우, 신의계약은 대리인이 아니라 본인에게 의무를 부과하지만, 권한이 위조된 경우에는 대리인 이외에 본인은 존재하지 않기 때문에 그 신의계약은 대리인에게만 의무를 부과한다.

인격화된 무생물

의제(擬制)에 의해 대표될 수 없는 것은 거의 없다. 교회, 병원, 교량과 같은 무생물은 교구 목사, 병원장, 교량 감시인에 의해 인격화될 수 있다. 그러나 무생물은 본인일 수는 없고 따라서 그 대리인에게 권한을 위임할 수가 없다. 그러나 대리인들은 이러한 무생물의 소유자나 관리자들로부터 위임된, 관리의 권한은 가질 수 있다. 따라서 이러한 무생물은 어떤 시민정부의 상태가 존재하기 전에는 인격화될 수 없는 것이다.

비이성적인 것 　마찬가지로 이성을 사용할 수 없는 어린이나 백치나 광인들도 보호자나 후견인에 의해 인격화될 수 있다. 그러나 그들이 (나중에 이성을 사용할 수 있게 되어) 그 행위를 사리에 합당한 것으로 판단할 때까지는, 이들 대리인이 그 동안 한 행위의 본인이 될 수는 없다. 하지만 어리석은 상태에 있는 동안 통치권자가 보호자에게 권한을 부여할 수는 있다. 그러나 이것 역시 사회상태 안에서만 존재한다. 그러한 상태가 되기 이전에는 인격에 대한 지배가 없기 때문이다.

거짓 신들 　우상(偶像), 혹은 단순히 두뇌가 만들어낸 허구는 이교도의 신들처럼 인격화될 수 있다. 이 신들은 코먼웰스가 임명한 관리들에 의해서 인격화되었고, 사람들이 수시로 바친 재산과 재화와 권리를 보유하였다. 그러나 우상은 본인이 될 수 없다. 실재하지 않기 때문이다. 그 권한은 코먼웰스로부터 생기므로 시민정부가 성립하기 이전에는 이교도의 신들은 인격화될 수 없었다.

참된 신 　참된 신(*true God*)은 인격화될 수 있다. 예를 들면, 첫째, 모세에 의해서 인격화되었다. 모세는 이스라엘 민족(그의 백성이 아니고 하느님의 백성)을 '모세가 말하노니'(*hoc dicit Moses*)와 같이 그 자신의 이름으로서가 아니라, '주께서 이르시기를'(*hoc dicit Dominus*)과 같이 하느님의 이름으로 다스렸다. 둘째, 사람의 아들이자 하느님의 아들인 우리 구주 예수 그리스도에 의해서 인격화되었다. 그는 그의 아버지의 왕국으로 유대인을 되돌려 보내고 모든 민족을 인도하기 위해서 왔는데, 스스로 그렇게 한 것이 아니라 그의 아버지의 보내심을 받고 온 것이다. 셋째, 사도들 안에서 말하고 활동하는 신성한 영, 즉 성령에 의해서 인격화되었다. 이 신성한 영은 스스로 온 성령이 아니고 아버지인 신과 아들인 신의 보내심을 받고 생겨난 것이다.

군중은 어떻게 해서 하나의 인격이 되는가

군중은 한 사람 또는 하나의 인격에 의해서 대표될 때, 만약 그것이 그 군중 개개인 전부의 동의에 의해 그렇게 된 경우, 하나의 인격이 된다. 왜냐하면 '하나의' 인격을 이루는 것은 대표자의 '단일성'(*unity*)이지, 대표되는 자의 단일성은 아니기 때문이다. 인격을, 그것도 유일한 인격을 지니는 것은 대표자이다. 그렇지 않으면 군중의 '단일성'은 이해될 수 없다.

각자는 본인이다

그리고 군중은 본래 '한 사람'이 아니고 '다수'이기 때문에, 그들의 대표자가 그들의 이름으로 말하거나 행동하는 모든 것에 대하여 한 사람이 아니라 다수의 본인의 행위로 이해될 수 있다. 각자는 그들의 공통의 대표자에게 각자 개별적으로 권한을 부여한다. 그들이 대표자에게 무제한으로 권한을 부여하는 경우에는 대표자의 모든 행위를 자기의 행위로 승인하는 것이다. 그렇지 않고 무슨 일에서 어느 정도까지 그에게 대표하게 할 것인가를 제한한 경우에는, 그들 중 어느 누구도 그에게 위임한 행위 이상의 것을 승인한 것은 아니다.

대리인은 다수결에 의해 통일된 다수의 인간일 수 있다

만일 대표자가 여러 사람으로 구성되어 있다면, 다수의 의견을 그들 모두의 의견으로 간주해야 한다. 그 이유는 (예를 들어) 만일 소수가 찬성의견이고, 다수가 반대의견일 경우, 반대의견은 찬성의견을 상쇄하고도 남기 때문이다. 이 상쇄되지 않고 남은 초과분이 그 대표자가 지닌 유일한 의견이다.

대표자가 짝수면 도움이 안 된다

짝수의 대표자는, 특히 그 수가 많지 않고 정반대의 의견이 동수를 이루는 일이 빈번할 때에는 종종 벙어리가 되고 행동불능의 상태에 빠진다. 그러나 어떤 경우에는 동수의 대립의견도 문제를 해결할 수 있다. 예를 들어 유죄인가 무죄인가를 판결하는데 각각 동수인 경우, 유죄로 판결하지 않았으므로 무죄이다. 그러나 반대는 성립하지 않는다. 즉 무죄로 판결하지 않았다고 해서 유죄가 되는 것은 아니다. 왜냐하면 소송사건의 심리에서 유죄판결을 내리지 않는 것은 무죄를 언도하는 것이지만, 반대로 무죄를 언도하지 않는 것이 유죄판결은 아니기 때문이다. 지금 처형할 것인가, 아니면 처형을 연기할 것인가를 결정하는 문제도 이와 같다. 의견이 동수일 경우, 형의 집행을 선고하지 않은 것은 연기를 선고한 것이다.

반대의견

수가 셋 또는 그 이상의 홀수(의 사람 또는 집회)일 경우에도, 각자가 하나의 반대의견으로 나머지 찬성의견 전부를 무효로 만드는 권한을 갖게 되면 이러한 집단은 대표자가 될 수 없다. 사람들의 생각이나 이해관계가 다양하기 때문에 자주, 그리고 매우 중요한 경우에 벙어리 인격이 되고, 다른 많은 일에서와 마찬가지로, 군중을 통치하는 데, 특히 전시에는 적합하지 않기 때문이다.

'본인'에는 두 종류가 있다. 첫째는, 순수하게 〔즉 조건이나 단서 없이〕 그렇게 불리는 자인데, 앞에서 타인의 행위를 무조건 자기의 행위로 승인하는 자로 정의했다. 둘째는, 타인의 행위나 신의계약을 조건부로 자기의 것으로 승인하는 자이다. 즉 만약 타인이 어느 결정된 기일이나 그 이전에 그 일을 하지 않으면 자기가 그 일을 하겠다고 보증하고 있는 경우이다. 그리고 이러한 조건부 본인은 일반적으로 **보증인**(*sureties*)이라고 부른다. 라틴어에서는 'fidejussores', 'sponsores'라고 하는데, 특별히 채무에 관한 경우에는 'praedes', 재판관이나 행정관 앞으로 출두하는 경우에는 'vades'라고 한다.

제2부

코먼웰스에 대하여

제17장

코먼웰스의 원인, 생성 및 정의에 대하여

코먼웰스의 목적은 인간의 안전을 보장하는 데 있다

천성적으로 자유를 사랑하고 타인을 지배하기를 좋아하는 인간이 코먼웰스[1] 속에서의 구속을 스스로 부과하는 궁극적 원인과 목적과 의도는 자기보존과 그로 인한 만족된 삶에 대한 통찰에 있다. 다시 말하면, 비참한 전쟁상태로부터 벗어나고 싶기 때문이다. 전쟁은, 제 13장에서 본 바와 같이, 인간 본래의 정념들로부터 필연적으로 발생하는 것이다. 그러므로 보이지 않는 어떤 힘이 있어서 인간이 그 힘을 두려워하고, 처벌에 대한 공포 때문에 각자가 체결한 신의계약들을 이행하고, 제 14장과 제 15장에서 말한 여러 자연법들을 준수하지 않는 한, 전쟁은 피할 수 없는 것이다.

안전보장은 자연법만으로는 얻을 수 없다

'정의', '공평', '겸손', '자비' 등, 요컨대 '대접받고자 하는 대로 대접하라'는 자연법 그 자체는 어떤 힘에 대한 공포 없이는 지켜지지 않는다. 왜냐하면 우리의 자연적 정념은 그 반대의 방향, 즉 불공평·자부심·복수심으로 우리를 이끌기 때문이다. 또한 칼 없는 신의계약은 빈 말에 불과하며, 인간을 보호할 힘이 전혀 없다. 자연법이 존재

1) '코먼웰스'(*commonwealth*)에 대하여는 서설의 주 3 참조.

한다 하더라도 (지키려는 의지가 있고, 안전하게 지킬 수 있을 때에는 지켜져 왔다) 어떤 권력이 확립되어 있지 않으면, 혹은 확립되어 있다 하더라도 사람들의 안전을 보장하기에 족할 정도로 강력하지 않으면, 모든 인간은 타인에 대한 경계심을 품게 되고, 따라서 자기 자신의 힘과 기량에 의지하려 들 것이다. 이것은 합법적인 일이다.

사실상 사람들이 소가족으로 생활을 영위해온 모든 지방에서 강탈과 약탈은 인간의 생업이었고, 자연법에 반한다고 비난을 받기는커녕 오히려 전리품이 많으면 많을수록 그만큼 명예로운 일로 여겼다. 그들이 지킨 법은 명예법(*laws of honour*)뿐이었다. 이 명예법이 잔학행위는 삼가도록, 〔약탈을 해도〕 목숨과 농기구는 빼앗지 않도록 할 뿐이었다. 그 시절 소가족이 그러했던 것처럼, 오늘날 큰 가족이라 할 수 있는 도시나 왕국도 그렇게 하고 있다. 침략의 위험이 있다, 혹은 침략할 우려가 있다, 혹은 침략자를 도와줄 우려가 있다는 이유로 (자신들의 안전을 지키기 위해) 영토를 확대한다. 또한 공공연한 무력행사나 은밀한 계책으로 인접한 도시나 국가를 제압하고 약화시키려고 가능한 모든 노력을 기울인다. 그러나 이 역시 달리 〔가상적(假想敵)을〕 경계할 방법이 없기 때문에 정당한 행위이며, 그 명예가 후세에까지 전해진다.

소수자 또는 소수 가족의 단결로도 〔안전보장은〕 얻을 수 없다

또한 소수자가 단결하더라도 안전이 보장되지는 않는다. 소수의 경우에는 어느 소수〔집단〕이건 약간의 힘만 더 보태도 강력한 힘이 되어 쉽게 승리를 얻을 수 있기 때문에 오히려 침략을 조장한다. 안전하다고 믿기에 충분한 수는 어떤 일정한 수가 아니라 우리가 두려워하고 있는 적과의 비교에 의해 결정된다. 전쟁의 승패가 쉽게 판가

름 날 정도로 적(敵)의 우세가 현저하면, 적은 전쟁의 충동을 받기 쉽다. 이것을 막을 수 있을 정도의 수를 확보하고 있을 때 비로소 충분하다고 할 수 있다.

다수라 하더라도 단일한 판단에 의해 지도되지 않는 한 〔안전보장은〕 얻을 수 없다

또한 아무리 많은 다수라 하더라도 각자 자신의 판단과 욕구에 따라 움직인다면, 공동의 적에 대한 방위를 전혀 기대할 수 없으며, 또한 상호간의 권리침해에 대한 보호도 전혀 기대할 수 없다. 가진 힘을 최대한 발휘하는 방법에 관한 의견이 제각각일 경우에는 서로 돕는 것이 아니라 오히려 방해가 되고, 무익한 내부대립으로 말미암아 힘을 소진하게 된다. 따라서 극소수가 단결한 집단과 대적해도 쉽게 제압당할 뿐만 아니라, 공동의 적이 없을 때에는 각자의 이해관계 때문에 내란이 벌어진다. 만약 다수의 인간이, 두려워할 권력이 없어도 정의를 지키고, 자연법을 준수하기로 합의할 수 있다면, 인류 전체도 그렇게 할 수 있다고 가정할 수 있다. 그렇다면, 복종이 없어도 평화가 있기 때문에 어떤 시민정부도, 혹은 코먼웰스도 존재하지 않을 것이고, 존재할 필요도 없을 것이다.

또한 단일한 판단이 계속되지 않는 한 안전보장은 없다

단일한 판단이 존재한다고 하더라도 일회의 전쟁이나 전투에서처럼 제한된 기간 동안에만 존재한다면 인간이 원하는 안전은 확보되지 않는다. 인간은 평생의 안전을 원하기 때문이다. 제한된 기간 동안에만 단일한 판단이 존재하는 일회의 전쟁이나 전투의 경우, 전원일치의 노력으로 외적(外敵)을 물리치고 승리를 얻었다고 할지라도, 그 후에 공동의 적이 없거나, 혹은 일부 사람들이 적으로 생각하고 있는 자를 다른 사람들은 친구로 여기는 사태가 발생하게 되면, 이해관계의 충돌로 인하여 그들은 필연적으로 분열하게 되고, 다시금 내전에 돌입하게 된다.

이성도 언어도 갖지 못한 어떤 동물이 강제력 없이도 사회생활을 할 수 있는 이유는 무엇인가

확실히 벌이나 개미 같은 동물들은 서로서로 사이좋게 살아가고 있다. (그래서 아리스토텔레스는 이들을 정치적 동물 속에 포함시켰다.) 이 동물들은 각 개체의 판단과 욕구 이외에는 따라야할 명령이 아무것도 없다. 또한 언어가 없기 때문에 한 개체가 공동의 이익에 도움이 된다고 생각하는 바를 다른 개체에게 알릴 수도 없다. 그렇다면, 인간이라는 동물은 왜 그렇게 하지 못할까? 그 이유가 무엇인지 궁금한 사람들이 있을 것이다. 나의 답변은 다음과 같다.

첫째, 인간은 명예와 지위를 위해 끊임없이 경쟁하지만, 그 동물들은 그렇지 않다. 따라서 인간들 간에는 바로 그 때문에 시기와 증오가 발생하고 결국에는 전쟁이 일어나지만, 그 동물들은 그렇지 않다.

둘째, 동물들의 경우에는 공동 이익과 사적 이익이 다르지 않다. 본능적으로 사적 이익을 추구하지만 그 결과 공동이익을 획득하게 된다. 그러나 인간은 자기를 남과 비교하는 데에서 기쁨을 얻기 때문에 우월감 이외에는 아무것도 좋아하지 않는다.

셋째, 동물들은 인간과는 달리 이성을 사용하지 않는다. 따라서 공동의 일을 하면서 과오를 찾아내는 일도 없고, 또한 과오가 있다고 생각하지도 않는다. 그러나 인간들 중에는 '공동체'를 다스리는 일에 자기가 남들보다 현명하고 유능하다고 자부하는 사람들이 대단히 많다. 이들은 각자 자기 방식대로 개혁과 쇄신을 추진하고자 노력하는데 이로 인해 혼란과 내전이 초래된다.

넷째, 동물들도 욕망이나 기타 감정들을 서로 알리기 위해 어느 정도 음성을 사용하지만, 언어를 사용할 줄은 모

른다. 그러나 인간 중에는 언어의 기술을 이용하여 선을 악처럼, 악을 선처럼 보이게 만드는 자들이 있으며, 이렇게 선악의 외견상의 크기를 가감(加減)함으로써 사람들에게 불평을 품게 하고, 제멋대로 평화를 교란하는 것이다.

다섯째, 이성이 없는 동물들은 '권리침해'와 '손해'의 개념이 없으므로 자기가 안락하기만 하면, 동료들에게 반감을 갖지는 않는다. 그러나 인간은 가장 안락할 때 가장 까다로워져서 자신의 지혜를 과시하고 코먼웰스를 통치하는 사람들의 행동을 통제하고 싶어 한다.

끝으로, 그 동물들의 화합은 자연적인 것이지만, 인간의 화합은 오직 인위적인 신의계약에 의해서만 이루어진다. 따라서 그 화합을 항상적으로, 그리고 영속적으로 유지하기 위해 신의계약 이외의 어떤 것이 요구된다 하더라도 놀랄 일이 아니다. 그것이 바로 인간을 두렵게 하고 공동이익에 맞게 행동하도록 지도하는 공통의 권력(*common power*)[2] 이다.

공통의 권력은 외적의 침입과 상호간의 권리침해를 방

---

2) 'power'를 '권력'으로 번역한 이유에 대하여는 제10장의 주1 참조. 'common'은 '공동(共同)의', '공통(共通)의', '공공(公共)의' 등으로 번역될 수 있다. '공동'은 '둘 이상의 사람이나 단체가 함께 일을 하거나, 같은 자격으로 관계를 가진다'는 뜻이고, '공통'은 '둘 또는 그 이상의 여럿 사이에 두루 통하고 관계된다'는 뜻이고, '공공'은 '국가나 사회의 구성원에게 두루 관계된다'는 뜻이다. 그러므로 'common power'의 의미가, 모든 사람들이 같은 자격으로 그 권력과 관계가 있다는 뜻이라면 '공동의 권력'이라고 할 수 있겠고, 모든 사람에게 두루 적용되는 권력이라는 뜻이라면 '공통의 권력'이라고 할 수 있겠다. 또한 그 권력이 사회나 국가에 존재하는 권력이라는 의미에서는 '공공의 권력'이라고 할 수도 있다. 그러나 여기에서는 그 권력을 형성한 모든 사람에게 적용된다는 뜻이 강하다고 보아 '공통의 권력'으로 번역하였다.

코먼웰스의 생성

지하고, 또한 스스로의 노동과 대지의 열매로 일용할 양식을 마련하여 쾌적한 생활을 보낼 수 있도록 하기 위한 것이다. 이 권력을 확립하는 유일한 길은 모든 사람의 의지를 다수결에 의해 하나의 의지로 결집하는 것, 즉 그들이 지닌 모든 권력과 힘을 '한 사람'(*one Man*) 혹은 '하나의 합의체'(*one Assembly*)에 양도하는 것이다. 다시 말하면, 자신들 모두의 인격을 지니는 한 사람 혹은 합의체를 임명하여, 그가 공공의 평화와 안전을 위해 어떤 행위를 하든, 혹은 〔백성에게〕 어떤 행위를 하게 하든, 각자가 그 모든 행위의 본인이 되고, 또한 본인임을 인정함으로써, 개개인의 의지를 그의 의지에 종속시키고, 개개인의 다양한 판단들을 그의 단 하나의 판단에 위임하는 것이다. 이것은 동의 혹은 화합 이상의 것이며, 만인이 만인과 상호신의계약을 체결함으로써 모든 인간이 단 하나의 동일 인격으로 결합되는 것이다. 이것은 마치 만인이 만인을 향해 다음과 같이 선언한 것과 같다. '나는 스스로를 다스리는 권리를 이 사람 혹은 이 합의체에 완전히 양도할 것을 승인한다. 단 그대도 그대의 권리를 양도하여 그의 활동을 승인한다는 조건 아래.' 이것이 달성되어 다수의 사람들이 하나의 인격으로 결합되어 통일되었을 때 그것을 **코먼웰스**(*Commonwealth*) ― 라틴어로는 **키위타스**(*Civitas*) ― 라고 부른다. 이리하여 바로 저 위대한 **리바이어던**(*Leviathan*)이 탄생한다. 아니, 좀 더 경건하게 말하자면 '영원불멸의 하느님'(*immortal God*)의 가호 아래, 인간에게 평화와 방위를 보장하는 '지상의 신'(*mortal god*)[3] 이 탄생하는

3) 'mortal'은 '신이 아닌 인간의', '불사(不死)가 아닌 필멸(必滅)의'의 뜻이다. 하느님은 영원불멸하지만 코먼웰스(코먼웰스의 주권 또는 주권자)는 사람이 만든 것 또는 사람이므로 '자연사'(自然死)하기도 하고, 외적의 침략으로

것이다. 이 지상의 신은 코먼웰스에 살고 있는 모든 개인이 부여한 권한으로, 강대한 권력과 힘을 사용하여 국내의 평화를 유지하고, 단결된 힘으로 외적을 물리치기 위해 사람들을 위협함으로써, 모든 개인의 의지를 하나의 의지로 만들어 낸다. 바로 여기에 코먼웰스의 본질이 있다. 코먼웰스의 정의(定義)는 다음과 같다. '다수 사람들이 상호 신의계약을 체결하여 세운 하나의 인격으로서, 그들 각자가 그 인격이 한 행위의 본인이 됨으로써, 그들의 평화와 공동방위를 위해 모든 사람의 힘과 수단을 그가 임의로 사용할 수 있도록 한 것'이다.

코먼웰스의 정의

그리고 이 인격을 지닌 자가 주권자(*sovereign*)라 불리며, '주권적 권력'(*sovereign power*)을 지니고 있다고 말한다. 그 외의 모든 사람은 그의 백성(*subjects*)[4] 이다.

주권자 및 백성은 무엇인가

주권을 얻는 방법에는 두 가지가 있다. 하나는 자연적 힘에 의한 것으로서, 예컨대 자식이나 자손들을 복종시켜 지배하면서, 복종을 거부하면 멸하는 경우나, 혹은 전쟁으로 적을 정복하여 자신의 의지에 종속시키고, 복종을 조건으로 살려주는 경우가 여기에 속한다. 또 하나는 다른 모든 사람들로부터 자신을 지켜준다는 것을 믿고, 어떤 사람이나 합의체에 대한 자발적 복종에 각자가 동의하

'폭력사'(暴力死) 하기도 한다. 본 역서에서는 '지상의 신'으로 번역하였으나, '인간 신' 또는 '죽는 신' 등으로 번역할 수도 있다. 제21장의 〈어떤 경우에 주권자에 대한 백성의 복종의무가 면제되는가〉 항에 관련사항이 나와 있다.

4) 홉스가 말하는 'subject'는 '주권자(한 사람일 수도 있고, 합의체일 수도 있는)에게 복종을 맹세하고 그로부터 안전을 보장받는 사람'을 의미한다. 군주정 하의 '신민'(臣民), 공화정 또는 민주정 하의 '국민' 또는 '시민'을 모두 포괄한다. 따라서 본 역서에서는 '백성'으로 번역하였다. 'subject'가 형용사로 사용된 경우에는 '(주권의) 지배를 받는' 또는 '복종하는' 등으로 번역하였다.

는 경우이다. 후자는 정치적 코먼웰스, 또는 '설립'(*institution*)에 의한 코먼웰스라고 부를 수 있고, 전자는 '획득'(*acquisition*)에 의한 코먼웰스라고 부를 수 있다. 먼저 설립에 의한 코먼웰스에 대해 살펴보기로 하자.

제18장

설립에 의한 주권자의 권리에 대하여

'코먼웰스'는 '다수'의 인간이, 상호 평화롭게 지내고 다른 사람들로부터 보호를 받을 목적으로, '만인 상호간에' 합의하여, 다수결에 의해 어느 '한 사람' 혹은 '하나의 합의체'에 모든 사람들의 인격을 '대표하는' '대표자'로서의 '권리'를 부여하고, 그 사람 또는 합의체에 '찬성투표'한 자나 '반대투표'한 자나 모두 똑같이 그의 행위와 판단을 자기 자신의 행위와 판단으로 승인하기로 '신의계약'을 체결한 때 설립된다.

코먼웰스를 설립하는 행위는 무엇인가

회합에 가담한 사람들의 동의에 의해 주권을 부여받은 사람 또는 합의체의 모든 '권리'(*rights*)와 '권능'(*faculties*)은 이러한 코먼웰스의 설립에서 생겨난다.

코먼웰스가 설립되면 어떤 일들이 생기나

첫째, 그들은 신의계약을 체결했기 때문에, 설령 이전에 맺은 다른 신의계약이 있다 하더라도, 여기에 배치되는 것은 지킬 의무가 없는 것으로 이해되어야 한다. 그리고 코먼웰스를 설립한 이상, 신의계약에 의해 주권자의 행위와 판단을 자기 자신의 것으로 인정할 의무가 있기 때문에, 그의 허가 없이는 어떠한 경우에도 다른 자에게

1. 백성은 통치형태를 변경할 수 없다

복종하는 새로운 신의계약을 합법적으로 체결할 수 없다. 따라서 이제 군주의 백성이 된 사람들은 그의 허가 없이는 군주제를 폐지하고 무질서한 군중의 혼란으로 되돌아갈 수도 없으며, 또한 현재 자신들의 인격을 지니고 있는 그로부터 그 인격을 〔회수하여〕 다른 사람 또는 합의체에 넘겨줄 수도 없다. 왜냐하면 그들의 주권자인 자가 어떤 일을 하거나, 혹은 그렇게 하는 것이 적당하다고 판단하는 것을 자기 자신의 것으로 간주하고, 자기가 그 행위와 판단의 본인이 되기로 만인이 만인에 대해 의무를 지고 있기 때문이다. 즉, 어느 누구라도 반대하는 사람이 있을 경우, 그 나머지 모든 사람들은 그 사람과 체결한 신의계약을 파기해야 하는데, 이것은 불의(不義)이다. 또한 만인이 자신의 인격을 지니고 있는 자에게 주권을 부여하였으므로, 그를 폐위하는 것은 그 자신의 인격을 스스로 박탈하는 것이 되고, 따라서 이 역시 불의가 된다. 게다가 주권자의 폐위를 기도하다가 살해되거나 처벌을 받을 경우, 이 처벌은 자기 자신이 내린 처벌이다. 왜냐하면 그 자신이 주권자가 하는 모든 행위의 본인이 되도록 설립되어 있기 때문이다. 또한 자기 자신의 권한으로 자기가 처벌받을 짓을 하는 것은 불의이기 때문에, 이것 역시 불법이다. 또한 어떤 사람들은 주권자에 대한 불복종의 근거로서, 인간이 아닌 하느님과의 새로운 신의계약을 내세우는데, 이것 역시 불법이다. 왜냐하면 하느님의 인격을 대리하는 자의 중개에 의하지 않는 한, 하느님과의 신의계약은 있을 수 없기 때문이다. 이 일을 할 수 있는 사람은 하느님의 가호 아래 주권을 지니고 있는, 하느님의 대리인 이외에는 아무도 없다. 하느님과 새로운 신의계약을 체결했다고 주장하는 것은 너무도 명백한 허위이기 때문에, 심지어 그렇게 주장하는 자 자신의 양심에 비추어서도 허위이기 때문에, 불법일 뿐만 아니라 비열하고 비겁한 행위이다.

2. 주권은 박탈되지 아니한다

둘째, 모든 사람들의 인격을 지니는 권리가 주권자에게 부여된 것은 주권자와 사람들 사이에서 이루어진 일이 아니라, 만인 상호의 신의계약에 의해 이루어진 것이기 때문에 주권자 측에서 신의계약을 파기하는 일은 있을 수가 없다. 따라서 백성들 중 어느 누구도 주권이 상실되었다는 이유를 들어 복종의 의무로부터 벗어날 수는 없다. 주권자가 된 자는 사전에 그의 백성들과 어떤 신의계약도 체결하지 않았음이 명백하다. 만약 그런 신의계약이 존재한다면, 그가 다수 전체를 일방의 당사자로 하여 신의계약을 체결하였거나, 아니면 모든 사람과 각각 신의계약을 체결하였거나, 둘 중의 하나일 것이다. 그러나 다수 전체를 일방의 당사자로 하여 신의계약을 체결한다는 것은 불가능하다. 왜냐하면 그 전체는 아직 〔계약의 주체가 될 수 있는〕 하나의 인격이 아니기 때문이다. 그리고 만일 그가 전체를 구성하는 다수 인간들과 각각 신의계약들을 체결했다면, 그러한 신의계약들은 그가 주권을 가진 후에는 무효가 된다. 왜냐하면 그들 중 누군가가, 주권자의 어떤 행위를 신의계약 위반이라고 주장한다고 하더라도, 주권자의 행위는 주권자 자신의 행위이자 동시에 나머지 모든 사람의 행위이며, 나머지 모든 사람은 각자의 인격과, 그리고 각자의 권리에 의해 그러한 행위를 했기 때문이다. 또한 그들 중 일부는 주권자가 설립 당시의 신의계약을 위반했다고 주장하고, 주권자의 백성들 중 또 일부는, 혹은 주권자 자신은 그러한 위반이 없었다고 주장할 경우, 이 다툼은 해결할 재판관이 없고, 따라서 다시 칼〔전쟁상태]로 되돌아가게 된다. 그리고 만인은 코먼웰스 설립의 의도에 반하여 자기 자신의 힘으로 자기를 보호하는 권리를 다시 갖게 된다. 그러므로 주권자와의 신의계약에 의해 주권이 부여되었다고 설명하려는 시도는 헛된 것이다. 군주가 권력을 소유하는 것은 신의계약에 의한 것이라는, 따라서 그 권력은 조건부 권력이라는 견해는 다음과 같은 단순한 진리를 몰라서 하는 소리다. 공공의 칼이 없으면, 신의계약은 말과 숨에 불과할 뿐, 아무에게도 의무를 부과할 수 없고, 아무도 억제하거나 강제할 수 없고, 아무도 보호할 수 없다는 것을. 공공의 칼은 주권을 지닌 한 사람 혹은 합의체의 손을 속박하지 않을 때 생긴다는 것을. 주권자의 행위는 모든 사람이 승인한 것이고, 모든 사람의 힘이 단결된 형태로 그를 통해 이루어지고 있다는 것을. 주권 설립시 그러한 신의계약이 체결되었다는 주장이 얼마나 어리석은 주장인가 하는 것은 합의체 주권의 경우를 생각해보면 쉽게 알 수 있다. 로마 인민(*the people of Rome*)[1]이 이러저러한 조건 아래서 주권을 보유한다는 신의계약을 로마 백성들(*the Romans*)과 체결하고, 그 조건이 이행되지 않으면 로마 백성들은 로마 인민을 합법적으로 내쫓을 수 있다는, 이런 바보 같은 소리가 어디 있겠는가? 군주정이나 민주정이나 이치는 동일한데도 불구하고 일부 사람들이 이것을 깨닫지 못하는 것은 〔권력에 대한〕 야심 때문이다. 즉 자기가 참여할 길이 전혀 없는 군주정보다는 그래도 참여의 희망이 있는 합의체가 더 낫다

1) 고대 로마 공화정 시절에 최고통치기관은 원로원이었고, 집정관을 비롯한 정부요인들은 민회가 선출했기 때문에, '원로원과 로마 인민'(*Senatus Populus Que Romanus*), 혹은 '로마 인민'이라는 말은 '로마의 합법적 주권'을 나타내는 말이다.

고 생각하기 때문이다.

셋째, 다수의 사람들이 동의하여 주권을 선포한 이상, 〔주권의 설립에〕 반대한 자도 나머지 사람들에게 동의하지 않으면 안 된다. 다시 말하면, 그도 주권자의 모든 행위를 기꺼이 승인해야 한다. 그렇게 하지 않으면 나머지 사람들에 의해 정당하게 살해될 수 있다. 왜냐하면 그가 자발적으로 〔설립〕집회에 참가했다면, 이로써 그는 다수의 결정을 준수할 의지를 충분히 표시한 것이므로 (즉 묵시적으로 신의계약한 것이므로), 그 결정의 준수를 거부하거나, 다수자가 결정한 법령에 항의한다면, 이것은 스스로 체결한 신의계약에 반하는 것이며, 따라서 불법이 되기 때문이다. 그러므로 그는, 그 집회의 일원이건 아니건 간에, 그리고 동의의 요청을 받았건 안 받았건 간에, 그들의 명령에 복종하든지, 아니면 이전의 전쟁상태에 그대로 있든지 해야 한다. 전쟁상태에서는 누군가 그를 살해한다 해도 결코 불의가 아니다.

3. 다수에 의해 선포된 주권의 설립에 항의하는 것은 불의이다

넷째, 주권의 설립에 의해, 모든 백성은 주권자의 모든 행위와 모든 판단의 본인이 되었기 때문에, 주권자가 어떤 행동을 하든지 백성 중 어느 누구에게도 권리침해가 되지 않으며, 또한 백성들로부터 불의를 저질렀다는 비난을 받을 이유도 없다. 타인으로부터 위임받은 권한을 행사하는 자는 어떠한 행동을 하더라도 그 권한을 위임한 사람에게 권리침해가 되지는 않기 때문이다. 코먼웰스의 설립에 의해 모든 사람이 각자 주권자의 모든 행위의 본인이 된 상태에서, 주권자로부터 권리침해를 당했다고 불평하는 것은 자기 자신이 본인으로 한 행위에 대해 불평하는 것과 같은 일이다. 따라서 그는 자기 자신 이외의 어느 누구에

4. 주권자의 행위를 백성이 비난하는 것은 정당하지 않다

게도 책임을 물을 수 없다. 아니, 권리침해에 대해 자기 자신에게 책임을 물을 수도 없다. 자기가 자기의 권리를 침해하는 것은 불가능하기 때문이다. 주권을 보유한 사람들이 불공평한 행위를 할 수는 있다. 그러나 정확하게 말해서 불의나 권리침해를 범하는 일은 존재하지 않는다.

5.
백성은 주권자의 어떤 행위도 처벌할 수 없다

다섯째, 위에서 말한 것과 같은 이유로 주권을 가진 사람은 백성에 의해서 처형되거나, 또는 어떠한 방식으로든 처벌될 수 없다. 그런 처벌은 부당하다. 모든 백성은 주권자의 모든 행위의 본인이기 때문에 그것은 자신의 행위에 대하여 타인을 처벌하는 것이 되기 때문이다.

6.
주권자는 백성들의 평화와 방위에 무엇이 필요한가를 판단한다

코먼웰스를 설립한 목적은 전체 인민의 평화와 방위에 있기 때문에 이 목적에 대한 권리를 갖고 있는 자는 누구나 그 수단에 대한 권리도 갖는다. 따라서 주권을 가진 사람 또는 집합체는 다음의 권리를 갖는다. 평화와 방위의 수단, 그에 장애 또는 방해가 되는 것에 대한 판단. 평화와 안전을 유지하기 위해 국내의 소란 및 국외의 적대행위 예방 등을 포함하여 필요하다고 생각되는 모든 대책을 강구하는 일. 평화와 안전을 잃어버린 경우에는 이를 회복하기 위해 필요하다고 생각되는 모든 대책을 강구하는 일. 그러므로,

또한 백성에게 어떤 학설을 가르칠 것인지를 판단한다

여섯째, 어떤 의견이나 학설이 평화에 반하는지 기여하는지에 대한 판단, 따라서 사람들이 어떤 경우에 어느 정도로 무엇을 다수의 사람들에게 말해도 좋은지에 대한 판단, 책이 출판되기 전에 그 내용에 대해 검열하는 일을 누구에게 맡길 것인가에 대한 판단 등도 모두 주권자에게 속한다. 인간의 행위는 품고 있는 사상에서 나온다. 따라서 평화와 화합을 위해 사람들의 행동을 잘 규제하기 위

해서는 그 의견부터 잘 다스릴 필요가 있다. 물론 이론상의 문제에 관하여는 진리 이외에는 아무것도 존중할 필요가 없다. 그러나 평화를 위해 사상을 규제하는 일과 진리를 존중하는 일이 서로 모순되는 것은 아니다. 평화와 화합이 자연법에 반할 수 없는 것과 마찬가지로, 평화에 반하는 사상이 진리일 수는 없기 때문이다. 지배자나 교사가 태만하거나 미숙하여 그릇된 이론이 전반적으로 널리 퍼져있는 코먼웰스에서는 그와 상반되는 진리는 일반적으로 반발을 초래할 가능성이 있다는 것은 사실이다. 그러나 있을 수 있는 새로운 진리가 갑자기, 그리고 거칠게 등장한다고 해서 결코 평화가 파괴되는 것은 아니다. 다만 때때로 전쟁을 일으킬 뿐이다. 통치가 태만한 틈을 타서 어떤 의견을 옹호하거나 소개하기 위해 감히 무기를 드는 자들은 아직도 전쟁상태에 있기 때문이다. 이들은 평화의 상태에 있는 것이 아니라 상호간의 두려움 때문에 휴전상태에 있는 것이며, 말하자면 계속해서 전투지역에서 살고 있는 것이다. 따라서 평화를 위해, 의견이나 사상의 가부(可否)를 판단하고, 이를 위한 판관을 두어 불화와 내란을 방지하는 일은 주권을 지닌 자의 일이다.

7. 다른 사람이 뺏을 수 없는 개인의 불가침의 권리에 대한 규칙을 제정하는 권리

일곱째, 주권자는 백성 각자가 동료 백성의 간섭을 받지 아니하고 누릴 수 있는 재산이 무엇이며, 할 수 있는 활동이 무엇인지에 대한 규칙을 제정할 수 있는 전권을 가지고 있다. 그 규칙이 바로 사람들이 '소유권'(*propriety*)[2]이라고 부르는 것이다. 주권이 설립되기 이전에는 (이미 앞에서 살펴본 바와 같이) 만인이 만물에 대해 권리를 가지고 있었고, 그것이 바로 전쟁의 필연적인 원인이

---

2) 제 15장의 주 1 참조.

었다. 따라서 소유권은 평화를 위해 필요할 뿐만 아니라 주권에 의존하고 있기 때문에, 공공평화의 유지를 목적으로 한 주권의 행동이다. 소유권, 즉 '내 것'(*meum*)과 '네 것'(*tuum*)에 대한 규칙, 백성들의 행동에서 선과 악, 합법과 불법에 대한 규칙 등이 바로 시민법(*civil laws*)이다. 모든 코먼웰스는 각각의 시민법을 가지고 있다. 시민법이라는 명칭은 오늘날에는 로마 시의 고대 시민법을 지칭하는 말로 한정하여 사용되고 있지만, 당시 로마 시는 세계 대부분의 수도였기 때문에 그 법률이 이들 지역의 시민법이기도 했다.

8. 주권자는 분쟁의 재판과 판결의 권한을 갖는다

여덟째, 주권자는 사법권을 갖는다. 이것은 시민법, 자연법, 혹은 사실에 관하여 발생한 모든 분쟁에 대해 심문하고 결정하는 권리이다. 분쟁을 해결해주지 않고서는 백성들 상호간에 일어나는 권리침해를 막을 수 없으며, '내 것'과 '네 것'에 관한 법률도 소용이 없기 때문이다. 이 경우 모든 사람은 자기보존의 자연적·필연적 욕구에서 자기 힘으로 자기를 지키는 권리를 가지게 되는데, 이러한 전쟁상태는 코먼웰스를 설립한 목적에 반하는 것이다.

9. 최선이라고 생각하는 바에 따라 전쟁을 하거나 강화를 할 권리

아홉째, 주권자에게는 다른 민족, 혹은 다른 코먼웰스와 전쟁 또는 강화(講和)할 권리가 있다. 이것은 그렇게 하는 것이 공공의 이익이 된다고 판단될 때, 그 목적을 위해 거대한 전력(戰力)을 결집 및 무장하는 방법과 소요 예산을 판단하는 권리와, 이를 위해 백성에게 징세(徵稅)하는 권리이다. 인민을 지키는 힘은 군대에 있고, 군대의 힘은 단일한 지휘권 아래 힘을 결집하는 데 있다. 이 지휘권을 설립한 자는 주권자이며, 따라서 주권자가 이 지휘권을 갖는다. '군사'(*militia*)의 지휘권은 별도의 제도가

없어도 그 지휘권을 가진 자를 주권자로 만든다. 따라서 누가 군대의 사령관이 되든지 주권을 지닌 자가 최고사령관(*generalissimo*)이 된다.

10. 평시와 전시를 막론하고 고문관과 장관을 선임할 권리

열째, 평시와 전시를 막론하고, 모든 고문관·장관·행정관·관리를 선임할 권리는 주권자에게 있다. 주권자는 공공의 평화와 방위를 달성할 임무를 가지고 있으며, 따라서 임무수행을 위해 최적으로 판단되는 수단을 사용할 권리도 가지고 있는 것으로 이해되기 때문이다.

11. 보상과 처벌을 행할 권리 (정해진 방법이 없는 경우에는 자유롭게 재량할 권리)

열한 번째, 주권자에게는 법을 제정하여 재산이나 영작(榮爵)으로 상을 수여하거나, 신체형, 재산형, 작위의 박탈 등으로 처벌할 권리가 있다. 또한 소정의 법률이 없을 때에는 사람들이 코먼웰스에 봉사하도록 장려하고, 위해한 행위는 하지 못하도록 하는 데 가장 유익하다고 생각하는 바에 따라 이를 자유롭게 재량할 권리가 있다.

12. 영작(榮爵)과 서열을 결정할 권리

끝으로, 인간은 천성적으로 자기 자신에게 가치를 부여하려고 하고, 타인으로부터 존경을 받으려 하고, 다른 사람들에 대하여는 낮게 평가하려고 한다. 이로 인해 경쟁과 분쟁과 당파싸움이 끊임없이 벌어지고, 마침내 전쟁까지 일어나 서로를 파괴하고, 공동의 적에 대한 그들의 힘을 위축시키기까지 한다. 이런 점에 비추어 볼 때, 훈작서임(勳爵敍任)에 관한 법률이 필요하다. 즉 코먼웰스에 공적이 있거나 포상을 받을 만한 가치가 있는 사람들에 대하여 공적인 평가기준이 있어야 하고, 또한 이 법을 실시하는 권력도 누군가의 손에 맡겨져야 한다. 그런데 이미 살펴본 바와 같이, 코먼웰스의 전군사력은 물론, 모든 분쟁에 대한 재판권도 주권자에게 있다. 따라서 영작의 칭호를 부여하는 일과 각자가 가질 지위와 위계를 정하는

일, 그리고 공적·사적 모임에서 상호간에 보여야할 존경의 표시 등을 결정하는 것도 주권자에게 속하는 일이다.

주권자의 권리들은 분할할 수 없다

이상에서 말한 권리야말로 주권의 본질이며, 주권이 어떤 사람에게 있는지, 혹은 어떤 합의체에 있는지를 알 수 있는 표시이다. 왜냐하면 이러한 권리들은 나누어 가질 수도 없으며, 분할할 수도 없기 때문이다. 화폐 주조권, 미성년 상속자의 재산 및 신병 처분권, 시장에서의 선매권(先買權), 기타 모든 대권사항이 주권자에 의해 양도될 수 있지만, 백성을 보호하는 권력은 주권자가 보유한다. 그러나 만일 주권자가 '군권'(軍權)을 양도한다면 법을 집행할 수 없기 때문에 사법권을 보유하고 있어도 소용이 없다. 또한 만약 그가 징세의 권한을 양도하게 되면 '군권'은 무용지물이 된다. 또한 만약 학설에 대한 규제를 포기하면, 영적인 것들에 대한 공포 때문에 반란을 일으키게 된다. 앞에서 말한 권리들 하나하나에 대하여 깊이 생각해 보면, 그 중 어느 하나라도 없으면 아무리 나머지 모든 권리를 가지고 있어도 코먼웰스의 설립목적인 평화와 정의의 유지가 효과적으로 이루어질 수 없다는 것을 알게 된다. '갈라진 나라는 버틸 수 없다'[3] 고 한 것도 이러한 주권의 분할〔이 불가함〕을 말한 것이다. 주권이 분할되는 사태가 벌어지지 않는 한, 군대의 분열과 대립은 결코 발생하지 않는다. 영국 내 대부분의 지역에서, 이들 권력이 국왕과 귀족원과 평민원 사이에 분할될 수 있다는 견해가 받아들여지지 않았더라면, 오늘날처럼 인민이 분열되어 내란[4] 에 휩싸이는 일은 결코 없었을 것이다. 처음에는

3) 《성경》, 〈마가복음서〉 제 3장 24절에 "한 나라가 갈라져서 서로 싸우면, 그 나라는 버틸 수 없다"는 구절이 있다.

정책을 달리하는 사람들 사이에서, 다음에는 종교의 자유에 관한 의견을 달리하는 사람들 사이에서 발생한 이 내란은 사람들에게 주권의 권리가 어떤 것인가에 관해 큰 교훈을 주었다. 주권자의 권리는 분리될 수 없다는 것, 다시 평화가 회복되고 나면 이 주권자의 권리가 일반적으로 인정되리라는 것, 사람들이 내란의 참화를 잊어버리기 전까지는 〔주권자의 권리에 대한 인정이〕 계속되리라는 것, 〔그러나〕 그 불행을 잊은 후에는 평민들이 지금까지 받아온 교육보다 더 훌륭한 교육을 받지 않으면 더 이상 계속되지는 않으리라는 것, 이제 영국에는 이런 사실들을 이해하지 못하는 사람은 거의 없다.

또한 주권자가 주권을 직접 포기하지 않는 한, 권리는 결코 양도되지 않는다

그리고 이들 권리는 본질적이며, 분할이 불가능한 권리이기 때문에, 어떤 표현에 의해 이들 권리 중 어떤 것이 다른 사람에게 양도된 것처럼 보인다고 하더라도, 주권 그 자체가 직접적인 표현에 의해 포기되지 않는 한, 그 양도는 무효이다. 또한 그러한 권리를 양도한 자〔즉 기존의 주권자〕가 주권자의 명칭을 피양도자〔즉 백성들〕로부터 더 이상 부여받을 수 없는 상태가 아닌 한, 그 양도는 무효이다. 왜냐하면 주권자가 모든 것을 양도한 경우에도 만일 백성들이 그 주권을 다시 반환한다면, 모든 것은 거기에 불가분으로 결부되어 회복되는 것이기 때문이다.

주권자의 권력 앞에서는 백성의 권력이나 명예는 소멸한다

이 위대한 권한은 분할 불가능한 것이며 주권에 불가분리적으로 결부되어 있다. 그러므로 '국왕은 백성 개개인보다는 큰 힘을 지니고 있지만, 백성 전체보다는 작은 힘을 지니고 있다'(*singulis majores, universis minores*)는 견해는 근거가 없다. '전체'(*all together*)라는 말은 하나의 인격

---

4) 찰스 1세와 국회와의 싸움(1642~46, 1648~52)을 말한다.

으로서의 집합체를 의미하거나, 아니면 '각자'(*every one*)를 의미한다. 우선 전체라는 말이 '각자'의 의미라면, 위의 견해는 그 자체로 불합리한 말이다. 다음으로 '전체'라는 말이 (주권자가 지닌 인격과 같은) 하나의 인격을 나타내고 있다면, 전체 권력이란 곧 주권자의 권력과 동일한 것이므로, 이 경우에도 그 말은 불합리한 말이다. 사람들은 주권이 인민의 합의체에 있는 경우에는 그 말의 불합리성을 잘 알면서도, 주권이 한 사람의 군주에게 있을 때는 그 말이 불합리한 줄을 모른다. 그러나 누구의 수중에 있건 주권자의 권력은 동일한 것이다.

또한 권력의 경우와 마찬가지로, 주권자의 명예도 그 어떤 백성의 명예보다, 또한 백성 전체의 명예보다 당연히 더 위대하지 않으면 안 된다. 왜냐하면 주권이야말로 명예의 원천이기 때문이다. 경(卿), 백작, 공작, 왕공(王公) 등의 위계는 주권자가 만든 것이다. 주인 앞에서 종들은 평등하며, 어떤 명예도 지닐 수 없다. 주권자 앞에서는 백성도 마찬가지다. 주권자의 모습이 보이지 않는 곳에서는 명예의 높고 낮음을 다툴지라도 주권자 앞에서는 모두 태양 앞의 별빛에 불과하다.

주권이 없는 경우와 비교하면 강대한 권력도 결코 해롭지는 않다. 많은 경우 해악은 소수자에게 흔쾌히 복종하지 않는 데서 발생한다

그러나 이에 대해 다음과 같은 반론을 제기할 사람이 있을 지도 모른다. 즉 그렇게 무제한적인 권력을 가진 자(들)의 정욕과 변덕스런 정념에 백성들이 좌지우지된다면 백성들의 상태가 너무 비참하지 않은가 하고. 일반적으로 군주정 하에서 살고 있는 사람들은 그 비참함을 군주정의 결함으로 돌리고, 또한 민주정이나 혹은 기타 주권을 지닌 합의체 하에서 살고 있는 사람들은 모든 불편을 그 코먼웰스의 통치형태 탓으로 여긴다. 하지만, 통치형태가

무엇이든 간에 백성을 보호할 수 있을 정도로 충분하기만 하면, 권력은 모두 같은 것이다. 인간은 어떤 경우에도 불편이 전혀 없는 상태에 있을 수는 없다. 또한 통치형태를 불문하고 인간이 겪는 그 어떠한 극심한 불편도 내란에 따르는 비참과 공포의 재난에 비하면, 또한 법에 대한 복종도 없고, 약탈과 복수를 못하도록 그들의 손을 묶는 강제력도 없이, 즉 지배자 없이 살아가는 사람들의 분열 상태에 비하면 아무것도 아니다. 주권을 지닌 통치자들이 백성들에게 더할 수 없이 큰 억압을 가하는 경우에도, 이것은 백성들에게 해(害)를 가하고 백성들을 약화시키는 일이 즐거워서 그런 것도 아니요, 그로부터 이익을 얻자고 그런 것도 아니다. 주권자의 힘과 영광은 오히려 백성의 활력에 있다. 주권자가 강압적 권력을 행사하는 것은 자기 자신을 방어하는 일에 기꺼이 힘을 다하지 않으려는 백성들의 반항적인 태도 때문이다. 통치자가 평화시에도 인민들로부터 최대한의 징세를 하는 이유는, 위급한 경우에, 혹은 갑자기 필요할 때, 적에 대항하거나 승리를 얻을 수 있는 수단을 강구하기 위한 것이다. 앞서 말한 반론은 이런 문제들에 대해 깊이 생각하지 않기 때문에 나오는 것이다. 모든 인간은 태어날 때부터 두 개의 확대경을 가지고 있다. 하나는 정념이고 또 하나는 자기애(*self-love*)이다. 이 확대경 때문에 작은 희생을 크게 불평한다. 망원경으로 볼 줄은 모른다. 그러나 망원경으로 멀리 내다보면, 즉 도덕과학(*moral science*)과 시민과학(*civil science*)으로 보면, 그러한 희생 없이는 도저히 피할 수 없는 비참이 목전에 닥쳐있음을 알 수 있다.

제19장

설립에 의한 코먼웰스의 종류와 주권의 승계에 대하여

코먼웰스의 형태는 세 종류뿐이다

코먼웰스의 형태의 차이는 주권자, 즉 인민 전체 및 각인을 대표하는 인격의 차이에서 생긴다. 그리고 주권은 한 사람 또는 두 사람 이상의 합의체에 있고, 이 합의체는 모든 사람이 가입할 권리를 가진 경우와, 일부 특정한 사람들만이 가입할 수 있는 권리를 가진 경우로 나눌 수 있기 때문에 결국 코먼웰스는 세 종류밖에 없다. 즉 그 대표자는 한 사람이거나 혹은 2인 이상이고, 2인 이상일 경우에는 전체의 합의체이거나 일부의 합의체이다. 대표자가 한 사람일 경우 그 코먼웰스는 **군주정**(*monarchy*)이며, 대표자가 모일 의사가 있는 모든 사람의 집단인 경우에는 **민주정**(*democracy*) 또는 **민중적 코먼웰스**(*popular commonwealth*)이며, 그리고 일부의 합의체가 대표자가 되는 경우에는 **귀족정**(*aristocracy*)이라고 불린다. 이 외에 다른 종류의 코먼웰스는 존재할 수 없다. 왜냐하면 한 사람이거나, 여럿이거나, 모두이거나, 이 중 하나가 (내가 불가분의 것이라고 밝힌) 주권 전체를 소유하고 있기 때문이다.

역사상으로는, 또 정치서적에서는 '폭군정'(暴君政 *ty-*

ranny)이나 '과두정'(寡頭政 *oligarchy*)과 같은 명칭들이 보인다.[1] 이들은 내가 말한 것과 동일한 통치형태를 부르는 명칭인데, 그 통치형태를 싫어할 때 그런 명칭으로 부른다. 즉 '군주정' 하에서 불만을 갖는 사람들은 그것을 '폭군정'이라고 부르며, '귀족정'을 혐오하는 사람들은 그것을 '과두정'이라고 부른다. 마찬가지로 '민주정'이 못마땅한 사람들은 그것을 '무정부'(*anarchy*)라고 부른다.[2] 무정부란 말은 통치가 없다는 뜻이다. 나는 통치의 부재를 통치형태의 일종이라고 믿을 사람은 없으리라고 생각한다. 같은 이유로, 사람들이 어떤 통치형태를 좋아할 때와 좋아하지 않을 때, 혹은 통치자의 억압을 받았을 때를 각각 다른 종류의 통치형태로 볼 수는 없다고 생각한다.

폭군정과 과두정은 군주정과 귀족정의 다른 이름일 뿐이다

절대적 자유의 상태에 있는 사람들은, 그럴 의사가 있다면, 그들 모두를 대표하는 권한을 한 사람에게 부여할 수 도 있고, 여러 명으로 구성되는 합의체에 부여할 수도 있다. 다시 말해서 그들이 좋다고 생각하는 바에 따라서, 절대적 복종을 군주에게 할 수도 있고, 다른 대표자에게 할 수도 있다. 따라서 이미 주권이 확립된 곳에서는 동일한 인민을 위한 다른 대표자가 나타날 수 없다. 다만 주권이 정한 특정한 목적을 위해 다른 대표자를 둘 수는 있다. 만일 두 개의 주권이 존재하고, 각자의 인격이 두 명의 대리인에 의해 대표되고, 그 결과 양자의 대립이 발생하게 된다면, 주권의 분할이 불가피해진다. 그러나 (사람

종속적인 대표자의 위험성

1) 아리스토텔레스의 정치체제 분류법이 대표적인 예가 될 수 있다. Aristotle, *Politics*. Book III, Chapter 7 (Mortimer J. Adler et als., ed. 1993. *Great Books of the Western World*. Encyclopaedia Britannica, Inc. 2nd Ed. Vol. 8, pp. 476~477).

2) 'anarchy'는 그리스어로 '*αναρχία*', 즉 '지도자가 없다'는 뜻이다.

들이 평화의 상태에서 살고자 한다면) 그것은 불가능하다. 주권이 분할되면, 다수의 사람들은 전쟁상태에 빠지게 되고, 주권설립의 목적에 반하는 결과가 초래되고 만다. 예를 들어, 주권을 지닌 합의체가 영토내의 인민에게 인민들 자신의 건의나 요구를 공식적으로 표명할 대표자들을 보내라고 요청했다고 가정해 보자. 이런 경우에 이 대표자들이 주권적 합의체보다 더 절대적인 인민의 대표자로 간주되어야 한다고 주장할 수 있을까? 그 주장이 불합리하다면, 군주정의 경우에도 마찬가지로 그렇게 주장할 수 없다. 그런데 이렇게 명백한 진리가 어찌하여 최근에는 철저히 무시되고 있는지 나는 알 수가 없다. 어떤 나라에서 600여년의 세습[3]을 거쳐 주권을 보유했고, 유일하게 주권자로 불려왔으며, 모든 백성들로부터 폐하의 칭호를 들으면서 국왕으로 인정받던 자가, 그들의 대표자로 간주되지 아니하고, 인민의 청원을 가지고 오라는, (왕이 허락할 경우) 인민의 건의를 제출하라는 왕명에 따라 인민이 선발하여 보낸 자들이 어떻게 인민의 대표자 행세를 할 수 있었는지[4] 나는 도무지 알 수가 없다. 이러한 사실들

---

3) 노르만(Norman) 왕조를 연 정복왕 윌리엄 1세(William I, 재위 1066~87)부터 시작하여 플랜태저넷(Plantagenet, 1154~1399), 랭커스터(Lancaster, 1399~1461), 요크(York, 1461~1485), 튜더(Tudor, 1485 ~1603), 스튜어트(Stuart, 1603~당대) 왕조에 이르기까지의 기간을 말한다.

4) 1637년 스코틀랜드에서 장로파의 주도로 봉기가 일어나자 이를 진압하기 위한 자금을 확보하기 위해 찰스 1세(재위 1625~1649)는 1640년 의회를 소집하였다. 그런데 의회가 왕의 스코틀랜드 정책을 심의하려 하자 찰스 1세는 소집한 지 3주만에 의회를 해산해 버렸다. 이때 해산된 의회를 이른바 '단기의회'(*Short Parliament*)라 한다. 그러나 스코틀랜드 군대가 잉글랜드 북부지방을 침공하자 그 해 11월 다시 의회를 소집했다. 이때 소집된 의회의 활동은 이후 약 20년간 계속되었기 때문에 '장기의회'(*Long Parliament*)라 한다. 의회는 국왕의 소집 없이도 의회를 열 수 있도록 하는 '3년 개회

은 인민을 절대적으로 대표하는 사람들에게 중요한 교훈이 될 수 있다. 그 교훈이란, 인민들에게 절대적 대표자의 직무란 어떤 것인가를 가르쳐야 한다는 것과, 자기가 위임받은 책임을 제대로 완수하려면 다른 일반적 대표를 허용하는 문제에 대하여는 어떤 경우에든 특별한 주의를 기울여야 한다는 사실이다.

군주정과 합의체 주권과의 비교

이러한 세 종류의 코먼웰스간의 차이는 권력의 차이에 있는 것이 아니라, 인민에게 평화와 안전을 제공하는 편의와 적절성의 차이에 있다. 인민의 평화와 안전이야말로 주권의 설립 목적이기 때문이다. 군주정과 다른 두 개의 통치형태를 비교해 보면, 다음과 같은 점이 발견된다. 첫째, 인민의 인격을 지니고 있는 자, 또는 그것을 지니고 있는 합의체의 일원인 자는 동시에 자기 자신의 자연인격도 지니고 있다. 그러므로 공공의 이익을 도모하기 위하여 정치적 인격으로서 세심한 주의를 기울이기는 하지만, 그럼에도 불구하고 그 이상으로 자기 자신이나 자기 가족, 혹은 친척이나 친구들의 사적 이익을 얻기 위해 주의를 기울인다. 그리고 공익과 사익이 충돌하는 경우, 대부분 사적 이익을 선택한다. 인간의 정념은 보통 이성보다

법'(Trennial Bill)을 통과시키고, 왕의 수족이었던 스트래포드(Strafford) 백작과 로드(William Laud) 대주교를 체포하여 처형하였으며 1641년에는 대간언(大諫言 *Grand Remonstrance*)을 공표하여 찰스 1세의 학정(虐政)과 부정(不正)을 규탄하였다. 이때부터 왕당파(기사파)와 의회파(단발파) 간의 4년에 걸친 내란이 시작된다. 이 내란은 크롬웰(Oliver Cromwell)이 이끄는 철기병의 맹활약 덕분에 의회파의 승리로 끝났다. 1646년 투항한 찰스 1세는 1649년 의회가 설치한 고등재판소의 판결에 따라 처형되었으며, "하원은 인민에 의해 선출되었으므로 영국의 최고의 존재요, 모든 정당한 권력의 근원이다. 따라서 국왕이나 상원은 불필요하다"는 의회의 선언에 따라 군주제와 상원이 폐지되고 '공화정'(*the Commonwealth*)이 선포되었다. 홉스의 이 책은 공화정이 선포된 직후에 출간된 것이다.

강하기 때문이다. 그러므로 공익과 사익이 긴밀히 결부되어 있을수록 그만큼 공익도 크게 증진된다. 그런데 군주정의 경우에는 사익이 공익과 일치한다. 군주의 재산, 권력, 명예는 백성들이 힘과 명성을 지녔을 때 비로소 생겨난다. 백성들이 가난하거나, 열등하거나, 혹은 궁핍이나 불화 때문에 적과 전쟁을 수행할 수 없을 정도로 허약하거나 하면, 군주의 부도 영광도 안전도 없다. 한편 민주정이나 귀족정에서는 공공의 번영이 부패한 야심가들의 개인 재산을 늘려주지는 않는다. 그러한 사익을 확대하는 데에는 오히려 편파적인 충고나 배임행위나 혹은 내란이 더 낫다.

둘째, 군주는 누구에게든, 언제든, 어디에서든 필요한 조언을 구할 수 있다. 따라서 그는 검토 중인 문제에 관하여 그에 정통한 사람들로부터 지위와 신분의 고하를 막론하고 의견을 들을 수 있으며, 실행에 옮기기 전까지 원하는 기간 동안 그 문제를 비밀에 부칠 수도 있다. 그러나 주권을 보유한 합의체가 조언을 필요로 할 경우에는, 처음부터 조언의 권리를 지닌 사람들만 자문에 응하게 된다. 이 사람들은 대체로 지식보다는 부의 획득에 정통한 사람들이고, 장시간의 토론을 거쳐 조언을 하지만 통치에 도움이 되기는커녕 오히려 사람들의 행동을 자극하기 일쑤이다. 왜냐하면 '이해력'은 정념의 불꽃에 휩싸이면 밝아지는 것이 아니라 오히려 현혹되기 때문이다. 또한 합의체 자체가 다수로 구성되어 있기 때문에 비밀리에 조언을 구할 장소도 시간도 없다.

셋째, 군주의 결단은 인간의 본성에서 오는 것 이외에는 어떠한 불안정성도 없다. 그러나 합의체의 경우에는 인간의 본성 이외에 수(數)에서 오는 불안정성이 있다. 한번 결정이 되고 나면, 그 결의를 계속해서 밀고 나갈 작정으로 몇몇 사람들이 고의로 결석하는 일도 있고 (이런 일은 보통 무사안일이나 태만 혹은 개인적인 사정 때문에 생긴다), 혹은 반대의견을 품은 몇몇 사람들이 어제 결정된 일을 오늘 번복하려고 부지런히 출석하는 일도 있기 때문이다.

넷째, 군주는 시기심이나 이해관계 때문에 자기 자신과 견해를 달리하는 일은 없다. 그러나 합의체에서는 그런 일이 생길 수 있다. 그것도 내란을 일으킬 정도로 심각한 대립이 일어날 수 있다.

다섯째, 군주정에는 다음과 같은 불편이 있다. 즉 한 사람의 권력자가 자신의 총신(寵臣)이나 혹은 아첨꾼에게 주려고 여느 백성의 소유물을 마음대로 빼앗을 수 있다. 이것은 정말 엄청난, 피할 수 없는 불편이라는 점을 나도 인정한다. 하지만 주권이 합의체에 있는 경우에도 똑같은 일이 일어날 수 있다. 왜냐하면 군주가 간신에게 좌우되는 것처럼, 그들의 권력도 사악한 조언에 끌려 다니거나, 웅변가들의 선동에 넘어갈 수도 있고, 상호간에 아첨꾼이 되어 서로의 탐욕과 야망에 교대로 봉사하는 일이 생길 수도 있기 때문이다. 또한 군주가 총애하는 자는 수가 적고, 왕의 친족 이외에는 달리 승진시킬 자가 없지만, 합의체가 총애하는 자는 수가 많고, 친족의 수도 군주의 경우보다 훨씬 많다. 그 외에도 군주의 총신은 적에게 해를 가하는 동시에 친구를 돕지만, 웅변가들 즉 주권적 합의체의 총신들은 남을 해칠 힘은 커도 구할 힘은 작다. 비난하는 일은 인간의 본성상 변론할 때만큼의 웅변이 필요하지 않으며, 유죄선고는 무죄판결보다 더 정의롭게 보이기 때문이다.

여섯째, 군주정에는 때로 유아(幼兒)나, 혹은 선악을 구별하지 못하는 자에게 주권이 계승될 수도 있다는 불편이 있다. 이런 경우에는 주권의 행사를 다른 사람 혹은 합의체에 위임하여, 그 또는 그들이 주권자의 인격과 권한의 관리자 및 보호자로서, 그의 권리와 이름으로 통치하게 된다. 이처럼 주권의 행사를 다른 사람 혹은 합의체에 위임해야하는 일이 발생한다고 해서, 이것이 군주정의 불편한 점이라고 주장하는 것은 모든 정부는 혼란이나 내란보다 더 불편한 것이라고 주장하는 것과 같다. 명예와 이익이 막대한 지위를 놓고 사람들이 서로 경쟁하고 투쟁하는 일이야말로 위험한 일이다. 우리가 군주정이라고 부르는 통치형태에서는 그런 문제들은 생기지 않는다. 다음과 같은 경우를 생각해 보자. 전임 군주가 미성년인 왕위계승자의 보호감독자로 누군가를 임명했다고 하자. (이것은 유언에 의하여 명시적으로 이루어질 수도 있고, 이런 경우에 적용되는 관례에 따라 묵시적으로 이루어질 수도 있다.) 이때 만일 〔혼란이나 내란과 같은〕 문제가 발생한다면, 그것은 군주정〔이라는 통치형태〕에 원인이 있는 것이 아니라, 백성들의 야심과 부정 때문이다. 그리고 이런 일은 백성의 의무가 무엇인지, 또 주권자의 권리가 무엇인지에 대해 백성들이 충분한 교육을 받지 못한 경우, 통치형태를 불문하고 어디에서나 똑같이 생길 수 있다. 전임 군주가 보호감독에 대해 아무런 지시를 내리지 않았다고 해보자. 이 경우에는 이미 자연법이 충분한 규칙을 준비하고 있다. 즉 이 미성년자의 권한을 유지하는 일에 날 때부터 최대의 관심을 품는 자가, 그리고 그의 죽음이나 〔권한의〕

축소가 자기에게는 전혀 이익이 될 수 없는 자가 보호자가 되어야 한다는 것이다. 왜냐하면 인간은 날 때부터 자기 자신의 이익과 승진을 추구한다는 점을 생각해 본다면, 미성년자를 파멸시키거나 손해를 입힘으로써 승진이 가능한 자들의 손에 미성년자를 맡기는 것은 보호가 아니라 반역이 될 것이기 때문이다. 그러므로 어린 왕의 통치에 관한 모든 정당한 시비(是非)에 대해 충분한 준비가 되어 있음에도 불구하고 공공의 평화를 교란하는 투쟁이 일어난다면, 이것은 군주정이라는 통치형태 때문이 아니라 백성들의 야욕과, 그들의 의무에 대한 무지 탓으로 보아야 한다. 다른 한편, 큰 규모의 합의체에 주권이 있는 코먼웰스의 경우에도, 강화(講和), 선전포고, 입법 등에 관해 협의할 때는 마치 미성년자의 통치 아래 있는 것과 같은 상황이 발생한다. 미성년자가 주변의 조언을 물리칠 만한 판단력이 없기 때문에 보호자의 조언을 받아들이지 않을 수 없는 것과 마찬가지로, 합의체도 다수의 조언을 물리칠 자유가 없기 때문에 선악을 불문하고 다수의 조언을 받아들이지 않을 수 없다. 또한 미성년자가 인격과 권한을 유지하기 위하여 후견인이나 보호자가 필요하듯, 합의체도 (규모가 큰 코먼웰스의 경우에) 중대한 위기나 분란이 있을 때에는 항상 '자유수호자'(*custodes libertatis*), 즉 독재관 또는 권한 보호자를 필요로 한다. '자유수호자'는 임시 군주와 같이 일정한 기간 동안 모든 권력을 위임받아 행사한다. 그런데 그 기간이 끝났을 때 〔합의체가 '자유수호자'에게〕 권력을 빼앗기는 일이 종종 일어난다. 이것은 미성년의 군주가 보호자나 섭정, 혹은 후견인에게 권력을 찬탈 당하는 일보다 더 자주 일어난다.

지금까지 본 바와 같이 주권의 종류는 세 가지밖에 없

군주정의 정의 및 기타 통치형태들

다. 즉 한 사람이 주권을 지니는 '군주정', 백성 전체로 구성되는 합의체가 주권을 지니는 '민주정', 지명 혹은 별도의 방법에 의해 일부 특정인들로 구성되는 합의체가 주권을 지니는 '귀족정' 등이다. 그러나 세계에 지금까지 존재한, 혹은 현존하는 개개의 코먼웰스에 대해 고찰해 보면, 이들 세 종류 이외에 이들의 혼합으로부터 생긴, 또 다른 형태가 있는 것처럼 보인다. 예를 들면, 왕이 일정한 기간만 주권을 위임받는 '선거왕정'(選擧王政 *elective kingdom*), 혹은 왕이 제한된 권력만 갖는 왕정, 민주적 또는 귀족적 코먼웰스가 적국을 정복한 후 총독이나 행정관 혹은 지사를 두어 통치하는 경우 등이 그것이다. 앞의 두 형태에 대해서는 대부분의 저술가들이 군주정으로 부르고 있고, 뒤의 것은 얼핏 보기에 민주적 또는 귀족적 통치로 보인다. 그러나 사실은 그렇지 않다. 선거왕〔선거로 뽑힌 왕〕은 주권자가 아니라 주권자의 대행자에 불과하다. 제한된 권력만을 가진 왕도 주권자가 아니라 주권을 지닌 자의 대행자에 불과하다. 또한 민주적 또는 귀족적 코먼웰스가 지배하고 있는 속령은 민주정 또는 귀족정이 아니라 군주정의 통치를 받고 있는 것이다.

첫째, 선거왕에 관해 살펴보면, 그 권력이 일대(一代)에 한정된 경우와 일정한 연수(年數) 또는 월수(月數)에 한정된 경우가 있다. 전자는 오늘날 기독교 세계의 많은 지역에서 볼 수 있으며, 후자는 로마인들 사이에 있었던 독재관의 권력에서 찾아볼 수 있다. 만일 그가 후계자를 임명할 권리를 가지고 있다면, 그는 선거왕이 아니라 세습군주이다. 만일 그에게 후계자를 임명할 권리가 없다면, 그의 사후 새 왕을 선임할 수 있는 다른 사람 혹은 합의체가 반드시 있다. 그렇지 않으면, 코먼웰스는 왕의 죽음과 동시에 사멸하고 해체되어 다시 전쟁상태로 되돌아간다. 왕이 죽은 후에 주권을 부여하는 권리를 가진 사람이 있다면, 바로 그 사람이 그 이전에 주권을 가지고 있던 사람이라는 것을 쉽게 알 수 있다. 왜냐하면 소유 및 보유할 권리가 없는 것을, 마음대로 남에게 줄 권리는 어느 누구에게도 없기 때문이다. 그러나 최초로 선출된 자가 죽은 후, 주권을 부여할 자가 없는 경우에는 최초로 선출된 자에게 후계자를 결정할 권력이 있다. 아니, 더 정확하게 말하면, 그렇게 할 의무가 있다. 왜냐하면 그에게 통치를 허락한 사람들을 내란이라는 비참한 상태에 다시 몰아넣지 않도록 후계자를 확정하는 일은 자연법의 명령이기 때문이다. 따라서 이 경우에는 선출된 순간 그는 이미 절대적 주권자였던 것이다.

둘째, 군주의 권력이 제한된 경우, 그 군주는 그의 힘에 제한을 가한 사람(들)보다 우월할 수 없다. 그리고 우월하지 않은 자는 최고의 존재, 즉 주권자가 아니다. 따라서 이런 경우 주권은 항상 제한하는 권리를 지닌 합의체에 있었다. 그러므로 이 통치형태는 군주정이 아니라, 민주정이거나 귀족정이다. 예컨대, 고대 스파르타에서는 군주에게 군대를 지휘하는 특권이 있었지만, 주권은 '민선 5장관'(*Ephori*)[5]에게 있었다.

셋째, 예전에 로마인은 유대인의 영토를 통치하면서 총독(*president*)을 두었지만, 그렇다고 해서 민주정이었다고 할 수는 없다.[6] 왜냐하면 모든 유대인이 가입할 권리를

---

5) 그리스어 'έφορος'에서 온 말로, '감독자'라는 뜻이다. 스파르타의 '민선 5장관'은 왕을 감독하는 권한까지 가지고 있었다.

6) 여기에서는 'president'를 총독으로 번역하였지만, 이 말은 보통 '단체'의 장을 의미한다. 즉 president가 있으면, 단체 또는 합의체가 있다는 의미이고,

가진 어떤 집단에 의해 통치된 것은 아니기 때문이다. 또한 귀족정도 아니었다. 선거를 통해 누구라도 가입할 수 있는 어떤 집단에 의해 통치되지도 않았기 때문이다. 실제로는 그들은 단 하나의 인격에 의해 통치되었다. 로마인에게는 통치권력이 시민의 합의체에 있었으므로 공화정이었지만, 유대인에게는 자신들이 통치에 가담할 권리가 전혀 없는 군주정이었다. 인민이 그들 전체 중에서 뽑은 합의체에 의해 통치될 때에는 민주정 또는 귀족정이지만, 스스로 뽑지 않은 〔외부의〕 합의체에 의해 통치될 때에는 군주정이다. 이 경우에는 '한 사람'이 다른 사람을 지배하는 형태가 아니라 한 민족이 다른 민족을 지배하는 형태의 군주정이다.

계승권에 대하여

이 모든 통치형태의 재료〔인간〕는 필멸이기 때문에 군주도 합의체도 사멸한다. 그러므로 인간의 평화를 유지하기 위해서는 인공 인간의 생명을 영원히 보장해줄 질서가 필요하다. 그런 질서가 없다면, 합의체에 의해 통치되는 사람들은 임기가 끝날 때마다 투쟁상태로 복귀하게 될 것이며, 한 사람의 통치를 받는 사람들은 통치자가 사망하는 순간 바로 그렇게 될 것이 틀림없다. 〔이러한 일을 막기 위해 필요한〕 인공적 영원성을 보장하는 것이 바로 '계승권'(繼承權 *right of succession*)이라는 것이다.

계승의 문제를 처리하는 권력이 현재의 주권자에게 있지 않은 통치형태들은 하나같이 불완전하다. 만약 그 힘이 주권자 이외의 다른 특정의 개인, 혹은 사적인 합의체에 있을 경우, 그 힘을 가진 개인 또는 합의체는 주권자

따라서 그 합의체는 민주적 주권기구일 것이라고 추론하기 쉽지만 그렇지 않다는 뜻이다.

에게 종속된 인격이기 때문에, 주권자가 그 권리를 탈취할 가능성이 있고, 결과적으로 주권자 자신이 계승결정권을 갖게 된다. 계승결정권이 특정한 개인에게 있는 것이 아니라 새로 결정되어야 할 사항이라면 〔주권자가 죽는 순간〕 코먼웰스는 해체되고, 계승결정권은 이를 획득할 능력을 가진 자가 갖게 된다. 그러나 이것은 코먼웰스를 설립한 사람들의 최초의 의도와 맞지 않는다. 사람들이 코먼웰스를 설립한 최초의 의도는 일시적 안전이 아니라, 영속적 안전을 보장받기 위한 것이었다.

민주정의 경우에는 통치받는 다수가 없어지지 않는 한, 합의체가 전부 없어지는 일은 없다. 따라서 이 통치형태에서는 계승권의 문제가 전혀 발생하지 않는다.

귀족정의 경우에는 합의체의 일원이 사망했을 때 그 결원을 보충할 권리가 주권자인 합의체에 있다. 고문관과 관리를 선출하는 권한도 합의체에 있다. 왜냐하면 대의원이 대리인으로서 행하는 것은 백성 각자가 그 행위의 본인으로서 행하는 것이기 때문이다. 또한 주권을 지닌 합의체는 결원을 보충하기 위해 새 인물들을 선발하는 힘을 다른 사람들에게 부여할 수도 있지만, 이 선발 역시 합의체의 권한 아래 이루어진다. 또한 (대중의 요구가 있을 경우에는) 동일한 권한 아래 선발의 취소가 이루어질 수도 있다.

현 군주가 계승결정권을 지닌다

계승권에 관한 최대의 곤란은 군주정에 있다. 계승자를 지명하는 자가 누구인가 하는 것이, 때로는 그가 지명한 자가 누구인가 하는 것이 일견 분명하지 않을 때가 있기 때문이다. 이 두 가지 경우 모두 보통 사람들의 상식적인 추론 이상의 정확한 추론이 요구된다. 주권자의 권한을 지닌 군주의 후계자를 누가 지명하는가, 다시 말해 상속권(선거왕이나 선거후는 주권의 소유권이 아니라 사용권을 가지고 있을 뿐이다)을 결정할 권리는 누구에게 있는가 하는 문제를 풀기 위해서는, 현재 주권을 지닌 자가 계승결정권도 갖는 것인지, 아니면 주권이 다시 해체된 다수에게 되돌아가는지에 대해 살펴보아야 한다. 주권을 소유하던 자가 죽으면, 다수의 사람들은 전혀 주권이 없는 상태에 놓이게 된다. 즉, 군중이 결합하여 어떤 행동을 하기 위해서는 대표자가 필요한데 그런 대표자가 전혀 없는 상태에 놓이게 된다. 따라서 그들은 새 군주를 선출할 수도 없게 된다. 또한 각자는, 자기를 가장 잘 보호할 수 있으리라고 생각되는 힘을 소유한 자에게 복종할 평등한 권리를 지니게 된다. 또한 할 수만 있다면 자기의 칼로 자기 자신을 보호하게 되는데, 이것은 혼란상태, 즉 만인의 만인에 대한 투쟁상태로 다시 복귀하게 된다는 것을 의미한다. 이러한 상태는 군주정이 설립된 당초의 목적에 반한다. 그러므로 군주정이 설립될 당시부터 계승결정권은 현 주권 소유자의 판단과 의지에 맡겨져 있다는 것이 명백하다.

또한 주권의 소유자인 군주가, 그 권력의 계승자 및 상속인으로 누구를 예정하고 있었는가 하는 문제도 가끔 발생하는데, 이 경우에는 그가 명시적으로 표현한 말이나 유언, 혹은 그의 의사를 알 수 있는 여러 가지 묵시적인 표시에 의해 결정된다.

계승은 명시적으로 표현된 말에 의해 인정된다

명시적으로 표현된 말 또는 유언이란, 군주가 생존시에 '구두로'(*viva voce*), 혹은 서면으로 선언한 것을 말한다. 예를 들면, 로마의 초대 황제들이 계승자에 대해 선언한 것 등이 여기에 속한다. 계승자라는 말은 그의 자녀나 가까운 친척을 자동적으로 의미하지는 않고, 그의 지위를 계승할 것이라고 선포된 사람을 의미한다. 따라서 군주가 구두 또는 서면으로 어떤 사람을 계승자로 명확히 선언한 경우, 군주의 사후 즉시 그에게 군주의 권리가 부여된다.

혹은 관례에 변화를 일으키지 않음으로써

그러나 유언도 없고, 명시적으로 표현된 말도 없는 경우에는 의지의 자연적 표시들을 따라야 한다. 그 중 하나가 바로 관례이다. 따라서 무조건 가장 가까운 친족이 계승하는 것이 관례일 경우에는 그가 계승권을 가진다. 왜냐하면 주권 소유자의 의지가 이와 달랐다면, 생전에 그런 뜻을 밝혔을 것이기 때문이다. 마찬가지로 가장 가까운 남계 근친이 계승하는 것이 관례일 경우에는, 같은 이유로 계승권은 그에게 있다. 여자 우선이 관례인 때에도 마찬가지다. 관례가 어떻든, 한 마디 말로 그 관례에 변화를 일으킬 수 있는데, 아무 말도 하지 않았다는 것은 그 관례대로 따르겠다는 의지의 자연적 표시로 보아야한다.

혹은 인간의 자연적인 애정을 추정함으로써

관례도 없고, 유언도 없는 경우에는, 첫째, 군주의 의지는 군주정의 통치가 계속되기를 바라는 것으로 이해되어야 한다. 왜냐하면 그 자신이 그러한 통치형태를 승인했기 때문이다. 둘째, 그의 자녀들이 남녀를 불문하고 다른 사람들보다 우선한다. 인간은 본래 다른 사람의 자녀들보다 자기 자녀를, 또한 딸보다는 아들을 출세시키려는 경향이 강하기 때문이다. 딸보다 아들을 선호하는 이유는 남자가 노동과 위험을 동반하는 행동에 더 적합하기 때문이다. 셋째, 군주의 직계 자손이 없는 경우에는 남보다는 형제를, 형제 중에서도 혈연이 가까운 사람이 우선한다. 혈연이 가까울수록 애정도 진하기 때문이다. 생각하건대, 가까운 혈족이 위대한 사람이면 〔자신도 덩달아〕 큰 명예를 얻는다는 것은 명백한 사실이다.

외국의 군주를 계승자로 정해도 불법은 아니다

군주가 계약 또는 유언으로 계승문제를 처리하는 것은 합법적인 것이긴 하지만, 그렇게 할 경우 큰 폐단이 있다는 이유로 반대할 사람이 있을 수도 있다. 그 폐단이란 군주가 통치권을 이방인에게 팔아넘기거나 혹은 양도할 수도 있다는 사실이다. 이방인들(즉 동일한 통치하에서 살지도 않았고, 언어도 서로 다른 사람들)은 일반적으로 상대방을 과소평가하기 때문에, 이방인이 군주가 되면 백성들이 억압받을 수도 있다. 이것은 확실히 큰 폐단이 아닐 수 없다. 그러나 이것은 이방인의 통치에 대한 복종으로부터 필연적으로 생기는 것이 아니라, 정치의 진정한 법도를 알지 못하는 통치자의 미숙한 통치에서 생기는 것이다. 그러므로 로마인들은 다른 나라를 정복했을 때, 피정복민의 불만을 없애고 통치를 원활히 하기 위해 필요하다고 생각되는 모든 수단을 강구하였다. 때로는 피정복민 전체에게, 때로는 모든 나라의 주요 인사들에게 특권을 부여하기도 하고, 로마인의 명칭을 부여하기도 하고, 또 그들의 다수를 원로원이나 로마 시의 책임 있는 관직에 임명하기도 하였다. 우리 역사상 가장 현명한 군주였던 제임스 왕[7]이 두 개의 영토, 즉 잉글랜드와 스코틀랜드를 통합했을 때 목표로 했던 것도 바로 이것이었다. 그가

7) 스코틀랜드 왕(재위 1567~1625) 겸 잉글랜드 왕(재위 1603~1625) 제임스 1세(James I)를 말한다. 스코틀랜드 왕으로는 제임스 6세이다. 당시 스코틀랜드는 잉글랜드의 영토가 아니라 독립왕국이었다. 스코틀랜드 여왕 메리 스튜어트(Mary Stuart)의 아들로서 어머니의 퇴위에 의하여 1살에 즉위하였고, 1603년 엘리자베스 1세의 죽음으로 잉글랜드 왕위를 겸하여 스튜어트 왕조가 열렸다. 잉글랜드 왕이 된 제임스 1세는 국교회 강경파를 지지함으로써 구교도(가톨릭교도)와 청교도 양쪽을 실망시켰고, 왕권신수설을 내세워 왕권의 절대성을 강조하고 전제지배를 꾀하여, 의회와 대립하였다. 1624년 왕권강화를 기도하다가 귀족들의 반감을 사 암살당하였다. 찰스 1세가 그 뒤를 이었다.

이 일에 성공했더라면, 어쩌면 내란을 방지할 수 있었을 것이고, 두 나라가 지금처럼 비참해지지는 않았을 것이다. 그러므로 왕공(王公)들의 과오 때문에 폐단이 생긴 일도 많이 있기는 하지만, 군주가 자기 뜻대로 계승문제를 처리한다고 해서 인민에게 권리침해가 되는 것은 아니다. 그 합법성에 관하여는 다음과 같은 증명도 성립한다. 왕국을 이방인에게 양도함으로써 발생할 수 있는 모든 폐단은 이방인과 결혼했을 경우에도 똑같이 발생한다. 이방인과 결혼하게 되면, 계승권은 그 자손에게 〔즉 이방인에게〕 넘어간다. 그렇지만 사람들은 이방인과의 결혼을 합법적인 것으로 여기고 있다.

제20장

부권적 지배와 전제적 지배에 대하여

획득에 의한 코먼웰스

'획득에 의한' **코먼웰스**는 주권이 물리적 힘에 의해 획득된 코먼웰스를 말한다. 주권이 힘에 의해 획득된다는 것은, 사람들이 죽음이나 속박에 대한 공포 때문에, 개인적으로 혹은 다수결에 의해 전체적으로, 자신들의 생명이나 자유를 장악하고 있는 사람 또는 합의체의 모든 행동을 정당한 것으로 승인하는 경우를 말한다.

설립에 의한 코먼웰스와의 차이

이러한 종류의 지배 혹은 주권이, 설립에 의한 코먼웰스와 다른 점은 단 한 가지뿐이다. 즉 설립에 의한 코먼웰스는 사람들이 (주권을 맡긴 사람에 대한 두려움이 아니라) 상호간의 두려움 때문에 주권자를 선택하여 수립되는 데 반하여, 획득에 의한 코먼웰스는 사람들이 두려워하는 바로 그 사람에게 복종함으로써 수립된다는 것이다. 어느 쪽이든 모두 공포 때문에 수립된다. 죽음이나 폭력에 대한 공포 때문에 맺은 신의계약은 무효라고 주장하는 사람들은 이 점에 주의할 필요가 있다. 만약 그들의 주장이 맞다면, 어떤 종류의 코먼웰스에서 살고 있는 어느 누구도 복종의 의무를 갖지 않게 될 것이다. 일단 코먼웰스가 설립되거나 획득되고 나면, 죽음이나 폭력에 대한 공포 때문에 생긴 약속은, 그 내용이 법률에 반하는 경우, 〔유효한〕 신의계약이 아니며, 따라서 이행의 의무도 없다. 그러나 그 이유는 약속이 공포에 의해 생겼기 때문이 아니라, 신의계약의 당사자가 그 약속사항에 관하여 권리를 갖지 않기 때문이다. 다음으로 그가 법률에 따라 약속을 이행할 수 있는 경우에 이를 이행하지 않았을 때는 신의계약의 무효로 인하여 이행의무가 면제되는 것이 아니라 주권자의 판결에 의해 이행의무가 면제된다. 그렇지 않으면 합법적으로 약속한 후에 언제든지 이를 불법적으로 파기하는 일이 생기게 된다. 그러나 대리인인 주권자가 그의 의무이행을 면제하는 경우에는 그에게 약속을 강제한 자가 면제한 것과 같다. 대리인의 행위는 곧 본인의 행위이기 때문이다.

주권의 권리들은 양쪽 모두 같다

그러나 주권의 권리와 결과는 양쪽 모두 같다. 주권자의 권리는 그의 동의 없이는 타인에게 양도될 수 없으며, 또한 박탈되지도 아니한다. 그는 그 어떤 백성에 의해서도 권리침해를 이유로 고소되지 아니하며, 또한 처벌되지 아니한다. 그는 평화를 위해 필요한 것이 무엇인지 판단하는 심판관이며, 동시에 학설의 〔유해여부를 판정하는〕 심판관이며, 유일한 입법자이며, 전쟁과 평화의 시기 및 기회를 판단하는 최고심판관이다. 행정관, 자문관, 사령관을 비롯한 모든 관리와 대행자를 선임하는 것, 상벌·영예·서열을 결정하는 것도 그의 권리이다. 그 이유는 앞장에서 말한, 설립에 의한 주권이 이들 권리를 모두 가져야하는 이유와 같다.

지배권을 획득하는 데는 두 가지 방법이 있다. 하나는

부권적 지배는 어떻게 달성되는가

'출생'(出生 *generation*)에 의한 것이고, 또 하나는 '정복'(征服 *conquest*)에 의한 것이다. 출생에 의한 지배권은 어버이가 자식에 대해 갖는 것으로 부권적(父權的 *paternal*) 〔지배권〕이라고 한다. 그러나 이 권리는 그 자식의 어버이라는 이유에서, 즉 출생 그 자체에서 생기는 것이 아니라, 자식의 동의(同意 *consent*)에서 생긴다. 이 동의는 명시적으로 선언된 것일 수도 있고, 기타 쉽게 알 수 있는 증명에 의한 것일 수도 있다. 출생에 관해서 하느님은 남자에게 배필이 필요하도록 정하셨기 때문에 어버이는 항상 두 사람이게 마련이다. 그러므로 자식에 대한 지배권은 두 사람에게 동등하게 존재하지만, 자식이 두 사람에게 똑같이 복종할 수는 없다. 어떤 사람도 두 명의 주인에게 복종할 수는 없기 때문이다. 일부 사람들은 남성이 우세한 성(性)이기 때문에 자식에 대한 지배권을 남성에게 귀속시키고 있지만 이것은 오산(誤算)이다. 남녀 사이에는 힘이나 분별력의 차이가 전쟁 없이 결정할 수 있을 정도로 항상 존재하는 것은 아니다. 코먼웰스에서는 이 문제는 시민법에 의해 결정되는데, 대체로 (항상 그렇지는 않지만) 아버지에게 유리한 판결이 나온다. 대부분의 경우 코먼웰스는 가족 중 어머니보다는 아버지에 의해 설립되었기 때문이다. 그러나 지금 내가 문제로 삼는 것은 완전한 자연상태의 경우이다. 혼인법이나 자녀교육법이 존재하기 전에는 오로지 자연법밖에 없으며, 이성(異性)에 대한, 또한 자녀에 대한 자연적인 경향이 있을 뿐이다. 완전한 자연상태에서는 어버이는 자식들에 대한 지배권을 상호간의 계약으로 해결하거나, 아니면 전혀 해결하지 못 하거나 둘 중 하나이다. 계약이 있을 경우, 지배권은 그 계약에 따라 결정된다. 역사에 보면, 아마존 여인국 사람들[1]은

출생이 아니라 계약에 의해

자손을 얻기 위해 이웃나라 남자들과 교합하였는데, 계약에 의해 남자아이는 돌려보내고 여자아이만 자신들의 자식으로 삼았다. 즉 여자아이에 관한 한 〔계약에 의해〕 어머니가 지배권을 가졌던 것이다.

또는 양육에 의해

아무런 계약이 없는 경우에는 지배권은 어머니에게 속한다. 왜냐하면 완전한 자연상태에서는 혼인법이 없으므로, 어머니가 확실하게 밝히지 않는 한, 아버지가 누구인지 알 수가 없기 때문이다. 그러므로 자식에 대한 지배권은 어머니의 의사에 의존하고, 결과적으로 어머니의 것이 된다. 또한 유아는 태어나자마자 어머니의 수중에 놓이게 되는데, 어머니는 그 아이를 양육할 수도 있고 유기(遺棄)할 수도 있다. 양육한다면 그 아이의 생명은 어머니 덕에 생긴 것이며, 따라서 그 아이는 어느 누구에게보다도 어머니에게 복종할 의무가 있으며, 그 결과 아이에 대한 지배권은 어머니가 갖게 된다. 그러나 어머니가 유기한 아이를 다른 사람이 주워 양육한 경우에는 양육자가 지배권을 갖게 된다. 그 아이는 자신을 보호한 사람에게 복종할 의무가 있기 때문이다. 사람이 타인에게 복종하는 것은 생명의 유지를 목적으로 하는 것이기 때문에 자신을 구하거나 또는 멸할 힘을 가진 사람에게 복종을 맹세하는 것은 지극히 당연한 일이다.

---

1) Amazons: 그리스 신화에서 여전사만으로 이루어져 있다는 민족. 군신 아레스(Ares)와 님프인 하르모니아를 조상으로 하는 신화 속의 민족이며 카프카스·스키타이 등 북방지역에 거주했다. 아레스와 아르테미스(Artemis)를 신봉하고, 한 사람의 여왕에 의해 지배되었다. 그녀들은 1년에 한 번 다른 나라의 남자들과 교합하여 자식을 얻었으나 남자가 태어나면 돌려보내거나 불구로 만들거나 죽이거나 하였다. 활과 화살, 반달 모양의 방패로 무장하고 말을 타고 전투·약탈·수렵에 종사했다. 오른쪽 유방은 활과 화살의 조작에 방해가 되기 때문에 잘라내는 관습이 있었다.

또는 어버이 간의 기존의 종속관계에 의해

어머니가 아버지에게 종속되어 있는 경우에는 자식도 아버지의 권력 아래 있다. 그리고 아버지가 어머니에게 종속되어 있으면 자식도 어머니에게 종속된다. 예를 들어 주권자인 여왕이 백성의 한 사람과 결혼한 경우, 아버지도 여왕의 백성이기 때문에 자식도 어머니의 지배 아래 놓이게 된다.

각각 한 왕국의 군주인 남성과 여성이 결혼하여 자식이 탄생했을 경우에는 그 아이를 누가 지배할 것인가에 대해 계약이 있으면 그 계약에 따르고, 계약이 없으면 그 아이가 거주하는 장소에 따라 지배권을 결정한다. 한 나라의 주권자는 그 나라에 거주하는 모든 사람에 대해 지배권을 갖기 때문이다.

자식에 대해 지배권을 갖는 사람은 그 자식의 자식들, 즉 손자손녀에 대하여도, 또한 손자손녀의 자식들에 대하여도 지배권을 갖는다. 어떤 인간의 인격에 대해 지배권을 갖는 사람은 그가 지닌 모든 것에 대한 지배권을 갖는다. 그렇지 않다면 지배권은 아무 효력도 없는 단순한 명칭에 불과할 것이기 때문이다.

계승권은 소유권에 관한 규칙을 따른다

부권적 지배의 계승권은 군주의 계승권과 동일한 형태를 취하는데 이에 대하여는 이미 앞장에서 충분히 설명했다.

전제적 지배는 어떻게 달성되는가

정복이나 승전(勝戰)에 의해 획득되는 지배권은 일부 학자들이 전제적(專制的 *despotical*) 〔지배권〕이라고 부르고 있다. '데스포테스'(*Despotes*)라는 말은 '주군'(主君 *lord*) 또는 '주인'(*master*)을 의미하는 〔그리스〕 말로서, 종(從)에 대한 주인의 지배권을 가리킨다. 승리자가 이 지배권을 획득하는 것은 피정복자가 죽임을 당하는 것을 피하기 위해 명시적인 말이나 기타 의사표시로 자신의 생명과 육체의 자유가 허락되는 한 정복자의 뜻에 복종하겠다고 신의계약을 맺었을 때이다. 이러한 신의계약이 이루어지고 나면 피정복자는 종(*servant*)이 된다. 그 전에는 종이 아니다. '종'은 (이 말이 '봉사하다'(*servire*)는 말에서 나왔는지, '구하다'(*servare*)는 말에서 나왔는지는 문법학자에게 맡기기로 하고) 포로(*captive*)와는 다르다. 포로는 그를 사로잡은 자가, 혹은 그를 사로잡은 자로부터 사들인 자가, 그 사람을 어떻게 처리할 것인지를 결정할 때까지 감옥에 가두어 두거나, 혹은 묶어둔 자이다. 이런 사람들은 흔히 노예(*slave*)라고 불리는데, 어떤 의무도 지지 아니한다. 사슬을 끊어버릴 수도 있고, 탈옥할 수도 있고, 주인을 죽일 수도 있고, 주인을 납치하여 데리고 도망갈 수도 있다. 그렇게 해도 부당하지 않다. 그러나 종의 경우에는 사로잡혀 있기는 하지만, 신체의 자유를 누리고 있는 자로서, 도주하지 아니하고, 주인에게 폭력을 가하지 아니한다는 약속에 의해 주인의 신뢰를 받고 있는 자이다.

승리가 아니라 피정복자의 동의에 의해

따라서 피정복자에 대한 지배권은 승전에 의해서가 아니라 피정복자 자신의 신의계약에 의해 생겨난다. 그는 정복당했기 때문에, 즉 전쟁에서 패하여 사로잡혔거나 패주했기 때문에 의무가 생긴 것이 아니라, 스스로 나아가 정복자에게 복종했기 때문에 의무가 생긴 것이다. 다른 한편 승리자도 적(敵)이 (목숨을 살려준다는 약속이 없음에도 불구하고) 항복했다는 이유로 그를 살려주어야 할 의무가 생기지는 않는다. 승리자는 항복한 적에 대해 임의대로 처분하는 것 외에 더 이상의 어떠한 의무도 없다.

그리고 이른바 '구명'(救命 *quarter*) — 그리스어로는 '조

그리아'(*Ζωγρία*) 라고 하는데 '생포하다'의 뜻이다 — 요청이란 복종을 통해 승리자의 분노를 피하고, 몸값이나 노역을 통해 목숨의 대가를 지불하는 것이다. 그러므로 구명을 얻은 자는 그의 목숨을 받은 것이 아니라, 승리자가 어떻게 처리할 것인지 결정내릴 때까지 그 처리가 유보된 것이다. 왜냐하면 피정복상태는 살려줄 것을 조건으로 항복한 것이 아니라, 완전히 그의 재량에 맡긴 것이기 때문이다. 승리자가 그를 신뢰하고 신체의 자유를 부여했을 때 비로소 그의 생명은 보장되고 그 대신 노역의 의무가 생긴다. 그러나 감옥이나 속박상태에서 일하는 노예는 노역의 의무가 있는 것이 아니라, 주인의 가혹행위를 피하기 위해 그렇게 하는 것이다.

종의 주인은 그 종의 소유물 전부의 주인이다. 즉 그는 종의 재산, 노동, 종의 사용인, 그 자녀들을 임의대로 언제든지 사용할 수 있다. 왜냐하면 종은 복종의 신의계약을 통해 주인의 모든 행위를 자신의 행위로 승인할 것을 약속하고 그 대가로 목숨을 부지했기 때문이다. 따라서 만약 종이 복종을 거부할 경우, 주인이 불복종을 이유로 그를 죽이거나 결박하거나 기타 방법으로 처벌하더라도, 종 자신이 그 행위의 본인이기 때문에, 권리침해를 이유로 주인을 고소할 수 없다.

요약하면, '부권적' 및 '전제적' 지배의 권리와 그 결과는, 설립에 의한 주권의 경우와 완전히 동일하다. 그 이유도 동일한데, 이에 대하여는 앞장에서 이미 설명했다. 따라서 예컨대 여러 나라의 군주인 자가, 한편으로는 사람들의 합의에 의해 설립된 주권을 지니고 있고, 다른 한편으로는 정복에 의해 (즉 사람들이 죽음이나 사슬을 피하기 위해 복종한 결과) 주권을 지니게 된 경우, 후자의 인민들에게 정복자의 이름으로 (즉 그들이 정복된 사람들이라는 이유로) 전자의 인민들에게보다 더 많은 것을 요구할 수 있다고 생각한다면, 이것은 주권자의 권리가 무엇인지 모르는 행위이다. 주권자는 어느 쪽에 대해서건 똑같이 절대적이다. 그렇지 않으면 주권은 전혀 존재하지 않는다. 그리고 이 경우에는 만인은 가능한 한 자기 자신의 칼로 합법적으로 자기를 보호하게 되는데, 이는 곧 투쟁의 상태인 것이다.

가족과 왕국의 차이

지금까지 논의한 주권자의 권리라는 점에 비추어 보면, 어떤 코먼웰스의 일부가 아닌 대가족은 그 자체로 하나의 소왕국처럼 보인다. 즉 그 가족의 구성원이 한 남자와 자녀이건, 또는 한 남자와 그의 종들이건, 또는 한 남자와 그의 자녀와 종들이건, 아버지 혹은 주인이 그 가족의 주권자처럼 보인다. 그러나 가족은, 그 가족원의 수나 다른 좋은 조건들로 인해, 전쟁의 위험을 무릅쓰지 않고서는 정복할 수 없을 정도로 큰 힘을 가지고 있지 않는 한, 올바른 의미에서의 코먼웰스는 아니다. 왜냐하면 사람 수가 적어서 아무리 단결하여 싸운다고 하더라도 방어하기에 역부족인 것이 명백한 경우에는, 누구라도 위험이 닥치면 이성적 판단 아래 자기 목숨을 구하기 위해 도주하거나, 적에게 항복하거나, 기타 최선이라고 생각되는 길을 선택할 것이기 때문이다. 이것은 마치 소수의 병력이 일개 군단의 습격을 받았을 때, 참살을 면하기 위해 무기를 버리고 구명을 요청하거나, 혹은 도주하는 것과 같다. 지금까지 인간의 본성과 필요와 의도에 대한 고찰을 통하여 사람들이 코먼웰스를 설립하고, 보호받기에 충분한 힘을 군주 또는 합의체에 맡기고 그 지배 아래 들어가게 된 경위를 밝히고, 그로부터 주권자의 권리를 연역하였다. 주권자의 권리에 대하여는 이것으로 충분할 것이다.

《성경》으로 본 군주정의 권리들

다음으로는 이 문제에 대한 《성경》의 가르침을 살펴보도록 하자. 모세에게 이스라엘 자손들[2]은 다음과 같이 말하고 있다. "어른께서 우리에게 말씀하십시오. 우리가 듣겠습니다. 하느님이 직접 우리에게 말씀하시면, 우리는 죽습니다."(출 20:19) 이것은 모세에 대한 절대적 복종이다.[3]

또한 왕의 권리에 대하여는, 하느님이 사무엘의 입을 통해 이렇게 말하고 있다. "당신들을 다스릴 왕[4]의 권한은 이러합니다. 그는 당신들의 아들들을 데려다가 그의 병거와 말을 다루는 일을 시키고, 병거 앞에서 달리게 할 것입니다. 그는 당신들의 아들들을 천부장과 오십부장으로 임명하기도 하고, 왕의 밭을 갈게도 하고, 곡식을 거두어들이게도 하고, 무기와 병거의 장비도 만들게 할 것입니다. 그는 당신들의 딸들을 데려다가, 향유도 만들게 하고 요리도 시키고 빵도 굽게 할 것입니다. 그는 당신들의 밭과 포도원과 올리브 밭에서 가장 좋은 것을 가져다가 왕의 신하들에게 줄 것이며, 당신들이 거둔 곡식과 포도에서도 열에 하나를 거두어 왕의 관리들과 신하들에게 줄 것입니다. 그는 당신들의 남종들과 여종들과 가장 뛰어난 젊은이들과 나귀들을 끌어다가 왕의 일을 시킬 것입니다.

2) 이스라엘은 야곱의 다른 이름이다. 그러므로 이스라엘의 자손들이란 야곱의 자손들, 즉 유대인을 말한다(창 32:28).

3) 본 항은 마지막 문단을 제외하고, 원문에서 모두 한 문단으로 되어있는 것을 역자가 임의로 문단을 나누었다.

4) 이스라엘에 왕정이 수립된 배경에 대해서는 제 12장의 〈기적의 증거가 없을 때〉 항에 관련사항이 나와 있다.

그는 또 당신들의 양 떼 가운데서 열에 하나를 거두어 갈 것이며, 마침내 당신들까지 왕의 종이 될 것입니다."(삼상 8:11~17) 이것은 절대적 권력이며, 마지막 구절인 "당신들이 왕의 종이 될 것이라"는 말에 요약되어 있다.[5] 또한 이스라엘 백성들은 왕이 어느 정도의 권력을 지니고 있는지 가르침을 받았을 때 이에 동의하면서 다음과 같이 말하고 있다. "우리에게도 왕이 있어야 되겠습니다. 우리도 모든 이방 나라들처럼, 우리의 왕이 우리를 다스리며, 그 왕이 우리를 이끌고 나가서 전쟁에서 싸워야 할 것입니다."(삼상 8:19~20) 주권자가 '군사' 및 '사법'에 관한 일체의 권한을 가지고 있음을 여기에서 확인할 수 있다. 또한 여기에는 한 사람의 인간이 타인에게 양도할 수 있는 한의 절대적 권력이 포함되어 있다.

또한 솔로몬 왕[6]은 하느님에게 기도하였다. "이렇게 많은 주님의 백성을 누가 재판할 수 있겠습니까? 그러므로 주님의 종에게 지혜로운 마음을 주셔서, 주님의 백성을

5) 이스라엘 백성들은 점점 강력해지는 주변 이방국가들을 보면서 이방국가들의 왕과 같은 강력한 정치지도자를 바랐다. 《성경》에 따르면, 이것은 여호와(하느님)의 통치권을 부정하고 인간 스스로 다스리겠다는 교만한 태도였다. 그럼에도 불구하고 여호와는 사무엘에게 백성들의 요구대로 왕을 세워주라고 하였는데, 이는 왕의 통치가 가져올 고통을 직접 겪게 하여 진정한 왕은 결국 여호와뿐이라는 사실을 깨닫게 하려는 의도에서였다. 그러나 홉스는 이 구절들을 '하느님이 승인한 왕의 절대적 권력'에 대한 성서적 근거로 인용하고 있다. 홉스는 이 책의 헌사(獻辭)에서 "《성경》의 몇 구절을, 보통 다른 사람들이 인용하는 경우와는 다른 목적과 주장을 위해 인용"하였다고 하였는데, 이 구절이 바로 그런 경우에 해당한다고 볼 수 있다.

6) Solomon: 고대 이스라엘 왕국의 제3대 왕(BC 960?~922?). 이름은 '평화로 충만하다'는 뜻이다. 부왕 다윗의 명으로 후계자가 되었다. 지혜가 뛰어난 왕으로 알려졌으며, 《성경》의 〈아가〉, 〈잠언〉, 〈전도서〉 등에 그의 유언(遺言)이 남아있다.

재판하고, 선과 악을 분별할 수 있게 해주시기를 바랍니다."(왕상 3:9) 즉 주권자에게는 "백성을 재판"하고 "선악을 분별"하는 규칙을 만들 수 있는 권리가 있다. 이 규칙이 바로 법이다. 따라서 주권자는 입법권을 가진다.

사울[7]이 다윗의 목숨을 해하려고 하였다. 그러나 다윗은 〔사울의 살의(殺意)를 알고 있었음에도 불구하고〕 자기 부하들이 기회를 틈타 사울을 죽이려고 하자 그들을 말리면서 이렇게 말했다. "내가 감히 손을 들어, 주님께서 기름부어 세우신 우리의 임금님을 치겠느냐? 주님께서 내가 그런 일을 하지 못하도록 나를 막아 주시기를 바란다. 왕은 바로 주님께서 기름부어 세우신 분이기 때문이다."(삼상 24:6) 또한 종들의 복종에 관하여 사도 바울[8]은 "종으로 있는 이 여러분, 모든 일에 육신의 주인에게 복종하십시오"(골 3:22) 하였고, "자녀 된 이 여러분, 모든 일에 부모에게 복종하십시오"(골 3:20) 하였다. 부권적 또는 전제적 지배 아래 있는 자들에게는 오직 복종만이 있을 뿐이다. 또한 〔예수가 무리와 제자들에게 말하기를〕 "율법학자들과 바리새파 사람들[9]은 모세의 자리에 앉은 사람들

---

7) Saul: 이스라엘 최초의 왕(재위 BC 1025~1010). 블레셋, 암몬, 아말렉 등 여러 족속들을 정복하였으나 다윗을 질투하여 광포해졌으며, 이로 인해 결국 하느님의 버림을 받았다.

8) Paul: 기독교 최초의 전도자. 열렬한 유대교도로서 기독교도를 박해하러 가다가 다마스쿠스에서 예수의 음성을 듣고 개종한 후 전 생애를 전도에 힘쓰고 각지에 교회를 세웠다. 로마에서 순교하였으며, 〈로마서〉, 〈고린도서〉, 〈갈라디아서〉 등을 썼다.

9) 바리새파(*Pharisees*): 유대교의 일파. 예루살렘의 신전봉사 기간중 제사장에게 과해지는 모든 규정을 일상생활에서도 일관되게 하기 위해서 일종의 서약공동체로서 구성되었다. 바리새라는 이름은 '분리파'(分離派)라는 뜻이며, 그 기원은 BC 2세기로 거슬러 올라간다. 원래는 평신도의 운동이었으며, 이 파에 속하는 율법학자가 지도적 위치를 차지하였다. 구두로 된 선조

이다. 그러므로 그들이 너희에게 말하는 것은 무엇이든지 다 행하고 지켜라"(마 23:2~3) 하였는데, 여기에서도 역시 복종만이 있을 뿐이다. 사도 바울 역시 "그대는 신도를 일깨워서, 통치자와 집권자에게 복종하고, 순종하게 하라"(딛 3:1) 하였는데, 여기에서도 오로지 복종이다.

마지막으로, 우리 구주 예수도 백성은 왕이 부과한 세금을 바쳐야 한다는 것을 인정하였다. "황제의 것은 황제에게 돌려주라"(마 22:21)고 하였고, 그와 같은 세금을 스스로 바쳤다. 또한 필요한 경우에 왕은 그 백성으로부터 무엇이든 취할 수 있고, 그 필요를 결정하는 것은 왕이라고 하였다. 예수 자신도 유대인의 왕이었기에 그의 제자들에게 명하여 예루살렘까지 타고 갈 나귀와 나귀새끼들을 끌고 오라고 하였다. "맞은편 마을로 가거라. 가서 보면, 나귀 한 마리가 매여 있고, 그 곁에 새끼가 있을 것이다. 풀어서, 나에게로 끌고 오너라. 누가 너희에게 무슨 말을 하거든, '주님께서 쓰려고 한다'고 말하여라. 그리하면 곧 내어줄 것이다."(마 21:2~3) 이 명을 받은 제자들은 '주가 쓰시겠다'는 것만으로 충분한 권리가 되는 것인지, 그가 그러한 필요의 정당한 판단자인지 묻지도 아니하고, 예수의 명하신대로 하였다.

여기에 또 〈창세기〉의 몇 구절을 추가할 수 있을 것이

의 전승(傳承)도 포함하여 율법을 일상생활의 모든 국면에 적합하도록 '합리화'하는 한편, 다윗가계의 메시아 대망(待望), 부활신앙, 최후의 심판 등 《구약성경》의 범위를 넘어선 교리도 가지고 있었다. 그 뒤 70년 로마군의 예루살렘 파괴 이후로는, 유대교의 배타적 지배층이 되었다. 복음서 안에서는 그리스도의 주요한 논적(論敵)으로 등장하고, 위선자로 비판되는 경우가 많으나, 실제로는 그리스도 시대의 유대교 중에서 가장 종교적으로 진지한 교파였다.

다. “하느님은, 너희가 그 나무 열매를 먹으면, 너희의 눈이 밝아지고, 하느님처럼 되어서, 선과 악을 알게 된다는 것을 아시고, 그렇게 말씀하신 것이다.”(창 3:5) “네가 벗은 몸이라고, 누가 일러주더냐? 내가 너더러 먹지 말라고 한 그 나무[10]의 열매를 네가 먹었느냐?”(창 3:11) ‘선악’을 식별 혹은 판정하는 일에 대하여 〔하느님은〕 선악과(善惡果)의 이름으로 금지한 다음, 이를 아담의 복종을 시험하는 일로 삼았다. 그런데 악마가 등장하여 그 나무를 탐스럽게 여기던 여자를 유혹하여, 그것을 먹는 날에는 하느님과 같이 되어 ‘선’과 ‘악’을 알게 된다고 일러주었다. 이리하여 두 사람은 그 실과를 먹게 되었고 선악의 판단이라는 하느님의 일을 떠맡게 되었다. 그러나 그들은 선악을 올바르게 식별할 수 있는 새로운 능력은 얻지 못했다. 선악과를 먹고 나서 그들의 눈이 밝아져 자기들의 몸이 벗은 줄을 알게 되었다고 하는데, 이 구절을 그들이 그 이전에는 맹인이었기 때문에 자기들의 벗은 몸을 보지 못하였다고 해석하는 사람은 아무도 없다. 그 의미는 명백히 다음과 같은 것이다. 즉 그들은 그때에야 비로소 벌거벗은 몸을 추하게 여겼으며, (그와 같이 창조한 것은 하느님의 뜻이었는데) 이를 부끄러워함으로써 묵시적으로 하느님 자신을 비난하였다는 것이다. 이에 대해 하느님은 이렇게 물었다. “내가 너더러 먹지 말라고 한 그 나무 열매를 네가 먹었느냐?” 이것은 ‘나에게 복종해야 할 너희가 나의 명을 심판하려 하느냐’고 물은 것이나 마찬가지다. 여기에서 명백하게 알 수 있는 것은 (비록 비유적이기는 하지만) 명령권을 가진 자의 명령은 어떤 신하라도 비난할

10) 《성경》, 〈창세기〉에서 에덴동산에 있었다는 나무. 이 나무의 열매를 따먹으면 선과 악을 알게 된다고 하였다.

수 없으며, 논란의 대상이 될 수도 없다는 사실이다.

따라서 내가 이해한 바로는, 이성적 추론으로 보나, 《성경》으로 보나, 주권자의 힘은 인간이 생각할 수 있는 최대의 권력이라는 사실은 명백하다. 이것은 주권이 군주정처럼 한 사람의 손에 있건, 민주정 혹은 귀족정처럼 합의체에 있건 다르지 않다. 이처럼 무제한적 권력이라면 여러 가지 바람직하지 못한 결과들이 생길지도 모른다고 걱정할 수도 있겠지만, 권력의 부재로 인해 생기는 결과들, 즉 만인이 자기의 이웃과 전쟁상태에 있는 것에 비하면 확실히 더 낫다. 현세에서의 인간의 삶에는 불편이 따르게 마련이다. 그러나 어떤 코먼웰스에서도 백성의 불복종과, 코먼웰스의 설립의 기초가 되는 신의계약의 파기로 말미암아 생기는 것보다 더 큰 불편은 없다. 그리고 주권이 너무 크다고 생각하여 이를 약화시키려 하는 자는 그것을 제한할 수 있는 권력, 즉 그보다 더 큰 권력에 스스로 복종해야 한다는 사실을 알아야 한다.

모든 코먼웰스의 주권은 절대적이어야 한다

최대의 반론은 실제로 그런 일이 있었느냐는 반문이다. 즉 언제 어디서 그러한 권력이 백성에 의해 인정되었느냐는 것이다. 나는 그들에게 다시 이렇게 묻지 않을 수 없다. 폭동과 내란이 오랫동안 없었던 나라가 언제 어디에 있었느냐고. 코먼웰스의 역사가 길고, 외국과의 전쟁에 의한 것을 제외하고는 멸망한 일이 없는 나라들에서는 백성들이 결코 주권에 대해 논란하지 않았다. 코먼웰스의 목적과 본질을 철저히 연구한 일도 없고, 정확한 추론으로 비교 검토해본 일도 없으면서, 저 비참한 상황을 날마다 겪고 있는 무지한 사람들의 주장은, 아무리 실지(實地) 경험을 바탕으로 한 논증이라 하더라도 타당성이 없다. 설령 세계의 모든 지역에서 사람들이 모래 위에 집을 짓는 것을 당연시한다고 하더라도 〔즉 실지 경험이 그렇다 하더라도〕, 그로부터 그렇게 해야 한다는 추론이 성립할 수는 없다. 코먼웰스를 만들고 유지하는 기술은, 산술이나 기하학과 같이, 확실한 법칙을 따를 것이지 테니스 경기처럼 실지 경험에만 기댈 일이 아니다. 지금까지 가난한 사람들은 여가가 없어서 이 규칙을 알아내지 못했고, 여가 있는 사람들은 지적 호기심이 없어서, 혹은 방법을 몰라서 이 규칙을 알아내지 못했다.

제21장

백성의 자유에 대하여

자유란 무엇인가

자유(*liberty, freedom*)는 본래 저항의 부재를 의미한다. 여기에서 저항이란 외부적 장애를 말한다. 이것은 이성이 있는 인간에게만 적용되는 것이 아니라 이성이 없는 생물이나 무생물에게도 적용된다. 왜냐하면 속박되어 있거나 포위되어 있는 것은 무엇이든 한정된 공간 안에서만 움직일 수 있을 뿐인데, 이 공간이 외부 물체의 저항에 의해 한정되어 있을 때에는 그 밖으로 나갈 자유를 가지고 있지 않다고 말할 수 있기 때문이다. 동물이 벽이나 사슬에 의해 감금되거나 구속된 경우, 또한 더 넓은 공간으로 흘러갈 수도 있는 물이 제방이나 용기에 갇혀있는 경우에도 그렇게 말할 수 있다. 이런 경우 외적 장애가 없을 때처럼 움직일 수는 없기 때문에 그렇게 움직일 자유는 없다고 말하는 것이 보통이다. 그러나 운동을 가로막는 장애가 물체 그 자체의 구조 내에 있는 경우에는 자유가 없다고 말하는 것이 아니라, 움직일 힘이 없다고 말하는 것이 보통이다. 돌이 움직이지 않고 가만히 있는 경우나, 사람이 병이 나서 침대에 꼼짝없이 누워있는 경우 등이 여기에 해당한다.

자유롭다는 것은 무엇인가

자유의 의미를 이와 같이 이해할 경우 (일반적으로 그런 의미로 사용되고 있다) 자유인(*freeman*)이란 '스스로의 힘과 지력으로 할 수 있는 일들에 대하여 자기가 하고자 하는 것을 방해받지 않는 인간'을 뜻한다. 그러나 '자유로운'(*free*)이라는 말이나 '자유'(*liberty*)라는 말을 '물체' 이외의 것에 적용하는 것은 그 말을 남용하는 것이다. 운동하지 않는 것은 장애를 받을 일도 없기 때문이다. 그러므로 (예컨대) 그 길은 자유롭다(*the way is free*)고 말할 경우, 이것은 제지당하지 아니하고 걸어갈 수 있다는 뜻이기 때문에 길의 자유를 말하는 것이 아니라 걷는 사람의 자유를 말하는 것이다. 또한 선물이 자유롭다(*a gift is free*)고 말할 경우에도 이 말은 선물을 주도록 구속하는 법률이나 신의계약이 없는 상태에서 자유롭게 선물을 줄 수 있다는 뜻이므로, 선물이 자유를 가지고 있는 것이 아니라 선물하는 사람이 자유를 가지고 있다는 뜻이다. 또한 우리들이 '자유롭게 말한다'고 할 경우, 자유로운 것은 목소리나 발음이 아니라 인간이다. 말하고 싶은 것과 다르게 말하도록 법으로 의무화한 일은 없기 때문이다. 마지막으로 '자유의지'라는 것도 의지, 의욕, 의향의 자유를 가리키는 것이 아니라 인간의 자유를 가리킨다. 즉 그것은 의지, 의욕, 의향을 가지고 어떤 일을 하는 데 아무런 제지를 받지 않는다는 것을 의미한다.

공포와 자유는 양립한다

공포와 자유는 양립한다. 배가 침몰할지도 모른다는 '공포' 때문에 재산을 바다에 버리기로 한 경우, 이것은 극히 자발적인 행위이다. 만약 그렇게 하기 싫으면 그렇게 하지 않을 수도 있다. 그러므로 그것은 '자유로운' 인간의 행위이다. 마찬가지로 감옥에 가는 것이 '두려워서' 빚을 갚는 경우에 어느 누구도 억지로 빚을 갚도록 강제하지는 않았기 때문에 그것은 '자유'를 지닌 인간의 행위이다. 일반적으로 코먼웰스 내에서 법에 대한 '공포' 때문에 이루어지는 행위는 전부 그렇게 하지 않을 수 있는 '자유'를 포함한 행위이다.

자유와 필연은 양립한다

자유와 필연은 양립한다. 물은 물길을 따라 흘러내려갈 '자유'뿐만 아니라 '필연성'도 지니고 있는데, 인간의 자발적인 모든 행위도 이와 같다. 사람의 행위는 그의 의지에서, 즉 '자유'에서 비롯되는 것이긴 하지만, 다른 한편 인간의 의지에서 비롯되는 모든 행위, 모든 의욕과 의향도 어떤 원인에서 비롯되고, 그리고 그 원인은 또한 다른 원인에서 비롯되고, 이렇게 계속 원인이 연쇄를 이루고 있으므로 (그 최초의 고리는 제1원인인 하느님의 손안에 있다) 인간의 행위도 '필연성'에서 비롯된다고 할 수 있다. 그러므로 이 원인들의 연쇄를 알 수 있는 자의 관점에게는 인간의 모든 자발적 행위가 '필연적'인 것이 명백하다. 그러므로 인간이 자기 생각대로 행하는 '자유'는 신의 의지에 따라 행하는 '필연성'을 동반한다는 것, 그 이상도 그 이하도 아니라는 것을 만사를 주관하는 하느님은 알고 계신다. 인간은 하느님이 명하지도 않은 일을, 또한 하느님이 그 행위의 본인도 아닌 일을 무수히 할 수 있지만, 그럼에도 불구하고 하느님의 의지에서 생기는 욕구 이외에는 그 어떤 것에 대해서도 정념이나 욕구를 지닐 수가 없다. 만약 하느님의 의지가 인간의 의지의 '필연성'을, 따라서 인간의 의지에서 비롯되는 모든 것의 '필연성'을 결정하는 것이 아니라면, 인간의 '자유'는 하느님의 전능(全能)과 '자유'에 모순이 되고 장애가 될 것이다. 자연적 '자유'—'자유'라는 이름으로 불릴 수 있는 유일한 자격을 지닌—에 대하여는 (당면한 문제에 관한 한) 이 정도면 충분할 것이다.

인공의 족쇄, 즉 신의계약

그러나 인간은 평화를 획득하고 생명을 보존하기 위해 코먼웰스라는 인공 인간을 만들었으며, 또한 '시민법'이라는 인공적 사슬도 만들었다. 그리고 그들 자신의 상호 신의계약에 의해 사슬의 한쪽 끝은 주권을 지니게 된 한 사람 혹은 합의체의 입에 연결하고, 또 한쪽 끝은 그들 자신의 귀에 연결하였다. 이 족쇄는 그 자체로는 약하다. 그럼에도 불구하고 유지되는 이유는 끊기가 어려워서가 아니라 〔사슬을 끊었을 때 생기는〕 위험 때문이다.

백성의 자유는 신의계약에서 생긴 자유이다

이러한 사슬과 관련하여 여기에서는 다만 '백성의 자유'에 대해서만 살펴보기로 하자. 인간의 모든 언행을 규제하기에 충분한 규칙을 정해놓은 코먼웰스는 이 세상에 존재하지 않는다. 그렇게 할 수가 없다. 따라서 당연히 다음과 같은 일이 생긴다. 즉 법률이 불문에 부친 모든 종류의 행위에 대하여 인간은 자신의 이성이 가장 유리하다고 시사하는 것을 행할 자유를 지닌다. 만일 자유라는 말을 본래의 뜻대로 해석하면, 그것은 육체적 자유, 즉 사슬이나 감옥으로부터의 자유가 된다. 그러나 그 자유는 이미 우리가 누리고 있기 때문에, 이미 누리고 있는 자유를 달라고 외치는 것은 불합리한 일이다. 또한 만일 자유라는 말을 법의 면제로 이해한다면, 이 역시 불합리한 일이다. 왜냐하면 이런 자유를 요구하는 것은, 다른 모든 사람들이 자신의 생명의 주인이 될 수 있는 자유를 요구하는 것이기 때문이다. 또한 한 사람 혹은 다수의 수중에 칼이 없으면 법은 사람을 보호할 힘이 전혀 없다는 것을 알지 못하고서 그저 법의 시행만을 요구하는 것도 마찬가지로 불합리하다. 그러므로 백성의 자유는 주권자가 그들의 행위를 규제하면서 불문에 부친 일들에 대하여만 존재한다. 예를 들면, 매매의 자유, 혹은 상호간의 계약의 자유, 주거·식사·생업의 선택, 자녀를 자신의 뜻에 따라 교육하는 것, 기타 이와 유사한 일들에 대해서만 자유가 있다.

백성의 자유는 주권자의 무제한적 권력과 양립한다

그러나 〔백성에게〕 이러한 자유가 있다고 해서, 이로 인해 주권자의 생사여탈권이 폐지되거나 제한된다고 생각해서는 안 된다. 앞에서 이미 말한 바와 같이, 주권을 지닌 대표자가 백성들에게 행하는 것은 어떤 경우에도 불의나 권리침해가 되지는 않는다. 백성 각자가 주권자의 모든 행위의 본인이기 때문이다. 주권자의 권리에 제한이 있다면, 주권자 자신도 하느님의 백성으로서 자연법을 준수해야 한다는 것뿐이다. 따라서 코먼웰스에서는 백성이 주권자의 명령에 의해 사형에 처해질 수도 있고, 가끔 그런 일이 일어나기도 하지만, 그 어느 쪽도 상대에 대하여 불의를 저지르는 것은 아니다.

그것은 입다[1]가 자신의 딸을 희생하기로 한 것과 같은 것이다. 이 경우, 혹은 이와 비슷한 상황에서 죽게 된 사람은 〔자신의 죽음을 불러온〕 행위의 자유를 가지고 있었고, 그로 인해 사형에 처해졌다 하더라도 어떠한 권리침해도 당한 것이 아니다. 주권을 지닌 왕공(王公)이 죄 없는 신하를 죽인 경우에도 마찬가지다. 그런 행위는 확실히 공평의 원리에 어긋나고, 따라서 자연법에 반하는 것

---

1) Jeptha: 이스라엘의 사사. 암몬인들과의 싸움에 임하여, 하느님께 말하기를, 암몬 자손과의 싸움에서 이기고 무사히 집으로 돌아오게 되면 누구든지 집 문에서 나와서 처음 영접하는 사람을 여호와께 번제로 드리겠노라고 맹세하였는데, 실제로 암몬 자손들의 항복을 받고 집으로 돌아왔을 때 처음 영접 나온 사람은 "작은 북을 잡고 춤추며 나온" 그의 외동딸이었다. 그러나 입다는 자신이 서원한대로 그 딸을 희생으로 바쳤다. 《성경》, 〈사사기〉 제 11장 29~40절 참조.

이기는 하다. 그러나 다윗 왕이 우리야를 죽인 것을 예로 들어 설명하자면, 다윗 왕은 우리야에 대해서가 아니라 하느님에 대해 권리침해를 했을 뿐이다. 우리야에 대해 권리침해를 하지는 않았다고 한 이유는, 다윗이 하고 싶은 대로 할 권리는 우리야 자신에 의해 부여된 것이었기 때문이다. 그러나 하느님에 대해서는 권리침해를 했다. 다윗도 하느님의 백성으로서 자연법을 준수할 의무가 있고, 따라서 모든 불공평한 행위가 금지되어 있었기 때문이다. 다윗 자신도 이 일을 참회할 때 그런 점을 분명하게 구별하여 "오직 당신〔주〕께 죄를 범하였나이다"[2] 라고 말하였다.

마찬가지로 아테네 시민들은 자국의 최유력자를 10년 동안 국외로 추방했을 때, 어떠한 불의도 행하지 않았다고 생각했으며, 또한 그가 어떤 죄를 지었는지를 문제삼은 것이 아니라 어떤 해를 끼칠 것인가를 문제삼았다. 아니, 그들은 자신들이 잘 알지도 못하는 사람을 추방하기도 하였다. 시민들 모두가 자기가 추방하고 싶은 사람의 이름을 조개껍질에 썼는데, 아리스티데스[3] 의 경우에는 비난받을 일이 있어서가 아니라 오히려 의롭다는 평판 때문에 추방하였으며, 휘페르볼루스[4] 의 경우에는 천한 광

---

2) 홉스는 "To thee only have I sinned"로 인용하고 있으나, 《성경》(삼하 12:13) 에는 "내가 여호와께 죄를 범하였노라"(I have sinned against the LORD) 로 되어 있다.

3) Aristides (BC 520?~468?) : 아테네의 정치가·장군. BC 490년의 마라톤 전투를 지휘한 10명의 장군 중 한 사람이었고, 그 이듬해 집정관이 되었다. BC 483년에 테미스토클레스(Themistocles) 의 해군정책에 반대한 것 때문에 도편추방(陶片追放 *ostracism*) 을 당하였다. 그러나 BC 480년 살라미스(Salamis) 해전에서 전투를 도와 사면되었으며, 그 이듬해에 벌어진 플라타이아(Plataea) 전투에서 아테네군 총사령관으로 활약하였다. 공직생활을 청렴하게 하여 "의인(義人) 아리스티데스"(*Aristides the Just*) 로 불렸다.

대를 조롱할 목적으로 추방하였다. 그렇다고 해서 아테네의 주권자들에게 그들을 추방할 권리가 없었다고 말할 수는 없으며, 또한 조롱할 자유가 없었다거나, 혹은 그렇게 하는 것이 정당하지 않았다고 말할 수는 없다.

학자들이 찬양하는 자유는 주권자의 자유이지 사적 개인의 자유는 아니다

고대 그리스인과 로마인의 역사책이나 철학책에서, 또 이 책을 읽고 정치학적 지식을 습득한 사람들의 저작이나 담화에서 자유는 매우 고귀한 것으로 언급되어왔다. 하지만 그 자유는 사사로운 개인의 자유가 아니라 코먼웰스의 자유이다. 그것은, 시민법이나 코먼웰스가 존재하지 않을 때에 각 개인이 가지고 있던 자유와 동일한 것이며, 또한 그로부터 생기는 효과도 동일하다. 지배자가 없는 사람들 간에는 이웃에 대한 만인의 영구적 투쟁이 존재한다. 자식에게 물려줄 유산도, 아버지로부터 기대할 수 있는 유산도 없고, 동산이나 부동산에 대한 소유권도 없고, 보호 수단도 없다. 오직 개개인의 완전하고 절대적인 자유만이 있을 뿐이다. 마찬가지로 상호간의 신뢰가 없는 국가들 혹은 코먼웰스들 사이에서는 각 코먼웰스는 (개인이 아니다) 자기에게 가장 유익하다고 판단하는 대로 행동할 절대적 자유를 가지고 있다. 물론 그 판단은 그 코먼웰스를 대표하는 개인 또는 합의체의 판단을 말한다. 그러나 그럼에도 불구하고 그들은 끊임없는 전쟁상태에 있어서, 주변국을 향해 대포를 설치해 놓고 국경을 수비하면서 언제

---

4) Hyperbolus: 마지막으로 도편추방된 그리스인. BC 417년 아테네에서 니키아스(Nicias)와 알키비아데스(Alcibiades) 간의 당쟁(黨爭)이 격화되었을 때, 어느 한 쪽을 추방하기 위한 도편추방의 실시를 요구하였는데, 양쪽이 화해하면서 오히려 휘페르볼루스가 추방되었다. 타락한 생활을 한다는 것이 추방의 이유였다. 사모스(Samos) 섬으로 갔다가 BC 411년 암살되었다. 이를 마지막으로 아테네에서는 도편추방 제도가 폐지되었다.

든지 전투에 들어갈 준비를 갖추고 있다. 아테네인들과 로마인들은 자유를 누렸다. 즉 자유로운 코먼웰스들이었다. 개개인이 대표자에게 저항할 자유를 가지고 있었다는 뜻이 아니라, 대표자들 자신이 다른 나라 인민들에 대해 저항하거나 침략할 자유를 가지고 있었다는 뜻이다. 오늘날에도 루카 시[5]의 성탑에는 자유(*LIBERTAS*)라는 말이 큰 글씨로 씌어 있다. 그러나 그렇다고 해서 루카의 시민 개개인이 콘스탄티노플의 시민보다 더 많은 자유를 지니고 있다든가, 코먼웰스에 대한 봉사를 면제받고 있다고 추론할 수는 없다. 군주정이건 민주정이건 코먼웰스의 자유는 동일한 것이다.

그러나 인간은 자유라는 그럴듯한 이름에 기만당하기 쉽고, 식별능력의 결여로 인하여 저 공공(公共)의 권리인 자유를 사적 상속권이나 생득권인 것처럼 생각한다. 그리고 이러한 오해가, 이 문제에 관한 저작으로 평판을 얻고 있는 사람들의 권위에 의해 뒷받침될 경우, 폭동이나 정부의 변혁을 초래한다고 하더라도 조금도 이상한 일이 아니다. 서반구에 사는 우리들은 코먼웰스의 설립 및 권리에 관한 우리의 생각을, 아리스토텔레스, 키케로, 기타 그리스와 로마의 학자들로부터 받아들이게 마련이다. 그리고 이들은 자연의 원리에서 이들 권리를 도출한 것이 아니라, 그들 자신이 살던 민주적 코먼웰스에서 실제로 행해지던 것을 바탕으로 이론을 구성하여 책으로 남겼다. 이것은 문법학자들이 그 시대의 실제의 용법을 바탕으로 언어의 규칙을 기술하고, 호메로스나 베르길리우스의 시를 기초로 하여 시의 규칙을 기술하는 것과 같다. 그리고

5) Lucca: 이탈리아 중부 토스카나 자치주 북서쪽에 있는 도시. 11세기에 자치도시로서 번영했으나, 그 뒤 피렌체에 의해 쇠퇴하였다.

아테네인들은 (사람들이 정치적 변혁을 바라지 않도록 하기 위해서) 자신들은 자유인이며, 군주정 아래 살고 있는 사람들은 모두 노예라고 교육받았다. 그 결과 아리스토텔레스는 그의 《정치학》(제 6권 제 2장)에서 이렇게 썼다. "민주정에는 자유(*liberty*)가 있는 것으로 생각된다. 다른 통치형태에서는 자유로운(*free*) 사람은 아무도 없다고 일반적으로 생각하고 있다."[6] 아리스토텔레스가 그러했던 것과 같이, 키케로나 기타 저술가들도, 군주정을 혐오하도록 교육받았던 로마인들의 견해를 기초로 그들의 정치이론을 수립하였다. 로마인들은, 처음에는 주권자를 폐기하여 로마의 주권을 자기들끼리 나누어 가진 자들에 의해, 나중에는 그들의 후계자에 의해 군주정을 혐오하도록 교육받았다. 그리고 이들 그리스·라틴의 저술가들을 읽음으로서 사람들은 어려서부터 자유라는 그릇된 이름 아래 걸핏하면 소요를 일으키고, 주권자의 행위를 함부로 규제하고, 그 다음에는 많은 피를 흘리면서 그 규제자들을 또다시 규제하는 습관을 갖게 되었다. 장담하건대, 서방의 여러 지역이 그리스와 라틴의 학문을 사들인 것처럼 그렇게 값비싼 것은 지금까지 있어본 일이 없다.

---

6) 홉스의 원문은 다음과 같다. "In democracy, LIBERTY is to be supposed: for it is commonly held that no man is FREE in any other government." 그러나 벤자민 조웨트의 영역본(Aristotle, *Politics*. Book VI, Chapter 2. Mortimer J. Adler et als, ed. Benjamin Jowett tr. 1993. *Great Books of the Western World*. Encyclopaedia Britannica, Inc. 2nd Ed. Vol. 8, p. 520)에는 다음과 같이 되어 있다. "The basis of a democratic state is liberty; which, according to the common opinion of men, can only be enjoyed in such a state."(민주정의 기초는 자유이다. 사람들은 일반적으로 민주정에서만 자유를 누릴 수 있는 것으로 생각한다.) 대체로 같은 뜻이긴 하지만, 민주정 이외의 정치체제 즉 귀족정이나 군주정에 대한 부정(否定)의 뜻이 홉스의 영역(英譯)에서 좀 더 강하게 느껴진다.

백성의 자유는 어디까지인가

그러면 백성의 진정한 자유의 세부항목들, 즉 주권자의 명령이라 하더라도 백성이 정당하게 거부할 수 있는 것은 무엇인가 하는 문제에 대해 살펴보기로 하자. 즉 우리들이 코먼웰스를 만들 때 어떤 권리를 양도하는가, 혹은 (같은 말이지만) 우리가 주권자로 세운 사람 또는 합의체의 모든 행위를 (단 하나의 예외도 없이) 우리 자신의 행위로 승인함으로써 우리들에게 부정(否定)된 자유는 무엇인가 하는 문제들을 살펴보자. '복종'이라는 행위 속에는 '의무'와 '자유'가 함께 들어있다. 그러므로 의무와 자유에 대한 논증 역시 그로부터 추론하지 않으면 안 된다. 어느 누구에게든 자기 자신의 행위에서 생겨나지 않은 의무는 단 하나도 없다. 모든 인간은 똑같이 날 때부터 자유로운 존재이기 때문이다. 그리고 그와 같은 논증은 '나는 주권자의 모든 행위에 권위를 부여한다'고 하는 명시적인 말로부터, 또는 주권자의 권력에 복종하기로 한 의도로부터 (이 의도는 그가 주권자에게 복종하는 목적으로 이해될 수 있다) 추론해야 하기 때문에, 백성의 자유와 의무는 그러한 말, 혹은 그에 상당하는 것에서, 혹은 주권설립의 목적 (백성들 상호간의 평화와 공동의 적에 대한 방위)에서 찾아내야 한다.

백성은 합법적 침해에 대해서도 자신의 신체를 방위할 자유가 있다

따라서 첫째, 설립에 의한 주권은 만인에 대한 만인의 신의계약에 의해, 또한 획득에 의한 주권은 승리자에 대한 패배자의 신의계약, 또는 부모에 대한 자식의 신의계약에 의해 존재하게 된 것이므로, 어떠한 신의계약으로도 그 권리를 양도할 수 없는 일에 대하여는 자유를 가진다는 사실은 명백하다. 나는 앞의 제 14장에서 자신의 신체를 방위하지 않기로 하는 계약은 무효라는 것을 밝힌 바 있다. 그러므로,

만약 주권자가 어떤 사람에게 (설령 정당하게 유죄판결을 받은 자라 할지라도) 자살하라고, 혹은 자해하라고, 혹은 불구가 되라고 명하거나, 공격을 가하는 자에게 저항하지 말라고 명하거나, 혹은 음식물이나 공기, 약품 등 생존에 필수적인 것들을 금지한 경우에는 그에 복종하지 않을 자유가 있다.

자신을 해할 의무는 없다

또한 죄를 범하여 주권자 또는 그의 권한을 대행하는 자로부터 심문받을 경우, 사면(赦免)의 보증이 없는 한, 자백할 의무는 없다. 왜냐하면 (역시 제 14장에서 밝힌 바와 같이) 그 어떤 신의계약으로도 자신을 고소할 의무가 생기지는 않기 때문이다.

거듭 하는 말이지만, 주권자에 대한 백성의 동의는 다음과 같은 말에 포함되어 있다. "나는 주권자의 모든 행위에 권위를 부여한다, 혹은 나 자신의 행위로 간주한다." 이 말 속에 백성이 처음부터 지니고 있던 자연적 자유에 대한 제한은 전혀 없다. 주권자에게 '나를 죽이라'고 허락했다 하더라도, 죽으라는 명령을 받았을 때 자살해야 할 의무는 없다. '죽이고 싶으면 나를 혹은 내 친구를 죽여도 좋다'는 말과, '내가 나 자신을, 혹은 친구를 죽이겠다'는 말은 전혀 다른 말이다. 그러므로,

어느 누구에게도 〔주권설립에 동의한〕 그 말 그 자체에 의해서는 자신이나 타인을 죽여야 할 의무가 생기지는 않는다. 따라서 주권자가 위험한 직무나 혹은 불명예스러운 직무를 집행하도록 명한 경우, 명령을 받은 자를 구속하는 것은 복종의 신의계약이 아니라, 그런 명령을 내린 목적에 비추어 판단할 수 있는 그 명령의 의도이다. 그러므로 만약 복종을 거부하는 것이 주권설립의 목적을 방해하

는 것이라면, 거부할 자유는 없다. 그렇지 않은 경우에는 거부할 자유가 있다.

자발적으로 참가하는 경우를 제외하면 참전의 의무도 없다

이러한 근거에 따라, 병사로서 적과 싸우라는 명령을 받은 자는 (이를 거부할 경우 주권자가 사형에 처할 권리를 가지고 있다 하더라도) 많은 경우 그 명령을 정당하게 거부할 수 있다. 예를 들면, 자기 대신에 다른 유능한 병사를 보낼 수도 있다. 이 경우에 그는 코먼웰스에 대한 복무를 저버린 것은 아니다. 또한 천성적으로 겁이 많은 사람의 경우에도 거부가 정당화될 수 있다. 이것은 처음부터 그와 같은 위험한 의무를 수행할 것으로 기대되지 않는 여성들에게만 적용되는 것이 아니라 여성처럼 나약한 남성에게도 적용된다. 전투가 시작되면 일방 또는 쌍방에 도망자가 나타나게 마련이다. 그러나 그 도망자가 배반행위를 하기 위해서가 아니라 공포심 때문에 탈주한 것이면 부당한 행위로 볼 수는 없다. 다만 불명예스러운 행동일 뿐이다. 같은 이유로, 전투를 회피하는 것도 부당한 행위는 아니다. 다만 겁쟁이의 행동일 뿐이다. 그러나 병사로 등록되어 있는 자나 또는 〔참전의 대가로〕 선금을 받은 자의 경우에는 천성적으로 겁이 많다는 것이 〔전투의 거부 또는 회피의〕 구실이 될 수 없다. 그런 사람들은 전장(戰場)으로 가야하며, 대장(隊長)의 허가 없이 전장을 이탈해서는 안 된다. 그럴 의무가 있다. 또한 코먼웰스의 방위를 위해 무기를 들 수 있는 모든 사람의 협력이 필요한 경우에는 모든 사람에게 그렇게 해야 할 의무가 있다. 그렇게 하지 않으면, 즉 코먼웰스를 유지하고자 하는 의도와 용기가 없으면, 코먼웰스의 설립 자체가 무의미하기 때문이다.

죄가 있는 사람이든 없는 사람이든 타인을 방위하기 위

해 코먼웰스의 칼에 저항할 자유는 어느 누구에게도 없다. 그와 같은 자유를 인정할 경우, 주권자는 우리들을 보호할 수단을 상실하게 되고, 그로 인해 통치의 본질이 파괴되기 때문이다. 그러면 이런 경우는 어떻게 될까? 가령 다수의 사람들이 한 무리가 되어 부당하게 주권자의 권력에 저항했거나, 또는 사형에 해당하는 중죄를 범하여, 한 사람도 남김없이 사형에 처해질 것이 분명한 경우, 그들 모두는 단결하고 협력하여 〔자신들의 목숨을〕 지킬 자유는 없는 것일까? 이 경우 확실히 그럴 자유가 있다. 자신들의 생명을 지키는 것이기 때문이다. 이것은 죄가 있고 없고를 떠나서 모든 인간에게 허락된 자유이다. 처음에 의무를 위반한 것은 분명히 불의이다. 이어서 무기를 든 행위는 이미 저지른 일을 유지하기 위한 것이긴 하지만, 결코 새로운 부당행위는 아니다. 그러나 〔위법행위에 대하여 일부 사람들이〕 사면받은 경우에는 더 이상 자기방위를 구실로 내세울 수 없다. 따라서 사면받은 자가 나머지 사람들을 계속해서 원조하거나 방위하는 것은 불법행위가 된다.

백성의 최대의 자유는 법의 침묵에 달려있다

기타의 자유들은 모두 법의 침묵에 달려있다. 즉 주권자가 그에 관한 별도의 법을 제정하지 않은 일에 대해서는 백성은 자기의 판단에 따라 행동하거나, 혹은 행동을 하지 않거나 할 자유를 지닌다. 따라서 이와 같은 자유는, 주권자가 가장 편리하다고 생각하는 바가 무엇인가에 따라, 때와 장소에 따라 다소간 차이가 있다. 예를 들면, 잉글랜드에서는 자신의 토지를 무단점유한 자가 있을 경우, 강제로 진입하여 축출할 수 있던 시대가 있었다. 그러나 그 후 이러한 강제진입의 자유는 의회에서 (왕에 의해) 제정된 법령에 의해 부인되었다. 또한 세계의 어떤 지역에서는 한 사람이 여러 명의 아내를 거느릴 자유가 있지만, 다른 지역에서는 인정되지 않고 있다.

백성은 주권자를 상대로 혹은 채무에 관하여, 혹은 토지나 동산의 소유권에 관하여, 혹은 그에게 요구된 복무에 관하여, 혹은 신체형이나 벌금형에 관하여 논쟁을 일으킬 수도 있다. 이 논쟁이 기존의 법을 근거로 한 경우에는 백성간의 다툼에서처럼 자기의 권리를 위해 소송을 제기할 자유가 있으며, 이 소송은 주권자가 임명한 재판관 앞에서 진행된다. 주권자가 자기의 권력에 의해서가 아니라 기존의 법에 의해 〔백성에게 무엇인가를〕 요구한 경우, 이것은 법에 비추어 정당하다고 생각되는 것 이상은 요구하지 않는다는 것을 선언한 것이므로 백성이 주권자를 상대로 제기한 소송은 주권자의 의지에 반하는 것이 아니며, 따라서 백성은 소송에 대한 심리와 법에 따른 판결을 요구할 자유를 지닌다. 그러나 주권자가 자신의 권력으로 무엇인가를 요구하거나, 취한 경우에는 백성은 소송을 제기할 수 없다. 주권자가 자신의 권한에 의해 행하는 모든 것은 백성 자신의 권한에 의해 행해지는 것이며, 따라서 이 경우 주권자를 고소하는 것은 자기 자신을 고소하는 것이기 때문이다.

만약 군주 또는 주권을 지닌 합의체가 백성의 전체 또는 일부에게 어떤 자유를 허락하고, 그 자유를 계속 인정하였는데, 그로 말미암아 백성의 안전을 지킬 수 없게 된 경우에는 앞서 허락한 자유는 무효이다. 주권자가 주권을 즉시 포기하거나, 또는 다른 사람에게 양도하지 않은 한 그러하다. 왜냐하면 이와 같은 경우 (만약 주권자에게 그럴 의지가 있었다면) 명백한 말로 공개적으로 주권을 양도 또는 포기할 수도 있었는데 그렇게 하지 않았기 때문이다. 예의 자유를 허락한 것은 그의 의지에 따른 것이 아니라, 그 자유와 주권자의 권력 간의 모순을 알지 못했기 때문에 발생한 일로 보아야 하기 때문이다. 그러므로 주권은 여전히 그에게 있고, 따라서 주권행사에 필요한 모든 권력, 즉 선전포고·강화(講和)의 권력, 사법권, 관리 및 고문관의 임명권, 징세권, 기타 제 18장에서 열거한 모든 권력은 그대로 유지된다.

어떤 경우에 주권자에 대한 백성의 복종의무가 면제되는가

주권자에 대한 백성의 의무는, 백성을 보호할 수 있는 권력이 주권자의 손에서 지속되는 한, 그리고 오직 지속되는 동안에만 계속되는 것으로 생각된다. 인간에게는 달리 아무도 보호해줄 자가 없는 경우에는 자기보존의 자연적 권리가 있고, 이 권리는 어떤 신의계약으로도 양도할 수 없기 때문이다. 주권은 코먼웰스의 혼(魂)이다. 혼이 일단 육체로부터 분리되고 나면, 육체의 각 부분은 더 이상 혼으로부터 운동을 받을 수가 없다. 복종의 목적은 보호를 얻는 데 있다. 보호를 어떻게 얻든, 즉 자기 자신의 칼로 얻든, 타인의 칼로 얻든, 자연은 인간으로 하여금 자신을 보호해주는 힘에 복종하게 하고, 그 힘을 유지하기 위해 노력하게 한다. 그리고 주권은, 이를 설립하는 사람들의 의도로 보면 불멸이지만, 그 자신의 성질로 보면 외국과의 전쟁으로 폭력사(暴力死)할 수도 있고, 또한 사람들의 무지와 정념들로 인하여 설립 당초부터 내재한 내분의 불씨가 자라나 자연사(自然死)할 수도 있다.

포로의 경우

어떤 백성이 전쟁에서 포로가 되거나, 혹은 그 신병이나 생활수단이 적의 감시 아래 놓이게 되어, 승리자에 대한 복종을 조건으로 생명과 신체의 자유가 허락될 경우,

그 조건의 수락은 그의 자유에 속한다. 그리고 달리 자기를 지킬 방법이 없어서 일단 그 조건을 수락한 경우에는 그를 사로잡은 자의 신하가 된다. 외국에서 같은 조건으로 억류된 경우에도 사정은 마찬가지다. 그러나 투옥이나 결박 등으로 신체의 자유가 없는 경우에는, 신의계약에 의한 복종의 의무가 있다고 할 수 없다. 따라서 가능한 모든 수단을 강구하여 도망할 수 있다.

주권자가 통치권을 스스로 포기하거나, 후계자에게 승계를 포기한 경우

군주가 스스로 통치권을 포기하거나 후계자에게 승계를 포기한 경우, 백성은 자연상태의 완전한 자유로 복귀한다. 왜냐하면 누가 군주의 자식이며, 누가 가장 가까운 혈연인가 하는 것을 누구나 쉽게 알 수 있다고 하더라도, 누가 후계자인가 하는 것은 (이미 앞장에서 말한 바와 같이) 군주 자신의 의지에 달린 것이기 때문이다. 따라서 군주가 후계자를 원하지 않는다면, 주권도 복종도 없어진다. 또한 알려진 친족도 없고, 후계자에 대한 선언도 없이 주권자가 죽은 경우에도 사정은 마찬가지다. 후계자가 누구인지 알 수 없으므로 당연히 복종도 없다.

추방의 경우

주권자가 어떤 백성을 추방한 경우, 추방기간 중에는 그는 백성이 아니다. 그러나 사절로서 파견되었거나 허가를 얻어 외국을 여행하고 있는 자는 여전히 백성이다. 그러나 이것은 주권자 상호간의 신의계약에 의한 것이지, 복종 신의계약에 의한 것은 아니다. 타인의 영토에 들어가는 자는 누구든지 그곳의 법을 따라야 하기 때문이다. 다만 주권자간의 수호〔조약〕에 의해, 또는 특별한 허가에 의해 특권을 부여받은 자는 예외이다.

주권자가 다른 사람의 백성이 된 경우

군주가 전쟁에 패하여 승리자의 백성이 된 때에는 그의 백성들도 이전의 〔복종의〕 의무가 해제되고, 〔새로〕 승리

자에 대한 복종의 의무가 생긴다. 그러나 주권자가 포로로 억류되어 있거나, 신체의 자유가 박탈된 상태에 있을 때에는 주권자의 권리를 포기한 것으로 볼 수 없다. 따라서 백성들은, 이전에 군주로부터 임명을 받고, 군주의 이름으로 통치하는 행정관리들에게 복종할 의무가 있다. 왜냐하면 군주의 권리는 여전히 유지되며, 다만 행정상의 문제가 있을 뿐이기 때문이다. 즉 행정관리들〔을 새로 임면(任免)할 수 없다는〕 문제가 있을 뿐이다. 군주가 새로 행정관리들을 임명할 수단이 없을 경우에는 이전에 임명한 사람들을 계속 승인하고 있는 것으로 보아야 한다.

제22장

주권의 지배를 받는 정치적 단체 및 사적 단체에 대하여

지금까지 코먼웰스의 생성과 형태 및 권력에 대해 살펴보았는데, 다음으로 코먼웰스의 하부체계에 대해 살펴보자. 먼저 단체에 대해 살펴보자. 단체는 사람의 육체에 비유하자면 근육에 해당한다. 즉 단체와 근육은 유사기관(*similar parts*)[1]이다. 내가 이해하는 바로는 단체(*system*)[2]란 동일한 이익 혹은 동일한 일을 중심으로 상당수의 인간이 결합한 것이다. 단체에는 '정규'(*regular*)〔단체〕와 '비정규'(*irregular*)〔단체〕가 있다. '정규'〔단체〕는 한 사람 또는 여러 명으로 구성되는 합의체가 전원을 대표하는 단체를 말하고, 그 밖의 모든 단체는 '비정규'〔단체〕이다. 단체의 종류

1) '서로 종류가 다른 생물이 발생적으로는 기원이 다르나 형상이나 기능, 작용이 서로 일치하는 기관'을 말한다. 생물학에서는 '상사기관'(相似器官)이라는 말을 사용하고 있으나, 이해의 편의를 위해 본문처럼 번역하였다. 홉스에 따르면, 코먼웰스는 인간을 모방한 인공 동물이기 때문에 코먼웰스의 구성요소들은 모두 인체기관들에 비유될 수 있다.

2) 'system'은 체계, 조직, 제도, 기구 등을 나타내는 말인데, 본문의 정의(定義)에서 알 수 있듯이 홉스의 용법은 '단체'에 가장 가깝다. 따라서 주로 '단체'로 번역하였다. 그러나 '체계' 혹은 '조직'으로 번역하는 것이 더 적당한 경우에는 그렇게 하였다.

정규단체 중 어떤 단체는 '절대적'이고 '독립적'이다. 이 단체의 구성원들은 자기들의 대표 이외에는 그 어떤 것에도 복종하지 않는다. 코먼웰스들이 바로 그러한 단체들이다. 이에 대해서는 앞의 5개장〔제17~21장〕에서 이미 살펴보았다. 그 외의 다른 단체들은 의존적이다. 즉 어떤 주권에 종속되어 있으며, 단체의 구성원과 대표자가 모두 그 주권의 '지배를 받고' 있다.

종속적 단체에는 '정치적'(*political*)[3] 인 것과 '사적'(*private*)인 것이 있다. '정치적'인 것은 코먼웰스의 주권자의 권력으로부터 나오는 권한에 의해 만들어진다. 따라서 이 것은 '정치체'(政治體 *body politic*)[4] 또는 '법인'(法人 *person in law*)[5] 이라고 할 수 있다. '사적'인 것[6] 은 백성들 간에, 또는 외국인의 권한에 의해 만들어진다. 외국의 권력에 의한 권한은 타국의 영토 내에서는 공적인 것이 아니라 사적인 것일 뿐이다.

사적 단체 중에는 '합법적'(*lawful*) 인 것도 있고, '비합법적'(*unlawful*) 인 것도 있다. '합법적'인 것은 코먼웰스의 승인을 받은 것을 말한다. 그렇지 않은 것은 모두 '비합법적'인 것이다. '비정규' 단체는 사람들의 집합이긴 하지만 대

---

3) 여기에서 홉스는 '정치적'(*political*) 이라는 말을 '사적'(*private*) 과 대립되는 의미, 즉 '공적'(公的) 이라는 뜻으로 사용하고 있다.

4) 'body politic'은 직역하면 '정치체'가 되는데, 여기에서 '정치적'(*politic*) 이라는 말은 '공적'이라는 뜻으로 사용되고 있으므로 오늘날의 용어로는 '공공단체'에 해당한다. 사인(私人) 이 조직한 단체인 사사단체와는 달리, 공공단체는 국가로부터 사무를 위임받아 국가의 감독 아래 공공의 행정을 맡아보는 기관이다.

5) 법인(法人) 은 자연인이 아니면서 법에 의하여 권리 능력이 부여되는 단체를 말한다.

6) 사인(私人) 이 조직한 단체인 사사단체를 말한다.

표가 없는 경우를 말하는데 (예를 들면, 시장에 모인 사람들이나 공연장에 모인 사람들, 혹은 유해하지 아니한 어떤 목적을 위해 모인 사람들처럼) 코먼웰스가 금지하지 않은 경우, 또한 사악한 의도를 지니지 않은 경우에는 합법적이다. 그러나 의도가 사악하거나 혹은 (상당수의 사람들이 모였는데) 모인 의도가 불분명한 때에는 비합법적이다.

모든 정치체의 대표자의 권력은 제한되어 있다

정치체에서 대표자의 권력은 언제나 제한되어 있다. 그 제한을 정하는 것은 주권자가 지닌 권력이다. 무제한의 권력은 절대적 주권이기 때문이다. 어떤 코먼웰스에서도 주권자가 모든 백성의 절대적 대표자이며, 따라서 그 이외의 자는 그가 허가하는 범위 내에서만 백성의 어떤 부분에 대하여 대표자가 될 수 있다. 백성의 정치체가 〔통치의〕 모든 의도와 목적에 대한 절대적 대표자를 가지도록 허락하는 것은 코먼웰스의 통치를 그만큼 포기하는 것이며, 지배를 분할하는 것이며, 백성의 평화와 방위에 반하는 것이다. 이런 일은 주권자가 분명하게 그리고 직접적으로 백성들의 복종의무를 해제하지 않는 한, 그 어떤 허가에 의해서도 일어날 수 없는 일이다. 말에서 비롯된 결과가 〔그 말 이외의〕 다른 일에서 비롯된 결과들과 정반대의 현상을 보일 경우, 그 말은 주권자의 의지의 표시가 아니라 착오와 오산의 표시일 뿐이다. 그런 실수는 인간이라면 누구나 한다.

정치체의 대표자에게 부여된 권력에 어떠한 제한이 있는가 하는 것은 두 가지를 통해 알 수 있다. 하나는 그들의 명령서(*writ*), 즉 주권자가 교부한 증서(證書 *letters*)이고, 다른 하나는 코먼웰스의 법률이다.

독립적 〔단체인〕 코먼웰스를 설립 또는 획득한 경우에

공개증서에 의한 제한

는 문서를 작성할 필요가 없다. 왜냐하면 대표자의 권력은 불문(不文)의 자연법이 규정하는 것을 제외하고는 어떠한 속박도 받지 않기 때문이다. 그러나 종속적 단체의 경우에는 그 업무·시간·장소에 관한 제한이 필요하다. 이러한 제한의 내용은 매우 다양하기 때문에 증서가 없다면 일일이 다 기억할 수도 없고, 또한 일일이 다 알 수도 없다. 그러므로 사람들이 읽을 수 있도록 공개되어 있고, 옥쇄나 기타 주권자의 권한을 상징하는 표시가 날인 또는 증명되어 있는 증서가 필요한 것이다.

법률에 의한 제한

그리고 이러한 제한을 문서에 기재하는 일은 쉽지도 않거니와 때로는 불가능할 수도 있기 때문에, 증서 자체에 아무런 언급이 없는 일에 대하여는 모든 백성에게 공통적으로 적용되는 일반 법률들이 대표자가 합법적으로 할 수 있는 일이 무엇인지를 결정하게 된다. 그러므로,

대표자가 한 사람인 경우 그의 부당한 행위는 그 자신만의 행위이다

정치체의 대표자가 한 사람인 경우, 그가 단체의 인격으로 어떤 일을 하였다고 하더라도 그 행위가 증서로 보나, 혹은 법률로 보나 정당하지 못한 것일 때에는, 그 행위는 그 자신의 행위일 뿐이지 단체의 행위도 아니요, 단체 구성원 어느 누구의 행위도 아니다. 왜냐하면 증서나 법률이 인정하는 범위 이상의 것에 대하여는 그는 자기 자신 이외의 어느 누구의 인격도 대표할 수 없기 때문이다. 그러나 증서나 법률에 따른 행위는 모두의 행위이다. 왜냐하면 주권자는 만인의 절대적 대표자이고, 각자는 주권자의 행위를 낳은 본인이며, 따라서 대표자의 행위가 주권자의 교부증서에 반하지 않는 한, 그것은 주권자 자신의 행위이며, 따라서 또한 단체의 모든 구성원이 대표자의 행위의 본인이기 때문이다.

그러나 대표자가 한 사람이 아니라 합의체인 경우, 대표자에게 교부된 증서나 법률의 범위를 넘어서는 명령을 내린다면, 이것은 그 합의체 또는 정치체의 행위이다. 그러나 그러한 명령의 제정에 찬성투표한 각자의 행위일 뿐, 출석하여 반대투표한 자나 (위임투표를 하지 않은 한) 부재자의 행위는 아니다. 하지만 다수에 의해 가결되었기 때문에 합의체의 행위이며, 따라서 만일 그것이 범죄인 때에는 그 합의체는 여러 가지 방법으로 처벌을 받을 수 있다. 해체될 수도 있고, 증서가 박탈될 수도 있다. 이것은 인공적·의제적(擬制的) 단체에게는 치명적이다. 혹은 당해 합의체에 공동의 재산이 있고, 그 재산에 대한 선의의 소유권자가 존재하지 않는 경우에는 벌금(罰金 *mulct*)이 부과될 수도 있다. 정치체를 상대로 신체적 처벌은 할 수 없기 때문〔에 재산형(財産刑)[7]으로 처벌하는 것〕이다. 그러나 투표를 하지 않은 사람은 무죄이다. 왜냐하면 합의체는 증서의 범위를 넘어서는 일에 대하여는 어느 누구도 대표할 수 없는바, 그들은 그 투표와는 아무런 관련이 없기 때문이다.

대표자가 합의체일 경우에는 동의한 사람들만의 행위이다

정치체의 인격이 단 한 사람에게 있고, 그가 국외자, 즉 그 단체의 구성원이 아닌 사람으로부터 돈을 빌린 때에는 (돈을 빌리는 일은 사람들 각자의 의향에 달린 일이며, 따라서 어떠한 증서도 그것을 제한할 필요는 없으므로) 대표자만이 그 채무를 진다. 그 이유는 다음과 같다. 만약 그가 증서에 의해 자신이 빌린 돈을 성원들에게 지불하도록 할 권한

대표자가 한 사람인 경우 그가 돈을 빌리거나 계약에 의해 채무가 있을 때에는 변상의

7) 재산형은 범죄인에게서 일정한 재산을 박탈하는 형벌로서, 보통 벌금(罰金)·과료(科料)·몰수(沒收) 등으로 나뉜다. 벌금과 과료는 죄의 경중에 따라 구분된 것인데, 여기에서 'mulct'를 번역한 '벌금'이란 용어는 그러한 구별 없이 '벌금 또는 과료'의 의미로 사용하였다.

책임은 그에게만 있고 다른 성원에게는 없다

을 가지고 있으려면, 그들에 대한 주권을 지니고 있어야 한다. 그러므로 만일 대표자에게 그런 권리가 수여되었다면, 사람이라면 누구나 범할 수 있는 〔주권자의〕 실수에서 생겨난 것이고 불충분한 의사표시이기 때문에 무효이다. 수여자가 그런 내용을 공언하였다면 이 대표자가 주권자가 되는데, 이 경우는 여기서 취급할 문제가 아니다. 지금 우리가 다루고 있는 문제는 종속적 단체에 관한 것이다. 그러므로 대표자 개인 이외에 어느 누구도 채무를 지불할 의무는 없다. 왜냐하면 돈을 빌려준 사람은, 단체가 지니고 있는 증서나 자격에 대하여는 국외자이며, 약속에 의해 구속된 자들만을 채무자로 생각하고 있기 때문이다. 또한 대표자만이 그런 약속을 할 수 있을 뿐, 다른 어느 누구도 그렇게 할 수 없다는 점을 고려할 때, 돈을 빌려 준 사람의 입장에서 채무자는 그 대표자뿐이다. 그러므로 그 대표자가 진 채무는 공동재산이 있으면 그것으로 갚고, 공동재산이 없으면 사재(私財)로 갚아야 한다.

그 대표자가 계약에 의해 채무가 있거나, 벌금을 부과받은 때에도 사정은 같다.

합의체의 경우에는 동의한 사람들에게만 책임이 있다

그러나 대표자가 합의체이고, 채무가 국외자에 대한 것인 때에는 차용(借用) 또는 지불계약에 대해, 혹은 벌금을 부과 받은 사실에 대하여 찬성투표한 사람들 모두에게 책임이 있으며, 오직 그들에게만 책임이 있다. 그들은 모두 투표에 의해 채무의 변상을 약속했기 때문에 차용행위의 본인이다. 따라서 그들에게 모든 채무를 변상할 의무가 있다. 그러나 다른 사람이 대신 변상한 경우에는 그 책임이 면제된다.

그러나 합의체의 일원에게 채무를 진 경우에는 그 합의

체만이 변상의 의무를 지며, 공동재산이 있을 경우 그것으로 갚아야 한다. 왜냐하면 투표의 자유가 있는 상황에서 그가 〔합의체의〕 차금(借金)[8]에 찬성투표를 하였다면, 그것은 대금(貸金)[9]에 찬성 투표한 것이나 마찬가지다. 만약 차금할 필요가 없다고 투표하였거나, 혹은 그 자리에 〔즉 차금을 결정하는 자리에〕 없었던 경우에도, 돈을 빌려주면서 차금에 찬성투표 하였다면, 그는 이전의 투표와 모순되게 투표한 셈인데, 이런 경우에는 후자의 투표에 대해 책임을 져야 한다. 즉 그는 차주(借主)이자 대주(貸主)가 되는 것이다. 따라서 자기가 빌려준 돈에 대하여는 〔상환기일이 되었을 때〕 어느 누구에게도 변상을 요구할 수 없으며, 다만 〔그 단체의〕 공동재산에 의한 변상만을 요구할 수 있을 뿐이다. 이것이 불가능할 경우, 달리 변상을 받을 길은 없다. 합의체의 〔차금〕 행위에 관여하면서 변상수단〔의 유무〕에 대하여 충분히 알고 있는 상태에서 어떠한 강제도 없이 오로지 자기 자신의 어리석음 때문에 자기 돈을 빌려주었기 때문이다.

만약 합의체의 일원에게 채무가 있는 경우 오직 그 단체만이 변상의 의무를 진다

이상으로부터 다음과 같은 점이 명백해진다. 즉 주권의 지배를 받는 종속적 정치체에서는 대표자인 합의체의 명령에 어느 개인〔즉 합의체의 일원〕이 공개적으로 항의하고 반대의견을 기록하여 그에 대한 증인을 구하는 일은 때로는 합법적일 수 있으며, 적절할 수도 있다. 왜냐하면 그렇게 하지 않으면 남들이 한 계약으로 인해 채무를 지거나, 남들이 저지른 범죄에 대해 책임을 지거나 하는 일이 생길 수도 있기 때문이다. 그러나 주권을 지닌 합의체에서는 이런 자유는 허락되지 않는다. 첫째, 여기에서 항의하는

정치체의 명령에 대한 항의는 합법적일 때도 있지만 주권자에 대한 항의는 결코 합법적일 수 없다

8) 합의체가 자기에게 돈을 빌리는 것.

9) 자기가 합의체에 돈을 빌려주는 것.

자는 주권을 부정하고 있는 것이며, 둘째, 주권자의 권력에 의한 명령은 무엇이든지 정당한 것이기 때문이다. 하느님의 눈으로 보면 정당하지 않은 것도 있겠지만 적어도 백성들에게는 항상 정당하다. 왜냐하면 주권의 명령은 실은 백성 한 사람 한 사람이 그 행위의 본인이기 때문이다.

지방주와 식민지 및 도시의 통치를 위한 정치체

정치체의 종류는 거의 무한하다. 설립된 목적에 따라, 즉 수행하는 업무(일일이 나열할 수 없을 정도로 많다)에 따라 구별할 수도 있고, 또한 때와 장소와 성원(成員), 즉 〔정치체의 설립에 영향을 미치는〕 제한요소들에 따라 구별할 수도 있기 때문이다. 업무에 관해 말하자면, 어떤 단체는 통치를 위해 존립한다. 그 예로 우선 지방주(地方州 *province*)[10]를 들 수 있다. 지방주의 통치는, 모든 결정을 다수결에 의존하는 합의체에 위임될 수 있다. 이 경우 이 합의체는 정치체이며, 그 권력은 위임에 의해 제한되어 있다. '프로빈스'(*province*)라는 말은 업무의 부담 또는 감독이라는 뜻으로서, 그 업무를 맡은 자가 자신을 위해 혹은 자신의 휘하에서 그 업무를 대신해줄 사람에게 위임하여 관리하는 것을 의미한다. 따라서 하나의 코먼웰스에 여러 지방(*country*)이 있고, 각각의 지방들이 서로 다른 법률을 가지고 있거나, 혹은 지역적으로 서로 멀리 떨어져 있을 때에는 정부의 통치가 여러 사람에게 위임된다. 이처럼 주권자가 그곳에 상주하지 않으면서 위임에

10) 'province'는 행정관의 직(職), 업무범위 등을 가리키는 라틴어 'provincia'에서 온 말로서, 주(州), 성(省), 도(道)와 같은 지방행정단위를 말한다. 로마시대에는 이탈리아 이외의 국외영토(國外領土), 즉 태수(太守)가 관할하는 관구(管區)를 지칭하는 말로 쓰였다. 영국에서는 수도 이외의 다른 지역, 즉 지방(地方)을 의미하는 말로도 쓰였고, 본토 이외의 영령(英領) 식민지(*the Provinces*)를 가리키는 말로도 쓰였다. 오늘날에도 캐나다와 호주 등지에서는 연방을 구성하는 자치주를 'province'라고 한다.

의해 통치되는 지방들을 지방주라고 한다. 지방주의 통치가 지방주 자체에 소재하는 합의체에 의해 이루어지는 경우는 극히 드물다. 로마인들은 많은 지방주에 대한 주권을 가지고 있었지만, 로마 시나 인접 영토처럼 합의체에 의해 통치한 것이 아니라, 항상 총독이나 지방장관(*praetor*)을 통해 통치하였다. 마찬가지로 잉글랜드로부터 버지니아[11]나 소머 제도[12]에 식민이 이루어졌을 때에도 그 통치는 런던에 있는 합의체에 위임되었다. 이들 합의체는 지방의 어떤 합의체에도 결코 그들의 통치를 위임하지 않고, 각 식민지에 총독을 한 사람씩 파견하였다. 누구라도 자신이 출석할 수 있는 곳에서는 통치에 참여하고 싶어하지만, 출석할 수 없는 곳에서는 자신들의 공동이익의 관리를 민주적 형태의 통치보다는 오히려 군주정 형태의 통치에 위임하고자 하게 마련이다. 이런 일은 거대한 사유지를 가진 사람에게서도 명백하게 나타난다. 사유지를 자신이 직접 관리하는 수고를 덜고 싶을 경우, 친구나 하인들의 합의체에 위임하는 것이 아니라 한 사람의 하인에게 위임하는 쪽을 택한다. 그러나 사실이 여하하든, 지방주 또는 식민지의 통치를 합의체에 위임하는 일도 생각해 볼 수 있다. 이런 경우에 대해 내가 말하고 싶은 것은 다음과 같은 것이다. 이 합의체가 어떠한 채무계약을 체결

---

11) Virginia: 미국 동부에 있는 주 이름이다. 'Virgin Queen'(Elizabeth 1세)을 기념하여 이런 이름이 붙었다.

12) Sommer-islands: 버뮤다 제도(Bermuda Islands)의 옛이름이다. 북대서양 서부에 있다. 주도(主島)인 버뮤다섬 외에 크고 작은 약 150개의 섬으로 이루어 있다. 1609년 버지니아(Virginia)로 이주(移住) 가던 영국인들이 난파하여 들어가 산 뒤 영국의 식민지가 되었다. 1968년 내정에 대한 자치권이 부여되었으나 대외관계·방위·치안에 대해서는 영국이 임명하는 총독이 권한을 지닌다.

하더라도, 또한 어떠한 불법적 법령을 제정하더라도, 그 행위는 동의한 사람들만의 것일 뿐, 동의하지 않았거나 혹은 그 자리에 없었던 사람들에게는 책임이 없다는 점이다. 그 이유는 이미 앞에서 말했다. 또한 합의체가 관할 식민지의 경계 밖에 있는 경우, 채무 또는 기타 의무를 〔이행하도록 하기〕 위해 식민지 사람들의 신체나 재산에 대해 권력을 행사하는 일은 식민지 이외의 어떠한 장소에서도 불가능하다. 왜냐하면 식민지 이외의 장소에서는 그들에게 사법권도 없고, 권한도 없기 때문이다. 다만 그 지역의 법이 그들에게 허락한 구제조치가 있을 뿐이다. 또한 합의체는 그들이 제정한 법령을 위반하는 성원에게 벌금을 부과할 수 있는 권리를 가지고 있지만, 그 식민지 이외에서는 그럴 권리가 없다. 그리고 지금까지 말한 지방주나 식민지의 통치에 대한 합의체의 권리는, 도시 · 대학 · 단과대학 · 교회 등의 통치를 위해 설치된 합의체는 물론, 사람들의 인격을 통치하기 위한 모든 합의체에 똑같이 적용된다.

일반적으로 모든 정치체에서, 만약 특정의 성원이 단체 자체에 의해 권리를 침해당했다고 생각될 때, 그 소송사건의 재판관은 주권자이거나, 혹은 이런 소송사건의 재판관으로 주권자가 정해놓은 사람들이거나, 혹은 그 소송사건의 재판을 위해 특별히 정한 사람들이다. 결코 단체 자체가 재판관이 될 수는 없다. 이런 경우에는 그 단체 자체가 소송을 제기한 사람과 같은 백성이기 때문이다. 다만 그 단체가 주권을 가진 합의체인 경우에는 사정이 다르다. 왜냐하면 이 경우에는 주권자가 재판관이 아니라면 주권자 자신에 관한 소송사건이 일어났을 때 재판관을 정할 수 없기 때문이다.

무역 사무를 위한 정치체

외국과의 무역을 원활히 하기 위한 정치체의 경우, 가장 편리한 대표의 형태는 구성원 전부로 구성되는 합의체이다. 다시 말하면, 돈을 투자한 모든 사람이 (본인이 원한다면) 단체의 모든 심의와 결정에 참여하는 합의체가 가장 편리하다. 상품의 매매나 수출입을 자신의 자유로운 판단에 따라 할 수도 있는 상인들이 조합(*corporation*)을 결성하여 자발적으로 그 구속을 받아들이는 이유가 어디에 있는지, 그 목적이 무엇인지를 생각해보면 그런 사실을 쉽게 알 수 있다. 국내에서 매입한 상품을 수출하고, 외국에서 매입한 상품을 수입하기 위해 배 한 척을 세낼 수 있는 상인은 사실상 거의 없다. 따라서 그들은 함께 모여 하나의 단체(*society*)를 결성할 필요가 있다. 그리고 이 단체를 통해 얻은 이익을 각자의 투자 비율에 따라 분배하거나, 혹은 각자가 수출 또는 수입한 상품을 적당한 가격으로 팔아 이익을 얻을 수 있다. 그러나 이러한 단체는 정치체가 아니다. 왜냐하면 모든 백성에게 공통적으로 적용되는 법 이외의 법〔령〕으로 그들에게 의무를 부과하는 공통의 대표자가 없기 때문이다. 그들이 조합을 결성하는 목적은 더 많은 이익을 얻기 위한 것이며, 이것은 두 가지 방법으로 이루어진다. 국내에서건 국외에서건 독점적인 매입과 독점적인 판매가 바로 그것이다. 그러므로 일단의 상인들에게 조합 또는 정치체의 결성을 허가하는 일은 그들에게 이중의 독점을 허가하는 일이 된다. 즉 그들을 독점구입자와 독점판매자로 만드는 것이다. 왜냐하면 특정 외국에 대하여 조합이 하나 결성되면 그들만이 그 외국에서 판매될 상품을 독점 수출하게 되는데, 이것은 곧 국내에서의 구입 독점과 국외에서의 판매 독점을 낳는다. 즉 국내에도 단 하나의 구입자밖에 없고, 국외에도 단 하나의 판매자밖에 없다. 따라서 상인들은 국내에서 싼값으로 구입하고, 국외에서는 비싼 값으로 판매할 수 있기 때문에 큰 이득을 남길 수 있다. 또한 국외에서는 유일한 외국상품 구입자이며 국내에서는 유일한 외국상품 판매자이기 때문에 투자자들의 입장에서도 양쪽으로 큰 이익이 된다.

그러나 이러한 이중의 독점은 한편으로는 국내의 인민에게, 다른 한편으로는 외국인에게 불리한 일이다. 왜냐하면 국내에서는 수출을 독점함으로써 인민의 농업이나 수공업에 대해 자기들 마음대로 가격을 정하고, 또한 수입을 독점함으로써 인민에게 필요한 모든 외국상품의 가격을 자기들 마음대로 정하기 때문이다. 이것은 인민의 이익에 반하는 것이다. 한편, 그들은 국산품의 국외판매를 독점하고, 현지의 외국상품의 구입을 독점함으로써 전자는 값을 올려 받고, 후자는 값을 내려 사게 되는데 이것은 외국인에게 불리한 것이다. 판매자가 한 사람밖에 없는 곳에서는 상품의 값은 올라가고, 구입자가 한 사람밖에 없는 곳에서는 상품의 값이 내려간다. 그러므로 그와 같은 조합은 독점을 낳을 뿐이다. 그러나 만약 그들이 외국시장에서는 하나의 단체로서 결속하고, 국내에서는 각자가 자유롭게 가격을 정하여 구입 또는 판매한다면, 이러한 종류의 조합은 코먼웰스의 입장에서 볼 때 매우 유익하다고 할 수 있을 것이다.

이러한 상인단체들의 목적은 단체 전체의 공동이익이 아니라 투자자의 개인적 이익이다. (이런 단체는 선박의 건조·구입·식품저장, 선원배치 등을 위해 개별 투자자로부터 공제된 돈을 제외하면, 어떠한 공동재산도 없다.) 그러므로 투자자 개개인은 자신의 투자금을 어떻게 사용하는 것이 좋은지에 대해 잘 알고 있다고 할 수 있다. 즉 투자자 모두가 합의체의 일원이 되어 투자금의 사용에 대한 명령권을 가지는 것이 합리적이라고 할 수 있다. 이들은 또한 경리 문제에 대해서도 잘 알고 있다고 할 수 있다. 그러므로 이와 같은 단체의 대표는 마땅히 합의체가 되어야 하며, 단체의 모든 성원이 그럴 의사만 있으면 사업의 협의에 참석할 수 있어야 한다.

상인의 정치체가 이를 대표하는 합의체의 행위에 의해 단체외의 자와 채무계약을 체결한 때에는 성원 각자가 채무 전체에 대해 책임을 진다. 왜냐하면 단체외의 자는 단체 내의 사적인 규칙을 알지 못하며, 단체의 성원 모두에 대해 각각 채무 전체에 대한 변상의 의무가 있는 것으로 간주하고 있기 때문이다. 단 어느 한 사람이 이 채무를 변상하면 나머지 사람들의 채무는 면제된다. 그러나 채무가 그 단체의 일원에 대한 것이라면, 채권자는 동시에 (단체의 일원으로서) 자기 자신에 대한 채무자가 되며, 따라서 채무의 이행을 요구할 수 없다. 다만 공동재산이 있을 경우 공동재산에 의한 변상을 요구할 수 있을 뿐이다.

만약 코먼웰스가 단체에 과세한다면, 그 단체의 각 성원의 개별적 투자에 비례하여 각 성원에게 세금이 부과된 것으로 이해된다. 왜냐하면 이런 경우 개인적 투자로부터 생긴 이익 이외에는 어떠한 공동재산도 없기 때문이다.

만약 어떤 불법행위로 인해 단체에 벌금이 부과된 경우에는 그러한 행위를 하자고 투표한 사람들, 또는 그러한 행위의 실행을 도운 사람들에게만 책임이 있다. 왜냐하면 그 이외의 사람들에게는 그 단체에 속해 있다는 것 외에 아무런 죄도 없기 때문이다. 죄가 있다 하더라도 그의 죄는 아니다. 단체는 코먼웰스의 권위에 의해 설립되었기 때문이다.

만약 단체의 일원이 단체에 대해 채무가 있〔는데도 변상하지 않〕을 경우, 단체는 그를 상대로 소송을 제기할 수는 있으나 단체의 권한으로 그의 재산을 몰수하거나 신병을 감금할 수는 없다. 그렇게 할 권한은 코먼웰스에만 있다. 만약 단체의 권한으로 그렇게 할 수 있다면 채무의 변상의무에 대한 판단을 단체가 할 수 있다는 말이 되는데, 이렇게 되면 자기 자신의 소송사건에서 자신이 재판관이 되는 것이나 마찬가지다.

주권자에게 조언을 하기 위한 정치체

인민의 통치나 무역의 관리를 위해 설립된 단체들은 영구적이거나 혹은 문서에 규정된 기간 동안만 활동한다. 그러나 바로 업무의 성격 때문에 활동기간이 제한된 단체도 있다. 예를 들면, 주권자인 군주 또는 합의체가 필요에 따라 경향 각처에 하명하여 그 대표자를 소집하고, 전국을 대표하는 하나의 인격으로서 이들로부터 백성들의 형편이 어떠한지, 얼마나 곤궁한지에 관해 듣고, 시의적절한 입법 또는 기타의 목적을 위해 자문을 받는다고 해보자. 이때 소집 일자와 장소가 지정되어 있을 것이므로 그 기간 및 장소에 한하여 그 대표자들은 영토 내의 모든 백성들을 대표하는 하나의 정치체이다. 그러나 이 단체는 그들을 소집한 주권자 또는 합의체가 그들에게 제안한 문제에 한하여 백성을 대표할 뿐이다. 더 이상의 제안이 없거나 혹은 토의대상이 없을 때에는 그 단체는 해산된다. 왜냐하면 만약 그들이 인민의 절대적 대표자라면, 이 단체는 주권을 지닌 합의체가 되는 것이고, 그렇게 되면 주권을 지닌 두 개의 합의체 또는 두 명의 주권자가 동일 인민에게 존재하는 결과가 되는데 이것은 인민의 평화와 양립할 수 없기 때문이다. 그러므로 일단 주권이 존재하는 곳에서는 그 주권을 가진 주권자를 제외하고는 인민의 절대적 대표자는 존재할 수 없다. 그리고 이들 단체가 어느 정도까지 전 인민을 대표하는가 하는 한계는 그들의 소집을 명한 문서에 명시되어 있다. 인민은 주권자가 그들에게 문서로 지시된 것 이외의 의도로 그들의 대표를 선출할 수는 없다.

정규단체 중 합법적 사적 단체, 예컨대 가족

정규단체 중 합법적인 사적 단체는 증서 기타 문서에 의한 권한 없이 구성된 것이다. 하지만 모든 백성들에게 공통적으로 적용되는 법은 이 단체에도 적용된다. 이 단체의 구성원은 대표자인 한 사람의 인격에 의해 결합되어 있기 때문에 이 단체는 정규단체로 간주된다. 예를 들면, 가족이 여기에 속한다. 가족의 경우 아버지 또는 주인이 가족 전체의 질서를 잡고 있다. 즉 그는 법이 허락하는 범위 내에서, 법을 넘어서지 않는 범위 내에서 자식들이나 하인들에게 의무를 부과한다. 가족 구성원 중 어느 누구도 법이 금지하고 있는 행위까지 그에게 복종할 의무는 없다. 그러나 그 이외의 모든 행위에 대하여는 가족의 성원으로 있는 한, 직접적인 주권자에게 복종하듯이 아버지 또는 주인에게 복종한다. 왜냐하면 아버지 또는 주인은 코먼웰스가 설립되기 이전에는 가족 내의 절대주권자이며, 코먼웰스가 설립된 이후에도 코먼웰스의 법이 가져간 권한 이외의 권한은 여전히 가지고 있기 때문이다.

정규단체 중 비합법적 사적 단체

정규단체 중 비합법적 사적 단체는 하나의 인격으로 결합하여 대표자를 두고는 있지만, 어떠한 공적 권한도 갖고 있지 않은 단체를 말한다. 예를 들면, 거지 단체나 도적의 무리, 집시(*gypsy*) 단체 등과 같이 구걸이나 도적질을 더 잘하기 위해 모인 단체들이 여기에 속한다. 또한 외국인이 타인의 영토〔즉 다른 나라〕에서 그에게 허락된 권한으로 단체를 만들었으나, 그 코먼웰스의 권력에 반대하는 학설을 유포하고, 반대활동을 하기 위한 당파를 결성하려고 한 경우, 이러한 단체도 비합법적 사적 단체에 해당한다.

사적 동맹과 같은 비정규 단체

비정규 단체는 본질적으로 일종의 동맹에 불과하거나, 때로는 사람들의 단순한 집합에 불과하다. 특정한 의도가 있어서 모인 것도 아니요, 그들 상호간에 의무가 있는 것도 아니다. 다만 의지와 의향이 같아서 모이게 된 것으로서, 모인 사람들 각자의 의도가 합법적인가 비합법적인가에 따라서 그 단체의 합법·비합법이 결정된다. 각 개인의 의도는 모여서 하는 일을 보면 알 수 있다.

백성들이 동맹을 결성하는 일은 코먼웰스 안에서는 대부분의 경우 불필요하다. 동맹은 보통 상호방위를 위해 결성하는데, 코먼웰스 자체가 모든 백성들이 함께 결성한 동맹이기 때문이다. 그러므로 이러한 종류의 동맹은 그 의도가 불온한 기미가 있으며, 바로 그 이유 때문에 비합법 단체이다. 그러므로 보통 도당(徒黨)이나 음모단이라는 이름으로 불리고 있다. 동맹은 신의계약에 의한 사람들의 결합이기 때문에, (완전한 자연상태처럼) 계약의 이행을 강제할 수 있는 권력이 한 사람 또는 합의체에 부여되지 않은 경우에는, 합당한 불신(不信)의 이유가 발생하지 않는 한 유효하다. 그러므로 코먼웰스 상호간의 동맹은 (그들 위에 군림하여 사람들 모두를 두렵게 하는 인간의 권력이 없으므로) 합법적이며, 동맹이 지속되는 동안에는 유익하다. 그러나 하나의 동일한 코먼웰스 내의 성원들이 평화와 정의의 유지를 위해 동맹을 결성한다면 그런 동맹은 불필요하다. 코먼웰스 내의 각 성원의 권리는 주권에 의해 획득되기 때문이다. 동맹의 의도가 사악하거나, 혹은 코먼웰스에 알려져 있지 않은 때에는 그런 단체는 비합법이다. 사인(私人)들의 힘을 결집하는 것은 그 의도가 사악한 경우 불법적인 일이며, 그 의도가 불분명한 경우 공중(公衆)에게 위험한 일을 불법적으로 은폐하고 있기 때문이다.

비밀결사

주권이 대규모의 합의체에 있을 때, 일부의 사람들이 그럴 권한이 없는 상태에서 나머지 사람들을 지도할 목적으로 자기들끼리 협의한다면 이것은 비합법적 도당 또는 음모단이다. 자신들의 특별한 이익을 위해 합의체를 기만하는 행위이기 때문이다. 그러나 어떤 사람의 사적 이익이 합의체에서 토의되거나 판단될 경우 당사자가 자기편을 가능한 한 많이 만들기 위해 노력하는 일은 불법행위가 아니다. 이 경우에는 그가 합의체의 분파가 아니기 때문이다. 또한 설령 그가 자기편을 돈으로 매수한다고 하더라도 (이를 금지하는 명백한 법률이 존재하지 않는 한) 이 역시 불법행위가 아니다. 왜냐하면 (사람들의 풍습을 보면 알 수 있듯이) 돈 없이는 정의가 실천되지 않을 때도 있으며, 또한 누구라도 자신의 주장이 논의의 대상이 되어 판결이 내려지기 전까지는 자신의 주장이 정당하다고 믿을 수 있기 때문이다.

사적 가족들 간의 불화

어떠한 코먼웰스에서도 사인(私人)이 자신의 영지의 통치와 그 영지의 합법적 사용에 필요한 범위 이상으로 하인을 둔다면, 이것은 도당(徒黨)〔을 짓는 것〕이며, 비합법적인 일이다. 왜냐하면 이미 코먼웰스의 보호를 받기 때문에 사병(私兵)의 방위가 필요하지 않기 때문이다. 문명화가 덜 된 나라들에서는 많은 가족들이 서로 적대하면서 살아왔고, 사병(私兵)을 거느리고 서로 침략을 일삼았는데, 이것이 부당하다는 것은 너무나도 명백한 사실이다. 그게 아니라면 그들에게는 코먼웰스가 없었다.

통치를 위한 당파

혈연에 의한 도당이 부당한 것처럼, 교황파(*Papists*)·신교파(*Protestants*) 등과 같은 종교 통치를 위한 당파들도 부당하고, 또한 고대 로마의 귀족파와 평민파, 고대 그리스의 귀족파와 민주파 등과 같은 국가 통치를 위한 당파들도 부당하다. 이러한 당파들은 인민의 평화와 안전에 반하고, 주권자의 손에서 칼을 빼앗아가기 때문이다.

사람들이 모인 집회

사람들의 모임은 비정규단체인데, 그 합법성 및 비합법성은 모인 이유와 사람 수에 따라 다르다. 모인 이유가 합법적이고 분명하다면 그 모임은 합법적이다. 예를 들면, 교회나 공연장에 적당한 수의 사람들이 모인 경우가 그러하다. 그러나 아주 많은 사람들이 불분명한 이유로 모였을 때, 자신이 거기에 가담한 이유를 충분히 설명하지 못하는 자는 비합법적이며 불온한 의도를 품고 있는 것으로 판단된다. 재판관 또는 행정관에게 제출하는 청원에 천 명이 참가하는 것은 합법적이지만, 그 청원서를 제출하기 위해 천 명이 모이는 것은 불온한 집회가 된다. 그런 일에는 한 두 사람이면 족하기 때문이다. 그러나 이런 경우 그 집회의 비합법성을 결정하는 것은 특정한 사람 수가 아니다. 일선 관리들이 이들을 억제하고 정의를 세우는 일이 불가능할 정도의 수가 모이면 그 집회는 비합법적인 것이 된다.

유달리 많은 군중이 어떤 사람을 고소하기 위해 모인 때에도 이 집회는 비합법적 소요가 된다. 고소장을 행정관에게 전달하는 데는 몇 명만 있어도 혹은 한 명만 있어도 되기 때문이다. 에페수스[13]에서 사도 바울이 당한 사건의 경우가 바로 그런 예에 속한다. 데메드리오와 무리를 이룬 자들이 다 한 소리로 "크다 에베소 사람의 아데미[14]여" 하고 외치면서, 바울의 일행 두 사람을 행정관 앞으로 데리고 갔다.[15] 그들은 이런 식으로 그 두 사람이

---

13) Ephesus: 소아시아 서해안(지금의 터키)에서 번영하였던 고대도시. 《성경》에는 '에베소'로 기록되어 있다. BC 11세기 말에 건설된 이오니아 열 두 도시의 하나로, BC 6세기 무렵부터 식민지 건설과 무역으로 발전하였다. 알렉산더의 정복 후에도 계속 번영하였으며, 로마시대에는 아시아주의 주도로서 기독교의 중심지였다. 사도 바울이 53년부터 2년간 이곳에 머물면서 전도활동을 하며 교회를 세우고 〈고린도서〉, 〈갈라디아서〉를 썼다. 〈에베소서〉는 이곳 교회 신도들에게 보낸 서한이다. 262년 고트족이 침입해 시가지와 신전을 파괴하였고, 그 뒤 부흥하기는 하였으나 예전의 번영은 되찾지 못하였다. 431년 에페수스(에베소) 공의회가 열렸고, 15세기 후반 하나의 촌락이 되었다. 바울이 전도활동을 하던 당시 이곳에 아르테미스(로마 명: 디아나) 신전이 있었다.

14) Artemis: 아르테미스는 그리스 신화에 나오는 달과 사냥의 처녀신이다. 제우스와 레토의 딸이며 아폴론의 쌍둥이 누이동생이다. 아르테미스는 아르카디아·스파르타·라코니아 등 고대 그리스의 모든 산간지역에서 숭배되었다. 《성경》에는 '아데미'로 나온다. 에페수스에는 BC 550년경에 아르테미스의 신전이 건립되었는데, 로마인들은 이 신전을 디아나(Diana) 신전이라고 불렀다.

15) Demetrius: 에페수스의 은 세공인(銀細工人)이었는데, 아르테미스 신전의 신상 모형을 만들어 벌이를 하고 있었다. 바울 일행이 "사람의 손으로 만든 것들은 신이 아니라"고 하면서 신전의 권위를 훼손하는 전도활동을 하자, 데메드리오는 그 직공들과 동업자들이 모인 집회에서 "우리의 이 사업이 명성을 잃을 위험이 있을 뿐만 아니라, 위대한 아데미〔아르테미스〕 여신의 신전도 무시당하고, 또 나아가서는 온 아시아와 온 세계가 숭배하는 이 여신의

자신들의 종교와 영업에 반하는 교리를 사람들에게 가르친 데 대해 재판해줄 것을 요구했는데, 이 일은 당시 사람들의 법률에 비추어보면 정당한 일이었다. 그러나 그 집회는 비합법이라는 판정을 받았고, 행정관은 다음과 같이 그들을 나무랐다. "그러므로 데메드리오와 그와 함께 있는 직공들이 누구를 걸어서 송사할 일이 있으면, 재판정도 열려 있고, 총독들도 있으니, 당사자들이 서로 고소도 하고, 맞고소도 해야 할 것입니다. 여러분이 이 이상으로 해결하고자 하는 어떤 문제가 있으면, 그것은 정식 집회에서 처리되어야 할 것입니다. 우리는 오늘 일어난 이 일 때문에, 소요죄로 문책받을 위험이 있습니다. 우리는 이 소요를 정당화할 수 있는 아무런 명분이 없습니다."(행 19:38~40) 여기에서 행정관은 '명분이 없는' 집회를 소요(*sedition*)라고 불렀는데, 그런 만큼 그 집회는 모인 사람들이 책임 있는 설명을 할 수 없는 집회였다.[16]

이상이 사람들의 단체와 집회에 관해 내가 하고 싶은 이야기의 전부이다. 앞에서 말한 것처럼, 이것은 사람의 육체에 비유할 수도 있다. 합법적 단체는 인체의 근육에 해당하고, 비합법적 단체는 인체의 종기(腫氣)·담즙(膽汁)·농양(膿瘍)에 해당하는데, 이런 것들은 악한 체액이 부자연스럽게 합류할 때 생긴다.

위신이 땅에 떨어지고 말 위험이 있다" 하면서 바울에 대한 반란을 선동하고, 바울과 같이 다니던 마케도니아 사람 가이오와 아리스다고를 붙잡아 연극장으로 데리고 들어가서 재판을 요구하였다. 《성경》, 〈사도행전〉 제19장 23~41절 참조.

16) 원문에는 다음 문단과 이어져 있다.

제23장
주권의 공적 대행자에 대하여

앞장에서 코먼웰스의 〔인체와의〕 유사기관들을 살펴보았는데, 여기에서는 유기적(有機的)인 기관, 즉 공적 대행자에 대해 살펴보기로 하자.

공적 대행자란 누구를 말하는가

공적 대행자(*public minister*)[1]는 (군주이건 합의체이건) 주권을 지닌 자에 의해 어떤 업무에 등용되어, 그 업무에 관해 코먼웰스의 인격을 대표할 수 있는 권한을 가진 자를 말한다. 주권을 보유한 자 또는 합의체는 모두 두 개의 인격을 대표한다. 흔히 쓰는 말로 표현하면, 두 개의 자격(*capacity*)을 가진다. 하나는 자연적인 것이고, 또 하나는 정치적인 것이다. 군주를 예로 들어 말하자면, 그는 코먼웰스의 인격을 대표하기도 하지만, 동시에 한 사람의 인간으로서의 인격도 지니고 있다. 또한 주권을 지닌 합

1) 'minister'는 '사용인'이라는 뜻이다. 오늘날에는 흔히 이 말이 정부의 '장관'을 가리키는데 어원은 국왕의 사용인이라는 뜻이다. 하느님의 사용인이라는 뜻에서 '성직자'를 가리키기도 한다. 그러므로 'public minister'는 직역하면 '공적 사용자' 또는 '공복'(公僕)이 되겠지만, 이 책에서는 뜻을 파악하기 쉽도록 '공적 대행자'로 번역하였다. 오늘날의 공무원, 관공리(官公吏)에 해당한다.

의체의 경우, 코먼웰스의 인격과 합의체의 인격을 함께 지니고 있다. 따라서 주권자가 자연적 자격으로 시종(侍從)을 거느린 경우, 그들은 공적 대행자가 아니다. 공무를 위해 주권자의 부림을 받는 자들만이 공적 대행자이다. 그러므로 귀족정치나 민주정치에서 모인 사람들의 편의를 위해 합의체의 시중을 드는 안내인·수위 및 기타 역원(役員)[2]들도 공적 대행자가 아니며, 군주정에서 군주의 사저(私邸)에서 일하는 집사·시종·출납원 및 기타 역원들도 공적 대행자가 아니다.

일반 행정을 위한 대행자들

공적 대행자들 중에는 영토 전체 또는 일부의 전반적 행정을 위임받은 자들이 있다. 영토 전체에 관한 것으로는, 예를 들면, 왕이 어린 나이로 즉위하게 되었을 때 미성년 기간 동안 어린 왕의 보호자 또는 섭정으로서 왕국의 전 행정을 맡도록 선왕(先王)으로부터 위임받는 경우가 있다. 이 경우에는 그가 제정한 율령과 그가 내린 분부가 왕의 이름으로 시행되는 것으로서, 주권과 모순되지 않는 한, 모든 백성들은 복종할 의무가 있다. 일부 또는 지방주에 관한 것으로는, 군주 혹은 주권을 지닌 합의체가 총독·총독대리·지사·태수(*viceroy*)[3] 등에게 지방의 전반적인 책임을 맡기는 경우가 있다. 그리고 이 경우에도 해당 지방주의 사람들은 그가 주권자의 이름으로 행하는 모든 것에 대해, 주권자의 권리와 모순되지 않는 한, 복종할 의무가 있다. 이와 같은 보호자·태수·총독 등의 권리는 오직 주권자의 의지에서 나오는 것이므로, 주권 양도의 목적으로 표명된 명확한 말이 없는 한, 주권 양도의 선언으로 해석되어서는 안 된다. 이러한 종류의 공적

2) 행사에서 임시로 일정한 일을 맡은 사람.
3) 'viceroy'는 '왕의 대리'라는 뜻이다.

대행자는 자연적 육체에 비유하자면 수족을 움직이는 신경이나 힘줄에 해당한다.

경제와 같은 특수행정에 관한 것

그 외에 특수행정, 즉 국내외의 어떤 특수한 업무를 담당하는 사람들이 있다. 국내에서는 첫째, 코먼웰스의 경제를 위해 공물·과세·지조(地租)[4]·상납금 혹은 기타 공공수입 등 '재무'에 관하여, 이를 징수·수납·지급하거나 계산·정리하는 권한을 가진 사람들은 공적 대행자이다. 이들이 '대행자'인 이유는 〔주권의〕 대표자인 인격의 부림을 받으면서 그의 명령에 반하거나, 그의 권한을 넘어서는 일은 전혀 하지 않기 때문이며, 이들이 '공적'인 이유는 정치적 자격의 주권자에게 부림을 받기 때문이다.

둘째, 무기·요새·항만의 관리, 병사의 징집·급료·지휘, 혹은 지상전 및 해전에 필요한 군수품의 조달 등 '군사'에 관한 권한을 지닌 사람들은 공적 대행자이다. 그러나 명령권을 지니지 않은 병사는, 코먼웰스를 위해 전투를 하기는 하지만, 그 전투행위가 코먼웰스의 인격을 대표하지는 않는다. 이들에게는 대표할 상대가 없다. 명령권을 지닌 자는 그가 명령하는 상대방에 대해서만 코먼웰스의 인격을 대표한다.

인민의 교육을 위한 것

주권에 대한 의무를 인민에게 직접 가르치거나, 혹은 그 일을 할 교사를 가르치는 일, 또한 인민을 지도하여 옳고 그른 것을 알게 하고, 이로써 그들이 서로 경건하고 평화롭게 생활하게 하고, 공공의 적에 저항하도록 하는 일, 이런 일에 관한 권한을 가진 사람들도 공적 대행자이다. 이들이 대행자인 이유는 자신의 권한에 의해서가 아니라 타인의 권한에 의해 업무를 수행하고 있기 때문이며, 또한

---

4) 토지 수익에 대하여 매기는 조세를 말한다.

공적인 이유는 오직 주권자의 권한에 의해서만 그 업무를 수행하기 (혹은 수행해야 하기) 때문이다. 오직 군주 혹은 주권을 지닌 합의체만이 인민을 교육하고 지도할 권한을 하느님으로부터 부여받는다. 오직 주권자만이 그의 권력을 '하느님의 은혜로'(*Dei gratia*) 부여받으며, 그를 제외한 나머지 모든 사람들의 권력은 하느님과 그들의 주권자의 은혜와 섭리로 부여받는다. 군주정의 경우, '하느님의 은혜와 왕의 은혜로'(*Dei gratia et regis*), 또는 '하느님의 뜻과 왕의 의지로'(*Dei providentia et voluntate regis*) 부여받는다.

사법을 위한 것

사법권을 부여받은 사람들도 공적 대행자이다. 이들은 재판정에서 주권자의 인격을 대표한다. 왜냐하면 앞에서 분명하게 밝힌 것처럼, 모든 사법권은 본질적으로 주권과 결부되어 있으며, 따라서 주권자를 제외한 모든 재판관은 주권자의 대행자일 수밖에 없다. 그리고 논쟁에는 두 종류가 있는데, 하나는 '사실'에 관한 것이고, 하나는 '법률'에 관한 것이다. 따라서 판결도 어떤 것은 사실에 관한 것이고, 어떤 것은 법률에 관한 것이다. 그러므로 동일한 논쟁에 대해 두 명의 재판관이 사실심과 법률심을 각각 담당할 수도 있다.

그리고 사실심이든 법률심이든 재판을 받는 측과 재판을 하는 측 사이에 논쟁이 생길 수도 있다. 이런 논쟁이 발생한 경우에는 양쪽 다 주권자의 백성이므로, 쌍방의 동의에 의해 승인된 사람들이 재판을 맡아야 공평하다. 왜냐하면 어느 누구도 자기 자신이 관련된 소송에서 재판관이 될 수는 없기 때문이다. 그러나 주권자는 이미 쌍방의 동의를 얻은 재판관이므로 그 사건을 직접 심리하여 판결하거나, 혹은 쌍방이 동의하는 자를 재판관으로 임명한다. 쌍방의 동의는 여러 가지 방법으로 성립될 수 있다. 첫째, 재판관들 중에서 사건과 이해관계가 있기 때문에 〔불공평한 재판을 할 염려가 있다고〕 의심되는 사람은 피고가 기피할 수 있도록 되어 있다면, (원고의 경우에는 이미 자신의 재판관을 선택했으므로) 피고가 기피하지 않은 재판관은 그가 동의한 재판관이다. 둘째, 다른 재판관에게 항소를 제기한 경우, 더 이상의 상소는 인정되지 않는다.[5] 항소가 그 자신의 선택이기 때문이다. 셋째, 그가 주권자 자신에게 항소하여, 주권자 자신에 의해, 또는 당사자들이 동의한 대리인에 의해 판결이 내려진 때에는 이 판결이 최종판결이다. 왜냐하면 이 경우 피고는 자기 자신에 의해 재판된 것이기 때문이다.

사법권이 정당하고 합리적이기 위해 갖추어야 할 이러한 속성들에 비추어 볼 때, 나는 잉글랜드의 민사소송 및 형사소송을 담당하는 법정들이 실로 훌륭하게 조직되어 있다는 사실에 주목하지 않을 수 없다. '민사소송'(*common pleas*)이란 원고와 피고가 모두 백성인 경우를 말하고, '형사소송'(*public pleas*)이란 원고가 주권자인 경우를 말한다. 형사소송은 '왕좌소송'(王座訴訟 *pleas of the crown*)이라고도 한다. 〔잉글랜드에는〕 두 계층의 사람들, 즉 '귀족'과 '평민'이 있었는데, 귀족들이 재판받을 경우에는 다음과 같은 특권이 있었다. 즉 사형에 해당하는 죄를 범한 경우, 오직 귀족만을 재판관으로 할 수 있었고, 그것도 원하는 수(數)의 재판관들로부터 재판받을 수 있었다. 이러한 특권은 일종의 은전으로 인식되었고, 귀족들은 오직 자신들이 원

5) '상소'(上訴)는 하급 법원의 판결에 따르지 않고 상급 법원에 재심을 요구하는 일을 말하며, '항소'(抗訴)는 제 1심 판결에 불복하여 제 2심 법원에 상소하는 것이다.

하는 사람들만을 재판관으로 선택할 수 있었다. 그리고 모든 다툼에서 모든 백성은 (민사소송의 경우에는 귀족들도) 다투는 문제가 발생한 지방의 사람들을 재판관으로 하였으며, 그렇지 않은 경우에는 이의를 제기할 수 있었다. 자신이 동의하는 재판관의 수가 12명이 될 때까지 〔재판부를〕 기피할 수 있었으며, 이렇게 결정된 12명의 재판관들로부터 재판받았다. 이처럼 누구나 자신의 재판관을 선택할 수 있었으므로 그 판결이 최종적인 것이 아니라고 당사자가 주장할 수는 없었다. 이와 같이 인민을 지도하고 재판하는 권한을 주권으로부터 부여받은 공적 인격은 인체의 발성기관에 비유될 수 있는 코먼웰스의 성원들이다.

집행을 위한 것

또한 선고된 판결의 집행, 주권자의 명령 공포, 소요의 진압, 죄인의 체포 및 투옥, 기타 평화 유지에 필요한 업무를 담당하기 위해 주권자로부터 권한을 부여받은 사람들도 모두 공적 대행자이다. 그러한 권한에 의해 수행되는 모든 행위는 코먼웰스의 행위이다. 이들의 직무는 인체에서 손〔手〕이 하는 일과 같다.

국외에서의 공적 대행자는 주권자의 인격을 외국에 대해 대표하는 사람들을 말한다. 공무를 위해 공적 권한에 의해 파견된 대사·사절·대리인·특사 등이 그것이다.

그러나 내분 중인 나라의 어떤 사적 당파가 임의로 파견한 사람들은, 접견은 할 수 있어도, 코먼웰스의 공적 대행자도 아니며 사적 대행자도 아니다. 그들의 행위는 〔그들이 속한〕 코먼웰스의 행위가 될 수 없다. 본인이 아니기 때문이다. 마찬가지로 축하 또는 조문(弔問)을 위해, 혹은 행사에 참석하기 위해 왕후(王侯)가 파견한 대사도, 권한은 공적이지만 직무는 사적인 것이며, 그〔를 파견한 왕후]의 자연적 자격에 속한 것이기 때문에, 사적 인격에 불과하다. 또한 타국의 비밀계획이나 병력을 탐지하기 위해 비밀리 파견된 사람은, 그 권한이나 직무가 공적인 것이기는 하지만, 아무도 그의 공적 인격을 알 수가 없으므로, 사적 대행자이다. 그럼에도 불구하고 그는 그 코먼웰스의 대행자이며, 인체의 눈〔目〕에 해당한다. 또한 인민의 청원 및 기타 정보를 처리하도록 임명된 자는 이른바 공공의 귀〔耳〕로서, 공적 대행자이며, 그 직무에 관하여 주권을 대표한다.

조언 이외의 다른 직무는 없는 고문관은 공적 대행자가 아니다

고문관(*counsellor*)이나 국가평의회(*council of state*)는, 사법권이나 명령권 등의 권한이 없는 상태에서 주권자의 요구가 있을 때에는 자문에 응하여 조언하고, 요구가 없을 때에는 제안만 하는 경우, 공적 대행자가 아니다. 왜냐하면 조언은 주권자에 대해 이루어지는 것인데, 주권자가 있는 곳에서 타인이 주권자의 인격을 대표할 수는 없기 때문이다. 그러나 일단의 고문관이 사법 또는 직접적 행정에 관하여 전혀 권한을 가지지 않는 경우는 없다. 예를 들면, 군주정의 경우, 고문관들은 군주의 명령을 공적 대행자에게 전할 때 군주를 대표한다.[6] 또한 민주정의 경우, 고문회의 또는 원로원이 심의 결과를 의견으로서 인민에게 제안할 때에는 하나의 고문단(*a council*)에 불과하지만, 재판관을 임명하거나, 소송사건을 심리하거나, 혹은 대사를 접견할 때에는 인민의 대행자 자격으로서 그렇게 하는 것이다. 그리고 귀족정의 경우, 국가평의회는 그 자체로 주권을 지닌 합의체이며, 자기 자신에게 조언을 하고 있을 따름이다.

6) 예컨대 영국의 추밀원(樞密院 *the Council*)은 왕에 대한 자문 이외에 왕명(王命)의 출납 업무까지 맡고 있었다.

제24장

코먼웰스의 영양과 생식에 대하여

코먼웰스의 영양물은 해륙(海陸)의 산물이다

코먼웰스의 영양(營養 *nutrition*)[1]은 생활에 도움이 되는 '물질'의 '풍부함'과 '분배'에 있다. 즉 생활에 도움이 되는 물질들을 적절하게 '조리'(調理 *concoction*)[2]하거나 '조제'(調劑 *preparation*)하여, 적절한 통로로 '수송'(輸送)하여 공공이 사용할 수 있도록 하는 것이다.

물질의 풍부함은 자연의 제한을 받는다. 그것은 우리들의 공동 어머니의 두 개의 유방, 즉 육지와 바다로부터 하느님이 인간에게 보통 무상으로, 혹은 노동의 대가로

---

1) 'nutrition'이란 말은 생물체가 외부에서 물질을 섭취하여 소화, 호흡, 순환, 배설을 함으로써 생활 기능을 유지하는 작용, 즉 '영양작용' 또는 '영양섭취'를 의미하기도 하고, 그것을 위하여 필요한 성분이나 그런 것을 함유한 '음식물', 즉 영양물을 의미하기도 한다. 본 역서에서는 문맥에 따라 영양, 영양물 등으로 번역하였다. 홉스가 '코먼웰스'를 '인간' 혹은 '인체'에 비유하고 있다는 사실을 상기하라.

2) 'concoction' 일정한 비율로 알맞게 섞는다는 뜻으로 '조합', '혼합', '조리' 등으로 번역될 수 있다. 그런데 홉스는 이 말을 '금이나 은 혹은 기타 화폐로 바꾸는 것'이란 의미로 사용하고 있다. 국가의 자원들을 사용하기 편하게 화폐로 바꾸는 것이 여러 가지 재료를 잘 맞추어 음식을 만드는 '조리'와 유사하다고 본 것 같다. 본장의 〈화폐는 코먼웰스의 혈액이다〉 항 참조.

주는 것이다.

동물과 식물 및 광물로 이루어지는 영양물은, 하느님이 우리들 앞에, 지구의 표면 또는 표면 근처에 아낌없이 두었기 때문에, 노동과 근면만 있으면 손에 넣을 수 있다. 따라서 물질의 풍부함은 하느님의 은혜 다음으로는 오로지 인간의 노동과 근면에 달려있다.

보통 산물(*産物 commodities*)이라고 불리는 이 물질에는 '국산'과 '외국산'이 있는데, '국산'은 코먼웰스의 영토 내에서 얻고, '외국산'은 외국에서 수입한다. 영토가 아주 광활한 경우를 제외하면, 코먼웰스 전체의 유지와 활동에 필요한 것을 자국의 영토 내에서 전부 다 생산할 수 있는 코먼웰스는 없다. 또한 필요 이상으로 어떤 것을 산출하지 않는 일도 드물다. 국내에서 생산된 필요 이상의 산물이라도 결코 불필요한 것은 아니다. 국내에서 부족한 것은 외국에서 수입하여 보충하게 되는데, 이 수입은 교환이나 정당한 전쟁 혹은 노동에 의해 이루어진다. 인간의 노동도 다른 것과 마찬가지로 이익을 얻기 위해 교환될 수 있는 산물이다. 영토의 크기가 백성들의 거주지를 마련해 주는 것이 고작인 코먼웰스들도, 혹은 한 지방에서 다른 지방으로 교역을 하는 노동에 의해, 혹은 다른 지역에서 가져온 원료로 제품을 만들어 판매함으로써 국력을 유지하거나 확장해왔다.

또한 코먼웰스의 영양은 올바른 분배에 있다

영양 있는 물질의 분배는 '내 것'과 '네 것' 및 '그의 것', 즉 한마디로 말해 '소유권'을 설정하는 것을 말하는데, 이 것은 어느 코먼웰스에서나 주권자의 권력에 속한다. 코먼웰스가 없는 곳에서는 (앞에서 말한 것처럼) 이웃에 대한 만인의 영원한 전쟁이 있을 뿐이며, 따라서 힘으로 얻은 것이 자기 것이며, 힘으로 유지하는 것이 자기 것이다. 이것은 '소유권'도 아니고 '공동소유'도 아니다. '불확실성'(*uncertainty*) 일 뿐이다. 이런 사실은 열렬한 자유 옹호자였던 키케로를 보더라도 분명하게 알 수 있다. 그는 공개변론에서 모든 소유권이 시민법에서 비롯된다고 말했다. "시민법이 폐기되었다고 생각해보자. 혹은 억압까지는 아니더라도 거의 보호를 받지 못한다고 생각해보자. 조상으로부터 무엇을 물려받을 수 있을 것인지, 자손에게 무엇을 물려줄 수 있을 것인지 확신할 수 있는 사람은 아무도 없을 것이다." 또한 그는 이렇게 말했다. "시민법이 없다면, 무엇이 자기 것이고 무엇이 남의 것인지를 알 수 있는 사람이 아무도 없다." 따라서 '소유권'은 코먼웰스가 설립된 결과로 생긴 것이며, 코먼웰스는 이를 대표하는 인격을 통하여 행동하기 때문에, 그것은 오직 주권자만이 할 수 있는 행위이며, 또한 주권을 지닌 자 이외에는 어느 누구도 만들 수 없는 법에 근거를 두고 있다. 이것은 사람들이 예로부터 알고 있던 것으로서, 우리가 법이라고 부르는 것을 옛사람들은 '노모스'(*Nomos*), 즉 '분배'라고 하였으며, 정의(正義)를 각자에게 '그의 것'을 '분배'하는 것이라고 정의했다.

모든 사적 토지재산은 본래 주권자의 자의적 분배에서 생겼다

분배에 관한 제1의 법은 토지의 분할에 관한 것이다. 즉 주권자는 모든 사람에게 각각 약간의 토지를 할당하는데, 주권자 자신이 공평과 공익에 부합한다고 판단하는 바에 따라 그렇게 할 뿐, 그 어떤 백성의, 혹은 다수 백성의 판단에 따르는 것이 아니다. 이스라엘 자손들은 광야에서 코먼웰스 생활을 하는 동안에는 대지의 산물이 부족하였다. '약속의 땅'의 지배자가 될 때까지 그러하였다. '약속의 땅'은 그들 마음대로 나눈 것이 아니라 제사장 엘

르아살과 장군 여호수아의 재량에 따라 나누었다.[3] 모두 열두 지파가 있었는데, 요셉 자손이 다시 둘로 나뉘어 모두 열세 지파가 되었다. 하지만 토지는 열두 분깃으로 분할하였다. 레위 자손에게는 토지를 주지 않는 대신 모든 수확의 십분의 일을 가지도록 하였다.[4] 따라서 이러한 토지 분할은 자의적인 것이었다. 또한 어떤 민족이 전쟁으로 다른 나라를 점령한 경우에도 (유대인들이 그러했던 것처럼[5]) 그 지역의 원주민들을 반드시 절멸시킨 것은 아니었다. 그들 중 다수, 혹은 대부분, 혹은 전부에게 그 소유토지를 〔빼앗지 않고〕 그대로 남겨두었다. 그럼에도 불구하고 주민들은 나중에는 승리자가 〔토지를〕 분배해 준 것이라고 생각하는 것이다. 마치 잉글랜드 인민들이

3) 《성경》, 〈민수기〉 제 34장 16~17절 참조. "너희에게 유산으로 땅을 나누어 줄 사람들의 이름은, 제사장 엘르아살과 눈의 아들 여호수아이다." 엘르아살은 제사장 아론의 셋째 아들이다. 아론이 죽은 후 제사장직을 이었다. 여호수아에 대하여는 제 12장의 주 33 참조.

4) 《성경》, 〈여호수아기〉 제 14장 1~5절 참조. "이스라엘 자손이 가나안 땅에서 받은 유산을, 제사장 엘르아살과 눈의 아들 여호수아와 이스라엘 자손의 각 지파 우두머리들이 다음과 같이 분배하였다. 주님께서 모세에게 명령하신 대로, 그들은 제비를 뽑아서 아홉 지파와 둘로 나뉜 한 지파의 반쪽에게 땅을 유산으로 나누어 주었다. 모세가 이미 요단 강 동쪽에서, 두 지파와 둘로 나뉜 한 지파의 반쪽에게 땅을 유산으로 주었으나, 레위 지파에게는 분깃을 주지 않았다. 요셉 지파는 므낫세와 에브라임 두 지파로 갈리었다. 레위 지파에게는 거주할 여러 성읍과, 그들의 가축과 가축을 기를 목장 외에는 분깃을 주지 않았다. 이스라엘 자손은, 주님께서 모세에게 명하신 대로, 그 땅을 나누었다."

5) 《성경》, 〈민수기〉 제 33장 50~53절 참조. "여리고 건너편 요단 강가 모압 평야에서 주님께서 모세에게 말씀하셨다. 너는 이스라엘 자손에게 말하여라. 그들에게 다음과 같이 일러라. 너희가 요단 강을 건너 가나안 땅에 들어가거든, 너희는 직접 그 땅 주민을 다 쫓아내어라. 새겨 만든 우상과 부어 만든 우상을 다 깨뜨려 버리고, 산당들도 다 헐어 버려라. 내가 그 땅을 너희의 소유로 준 것이니, 너희는 그 땅을 차지하고 거기에서 정착하여라."

그들의 소유토지를 정복왕 윌리엄[6]이 나누어준 것으로 생각했듯이.

한 백성이 지닌 소유권은 다른 백성에 대해서는 주장할 수 있지만, 주권자의 지배권을 배제하지는 않는다

그러므로 우리는 다음과 같이 추론할 수 있다. 즉 한 백성이 자신의 토지에 대해 지닌 소유권은 다른 백성들에 대해서는 배타적 권리이지만, 주권자(합의체든 군주든)의 권리를 배제하는 것은 아니다. 왜냐하면 주권자 즉 (그가 그 인격을 대표하는) 코먼웰스는, 공동의 평화와 안전을 위해서만 행동하는 것이며, 토지의 분배도 또한 같은 목적을 위해 이루어진 것으로 해석되어야 하기 때문이다. 그러므로 이 목적에 위배되는 분배는 모두 백성—자신의 평화와 안전을 주권자의 재량과 양심에 맡기고 있는—의 의지에 반하는 것이며, 따라서 백성들 모두의 의지로 무효로 간주될 수 있다. 주권을 지닌 군주 혹은 합의체의 다수파가 자신의 양심을 저버리고 자신들의 정념에 이끌려 백성들에게 명령을 내리는 일이 있는 것은 사실이다.

---

6) William the Conqueror: 1066년 잉글랜드를 정복하고 왕(재위 1066~1087)이 되어 노르만왕조를 창시한 노르만디 공 윌리엄(William of Normandy)을 말한다. 1066년 초, 앵글로색슨의 웨섹스 가(家)의 왕통을 계승하는 참회왕(懺悔王) 에드워드(Edward)가 후사(後嗣) 없이 죽자, 그 처남인 웨섹스 백(伯) 해럴드(Harold)가 해럴드 2세로 즉위하였다. 그러나 윌리엄은 자신이 참회왕의 먼 혈연이 된다는 것, 참회왕으로부터 왕위계승의 약속이 있었다는 것, 그리고 과거에 해럴드가 자신에게 신종(臣從)의 맹세를 한 사실 등을 이유로 왕위를 요구하면서 잉글랜드에 침입하였다. 양군은 헤이스팅스(Hastings)에서 격돌, 결국 윌리엄군의 승리로 끝났으며 이 전투에서 해럴드는 전사했다. 윌리엄은 이어서 남동부지방을 제압하고 런던에 입성했으며, 같은 해 크리스마스에 잉글랜드 왕 윌리엄 1세로서 즉위하였다. 그는 다시 서부와 북부를 정벌하여, 몇 년 안에 잉글랜드 전역에 지배권을 확립했다. 이에 잉글랜드는 이민족인 노르만인 왕의 지배하에 들어갔으며, 지배계급도 종래의 앵글로 색슨계 귀족에서 윌리엄을 따라 들어온 노르만의 귀족·기사들로 바뀌었다.

이러한 행위는 확실히 배신행위이며, 자연법 위반이다. 그러나 그렇다고 하더라도, 백성들이 주권자를 상대로 전쟁을 일으키거나, 불의 혐의로 고소하거나, 비난하거나 할 권한이 생기지는 않는다. 백성들은 주권자의 모든 행위를 승인하였으며, 그에게 주권을 부여할 때 그의 행위를 자신들의 행위로 인정하기로 했기 때문이다. 그러면 어떤 경우에 주권자의 명령이 공평의 원리와 자연법에 반하는 것일까? 이 문제에 대하여는 나중에 따로 살펴보기로 하겠다.[7]

공공체에게 규정식을 줄 수는 없다

토지를 분배하면서 코먼웰스 자체에도 일정한 몫, 즉 공동의 평화와 방위에 필요한 비용 전부를 충당하기에 족한 몫을 할당하여 그 대표자가 소유 및 개량하도록 하는 것도 생각해 볼 수 있다. 만약 인간으로서의 정념이나 결점이 없는 인간이 대표자로 존재할 수 있다면, 그렇게 하는 것이 사리에 맞는 일일 것이다. 그러나 인간의 본성은 우리가 보고 있는 바와 같기 때문에, 공공지(*public land*)나 일정한 수입을 정해 코먼웰스에 주는 것은 소용없는 짓이다. 비용문제에 대해 태만하거나, 혹은 위험을 무릅쓰면서 공공재산을 장기적인 혹은 비용이 많이 드는 전쟁에 쏟아 붓는 그런 군주 혹은 합의체의 손에 주권이 주어지는 순간, 통치의 해체가 오고, 완전한 자연상태와 전쟁상태가 초래될 것이기 때문이다. 코먼웰스는 규정식(規定食 *diet*)으로는 지탱될 수 없다.[8] 코먼웰스에 필요한 비용은 그 자신의 식욕에 따라 결정되는 것이 아니라 외부적

---

7) 제 30장 참조.

8) '규정식'(*diet*)이란 일정한 양을 정해 놓고 먹는 것을 말한다. 코먼웰스가 "규정식으로는 지탱될 수 없다"는 말은 국가에 필요한 재정이 일정하게 정해져 있는 것이 아니라는 뜻이다.

인 우발사건이나 주변국들의 욕구에 따라 결정된다. 따라서 공공재산은 이러한 긴급사태의 성격에 따라 달라질 수밖에 없다. 그 밖의 어떤 사정에 의해서도 제한될 수 없다. 그런데 잉글랜드를 정복한 윌리엄은 (혹은 자기 자신의 오락을 위해, 혹은 목재의 보존을 위해 삼림과 사냥터를 차지한 것 말고도) 많은 토지를 자기가 쓰기 위해 차지했으며, 백성들에게 토지를 나누어주면서도 각종 부역을 부과하였다.[9] 그러나 이러한 일은 공적 자격으로가 아니라 자연적 자격으로 자기 자신을 유지하기 위한 처사였던 것으로 생각된다. 왜냐하면 그와 그의 후계자는 거기에 그치지 아니하고, 수시로 모든 백성들의 토지에 자의적인 세금을 부과했기 때문이다. 만약 이들 공공의 토지나 부역이 코먼웰스의 충분한 유지를 위해 결정된 것이었다고 한다면, 수단을 잘못 선택한 것이었다. 왜냐하면 추가적으로 부과된 과세가 보여주는 바와 같이, 그것만으로는 부족하였으며, 또한 최근의 빈약한 왕실 수입이 보여주는 바와 같이, 돈이 모자라 왕실의 토지를 내다 파는 바람에 왕실 재정이 계속 감소하고 있기 때문이다. 따라서 코먼웰스를 위해 일정한 토지를 할당하는 것은 소용없는 일이다. 팔거나 양도할 수도 있기 때문이다. 실제로 그 대표

---

9) 윌리엄은 잉글랜드를 정복한 후 부하인 노르만 기사에게 약속한 토지를 분배하기 위해 전투과정에서 해럴드를 도운 사람들을 '반역자'로 단죄하고 토지를 몰수하는 등 '합법적으로' 대규모의 토지를 차지하였다. 또한 지세(地稅)를 비롯한 각종 조세를 효율적으로 징세하기 위해 토지대장(Domesday Book)을 만들어 관리했는데, 이 토지대장에 수록된 내용에 대해 한 색슨 연대기 작가는 이렇게 썼다. "〔토지조사를 맡은〕 위원들이 작성한 조사표는 너무도 잘 되어 있기 때문에, 왕이 이것을 수치스럽게 생각하고 있지 않다는 것을 말하기도 창피한 일이지만, 1야드의 토지, 한 마리의 소와 돼지까지 이 장부에 기입되지 않은 것은 없다." 앙드레 모로아, 신용석 옮김. 《영국사》(서울: 기린원, 1988), 79~85쪽 참조.

자의 손으로 팔리고, 양도되고 있다.

무역의 장소와 내용은, 분배와 마찬가지로 주권자에 의해 결정된다

국내의 토지분배와 마찬가지로 백성들이 대외무역을 할 경우에도 어디에서 어떤 산물을 취급할 것인가를 결정하는 일은 주권자의 권한에 속한다. 이 일을 사적 개인의 재량에 맡길 경우, 이익에 이끌려 코먼웰스를 해치는 수단을 적에게 넘겨주는 일도 생길 수 있고, 또한 사람들의 구미에는 맞지만 유해한, 최소한 이로울 것이 전혀 없는 것들을 수입하여 스스로를 해치는 일도 생길 수 있기 때문이다. 그러므로 대외무역의 장소와 내용에 대해 가부(可否)를 결정하는 일은 코먼웰스, 즉 오직 주권자의 권한에 속한다.

소유권의 양도에 관한 법도 주권자에게 속한다

모든 사람들이 각각 약간의 토지와 혹은 몇 가지 산물을 소유하고, 또한 여러 가지 유용한 기술에 대한 적성을 날 때부터 지니고 있다 할지라도 이것만으로는 코먼웰스를 유지하기에 충분하지 않다. 또한 이 세상의 기술 중에는 거의 모든 개인의 존재와 복지에 유용하지 않은 것은 없다. 이러한 두 가지 사실을 고려할 때, 사람들이 교환이나 상호간의 계약을 통해 자기에게 남는 것들을 서로 나누고 소유권을 이전해야 할 필요성이 생긴다. 따라서 백성들 간에 모든 종류의 계약(매매, 교환, 대차, 고용 등)이 어떻게 이루어져야 하는지에 대해, 또한 어떤 용어와 기호로 되어야 유효한 것으로 간주되는지에 대해 정하는 것도 코먼웰스, 즉 주권자의 권리에 속한다. 코먼웰스의 각각의 성원에 대한 영양의 내용과 분배에 관하여는, 이 작업의 전체적인 모양에 비추어볼 때, 지금까지 서술한 것으로 충분하다.

조리(調理 *concoction*)란, 내가 이해하는 바로는, 현재

화폐는 코먼웰스의 혈액이다

소비되고 있지는 않지만 장래의 영양을 위해 보존될 필요가 있는 산물을 어떤 등가물로, 장소를 이동할 때 방해가 되지 않도록 들고 다닐 수 있는 것으로 환원하는 것이다. 이렇게 하면 어디에 있든지 그곳에서 산출된 영양물을 자유롭게 입수할 수 있다. 이러한 용도에 적합한 것은 금과 은과 돈뿐이다. 금과 은은 세계의 거의 모든 나라에서 귀중한 것으로 여겨지고 있으며, 국가들 간에도 다른 모든 것의 가치를 측정하는 편리한 척도로 사용되고 있다. 또한 화폐는 (코먼웰스의 주권자가 어떤 물질로 주조하든 상관없이) 그 코먼웰스의 백성들 간에는 모든 것의 가치를 측정하는 충분한 척도이다. 이러한 척도 덕분에 모든 산물은 동산·부동산을 막론하고 통상적인 거주지 이외에도 어디든지 사람이 가는 곳마다 가지고 갈 수가 있다. 이러한 화폐는 코먼웰스 안에서 사람에서 사람으로 옮겨 다니면서 가는 곳마다 영양을 공급한다. 그런 만큼 이 조리는 말하자면 코먼웰스의 혈액순환이다. 이것은 자연의 혈액이 대지의 수확으로부터 만들어진 다음, 순환을 하면서 인체 각 부분에 영양을 공급하는 것과 이치가 같다.

그리고 금과 은은 그 물질 자체에서 가치가 나오는 것이기 때문에 다음과 같은 특권을 가지고 있다. 첫째, 코먼웰스의 주권보다 몇 배 큰 권력으로도 그 가치를 바꿀 수 없으며, 여전히 모든 지방에서 나는 산물의 공통의 척도가 된다. 그러나 저질 화폐는 그 가치가 쉽게 등락한다. 둘째, 금과 은은 코먼웰스를 움직이게 하고, 필요한 경우에는 외국에까지 손을 뻗을 수 있도록 해 준다. 또한 개인 자격으로 여행하는 백성들에게는 물론 전 군대에 식량을 공급한다. 그러나 주조된 화폐의 경우에는 그곳의 각인(刻印)이 없으면 〔즉 그 나라 화폐가 아니면〕 화폐로 인정되지 않기 때문에 환경의 변화를 이겨내지 못한다. 즉 국내에서만 효력을 발휘할 뿐이다. 국내의 효력도 법이 변하면 따라서 변하며, 법에 의해 그 가치가 평가절하되어 소유자가 손해를 입는 일도 자주 발생한다.

화폐가 공공의 사용에 이르기까지의 도관과 통로

화폐가 공공의 사용에 이를 수 있도록 전달해주는 도관(導管)과 통로(通路)에는 두 종류가 있다. 하나는 화폐를 국고에 전달하는 것이고, 또 하나는 공공지출을 위해 그 돈을 다시 급부하는 것이다. 전자의 일은 징수관·수납관·재무관 등이 담당하고, 후자의 일은 재무관이나 혹은 공적·사적 대행자의 지출 업무를 위해 임명된 관리들이 담당한다. 여기에서도 인공 인간은 자연인과 비슷하다. 자연인의 정맥은 신체의 각 부분으로부터 혈액을 받아 이를 심장으로 보낸다. 심장에서 다시 활력을 얻은 혈액은 동맥을 따라 흐르면서 신체의 모든 부분에 활력을 부여하고, 이로써 운동을 가능하게 한다.

코먼웰스의 자녀는 이민이다

코먼웰스의 생식 또는 자녀는 보통 우리들이 '식민'(植民 *plantations*, *colonies*)이라고 부르는 것이다. 이것은 원래부터 주민이 없거나, 전쟁 때문에 주민이 없어진 국외지역으로 코먼웰스의 사람들이 이주하여 지휘자 또는 총독의 통치 아래 사는 것을 말한다. 일단 이민단이 정착하게 되면, 자신들의 코먼웰스를 새로 건설하여, 자신들을 보낸 주권자에 대한 복종의 의무로부터 벗어날 수도 있다. (고대의 많은 코먼웰스에서 이런 예를 찾아볼 수 있다.) 이 경우 그들을 보낸 코먼웰스는 본국(本國 *metropolis*) 또는 모국(母國 *mother*)이라고 불린다. 그리고 본국이 그들에게 요구하는 것은 가족의 통치로부터 벗어나 해방된 자녀에게 아버지가 요구하는 것 정도에 불과하다. 즉 존경과 우정 정도에 그친다. 이렇게 하지 않고 본국과의 결합을 계속 유지하는 경우도 있다. 로마 인민들이 건설한 식민지들이 이런 예에 속한다. 이 경우에는 자신들의 코먼웰스가 따로 있는 것이 아니라 그들을 보낸 코먼웰스의 지방주 또는 일부분이 된다. 따라서 이민단의 권리는 (모국에 대한 존경과 동맹을 제외하면) 전적으로 주권자가 그들에게 이민을 허락한 허가증 혹은 증서에 달려 있다.

제25장
조언에 대하여

조언이란 무엇인가

조언(助言)과 명령(命令)은 똑같이 명령형 화법을 사용하는데, 이로 인해 조언과 명령이 혼동되는 경우가 종종 있다. 이러한 혼동이 발생하는 것을 보면, 일상적인 말 그리고 불확실한 말을 사용하여 사물의 본질을 판단하는 것이 얼마나 그릇된 것인가를 명백하게 알 수 있다. '이것을 하라'는 말은 명령하는 자의 말이기도 하고, 조언하는 자 또는 간절히 권하는 자의 말이기도 하다. 물론 그렇게 말하는 사람이 누구인지, 누구에게 그 말을 하는 것인지, 어떤 경우인지를 알고 있을 때에는 어느 쪽인지 쉽게 구별할 수 있다. 그러나 이러한 표현이 글로 나타난 경우, 전후 사정을 알 수 없거나 혹은 알려고 하지 않았을 때에는 조언자의 가르침을 명령자의 그것으로 보거나, 혹은 그 반대의 잘못을 저지르게 된다. 이런 경우 자신들이 추론하고 싶은 결론이나 혹은 동의하는 행동에 부합하는 방향으로 해석을 한다. 이러한 잘못을 피하고 명령, 조언, 간절한 권고 등의 용어에 적절하고 명확한 의미를 부여하기 위해 나는 다음과 같이 정의한다.

명령과 조언의 차이

명령(*command*)은, 다른 이유는 없고 오직 명령을 발하는 자의 의지로 '이것을 하라' 또는 '하지 말라'고 하는 경우이다. 이로부터 분명하게 알 수 있는 것은 명령하는 자가 그 명령으로 자신의 이익을 열망하고 있다는 점이다. 왜냐하면 그렇게 명령한 이유는 그 자신의 의지뿐인데, 모든 인간의 의지의 본래 목적은 자신의 어떤 이익이기 때문이다.

조언(*counsel*)은 조언의 상대에게 생길 이익 때문에 '이것을 하라' 또는 '하지 말라'고 하는 경우이다. 이로부터 분명하게 알 수 있는 것은, 조언자는 (어떤 조언을 할 작정이든) 조언 상대의 이익을 열망하고 있다는 점이다.

이로써 조언과 명령의 가장 큰 차이가 무엇인지 알 수 있다. 즉 명령은 명령자 자신의 이익을 지향하는 반면에 조언은 타인의 이익을 지향한다는 점이다. 그리고 이로부터 또 하나의 차이가 생겨난다. 명령을 받았을 때는 복종계약을 맺었을 때와 마찬가지로 그에 복종할 의무가 있지만, 조언을 받았을 때는 그에 따라야 할 의무는 없다. 왜냐하면 조언에 따르지 않았을 때 생기는 손해는 그 자신의 것이기 때문이다. 만약 그가 조언에 따르기로 계약하였다면 그때는 조언이 명령의 성격을 띠게 된다. 세 번째 차이는 어느 누구도 타인의 조언자가 될 권리를 요구할 수는 없다는 점이다. 왜냐하면 조언을 통해 자신의 이익을 바랄 수는 없기 때문이다. 그럼에도 불구하고 타인에게 조언할 권리를 요구하는 자는 그 사람의 의도를 알고자 하는 저의가 있거나, 혹은 자기 자신에게 이로운 어떤 것을 얻고자 하는 의사가 있다는 것을 보여준다. 자기 자신에게 이로운 어떤 것은 (앞에서 말한 것처럼) 모든 인간의 의지의 본래 목적이다.

또한 조언의 본질 중 하나는, 조언이 무엇이든 간에, 조언을 구한 자가 조언자를 비난하거나 처벌할 수 없다는 것이다. 그렇게 하는 것은 공평에 어긋난다. 왜냐하면 타인에게 조언을 구한다는 것은 곧 조언자가 최선이라고 생각하는 것을 조언하도록 허락하는 것이기 때문이다. 따라서 주권자(군주든 합의체든)의 요청에 따라 조언하는 경우, 그의 조언이 대다수의 의견과 같은지 다른지를 불문하고, 또한 논의의 대상이 되는 문제와 상관이 있고 없고 간에, 그 조언을 이유로 조언자를 처벌하는 것은 공평에 어긋난다. 합의체의 의향이 토의 종료 전에 인지될 수 있다면, 더 이상 조언을 듣고 어쩌고 할 것도 없다. 합의체의 의향은 토론을 결정짓고, 모든 심의를 종결시키기 때문이다. 또한 일반적으로 조언을 구하는 자는 그 조언의 본인이다. 그러므로 그 조언을 이유로 조언자를 처벌할 수 없다. 그리고 주권자가 할 수 없는 일은 다른 어느 누구도 할 수 없다.[1] 그러나 만약 한 백성이 다른 백성에게 범법행위를 하도록 조언한 경우에는, 이 조언이 사악한 의도에서 나온 것이건 법에 대한 무지에서 나온 것이건 상관없이 코먼웰스의 처벌을 받을 수 있다. 모든 사람들이 백성으로서 지켜야할 법을 알고 있어야 할 의무가 있는 곳에서는 법을 몰랐다는 것이 충분한 변명이 될 수 없다.

간절한 권고와 간언은 무엇인가

간절한 권고(*exhortation*)와 간언(*dehortation*)은 그에 따라 주기를 바라는 조언자의 간절한 욕구가 나타나있는 조언

1) 주권자가 조언자를 처벌할 수 없는 이상, 어느 누구도 조언자를 처벌할 수 없다는 뜻이다.

이다. 좀 더 간단하게 말하면 '강렬한 조언'이다. 간절히 권하는 자는, 그가 권고하는 바를 따를 경우에 어떻게 될 것인지를 엄밀하고 정확하게 추론하는 것이 아니라, 그가 조언하는 바에 따라 행동하도록 애쓰기 때문이다. 이것은 간언하는 자가 상대방을 어떤 일을 하지 못하도록 말리는 것과 같다. 따라서 간절히 권하는 자나 간언하는 자는, 간절한 권고 또는 간언을 할 때, 사람들의 공통의 정념이나 의견을 존중하면서, 그들이 그렇게 말하는 이유를 설명한다. 또한 조언에 따를 경우 어떻게 효용·명예·정의를 얻게 되는지에 대해 비유·은유·사례 기타 웅변에 필요한 여러 가지 수단들을 이용하여 상대방을 설득한다.

이로부터 다음과 같은 사실들을 추론할 수 있다. 첫째, 간절한 권고 또는 간언은 이를 구하는 자의 이익이 아니라 간절히 권하는 자 또는 간언하는 자의 이익을 지향하는데, 이는 조언자의 의무에 어긋난다는 점이다. 왜냐하면 조언의 정의(定義)에서 보듯이, 조언자는 자기 자신의 이익이 아니라 조언을 받는 상대방의 이익을 중시해야 하기 때문이다. 그런데 오랫동안 집요하게 설득하려 하거나, 혹은 억지로 그렇게 하는 것은 그가 그 자신의 이익을 위해 조언하고 있다는 것을 분명하게 보여주는 일이다. 이것은 그에게 요구된 일이 아니다. 따라서 이것은 그 자신의 필요 때문에 자기 자신의 이익을 주(主)로 삼고 조언을 구한 자의 이익은 부수적으로 고려하거나 혹은 전혀 고려하지 않는 태도이다.

둘째, 간절한 권고와 간언은 다수를 상대로 한 경우에만 효용이 있다. 왜냐하면 상대가 한 사람인 경우에는 듣는 자가 도중에 간언을 제지할 수도 있고, 또 그렇게 간언하는 이유에 대해 좀 더 엄격한 검토를 할 수도 있기 때문이다. 그러나 상대가 다수인 경우에는 그렇게 할 수 없다. 다수를 향해 무차별적으로 말하는 사람을 상대로 논박을 하거나 대화를 하기에는 수가 너무 많기 때문이다.

셋째, 조언의 요구를 받았을 때에 간절한 권고 또는 간언을 하는 자는 타락한 조언자이며, 말하자면 자기 자신의 이익에 매수된 자이다. 조언의 내용이 비록 탁월한 것이라 하더라도 그는 결코 탁월한 조언자라 할 수 없다. 이것은 보수를 생각해서 올바른 판결을 내리는 자가 올바른 재판관이 아닌 것과 같다. 그러나 가정의 아버지나 군대의 통솔자처럼 합법적으로 명령을 내릴 수 있는 경우에는 그의 간절한 권고나 간언은 합법적일 뿐만 아니라 필요하기도 하며, 또한 칭찬할 만한 일이다. 그러나 이 경우에는 조언이라기보다는 오히려 명령이다. 〔특히〕 고된 노동을 하도록 하는 경우에는 격려도 하고, 말을 할 때 엄격한 명령조로 할 것이 아니라 조언하는 듯이 하여 분위기를 부드럽게 해야 한다. 필요상 그렇게 해야 할 때도 있지만, 그렇게 하는 것이 인도적이다.

또한 명령과 조언의 차이점에 대하여는 《성경》에 나타난 다양한 화법에서 그 예를 찾아 볼 수 있다. "너희는 내 앞에서 다른 신들을 섬기지 못한다." "너희는 너희가 섬기려고 우상을 만들지 못한다." "너희는 주 너의 하느님의 이름을 함부로 부르지 못한다." "너희는 안식일을 거룩하게 지켜라." "너희 부모를 공경하여라." "살인하지 못한다." "도둑질하지 못한다."[2] 이것은 모두 명령이다. 우리

2) 여기에서 인용된 구절은 모두 《성경》, 〈신명기〉 제5장 7~19절에 있다.

가 이 말씀에 따라야 하는 이유는, 우리가 따라야 할 주 하느님의 의지에서 나온 것이기 때문이다. 그러나 "네 소유를 팔아서, 가난한 사람에게 주어라. 그리고, 와서 나를 따라라"[3]와 같은 말은 조언이다. 우리가 이 말씀에 따르는 이유는 그렇게 하는 것이 우리에게 이익이 되기 때문이다. 그 이익은 "하늘의 보화"[4]가 우리들에게 있다는 것이다. "맞은편 마을로 가거라. 가서 보면, 나귀 한 마리가 매여 있고, 그 곁에 새끼가 있을 것이다. 풀어서, 나에게로 끌고 오너라"[5]와 같은 말씀은 명령이다. 주(主)의 의지에서 나온 말씀이기 때문이다. 그러나 "회개하고, 예수 그리스도의 이름으로 세례를 받으라"[6]는 말씀은 조언이다. 왜냐하면 우리들이 그렇게 해야 하는 이유가 전능하신 하느님의 이익이 아니라 우리자신의 이익을 돌보기 위한 것이기 때문이다. 하느님은 우리가 어떤 배신을 하더라도 여전히 신이라는 사실에는 변함이 없으며, 우리는 우리 스스로의 죄로 인해 받게 될 처벌을 그 방법 말고는 피할 길이 없다.

적절한 조언자와 부적절한 조언자의 차이

지금까지 조언과 명령의 차이를 조언의 본질로부터 추론해 보았는데, 적절한 조언자와 부적절한 조언자의 차이 또한 조언의 본질로부터 추론할 수 있다. 조언의 본질은 조언자가 제안하는 행동의 필연적 또는 개연적 결과가 조언을 받은 사람에게 이익이 될 것인지 손해가 될 것인지를 추론하는 데 있다. 경험은 이전에 관찰한 유사한 행위의 결과들에 대한 기억에 불과하며, 또한 조언은 그러한

3) 《성경》, 〈마태복음서〉 제 19장 21절.
4) 《성경》, 〈마태복음서〉 제 19장 21절.
5) 《성경》, 〈마태복음서〉 제 21장 2절.
6) 《성경》, 〈사도행전〉 제 2장 38절.

경험을 다른 사람에게 알려주는 것에 불과하기 때문에 조언의 미덕 및 결함은 지적인 미덕 및 결함과 동일한 것이다. 그리고 코먼웰스의 조언자는 그 코먼웰스의 인격에서 기억과 지적 대화에 해당하는 자리에서 일하는 사람들이다. 이처럼 코먼웰스와 자연인은 비슷하기는 하지만 매우 중요한 차이점이 하나 있다. 자연인이 경험할 때에는 감각의 자연적 대상들이 그들 자신의 정념이나 이익을 가지고 작용하는 것은 아니다. 그러나 코먼웰스의 대표인격에게 조언하는 자들은 그들 나름의 목적이나 정념을 가지고 있을 수도 있기 때문에, 그 조언은 언제나 의심스러우며 사실상 불성실한 조언이 많다. 따라서 훌륭한 조언자의 조건 중 으뜸이 되는 것은 '조언자의 목적이나 이익이 조언을 받는 자의 목적이나 이익과 상반되지 않아야 한다'는 것이다.

둘째, 조언자의 직무는 어떤 행위를 고려할 때 그 귀결이 어떻게 될 것인지에 대해 조언받는 사람이 정확하고 분명하게 알 수 있도록 해 주는 것이기 때문에, 조언자는 진실이 가장 분명하게 드러날 수 있는 말로 조언해야 한다. 다시 말하면 증거가 확실한 범위 내에서 확고한 추론과 의미 있는 적절한 말로 간결하게 해야 한다. 따라서 '경솔하고 증거가 불확실한 추론'(예를 들면, 실례나 책의 권위에 의지하여 사실이나 의견에 대한 증언만 있을 뿐 선악에 대한 논증이 없는 조언) 이나, '불명료하거나 혼란스럽거나 모호한 표현'이나, '정념을 격동시키는 비유적인 화법' 같은 것은 '조언자의 직무에 위배되는 일'이다. 그러한 불확실한 추론이나 모호한 표현들은 조언받는 자를 속여 그의 본래 목적과는 다른 방향으로 행동하도록 유도할 때나 유용한 것들이다.

셋째, 조언의 능력은 경험과 오랜 연구로부터 생기는 것이며, 또한 방대한 코먼웰스를 통치하는 데 필요한 모든 일에 대한 경험을 가지고 있다고 추정할 수 있는 사람은 없다. 그러므로 '그 문제에 대해 조예가 깊을 뿐만 아니라 깊이 있게 성찰하고 검토해본 사람 이외에는 그 어느 누구도 좋은 조언자라고 할 수 없다.' 코먼웰스의 임무는 대내적으로는 인민의 평화를 유지하고, 대외적으로는 외국의 침략으로부터 인민을 보호하는 것이다. 이를 위해서는 인간의 성향, 정부의 권리, 나아가 공평·법률·정의·명예 등의 본질에 관하여 실로 방대한 지식이 필요한데, 이것은 연구 없이는 얻어질 수 없는 것들이다. 또한 자국뿐만 아니라 주변 국가들에 대해서도 그 힘과 산물과 지역에 밝아야 하고, 나아가 자국의 인민들을 괴롭힐 지도 모르는 모든 외국 인민들에 대해서도 그 성향과 의도를 잘 알고 있어야 한다. 이런 것들은 풍부한 경험 없이는 얻어질 수 없다. 이 모든 것 전체에 대해서는 말할 것도 없고, 그 어느 하나에 대해서도 정통한 사람이 되기 위해서는 오랜 세월에 걸친 연륜과 남다른 연구와 관찰이 요구된다. 조언에 요구되는 지력(知力 *wit*)은 앞(제8장)에서 말한 바와 같이 판단력이다. 그리고 인간의 판단력의 차이는 교육의 차이에서 비롯된다. 즉 어떤 일에 대해, 혹은 어떤 연구에 대해 교육을 받았느냐에 따라 각각 서로 다른 판단력을 가지게 된다. 어떤 일을 하는 데 무오류의 규칙 — 기관(機關)이나 건축에서 기하학의 법칙과 같은 — 이 있다면, 천하의 어떤 경험도 그 법칙을 배운 사람 또는 발견한 사람을 당할 수는 없다. 그러나 그런 규칙이 없는 경우에는 경험이 가장 풍부한 자가 그 일에 대해서는 최선의 판단력을 가지게 마련이고, 따라서 최선의 조언자이다.

넷째, 다른 코먼웰스와 관계가 있는 일에 대해 조언할 수 있기 위해서는 그 나라에서 오는 '정보와 문서' 및 양국간의 '조약과 결정 등의 모든 기록을 숙지하고 있을 필요가 있다.' 이것은 코먼웰스의 대표자가 적임자라고 생각하는 사람 이외에는 어느 누구도 그렇게 할 수가 없다. 이로써 우리가 알 수 있는 것은, 조언의 소명을 받지 않은 사람은 그러한 일에 대해 이렇다 할 조언을 할 수 없다는 사실이다.

다섯째, 조언자의 수가 일정한 경우에는 한데 모아놓고 조언을 듣는 것보다는 따로따로 조언을 듣는 것이 더 낫다. 그 이유는 여러 가지가 있다. (1) 따로따로 들으면 모든 사람의 조언을 들을 수 있다. 그러나 모아놓고 들으면 조언자들 중 상당수가 '가부'의 형태로, 혹은 손발로 의사표시를 하게 된다. 자기 생각을 말하기보다는 다른 사람의 웅변에 감동되어 그렇게 할 수도 있고, 반대의견을 말했다가 앞에 말한 사람을, 혹은 다른 사람들 전체를 불쾌하게 할까 두려워서 그렇게 할 수도 있고, 자기와 반대되는 의견에 찬성한 사람들에 비해 머리가 나쁜 사람으로 보일까봐 두려워서 그렇게 할 수도 있다. (2) 사람이 여럿이면 공공의 이익과 자신의 이익이 상반되는 사람이 반드시 있다. 이런 사람들은 자신의 이익 때문에 감정이 격해지고, 격한 감정에서 웅변이 나오고, 이 웅변이 다른 사람들을 이끌어 자기와 같은 조언을 하도록 만든다. 인간의 정념은 따로따로 떨어져 있을 때에는 한 조각의 숯불처럼 그 열이 부드럽지만, 한데 모이면 숯덩이를 모아놓은 숯불처럼 서로서로 불을 붙여 (특히 서로 웅변으로 부채질하게 되면) 조언한다는 구실아래 코먼웰스를 불구덩이 속으로 끌고 들어간다. (3) 따로따로 들으면 조언을 듣는 도중에 (필요하면) 그렇게 해야 할 이유와 근거를 따져 물을 수도 있고, 그 조언의 진실성이나 개연성을 음미하기 위해 반대의견을 말해볼 수도 있다. 그러나 모아놓고 들으면 그렇게 할 수 없다. 여러 사람을 모아놓으면 어려운 문제 하나하나에 대해 각자 저마다의 의견을 내놓아 조언자가 취할 길을 알게 되기보다는 오히려 당황하게 되고, 어지러워진다. 게다가 조언을 듣자고 여러 사람을 모아놓으면, 자신의 능변과 정치학적 식견을 과시하려는 사람이 없을 수가 없다. 이런 사람들은 어떤 일에 관해 조언이 필요한지는 제대로 생각하지 않고, 여러 저작자들의 현란한 문구들을 끌어다가 잡다한 이야기를 늘어놓고는 남들의 칭찬을 받으려고 한다. 이렇게 하는 것은 주제넘은 짓이다. 귀중한 토의시간을 빼앗기 때문이다. 따로따로 조언을 듣는 은밀한 방식을 취하면 이런 일은 쉽게 피할 수 있다. (4) 비밀유지가 필요한 심의를 할 때에는 (공적인 일에는 이런 경우가 자주 있다) 다수 조언자는, 특히 합의체 조언자는 위험하다. 그러므로 큰 합의체는 그러한 일을 소수자에게, 즉 그 문제에 정통하면서도 성실성을 믿을 수 있는 사람들에게 위임할 필요가 있다.

결론적으로 말해서, 자녀들의 결혼이나 토지의 처분, 가계(家計)의 운영, 사적 재산의 관리 등과 같은 문제에 대해 큰 합의체—조언을 청한 사람의 고통을 바라거나 혹은 기꺼이 받아들이는—에게 조언을 구하는 일이 좋다고 생각할 사람이 누가 있겠는가? 그들 중에 조언을 구한 사람이 잘되기를 바라지 않는 사람이 있기라도 하면 더더욱 그렇지 않겠는가? 다수의 현명한 조언자로부터 각자의 정통한 영역에 따라 따로따로 조언을 받으면서 일하는 사람이 최선의 성과를 얻는다. 이것은 테니스를 치면서 적절한 위치에 배치된 도우미들의 도움을 받는 것과 같다. 자기의 판단에만 의지하여 일을 하는 사람은 차선이다. 이것은 도우미 없이 테니스를 치는 것과 같다. 그러나 〔합의체가 제시한〕 조언의 틀 속을 아래위로 요동하면서 일하는 사람은 최악이다. 그 틀은 과반수의 찬성을 얻지 못하면 변경할 수도 없고, 그 조언을 실행에 옮기려 해도 보통 (시기심과 이해관계 때문에) 반대파의 방해를 받는다. 이런 사람은, 훌륭한 선수들로 인해 공이 있는 곳까지 가기는 하지만, 밀차나 혹은 차체가 무거운 수레를 타고 있는 사람과 같으며, 차를 모는 사람들의 제각각의 판단과 노력 때문에 방해를 받는다. 밀차를 잡은 손이 많으면 많을수록 사정은 더 나빠진다. 최악의 상황은 그중에 그를 실패하게 하려는 생각을 품은 자가 있을 때이다. 눈〔眼〕이 많으면 많을수록 더 많이 보는 것은 사실이다. 그러나 조언자가 많은 것을 그렇게 이해할 수는 없다. 다만 최종 결정이 한 사람의 수중에 있을 때에는 그렇다고 할 수 있다. 그 이외의 경우에는 그 많은 눈이 같은 것을 다양한 각도에서 보기는 하지만 각각 제 나름의 사적 이익에 기울어 시선이 삐딱해지기 쉽다. 그러므로 표적을 놓치지 않으려는 사람은 두 눈으로 살피지만, 조준할 때는 한 눈만 사용하는 것이다. 그러므로 규모가 큰 민중적 코먼웰스는, 외적에 대한 단결에 의해, 혹은 그들 중 탁월한 인물의 명성에 의해, 혹은 몇몇 사람들의 은밀한 조언에 의해, 혹은 세력이 백중한 당파 상호간의 공포에 의해 유지되었을 뿐, 합의체의 공개적 협의에 의해 유지된 적은 단 한 번도 없었다. 아주 작은 코먼웰스의 경우에도, 민주정이든 군주정이든, 코먼웰스를 유지하는 일에는 그 어떤 인간의 지혜도 강력한 주변국가에 대한 지속적인 질투심을 능가하지 못한다.

제26장
시민법에 대하여

시민법이란 무엇인가

시민법이란, 내가 이해하는 바로는, 인간이 코먼웰스—어느 특정한 코먼웰스가 아니라 코먼웰스 일반(*a commonwealth*)—의 구성원이기 때문에 반드시 지켜야 하는 법률이다. 특정 법률에 대한 지식은 법률을 연구하는 사람들의 몫이지만, 시민법에 대한 지식은 모든 사람이 가지고 있어야 한다. 로마의 고대법은 시민법이라고 불렸는데, 이 말은 코먼웰스를 의미하는 '키위타스'(*civitas*)에서 유래되었다. 로마제국의 통치 아래 그 법의 지배를 받았던 나라들은 지금까지도 그 중 자신들에게 적당하다고 생각하는 일부 법률을 그대로 유지하며, 이를 자신들이 만든 현지 법률들(*civil laws*)과 구별하여 시민법(*the civil law*)이라고 부르고 있다. 그러나 내가 지금 여기에서 논의하고자 하는 것은 그런 것이 아니다. 나는 이곳의 혹은 저곳의 법률이 어떠한가를 보여주려는 것이 아니라 법이란 무엇인가를 살펴보려고 한다. 플라톤, 아리스토텔레스, 키케로와 같은 사람들도 법을 전공한 학자들이 아니지만 법 일반에 대해 논의한 바 있다.

우선 분명한 것은 법이라는 것은 조언이 아니고 명령이라는 점이다. 그것도 불특정인에 대한 불특정인의 명령이 아니라 이미 복종할 의무가 있는 사람을 상대로 명령권자가 내리는 명령이다. 그리고 시민법은 그 법을 명령하는 자의 인격이 '시민'(*persona civitatis*)인 법을 말한다. 여기에서 시민은 코먼웰스의 인격이다.

이러한 점을 고려하여 나는 시민법을 다음과 같이 정의한다. 시민법이란 '모든 백성들이 선악의 구별, 즉 무엇이 규칙에 위배되고 무엇이 규칙에 위배되지 않는가를 구별하는 데 사용할 수 있도록 말·문서 기타 의지를 나타내기에 충분한 표지를 통해 코먼웰스가 명령한 규칙들이다.'

이 정의는 누구나 알고 있는 다음과 같은 명백한 사실들에 의거한 것이다. 즉 어떤 법률은 만백성을 대상으로 하고, 어떤 법률은 특정한 지방주를, 그리고 어떤 법률은 특정한 직업을, 어떤 법률은 특정한 사람들을 대상으로 한다는 것, 따라서 법률의 명령은 대상이 있으며, 그 대상에서 제외된 사람들에게는 해당되지 않는다는 것, 또한 법률은 정(正)과 부정(不正)에 관한 규칙이므로, 다른 법률과 상치되지 않는 한 정당하지 않은 것이 없다는 것, 우리 백성들은 오직 코먼웰스에만 복종하기 때문에 코먼웰스 이외에는 어느 누구도 법을 제정할 수 없다는 것, 그리고 명령이 무엇인지 알지 못하면 복종할 방법이 없으므로 명령은 충분한 표지에 의해서 알려져야 한다는 것 등이다. 그러므로 이 정의로부터 추론될 수 있는 필연적 결과들은 무엇이든 진리로 인정해야 한다. 이로부터 다음과 같이 추론할 수 있다.

1. 모든 코먼웰스에서 유일한 입법자는 주권자이다. 이

것은 주권자가 군주정에서처럼 한 사람이든, 민주정이나 귀족정에서처럼 다수의 합의체이든 상관없다. 입법자란 곧 법을 만드는 자를 말한다. 그리고 코먼웰스만이 우리가 법이라고 부르는 여러 규칙을 정하고 그 준수를 명령한다. 따라서 코먼웰스는 입법자이다. 그러나 코먼웰스는 인격이 아니며, 대표자(즉 주권자)에 의하지 않고는 아무 일도 할 수 없다. 따라서 주권자야말로 유일한 입법자이다. 같은 이유로 주권자 이외에는 어느 누구도 제정된 법을 폐지할 수 없다. 법은 그 법의 시행을 금지하는 다른 법에 의하지 않는 한 폐지되지 않기 때문이다.

주권자가 입법자이다

2. 코먼웰스의 주권자는 합의체이건 한 사람이건 시민법을 따를 필요가 없다. 주권자는 법을 제정하고 폐지하는 권한을 보유하기 때문에, 자신을 난처하게 하는 법이 있다면 이를 폐지하고 새 법을 만들 수 있다. 즉 원하지 않는 법으로부터 언제든지 벗어날 수 있기 때문에 처음부터 그 법의 적용대상이 아닌 것이다. 원하기만 하면 자유를 얻을 수 있는 자는 처음부터 자유로운 자이다. 또한 어느 누구도 자기 자신의 구속을 받을 수는 없다. 스스로를 구속할 수 있는 자는 스스로를 해방시킬 수도 있기 때문이다. 따라서 오직 자기 자신의 구속만 받는 자는 구속을 받지 않는 자이다.

그리고 주권자는 시민법의 지배를 받지 아니한다

3. 관습은 장기간 지속되면 법의 권위를 획득한다. 그러나 그것은 시간의 길이에 의해 그렇게 되는 것이 아니라 주권자가 침묵으로써 나타낸 그의 의지에 의해 그렇게 된다. 침묵은 때로는 동의의 증거이다. 즉 관습은 주권자가 침묵하고 있는 동안에만 법이 될 수 있다. 그러므로 만약 주권자가 그의 현재의 의지가 아니라 기존의 법률에

관습은 시간에 의해서가 아니라 주권자의 동의에 의해 법이 된다

근거한 〔백성들의〕 어떤 권리에 의문을 품는다면, 그 권리가 아무리 오랫동안 〔관습적으로〕 인정되어온 것이라 할지라도 주권자는 이를 거부할 수 있다. 이 문제는 공평의 원칙에 따라 판단되어야 한다. 아무도 기억하지 못하는 까마득한 옛날부터 지금까지 부당한 소송이나 불공평한 판결이 횡행하지 않은 시대가 없었다. 우리나라의 법률가들은 합리성을 결여한 관습은 법으로 보지 않으며, 악습은 폐지되어야 한다고 주장한다. 어떤 것이 합리적이고, 어떤 관습이 폐지되어야 하는가는 법률을 만드는 자, 즉 주권을 지닌 합의체 또는 군주의 권한에 속한다.

자연법과 시민법은 상호 포함관계에 있다

4. 자연법과 시민법은 상호 포함관계에 있으며, 그 범위는 같다. 자연법은 공평 · 정의 · 감사 및 그에 따른 여러 가지 도덕적 선이다. 완전한 자연상태에서 보면 이러한 자연법은 (이미 제 15장 말미에서 말한 바와 같이) 법이라기보다는 오히려 인간으로 하여금 평화와 복종을 지향하게 하는 성질이다. 코먼웰스가 설립되고 나면 그것이 법이 되지만, 코먼웰스가 설립되기 전까지는 아직 법이 아니다. 코먼웰스가 설립되어야 자연법이 코먼웰스의 명령이 되고, 따라서 시민법이 된다. 사람들로 하여금 이들 법에 복종하도록 만드는 것이 바로 주권자이기 때문이다. 사람들 사이에 의견의 차이가 있을 때 공평이 무엇이고, 정의가 무엇인지, 그리고 도덕적 선이 무엇인지를 선언하고, 이를 구속력 있는 것으로 만들기 위해서는 주권자의 명령이 필요하고, 또한 위반자에 대한 처벌 규정이 필요하다. 따라서 이들 명령은 시민법의 일부이다. 이러한 사실에 비추어 보면, 자연법은 세계의 모든 코먼웰스에서 시민법의 일부이다. 마찬가지로 시민법도 자연의 명령들의 일부이다. 정의, 즉 계약을 이행하는 것과 각자에게

각자의 것을 주는 것은 자연법의 명령 중 하나인데, 코먼웰스의 모든 백성들은 시민법에 복종하기로 신의계약을 맺었으므로, (이 계약이 공동의 대표자를 정하기 위해 모였을 때처럼 상호간에 체결된 것이건, 칼의 위협 아래 생명과의 교환조건으로 각자가 대표자에게 복종하기로 맹세한 것이건 관계없이) 시민법에 대한 복종 또한 자연법의 일부인 것이다. 시민법과 자연법은 서로 다른 종류의 법이 아니라, 법의 서로 다른 부분이다. 즉 하나는 성문화되어 있기 때문에 '시민〔법〕'이라고 하고, 또 하나는 불문의 형태로 존재하기 때문에 '자연〔법〕'이라고 할 뿐이다. 그러나 인간의 자연적 권리, 즉 자연적 자유는 시민법에 의해 축소되거나 제한될 수 있다. 아니, 법을 제정하는 목적 자체가 그 권리를 제한하기 위한 것이다. 그러한 제한 없이는 어떠한 평화도 없기 때문이다. 법이 이 세상에 존재하게 된 이유는 개개인의 자연적 자유를 제한하여 서로 상대를 해치지 않도록 하고, 서로 돕고 협동하여 공동의 적에 대항할 수 있도록 하기 위한 것이다.

지방주의 법률은 관습에 의해서가 아니라 주권에 의해 만들어진다

5. 만약 한 코먼웰스의 주권자가 다른 성문법 아래에서 살던 인민을 정복한 후에도 계속해서 (그들이 이전에 지배를 받았던) 동일한 법으로 그들을 통치할 경우, 이 법은 승리자의 시민법이지 정복당한 코먼웰스의 법이 아니다. 입법자란 자신의 권한으로 최초로 법을 만든 자가 아니라 그 법을 현재에도 유효하게 만드는 권한을 가지고 있는 자이기 때문이다. 그러므로 하나의 코먼웰스 안에 여러 지방주들이 있고, 지방주마다 이른바 관습이라 불리는 다양한 법이 있을 경우, 그 관습이 효력을 지니는 것은 시간의 길이 때문이 아니라, 이들 지방의 주권자가 법규 혹은 법령으로 성문화했거나 아니면 다른 방법으로 공포했

기 때문이라고 이해해야 한다. 그리고 현재 그것이 법인 이유는 장기간에 걸친 관습 때문이 아니라 현재의 주권자가 그것을 법으로 만들었기 때문이라고 이해해야 한다. 그러나 어떤 불문법이 영토내의 모든 지방에서 전반적으로 지켜지고 있고, 그러한 법적용이 어떠한 불공평한 일도 발생시키지 않는다면, 그 법은 전 인류에게 똑같이 의무를 부과하는 자연법일 수밖에 없다.

입법에 관한 법률가들의 어리석은 소견

6. 모든 법률은 성문법이건 불문법이건 그 권한과 효력이 코먼웰스의 의지에서, 즉 그 대표자의 의지에서 생겨난다. 군주정의 경우에는 군주의 의지에서, 다른 코먼웰스의 경우에는 주권을 지닌 합의체의 의지에서 생겨난다. 그렇다면 몇몇 코먼웰스의 저명한 법률가들의 책에서 볼 수 있는 바와 같이, 입법권을 직접적으로 또는 결과적으로 사적 개인이나 하급재판관에게서 찾는 견해는 도대체 그 근거가 무엇일까 궁금할 것이다. 먼저 '관습법은 오직 의회만이 통제권을 갖는다'는 견해부터 살펴보자. 이 견해는 의회가 주권을 가지고 있고, 의회의 재량에 의하지 아니하고는 소집되거나 해산될 수 없는 곳에서만 진실이다. 만일 누군가에게 의회를 해산할 권리가 있다면, 의회를 통제하는 권리도 있게 되고, 결과적으로 의회의 통제를 통제하는 권리가 있게 된다. 만일 그와 같은 권리를 가진 자가 없다면, 법의 통제자는 '의회'(*parlamentum*)가 아니고 '의회의 왕'(*rex in parlamento*)이다. 그리고 의회가 주권자인 경우, 그 의회의 지배를 받고 있는 지방으로부터 아무리 많은 사람들을 소집했다고 하더라도, 혹은 아무리 현명한 사람들을 소집했다고 하더라도, 사람들을 소집한 이유여하를 불문하고, 그 결과 만들어진 합의체에게 입법권이 생긴다고 생각할 사람은 아무도 없을 것이다.

다음으로, 코먼웰스의 두 팔은 '힘과 정의이며, 힘은 왕에게, 정의는 의회의 수중에 있다'는 견해가 있다. 정의를 집행하거나 명령할 권한이 없는 자의 손에 칼을 맡겨놓은, 그런 코먼웰스가 어찌 존재할 수 있겠는가?

7. 법은 결코 이성에 반하지 않는다는 점에 대해 우리나라의 법률가들은 의견일치를 보이고 있다. 또한 문자(즉 그것을 구성하는 각 부분)가 아니라 입법자의 의도에 합치하는 것이 법이라는 점에 대해서도 일치하고 있다. 이것은 진리이다. 그러나 문제는 누구의 이성을 법으로서 수락할 것인가 하는 것이다. 한 개인의 사적 이성이 법이 될 수는 없다. 사적 이성이 법이라면 여러 법들 사이에 엄청난 모순이 생길 것이기 때문이다. 실제로 그런 모순을 범하는 법학파들이 있다. 에드워드 코크 경은 "오랜 기간의 연구·관찰·경험을 통해 인공적으로 완성된 이성"이 법이라고 주장하였지만 그것이 법이 될 수는 없다. 그 이성은 그의 이성일 뿐이다. 또한 오랜 기간의 연구는 오히려 오판(誤判)을 증가시키고, 오판을 승인할 가능성이 있다.[1] 그릇된 기초 위에서 건축하면, 건물이 높아질수록 더 크게 무너지는 법이다. 또한 똑같은 시간 동안 똑같이 부지런하게 연구하고 관찰했다 하더라도 그 추론과 결론은 저마다 다를 수 있다. 그러므로 '법적 분별력'(*juris prudentia*) 또는 하급재판관의 지혜가 법을 제정하는 것이

에드워드 코크 경의 〈리틀턴 주해〉 제2권, 제6장, 97쪽, b.

1) 여기서 '오랜 기간의 연구'는 과거의 것에 대한 연구를 의미하는데 과거의 잘못된 판결을 '전례' 또는 '판례'로 받아들일 경우 '오판'은 계속 누적될 것이며, 이렇게 '오판'이 누적되면, 이전의 '전례'는 누적된 오판에 의해 소급적으로 승인되는 결과를 가져온다는 뜻으로 보인다. 홉스가 공격하고 있는 '전례'에 대하여는 제11장 〈정사(正邪)의 본질에 대한 무지에서 생기는 관습에의 집착〉 항 참조.

아니다. 법을 제정하는 것은 우리가 인공적으로 만든 인간, 즉 코먼웰스의 이성이다. 그 코먼웰스의 명령이 법이 되는 것이다. 코먼웰스의 대표자는 하나의 인격이므로 그가 제정한 여러 가지 법률들 간에는 거의 모순이 생기지 않는다. 모순이 발생했다 하더라도 해석을 통하여, 혹은 변경을 통하여 쉽게 제거할 수 있다. 법을 해석하고, 혹은 변경하는 자가 동일 이성이기 때문이다. 모든 법정에서 재판을 하는 자는 주권자이다. 그가 코먼웰스의 유일 인격이기 때문이다. 하급재판관은 법이 주권자의 이성이라는 사실을 명심해야 하고, 그에 따라 판결해야 한다. 이렇게 할 경우에만 그의 판결은 주권자의 판결이 된다. 그렇게 하지 않으면 그의 판결은 그 자신의 판결, 즉 부당한 판결이 된다.

법이 제정되었다 하더라도 공표되지 않으면 법이 아니다

8. 법은 명령이다. 명령은 명령을 내리는 자의 의지가 음성이나 문서 및 기타 충분한 증거에 의해 선언되거나 명시된 것이다. 그러므로 코먼웰스의 명령은 그것을 알 수 있는 수단을 가진 사람들에게만 법이 된다. 선천적 백치나 어린이, 미친 사람에게는 법이 존재하지 않는다. 이것은 야수에게 법이 존재하지 않는 것과 같다. 또한 이들에게는 옳고 그름을 주장할 자격도 없다. 이들은 계약을 체결하거나 계약의 귀결을 이해하는 능력이 없으므로, 따라서 코먼웰스를 만드는 자로서 당연히 해야 할 일, 즉 주권자의 행위를 〔자신의 행위로〕 승인하는 일을 감당할 수 없기 때문이다. 선천적으로 또는 사고로 인하여 법이라는 것이 무엇인지 알지 못하게 된 사람들과 마찬가지로, 자신의 과오가 아니라 어떤 사고로 인하여 특정한 법률을 알 수단을 박탈당한 사람에게는 그 법의 준수 의무가 면제된다. 정확하게 말하면, 그 법은 그에게는 법이

아니다. 그러므로 무엇이 법인가, 다시 말해 통치형태가 군주정이든 다른 체제이든, 주권자의 의지를 충분히 알 수 있는 증거와 표지는 무엇인가 하는 문제를 여기에서 고찰할 필요가 있다.

불문법은 모두 자연법이다

첫째, 모든 백성에게 예외 없이 의무를 부과하지만, 문서화되어 있지도 않고, 또한 사람들이 알 수 있는 장소에 공포된 바도 없는 그런 법이 있다면, 그것은 자연법이다. 다른 사람의 말을 들어서가 아니라 자신의 이성에 비추어 법적 확신을 가질 수 있는 것은 모든 사람의 이성에 합치할 것이 틀림없고, 그렇다면 그것은 자연법 이외의 어떤 법일 수도 없기 때문이다. 그러므로 자연법은 공포될 필요도 없고, 선언될 필요도 없다. 모든 세상 사람들이 인정하는 이 하나의 문장에 들어있다. '남이 너에게 그렇게 했을 때 사리에 어긋난다고 생각되는 일은 너도 남에게 행하지 말라.'

둘째, 문서화되지도 않고 공포된 바도 없다 하더라도 특별한 상태에 있는 사람(들)에게는 어떤 의무가 발생하는데, 이 의무가 바로 자연법이다. 그들이 다른 백성들과는 다른 특별한 상황에 놓여 있다는 것을 알려주는 증거와 표지 자체가 그들이 따라야할 자연법이 있다는 증거이자 표지이다. 그 법을 만든 자가 법의 내용을 문서로 나타내지도 아니하고, 공포한 일도 없다면, 그 법의 내용은 복종의 의무가 있는 자의 이성에 의해서만 알 수 있다. 따라서 그 법은 시민법이자 자연법이다. 예를 들면, 주권자가 각료를 임명했는데 문서로 된 지시가 없다면, 그 각료는 이성의 명령을 지시로 삼아야 한다. 재판관을 임명한 경우에도 마찬가지다. 그 재판관은 자신의 판결이 주권자의 이성 — 항상 공평한 것으로 이해되는 — 에 일치하도록 유의해야 하며, 따라서 자연법을 따를 의무가 생기는 것이다. 대사를 임명한 경우에도 마찬가지다. 그 대사는 문서로 된 지시가 없는 모든 문제들에 대해, 이성의 명령에 따라 주권자에게 최대의 이익이 되는 것이 무엇인지를 생각하여 그것을 지시로 삼아야 한다. 이상에서 설명한 내용들은 주권을 대행하는 모든 공적·사적 대행자들에게 해당된다. 자연적 이성에서 나오는 이러한 모든 지시는 '성실'(*fidelity*)이라는 한 단어로 이해될 수 있는데, 성실이야말로 자연적 정의(正義)의 일부이다.

자연법 이외의 모든 법은, 주권자의 권한에서 나온 것이 명백한 말이나 문서, 행위 등의 방법으로 그 법을 지켜야 할 의무가 있는 모든 사람들에게 알려 주어야 한다. 왜냐하면 다른 사람의 의지를 알 수 있는 방법은 그의 말이나 행동, 혹은 그의 의도와 목적을 보고 추측하는 수밖에 없기 때문이다. 코먼웰스의 경우, 그 의지는 항상 공평과 이성에 부합하는 것으로 생각해야 한다. 그리고 옛날, 문자가 보편적으로 사용되기 이전에는 법이 종종 시의 형태로 표현되었다. 그렇게 하면 무식한 사람들도 즐겁게 노래하거나 암송하거나 하면서 그 내용을 쉽게 기억할 수 있기 때문이었다. 같은 이유로 솔로몬은 십계명을 열 손가락에 〔하나씩〕 매달〔아 외우〕도록 권고했다(잠 7:3).[2] 그리고 모세 또한 언약의 갱신에 즈음하여 이스라엘 민족에게 율법을 내리면서, 그것을 자녀들에게 가르치되 집에 앉아 있을 때나 길을 갈 때나, 누워 있을 때나 일어나 있을 때나, 언제든지 율법의 말씀을 들려줄 것이

2) "그것을 너의 손가락에 매고, 네 마음 속 깊이 새겨 두어라."

며(신 11:19)[3] 또한 문설주와 문에 써 붙일 것이며, 남녀 노소를 막론하고 사람들을 모아 듣고 배우게 하라고(신 31:12)[4] 명하고 있다.

입법자가 누구인지 알 수 없는 법은 법이 아니다

성문화되고 공포되었다고 해서 다 법인 것은 아니다. 그것이 주권자의 의지에서 나온 것이라는 명백한 표시가 있어야 한다. 사적 개인이 흉계를 가지고 (그 흉계를 통해 자신의 야심을 실현할 수 있는 충분한 힘이 있거나, 혹은 그럴 힘이 있다고 생각할 경우) 입법권도 없으면서 혹은 기존의 입법권을 무시한 채 제멋대로 법을 공포할 수도 있기 때문이다. 그러므로 법의 공포 외에 입법자와 입법권에 대한 충분한 표지가 반드시 필요하다. 어떤 코먼웰스에서든 입법자가 누구인가 하는 것은 명백하다. 주권자가 바로 입법자인 것이다. 주권자는 만인의 동의에 의해 설립되었으며, 만인이 그러한 사실을 알고 있기 때문이다. 인간은 무지와 방심 때문에 그들의 코먼웰스가 최초에 어떻게 설립되었는지에 관한 기억이 흐려지고, 누가 외적의 침략을 막아주는지, 누가 생업을 보호해 주는지, 피해를 입었을 때 누가 이를 시정해주는지를 잊고 산다. 그러나 생각이 있는 사람이라면 아무도 이에 대해 의문을 품을 수 없으며, 주권의 소재에 관한 무지는 어떠한 경우에도 변명이 될 수 없다.

자신을 타인으로부터 보호해달라고 스스로 요구하고 기꺼이 받아들인 권력을 어느 누구도 약화시켜서는 안 된

3) "또 이 말을 너희 자녀에게 가르치며, 너희가 집에 앉아 있을 때나 길을 갈 때나, 누워 있을 때나 일어나 있을 때나, 언제든지 가르쳐라."

4) "너희는 이 백성의 남녀와 어린 아이만이 아니라 성 안에서 너희와 같이 사는 외국 사람도 불러 모아서, 그들이 율법을 듣고 배워서, 주 너희의 하느님을 경외하며, 이 율법의 모든 말씀을 지키도록 하여라."

입증과 권위의 차이

다. 그것은 자연적 이성의 명령이며, 따라서 명백한 자연법이다. 그러므로 누가 주권자인가에 대해서는 잘못된 생각을 하지 않는 한 (사악한 인간들이 뭐라고 하든지) 의문의 여지가 없다. 문제는 주권자로부터 나온 권위를 어떻게 증명할 수 있는가 하는 것이다. 이것은 공문서의 기록, 공회(公會), 공적 대행자, 공적 인감에 관한 지식에 달려있다. 모든 법은 이런 것들에 의해 충분히 입증된다. 그러나 입증을 통해 권위가 새로 생기는 것은 아니다. 입증은 증명과 기록일 뿐이지 권위 그 자체는 아니다. 법의 권위는 오직 주권자의 명령에 있다.

법은 하급재판관에 의해 입증된다

그러므로 만일 어떤 사람의 권리가 침해되었다면, 그리고 그것이 자연법에 관한 문제, 즉 누구에게나 적용되어야할 공평에 관한 문제라면, 그러한 소송사건을 심리할 권한을 위임받은 재판관의 판결이 그 소송사건에서 자연법의 충분한 입증이 된다. 법의 연구를 직업으로 하는 사람의 조언이 논쟁을 피하는데 유익하다고 할지라도, 그것은 조언에 지나지 않는다. 논쟁을 심리하여 법이 무엇인지를 사람들에게 밝히는 것은 재판관이기 때문이다.

공적 기록에 의해

그러나 문제가 성문법상의 권리침해나 범죄에 관한 것이라면, 그와 같은 권리침해 혹은 범죄를 저지르기 전에 스스로 혹은 다른 사람을 통하여 법조문을 살펴봄으로써 과연 그러한 행위가 권리침해에 해당하는지의 여부를 (알고자 한다면) 충분히 알 수 있다. 아니, 그렇게 해야 한다. 왜냐하면 자신이 하려는 행위가 정당한지 부당한지에 대해, 알고자 한다면 알 수 있음에도 불구하고, 〔알아보지도 않은 채〕 그러한 행위를 하는 것은 불법이기 때문이다. 마찬가지로 권리침해를 당했다고 생각하는 사람은 그에 관한 법조문을 자기 스스로 혹은 다른 사람을 통하여 살펴보고 〔어떻게 할 것인지〕 생각할 수 있다. 자기가 당한 일에 대해 성문법에 어떤 규정이 있는지 살펴보지도 않고 불평부터 한다면, 그것은 권리를 주장하는 일이 아니라 다른 사람을 괴롭히는 성향이 있다는 것을 드러내는 일이 되고 만다.

공개증서와 인장에 의해

만일 문제가 관리(官吏)에 대한 복종에 관한 것이라면, 인장이 찍혀있는 위임장을 보거나 듣거나, 혹은 이를 알 수 있는 다른 수단들을 통하여 그의 권위를 충분히 입증할 수 있다. 모든 사람은 그 자신의 장래 행동과 관계가 있을 수 있는 모든 성문법에 대해 최선의 노력으로 지식을 얻어야할 의무가 있다.

법의 해석은 주권자에게 달려있다

입법자가 알려져 있고, 그 법이 문서 또는 자연의 빛에 의해 충분히 공포되어 있다 할지라도, 강제력이 있는 법이 되기 위해서는 또 하나의 매우 중요한 요건이 필요하다. 법의 본질은 문자가 아니고 의도 또는 의미, 즉 법의 진정한 해석(즉 입법자의 뜻)에 있기 때문이다. 그러므로 모든 법의 해석은 주권자에게 달려있고, 백성들은 오직 주권자에게만 복종할 뿐이기 때문에 법의 해석자는 주권자가 임명하는 사람만이 될 수 있다. 그렇게 하지 않으면 법의 해석자가 간계(奸計)를 부려 주권자의 뜻과 다르게 해석할 수도 있으며, 결과적으로 법의 해석자가 입법자가 되는 일이 발생할 수도 있기 때문이다.

모든 법은 해석을 필요로 한다

성문법이든 불문법이든 모든 법은 해석을 필요로 한다. 불문의 자연법은, 편견이나 정념에 사로잡히지 않은 채 자연적 이성을 사용하는 사람에게는 해석상 아무 문제가 없으므로 이를 위반할 경우 변명의 여지가 없다. 그러나 경우에 따라서 자기애(自己愛)나 기타 다른 정념으로 인해 눈이 멀지 않는 사람은 거의 없거나, 전혀 없을 수도 있다는 사실을 고려하면, 자연법은 법 중에서 가장 모호한 법이라 할 수 있고, 따라서 유능한 해석자가 가장 필요한 법이라고 할 수 있다. 법조문이 짧은 경우에는 한두 단어의 다양한 의미로 인해 쉽게 오해될 수 있고, 법조문이 긴 경우에는 여러 단어의 다양한 의미로 인해 더욱 모호해진다. 그러므로 성문법은 단어수의 다과를 막론하고 그 법이 제정된 궁극적 목적에 대한 완전한 이해 없이는 제대로 이해할 수 없다. 그 궁극적 목적을 입법자는 알고 있다. 따라서 입법자는 그 법 안에 들어있는 어떠한 매듭〔어려운 문제〕도 다 풀 수 있다. 그 법을 제정할 당시의 목적에 비추어 풀 수도 있고, 자신의 입법권을 사용하여 자신이 원하는 새로운 목적을 설정함으로써 풀 수도 있다. 알렉산더가 고르디우스의 매듭[5]을 칼로 끊어 문제를 해결한 것처럼. 이것은 다른 어떠한 해석자도 할 수 없는 것이다.

법의 유권적 해석은 저술가들의 몫이 아니다

코먼웰스에서 자연법의 해석은 도덕철학 책에 의존하는 것은 아니다. 저작자들의 견해가 아무리 진리라고 하더라도 그들의 권위만으로는, 즉 코먼웰스의 권위 없이는 그것이 법이 될 수 없다. 나는 지금 이 논문에서 도덕적 선에 관하여, 또한 그것이 평화의 달성과 유지를 위해 얼마

5) 고르디우스의 매듭(Gordian knot) : 프리기아(Phrygia)의 국왕 고르디우스(Gordius)의 전차(戰車)에는 끝을 찾을 수 없이 복잡하게 얽혀 있는 매듭으로 끌채에 멍에를 묶어놓았는데 아시아를 정복하는 사람만이 그 매듭을 풀 수 있다고 전해지고 있었다. 그런데 BC 333년 알렉산더 대왕이 아나톨리아 지방을 지나가던 중 고르디움에서 이 전차를 보고 칼로 매듭을 끊어버렸다고 한다. "고르디우스의 매듭을 잘랐다"는 표현은 복잡한 문제를 대담한 방법으로 풀었다는 뜻을 지니고 있다.

나 필요한지에 관해 논의하였는데, 이 논의가 아무리 진리라고 하더라도, 그 이유 때문에 즉시 법이 되는 것은 아니다. 내가 논의한 것이 법인 이유는 〔진리라서가 아니라〕 세계의 모든 코먼웰스에서 그것이 시민법의 일부이기 때문이다. 아무리 자연적으로 합리적인 것이라 할지라도 주권자의 권력에 의해서만 법이 된다. 그렇지 않다면 자연법을 불문법이라 할 수 없을 것이다. 자연법에 관한 책이 많이 있는데 책마다 내용이 다르다는 사실을 우리는 알고 있다.[6]

자연법의 해석자는 개개의 소송사건에서 구두로 판결을 내리는 재판관이다

자연법의 해석은 재판관의 판결과 당해 사건에 대한 그 법의 적용을 통해 이루어진다. 재판관은 다툼을 심리하고 결정하기 위해 주권자가 임명한 사람들로서, 재판권을 행사할 때 당사자의 요구가 자연적 이성과 공평의 원리에 일치하는가 하는 점만을 고려할 뿐이므로 그의 판결이 바로 자연법의 해석이 된다. 그의 판결이 진정성을 지니는 이유는, 그것이 사적 판결이 아니라 주권자가 부여한 권위에 의한 판결이기 때문이다. 즉 그의 판결은 곧 주권자의 판결이며, 그 시점에 소송당사자에게 적용되는 법이다.

재판관의 판결은 유사한 사건에서 유사한 판결을 내리도록 그 자신이나 다른 재판관을 구속하지 않는다

그러나 하급재판관이나 주권자가 공평의 판단에서 전혀 과오를 범하지 않는다고 할 수는 없다. 따라서 만일 그 이후의 유사한 소송사건에서 이전의 판결과 반대되는 판결을 내리는 것이 공평에 부합한다면, 재판관은 그렇게 해야 할 의무가 있다. 어느 누구에게도 자신의 과오가 법이 될 수는 없으며, 그에 구속되어야 할 의무도 없다. 같은 이유로 다른 재판관에게도 법이 될 수 없다. 설령 전례를

6) 진리를 서술했다고 해서 법이 된다면, 그 법은 불문법이 아니라 성문법이라 해야 할 것이고, 또한 서술의 내용이 서로 다를 경우 모순된 내용을 법으로 삼아야 하는 불합리가 생긴다는 뜻이다.

따르기로 서약했다 하더라도 그러하다. 변하기 쉬운 성질을 가지고 있는 법의 경우에는 주권자의 권한에 의해 내려진 판결에 설령 과오가 있다 하더라도, 주권자가 이를 알고 허락한다면, 사소한 정황까지 모두 동일한 사건에 대해 그 판결이 곧 새 법의 제정이다. 그러나 자연법처럼 변할 수 없는 법의 경우에는 이전의 판결이, 그 판결을 내렸던 재판관이나 혹은 다른 재판관에게 그 후의 유사한 사건에 대한 법이 될 수 없다. 군주도 바뀌고 재판관도 바뀐다. 아니 하늘과 땅도 변한다. 그러나 자연법은 일점일획도 변하지 않는다.[7] 자연법은 영원한 신의 법이기 때문이다. 그러므로 지금까지 존재한 재판관들의 모든 판결문을 다 모은다 해도 자연적 공평에 어긋나는 법을 만들 수는 없다. 또한 전임 재판관들의 어떠한 판례도 불합리한 판결을 정당화할 수 없으며, 현직 재판관들의 노고를 덜어줄 수 없다. 자기 자신의 자연적 이성의 원칙들에 기초하여 (자신이 담당한 소송사건에서) 무엇이 공평인가를 연구하는 노고를. 예컨대, '무고한 사람을 처벌하는 것'은 자연법에 어긋난다. 법적으로 무죄임이 증명되고, 재판관으로부터 무죄 선고를 받은 사람은 무고하다. 다음과 같은 경우를 생각해 보자. 어떤 사람이 사형에 해당하는 중죄 혐의로 기소되었는데, 적(敵)이 가진 권력과 악의, 그리고 재판관들의 빈번한 부패와 편파성을 알고서, 재판결과가 두려워 도주하였다. 그 후 체포되어 재판에 회부되었는데, 죄가 없다는 사실이 충분히 입증되어 무죄선고를 받았으나, 그럼에도 불구하고 재산 몰수의 처벌을 받았다. 이것은 명백히 무고한 사람을 처벌한 것이다. 세계 어디

---

7) 《성경》, 〈마태복음서〉 제 5장 18절에 "천지가 없어지기 전에는 율법은 일점일획도 없어지지 않고, 다 이루어질 것이다" 하는 구절이 있다.

에도 이러한 처벌이 자연법의 해석으로 받아들여질 수 있는 나라는 있을 수 없으며, 또한 전임 재판관들의 판례가 그러하다고 해서 그것이 법이 될 수 있는 나라도 있을 수 없다고 나는 확신한다. 그런 판결을 처음 내린 재판관이 부당하게 재판한 것이며, 어떤 불의도 후임 재판관들이 따라야 할 재판의 모범이 될 수는 없기 때문이다. 성문법에 무고한 자의 도주를 금지하는 규정을 둘 수도 있으며, 이 경우에는 도주에 대해 처벌할 수도 있다. 그러나 불의가 두려워 도주한 것을 유죄추정의 근거로 삼는 것은, 그것도 재판을 통해 무죄가 확인된 후에 그렇게 하는 것은 추정의 본질에 어긋나는 것이며, 이미 무죄선고를 받았기 때문에 더 이상 논할 여지가 없는 일이다. 그럼에도 불구하고 어떤 고명한 법률가는 이것이 잉글랜드의 관습법(*common law*)[8] 이라고 주장하면서 이렇게 말하고 있다. "만약 무고한 자가 중죄 혐의로 기소된 후 유죄판결을 받을 것이 두려워 도주했다면, 설령 재판을 통해 무죄선고를 받았다 하더라도, 중죄 혐의로 인해 도주한 사실이 밝혀질 경우, 무죄선고에도 불구하고 그의 재화·동산·채권·직무를 모두 몰수한다. 이러한 몰수와 관련하여, 그의 도주를 근거로 법이 〔유죄〕추정한 것에 대하여는 어떠한 반증도 허락하지 않는다." 보다시피 '재판을 통해 무죄가 입증된 무고한 사람이 그의 무죄에도 불구하고' (그 어

---

8) '코먼 로'(*common law*)라는 말은 여러 가지 뜻으로 쓰인다. 영국의 경우 12세기에서 17세기에 이르기까지 (1) 지방법과 대비되는 왕국공통법, (2) 교회법과 대비되는 세속법, (3) 공평법(公平法)과 같은 특수법과 대비되는 일반법, (4) 제정법 또는 성문법과 대비되는 불문법이나 판례법, 관습법 등을 가리키는 말로 쓰였다. 그 후 의미가 확장되어 오늘날에는 (5) 로마법체계와 대비되는 영미법체계 전체를 뜻하기도 한다. '보통법'이라고 번역하기도 한다.

떤 성문법에도 도주를 금지하는 규정이 없거니와) 무죄선고를 받은 후에도 '법의 추정에 입각하여' 그가 가진 모든 재화를 몰수당하는 처벌을 받고 있다. 만일 법이 그의 도주를 근거로 사실, 즉 사죄에 해당하는 범죄를 추정했다면, 사형판결을 내렸어야 한다. 그 추정이 사실에 관한 것이 아니라면 무엇 때문에 그가 재화를 몰수당해야 하는가? 그러므로 이것은 잉글랜드의 법도 아니고, 법의 추정에 근거한 처벌도 아니다. 오로지 재판관의 추정에 근거한 처벌일 뿐이다. 또한 법의 추정에 대하여 어떠한 반증도 허락하지 않는다는 것도 법에 반한다. 왜냐하면 주권자이든 하급재판관이든 재판관이 증거의 심리를 거부한다면, 그것은 정의를 거부하는 것이기 때문이다. 설령 그 판결이 정당하다 할지라도 제시된 증거를 심리하지 않고 유죄를 선고하는 재판관은 불의한 재판관이며, 그의 추정은 편견에 지나지 않는다. 재판하는 자리에서는 어느 누구도 그런 편견을 가져서는 안 된다. 그 어떤 선행 판결이나 판례도 〔그런 편견을 정당화하는〕 구실이 될 수 없다. 선례를 신뢰함으로써 인간의 판단이 왜곡되는 일은 그 외에도 많지만, 지금까지 말한 것만으로도 다음과 같은 사실을 충분히 알 수 있다. 즉 재판관의 판결은 당해 소송의 당사자들에게는 법이지만, 그 직무를 계승한 다른 재판관들에게는 법이 될 수 없다는 것이다.

마찬가지로 성문법〔조문〕의 의미에 관해 논란이 있을 경우, 그에 대한 주석(註釋)을 쓴 사람이 그 법의 해석자는 아니다. 주석은 보통 원문보다도 논란의 여지가 더 많고, 따라서 또 다른 주석이 필요하며, 이리하여 해석의 문제는 끝없이 이어진다. 주권자가 권위를 부여한 한 사람의 해석자가 있다면, 하급재판관들은 그의 해석을 따라야 할 것이다. 그러나 이런 경우를 제외하면, 성문법의 해석자는 불문법의 경우와 마찬가지로 다름 아닌 보통의 재판관들이다. 따라서 그들의 판결은 당해 소송사건의 당사자들이 따라야 할 법이 된다. 그러나 그와 같은 사건은 그와 같은 판결을 내리도록 다른 재판관들을 구속하는 것은 아니다. 왜냐하면 재판관은 성문법의 해석에서조차 과오를 범할 수 있지만, 하급재판관의 어떤 오류도 법을 변경할 수는 없기 때문이다. 법은 주권자의 일반적 판결이다.

법의 조문과 취지의 차이

성문법의 경우, 사람들은 종종 법의 조문(*letter*)과 취지(*sentence*)[9]를 구별한다. 만일 조문이라는 것이 단어 그 자체로부터 추측될 수 있는 모든 것을 의미한다면, 이것은 확실히 취지와는 구별된다. 왜냐하면 거의 모든 단어는, 문자 그대로의 의미로 사용하든 비유적으로 사용하든, 그 뜻이 모호하여, 여러 가지 의미를 놓고 논란을 빚을 수 있지만, 법에는 단 하나의 의미만 있기 때문이다. 그러나 만일 조문이 문자 그대로의 의미라면 조문과 법의 취지 혹은 의도는 완전히 동일하다. 입법자가 법의 조문을 통해 나타내고자 의도한 바가 바로 문자 그대로의 의미이기 때문이다. 입법자의 의도는 언제나 공평에 있는 것으로 추정된다. 재판관이 주권자에 대해 그렇지 않다고 생각하는 것은 극도의 오만이다. 그러므로 재판관은 법의 조문이 합리적인 판결을 내리기에 충분하지 못할 때에는 자연법으로 이를 보충해야 한다. 사건이 어려운 것일 때에는 충분한 권위를 받을 때까지 재판을 연기해야 한다. 예컨대 성문법의 규정에 따르면, 자기 집에서 힘으로 쫓겨난 사람은 힘으로 되찾을 수 있다. 그러나 부주의로 집

9) 'sentence'는 '판결' 또는 '선고'를 뜻하지만, 여기에서는 '법이 의도하고 있는 판결'을 가리키고 있기 때문에 '취지'로 의역하였다.

을 비웠다가 힘으로 귀가를 저지당하는 일이 발생한 경우, 이에 관해서는 법에 특별한 규정이 없다. 그러나 이러한 경우도 그 법에 포함되어 있음이 명백하다. 그렇지 않으면 그를 위한 구제책은 전혀 없게 되는데, 이는 입법자의 의도에 반하는 것으로 생각되기 때문이다. 또한 법의 조문은 증거에 입각해서 재판하도록 명하고 있다. 어떤 사람이 다른 사람이 범한 범죄사실 때문에 무고히 기소되었다고 하자. 그리고 재판관 자신도 그러한 사실을 목격했다고 하자. 이러한 경우 무고한 사람을 처벌하는 결과에 이르도록 법의 조문을 따라서는 안 된다. 또한 증인이 제시한 증거에 반하는 재판을 해서도 안 된다. 법의 조문은 그와 정반대이기 때문이다. 재판관은 주권자에게 요청하여 재판관을 다른 사람으로 바꾸고 자신이 증인이 되어야 한다. 이와 같이 성문법의 단어 그 자체〔의 다의성〕에 따르는 불편으로 인하여 재판관은 법의 의도를 생각하게 되고, 그 결과 같은 조문을 놓고 더욱 훌륭한 해석이 생기기도 한다. 그러나 아무리 〔성문법의 해석에〕 불편함이 있다고 해서, 법에 반하는 판결이 정당화될 수는 없다. 옳고 그름을 가리는 모든 재판관이 코먼웰스에 무엇이 편리하고, 무엇이 불편한가를 가리는 재판관은 아니기 때문이다.

재판관에게 요구되는 능력

법의 훌륭한 해석자, 즉 훌륭한 재판관에게 요구되는 능력은 법률에 대한 연구가 아니다. 이것은 변호사의 일이다. 재판관의 일은 오로지 증인을 통해 사실을 심리하고, 주권자의 법령이나 법규를 통해 법을 고찰하는 일이다. 주권자의 법령이나 법규가 무엇인가 하는 것은 변론을 통해 주장되거나, 혹은 주권자로부터 해석의 권한을 부여받은 자가 알려준다. 또한 재판관은 어떻게 판결해야 하는지 미리 걱정할 필요가 없다. 사실에 관한 것은 증인〔의 증언〕을 바탕으로 판정하면 되고, 법에 관한 것은 변론에서 주장된 것과, 해석의 권한을 가지고 그 자리에 임석한 자〔의 유권적 해석〕을 바탕으로 판정하면 된다. 잉글랜드에서는 귀족원 의원이 재판관이었고, 대부분의 어려운 소송사건은 그들이 심리하고 결정해 왔다. 그러나 그들 중 법에 정통한 사람은 거의 없었으며, 그것을 전문으로 삼았던 사람은 더욱 적었다. 법률 자문을 위해 그 자리에 출석하도록 임명된 법률가들과 상의하기는 했지만, 판결의 권한은 오로지 그들만이 가지고 있었다. 마찬가지로, 권리에 관한 통상적인 재판에서는 열두 명의 평민이 재판관으로서 사실심리는 물론 권리에 관한 판결까지 한다. 그리고 단순히 원고가 옳다, 혹은 피고가 옳다고 선고한다. 다시 말하면 그들은 사실에 관해서는 물론 권리에 관해서도 재판관이다. 범죄에 관한 문제에서는 범행이 있었는지의 여부를 결정할 뿐만 아니라 그것이 '모살'(謀殺 *murder*)인지, '치사'(致死 *homicide*)인지, '중죄'(重罪 *felony*)[10]인지, '폭행'인지 등을 결정하는데, 이것은 법의 결정이다. 그러나 그들이 법을 잘 알고 있는 것으로 생각되지는 않기 때문에 사건마다 그들에게 법을 알려주는 권한을 가진 사람이 하나씩 있다. 그러나 그들이 그가 〔법에 대해〕 알려주는 것에 따라 재판을 하지 않는다고 하더라도, 자기의 양심에 반하여 재판을 했다거나, 또는 뇌물에 매수되었다는 사실이 나타나지 않는 한, 그로 인해 어떤 처벌을 받게 되는 것은 아니다.

---

10) 영미법에는 중죄(重罪 *felony*)와 경죄(輕罪 *misdemeanor*)의 구별이 있어서 범죄의 성립과 형벌의 적용에 여러 가지 차별을 두고 있다. 한국 형법에는 이러한 구별이 없다.

훌륭한 재판관 또는 법의 훌륭한 해석자가 되기 위해서는 〔다음과 같은 자질이 필요하다.〕 첫째, '공평'이라는 주요한 자연법에 대한 '올바른 이해'이다. 이것은 다른 사람의 저서를 읽어서 생기는 것이 아니라, 자연적 이성과 성찰의 우수함에 달려 있는 것이기 때문에, 그 문제에 대해 성찰할 수 있는 여가와 성향을 가장 많이 갖고 있는 사람에게 가장 깊은 이해가 있는 것으로 생각된다. 둘째, '불필요한 재산과 승진을 경멸하는 것'이다. 셋째, '판결에 임하여 모든 공포심 · 분노 · 증오 · 애착 · 연민을 버릴 것'이다. 넷째, 마지막으로 '심리를 할 때 참고 들어주는 인내, 열심히 듣는 주의력, 심리한 것을 기억하고, 소화하고, 적용하는 기억력'이다.

법의 분류

법의 종류와 분류는, 법에 관해 저술한 사람들이 사용한 방법의 차이에 따라 여러 가지 방식으로 이루어져왔다. 왜냐하면 그것은 자연에 달린 문제가 아니라 저술가의 목적에 달린 문제이고, 누구나 나름대로의 방식으로 분류할 수 있기 때문이다. 《유스티니아누스 법전》[11]에는 시민법이 일곱 가지로 나뉘어져 있다.

1. '군주의 칙령(勅令 *edicts*) · 칙명(勅令 *constitutions*) · 칙지(勅旨 *epistles*).' 이것은 황제의 법이다. 인민의 모든 권력이 그에게 있었기 때문이다. 이와 유사한 것으로 잉글랜드 국왕의 포고(*proclamations*)가 있다.

2. 원로원의 요청에 응한 '로마 인민(원로원을 포함한다)의 포고.' 이것은 처음에는 인민이 가지고 있는 주권에 기초한 법률이었다. 그 중 황제가 폐기하지 않은 것들은 황

11) 비잔틴 황제 유스티니아누스 1세가 제정한 법. 534년 11월 16일 칙법으로 공포해 12월 29일부터 시행된 칙법집(勅法集)이다.

제의 권한에 의해 계속 법이 되었다. 구속력을 갖는 모든 법은 그 법을 폐기할 수 있는 힘을 가진 사람의 권한에 의해 법이 되는 것으로 이해되기 때문이다. 이와 어느 정도 유사한 것이 잉글랜드의 의회법령(*Acts of Parliament*)이다.

3. 호민관(護民官 *tribune*)[12]의 요청에 응한 '일반 인민(원로원은 제외된다)의 포고.' 그 중 황제가 폐기하지 않은 것들은 황제의 권한에 의해 계속 법이 되었다. 이와 유사한 것이 잉글랜드 하원의 훈령(*orders*)이다.

4. '세나투스 콘술툼(*Senatus consultum*), 즉 원로원 권고.' 로마 인민의 수가 너무 많아져서 그들을 집합시키는 것이 불편해지자, 황제는 전 인민 대신에 원로원과 상의하는 것이 적당하다고 생각했다. 이것은 고문(顧問) 회의의 법령과 유사하다.

5. '법무관(法務官 *praetors*)[13]의 포고.' 경우에 따라서는 '안찰관(按察官 *aediles*)[14]의 포고.' 이들 관직은 잉글랜

12) 호민관(*tribunus plebis*): 고대 로마의 평민 지도자. 공화정 실시 초기인 BC 494년 평민과 귀족 간에 벌어진 신분투쟁 결과 생겨났다. 임기 1년으로 평민회에서 선출되었다. 정원은 처음에는 2명이었으나 나중에 그 수가 늘어났다. BC 287년 평민회 의결이 국법과 동등한 구속력을 가지게 되면서 호민관은 정무관의 하나가 되었다. 공화정 말기에는 평민회 의장으로서 또는 거부권 발동에 의하여 정치적으로 중요한 역할을 하였다. 제정시대에 이르러서는 관직으로서만 존속하였을 뿐 본래 기능은 상실되었다.

13) 법무관(*Praetor*): 로마 공화정 시대 집정관 다음 가는 정무관의 칭호. 주로 사법행정을 맡았기 때문에 일반적으로 법무관이라 번역된다. 최초의 법무관은 BC 366년에 선출되었다. 초기에는 원로원 의원 중에서 선출되었으나 나중에는 평민도 선출될 수 있었다. 정원 6명으로 민회에서 선출되었으나 제정(帝政)의 확립과 함께 티베리우스 황제 때는 원로원에서 선출하게 되었고, 그에 따라 그 직권도 쇠약해져 작은 재판만 맡게 되었다. 임기 1년이 끝난 뒤에는 전직 법무관 자격으로 속주의 총독에 임명되었다.

14) 옛 로마의 공공건물·시장·도로·공중위생·행사기획 등을 관장한 행정관.

드 법정에서 재판장과 같다.

6. '레스폰사 프루덴툼'(*Responsa prudentum*).[15] 로마 황제는 조언이 필요한 법률문제에 대해 일부 법률가들에게 해석의 권한을 주고 그들의 대답을 구했는데, 이에 응한 그들의 판결과 의견이 바로 '레스폰사 프루덴툼'이다. 황제의 칙명에 따라 재판관들은 재판을 할 때 반드시 이 '레스폰사 프루덴툼'을 따라야 했다. 판결기록이 이와 유사한 것이라 할 수 있다. 다른 재판관들이 반드시 이 판결기록을 따르도록 잉글랜드의 법으로 의무화한다면 말이다. 잉글랜드에서 관습법의 〔사실상의〕 재판관은 '법학자들'(*juris consulti*)이다. 〔명목상의〕 재판관이 귀족이든 지방에서 선출된 12명의 평민이든 그들에게 법률상 자문을 받아야 하기 때문이다.[16]

7. 또한 '불문의 관습.' 이것은 본질상 법의 모방이다. 자연법에 반하지 않는 경우 황제의 암묵적 동의에 의해 바로 법이 된다.

또 다른 법의 분류

또 다른 법의 분류는 '자연법'과 '실정법'으로 분류하는 것이다. '자연법'은 태초부터 법으로 존재해 온 것으로서,

---

15) 직역하면 '신중한 회답'이란 뜻이다. 옛 로마에서 법률가들은 황제의 법률자문에 응할 의무가 있었는데, 황제의 질문에 대한 그들의 회답이 바로 '레스폰사 프루덴툼'이다. 아우구스투스 황제 시대에 특히 성행하였는데, 법률가들의 의견이 일치하는 경우 법적 효력을 지녔고, 재판관들은 이에 따라야 했다. 의견이 일치하지 않는 경우에는 재판관 자신의 판단으로 가장 공평하게 생각되는 '레스폰사 프루덴툼'을 따랐다.

16) 관습법에 관한 재판을 담당하는 재판관들이 법률지식의 한계로 말미암아 법학자들의 자문을 받게 된다면 사실상 법학자들이 재판관이나 다름없고, 그렇다면 판결기록은 이 법학자들의 의견을 모은 것이라 할 수 있고, 따라서 로마 시대의 '레스폰사 프루덴툼'에 해당한다는 뜻이다. 다만 그러한 판례를 따를 것이 법으로 의무화되어 있지 않다는 점만 다르다는 것이다.

'자연법'이라고 하기도 하고 '도덕법'이라고 하기도 한다. 정의 · 공평과 같은 도덕적 미덕은 물론, 평화와 자비에 기여하는 모든 정신적 습성으로 이루어져 있기 때문이다. 이에 대해서는 제 14장과 제 15장에서 이미 살펴본 바 있다.

'실정법'은 태초부터 존재해 온 것이 아니라 다른 사람들에 대한 주권을 소유한 사람의 의지에 의해 만들어진 법으로서, 성문화되어 있거나 혹은 입법자의 의지를 표시하는 다른 어떤 증거에 의해 사람들에게 알려져 있는 것을 말한다.

실정법 중 일부는 '인간이 만든' 것이며, 일부는 '신이 주신' 것이다. 인간이 만든 실정법 중 일부는 '분배적'인 것이고, 일부는 '형벌적'인 것이다. '분배적'인 것은 백성의 권리를 결정하는 법으로서 모든 사람을 대상으로 토지나 재화의 소유권을 어떻게 획득하고 보유하는지, 또한 행위의 권리나 자유를 어떻게 획득하고 보유하는지를 선언하고 있다. 이것은 모든 백성을 대상으로 공포된 것이다. '형벌적'인 것은 법을 위반할 경우 어떤 형벌이 가해질 것인가를 선언하고 있는 법이며, 법의 집행을 위해 임명된 대행자와 관리들을 대상으로 공포된 것이다. 법을 위반할 경우 어떤 처벌을 받게 되는지 모든 사람이 사전에 알아야 마땅하지만, 그럼에도 불구하고 그 명령은 위반자를 상대로 공포된 것은 아니다. 위반자가 자기 자신을 성실하게 처벌할 것이라고 기대할 수는 없기 때문에 형벌의 집행을 감독하기 위해 임명된 공적 대행자를 대상으로 공포되는 것이다. 그리고 이러한 형벌적 법도 분배적 법과 마찬가지로 대부분 성문화되어 있으며, 종종 판결이라고 불리기도 한다. 모든 법은 입법자의 일반적 판결 혹은 선고이기 때문이다. 이것은 마치 각각의 판결이 사건 당사자에게 법인 것과 같다.

신이 주신 실정법은 그것이 법이라는 것을 어떻게 알 수 있는가

'신이 주신 실정법'은 (자연법은 영원하고 보편적인 것이기 때문에 모두 신이 주신 것이다) 하느님의 율법으로서, 태초부터 존재한 것도 아니고, 모든 사람에게 보편적으로 공포된 것도 아니다. 하느님이 공포의 권한을 부여한 사람들에 의해 특정한 민족과 특정한 사람들에게 공포된 것이다. 그러나 하느님이 주신 이러한 실정법이 무엇인가를 공포하는 사람의 권한은 어떻게 알 수 있는가? 하느님은 어떤 사람에게 법을 다른 사람들에게 전달하도록 초자연적 방법으로 명령할 수도 있다. 법의 본질상 복종의 의무가 있는 사람은, 그 법이 하느님으로부터 왔다는 것을 자연적으로 알지 못하는 이상, 그 법을 공포한 자의 권한을 믿어야 한다. 그렇다면, '초자연적 계시를 받지 못한 사람이 법을 공포한 자가 받은 계시를 어떻게 확신할 수 있는가?' 그리고 '그가 그 법에 복종할 의무는 어떻게 발생하는가?' 첫 번째 질문, 즉 자기가 직접 계시를 받은 일이 없는 사람이 어떻게 다른 사람이 받은 계시를 확신할 수 있는가? 이것은 명백히 불가능한 일이다. 기적을 행하는 것을 보고서, 혹은 그의 생활이 특별히 신성함을 보고서, 혹은 그의 지혜가 비범함을 보고서, 혹은 그의 행동이 특별히 복됨을 보고서 그에게 계시가 있었다는 것을 믿는 사람이 있을 지도 모른다. 하지만 이것은 그에 대한 하느님의 특별한 은혜를 나타내는 것일 뿐, 그가 특별한 계시를 받았다는 확실한 증거가 될 수는 없다. 기적은 놀라운 일이다. 하지만 나에게 놀라운 일이라고 하더라도 남에게는 그렇지 않을 수도 있다. 신성함은 가식으로 꾸밀 수 있으며, 눈에 보이는 이 세상의 복된 결과들도 대부분 자

연적·일상적 원인에 의한 하느님의 작품이다. 그러므로 어느 누구도 다른 사람이 하느님의 의지에 관해 초자연적 계시를 받았다는 것을 자연적 이성에 의해서는 알 도리가 없다. 〔그렇게 생각한다면〕 그것은 신앙일 뿐이다. 그에 관한 징후가 크고 작음에 따라 사람들은 확고한 신앙을 갖거나 혹은 약한 신앙을 가지게 된다.

그러나 두 번째 질문, 즉 초자연적 계시를 받지 못한 사람이 그 법에 복종할 의무는 어떻게 발생하는가 하는 것은 그다지 어려운 문제가 아니다. 만일 공포된 법이 자연법(이것은 의심할 여지없이 하느님의 법이다)에 반하지 않는다면, 그리고 그가 그 법에 따를 것을 약속한다면, 그 행위에 의해 복종의 의무가 발생한다. 내가 말하는 의무는 복종의 의무이지, 신앙의 의무[17]는 아니다. 인간의 신앙과 내면의 사고는 명령에 달려있는 문제가 아니라 오로지 하느님의 통상적인, 혹은 특별한 경영에 달린 문제이기 때문이다. 초자연적 법에 대한 신앙은 그것을 이행하는 것이 아니라 그것에 동의하는 것일 뿐이며, 우리가 하느님에게 보여야 할 어떤 의무가 아니라 그 분이 기뻐하시는 자에게 무상으로 주는 선물이다. 마찬가지로 불신앙도 그 분의 법에 대한 위반이 아니라, 다만 자연법을 제외한 모든 법을 거부하는 것일 뿐이다. 이러한 사실들은 이와 관련된 《성경》의 실례와 증거를 통하여 더욱 명백히 알 수 있을 것이다. 하느님이 초자연적 방법으로 아브라함과 맺은 언약은 이러하다. "내가 너와 세우는 언약은, 나와 너 사이에 맺는 것일 뿐 아니라, 너의 뒤에 오는 너의 자손과도 대대로 세우는 영원한 언약이다."(창 17:10) 아브라함

17) 그 법이 하느님이 주신 법이라고 믿어야 할 의무를 말한다.

의 후손은 이러한 계시를 받지 못했고, 당시에는 존재하지도 않았다. 그러나 그들은 그 언약의 한 당사자로서, 아브라함이 하느님의 법이라고 공포한 것을 지킬 의무가 있다. 이것은 오로지 그들이 부모에게 순종할 의무가 있기 때문에 발생하는 의무이다. 다른 지상의 권력에 종속되지 않는 한, 아브라함의 경우에서 보는 바와 같이, 자식과 하인들에 대한 주권은 부모가 가진다. 또한 하느님은 아브라함에게 이렇게 말하였다. "아브라함은 반드시 크고 강한 나라를 이룰 것이며, 땅 위에 있는 나라마다, 그로 말미암아 복을 받게 될 것이다. 내가 아브라함을 선택한 것은, 그가 자식들과 자손을 잘 가르쳐서, 나에게 순종하게 하고, 옳고 바른 일을 하도록 가르치라는 뜻에서 한 것이다."[18] 여기에서 명백히 알 수 있듯이, 아브라함의 자식들은 계시받지 못했다 하더라도 이미 그들의 주권자〔부모〕에게 복종할 의무가 있기 때문에 그로부터 복종의 의무가 발생하는 것이다. 시나이 산[19]에서 하느님 앞으로 올라간 사람은 모세뿐이었다. 다른 이스라엘 백성들은 산에 오르면 죽임을 당한다는 경고를 받아 접근이 금지되었다. 그러나 그들은 모세가 하느님의 법이라고 공포한 모든 법에 복종할 의무가 있었다. 그들은 〔모세에게〕 이렇게 말했다. "어른께서 우리에게 말씀하십시오. 우리가 듣겠습니다. 하느님이 직접 우리에게 말씀하시면, 우리는 죽습니다."[20] 바로 이와 같은 자발적 복종 이외에 다른 무슨 근거

18) 《성경》, 〈창세기〉 제 18장 18~19절.

19) Mount Sinai: 이집트 시나이 반도 남쪽에 있는 산. 해발고도 2285m. 모세산이라고도 한다. '시내'는 히브리어로 '가시나무 숲'을 뜻한다. 《구약성경》에 따르면, 모세를 따라 이집트를 탈출한 이스라엘 조상이 여호와와 언약을 맺고 모세를 통해 십계(十戒)를 비롯한 여러 율법을 받았다고 전해지는 산이다.

가 있겠는가? 이 두 가지 경우를 통해 다음과 같은 사실을 알 수 있다. 즉 코먼웰스의 백성은 하느님의 의지에 관해 자신이 직접 계시받지 못했다 하더라도 코먼웰스의 명령에 복종해야 한다는 것이다. 만일 사람들이 자기 꿈이나 상상, 혹은 다른 사람의 꿈이나 상상을 하느님의 율법으로 여기도록 내버려 둔다면, 무엇이 하느님의 율법인가에 대해 단 두 사람도 의견일치를 보기 어려울 것이며, 각자 자기가 믿는 율법만을 떠받든 채, 코먼웰스의 명령은 가벼이 여길 것이다. 그러므로 나의 결론은 다음과 같다. 도덕법, 즉 자연법에 반하지 않는 모든 것에 대해 코먼웰스의 법에 의해 신이 주신 법이라고 공포된 것은 모든 백성들이 신이 주신 법으로 여기고 복종할 의무가 있다는 것이다. 이것은 어느 누구의 이성에 비추어보더라도 명백하다. 자연법에 반하지 않는 것은 무엇이든 주권자의 이름으로 법으로 공포할 수 있으며, 그 법이 하느님의 이름으로 반포되었다고 해서 복종의 의무가 줄어들 이유는 없기 때문이다. 게다가 이 세상에서 코먼웰스에 의해 하느님의 율법으로 공포된 것 이외의 다른 것을 하느님의 율법이라고 참칭하도록 허락된 곳은 아무 데도 없다. 기독교 국가들은 기독교에 반항하는 자들을 처벌하며, 다른 나라들도 그들이 금지한 종교를 설립하는 자들은 처벌한다. 코먼웰스가 규제하지 않는 일에서는 모든 사람이 자유를 평등하게 향유한다. 이것이 바로 자연법이며, 따라서 하느님의 영원한 법인 공평이다.

또 다른 법의 분류

또한 법을 '기본법'과 '비(非)기본법'으로 나눌 수도 있다. 그러나 나는 기본법이 무엇인가를 논한 저술가는 찾

20) 《성경》, 〈출애굽기〉 제 20장 19절.

아보지 못했다. 그럼에도 불구하고 법을 그와 같은 방식으로 나누는 것은 매우 합리적인 분류방식이 될 수 있다.

기본법이란 무엇인가

모든 코먼웰스에서 기본법은 건물의 토대와 같은 것이다. 토대를 제거하면 건물이 무너지듯이 이 기본법이 제거되면 코먼웰스는 무너지고 완전히 해체된다. 그러므로 기본법이란, 군주이든 합의체 주권이든, 주권자에게 부여된 권한을 지지하도록 모든 백성들에게 의무를 부과하는 법이다. 이 권한이 없으면 코먼웰스는 존속할 수 없다. 여기에는 전쟁과 강화의 권한, 사법권, 관리선임권, 기타 공공의 이익을 위해 필요하다고 생각하는 일은 무엇이든 할 수 있는 권한이 포함된다. 비기본법이란 그것을 폐기한다 해도 그로 인해 코먼웰스의 해체가 초래되지는 않는 법으로서, 백성과 백성 사이의 다툼과 관련된 법 같은 것을 말한다. 법의 분류는 이 정도면 충분할 것이다.

법과 권리의 차이

최고의 학식을 자랑하는 저술가들조차 '시민법'(*lex civilis*)과 '시민권'(*jus civile*)을 같은 것으로 혼동하는 경우가 있는데, 잘못된 일이다. 왜냐하면 '권리'는 '자유', 즉 시민법이 우리들에게 남겨준 자유를 말하는 반면, '시민법'은 '의무'이며, 자연법이 우리에게 부여한 권리를 가져가는 법이기 때문이다. 자연은 모든 사람에게 자신의 힘으로 자기를 보호하고, 의심스러운 이웃을 예방차원에서 침략할 수 있는 권리를 부여한다. 그러나 시민법은, 법의 보호가 안전하게 지속될 수 있는 경우, 그 자유를 박탈한다. '법'(*lex*)과 '권리'(*jus*)가 다른 것은 '의무'와 '자유'가 다른 것과 같다.

마찬가지로 '법'과 '특허장'(*charters*)[21] 도 동일한 것으로

21) 주권자가 자치도시의 창설 때 수여하는 특허장을 말한다.

혼동되고 있다. 특허장은 주권자의 허가이며, 법이 아니라 법의 면제이다. 법의 화법은 '명하노라'(*jubeo*), '과하노라'(*injungo*) 이고, 특허장의 어법은 '부여했노라'(*dedi*), '허가했노라'(*concessi*) 이다. 어떤 사람에게 부여되거나 허가된 것은 법에 의해 그에게 강제된 것은 아니다. 법은 코먼웰스의 모든 백성에게 의무를 부과하도록 제정될 수 있다. 자유나 특허는 인민 중 한 사람, 혹은 일부의 사람들에 대한 것이다. 코먼웰스의 전 인민이 어떤 일에 자유를 가지고 있다고 말하는 것은, 그 일에 관해 제정된 법이 전혀 없다거나, 아니면 과거에는 있었는데 지금은 폐기되었다고 말하는 것이다.

법과 특허장의 차이

제27장
범죄, 면죄 및 정상참작에 대하여

죄란 무엇인가

죄(罪 *sin*)란 법을 위반하는 것일 뿐만 아니라 입법자를 어떻게든 경멸하는 행위이다. 그러한 경멸은 그가 만든 모든 법을 한꺼번에 위반하는 것이며, 따라서 이것은 법이 금지하는 행위를 '수행'하거나 말하는 것으로 나타날 수도 있고, 법이 명하는 것을 '회피'하는 것으로 나타날 수도 있다. 또한 위반의 '의향'(*intention*)이나 의도로 나타날 수도 있다. 법을 위반하려는 의향은 법의 시행을 맡은 사람에 대한 어느 정도의 경멸이기 때문이다. 타인의 재산이나 하인이나 아내를 폭력이나 사기에 의해 실제로 탈취하려는 의향이 없이, 다만 그것을 점유하고 있다는 상상만으로 즐거워하는 것은 "탐내지 말라"[1]고 한 법을 위반한 것이 아니다. 또한 어떤 사람의 존재에 대해 손해와 불쾌감밖에 기대할 것이 없어서 그의 죽음을 상상하거나 꿈꾸면서 즐거워하는 것도 죄가 아니다. 그러나 그런 일

1) 모세가 시나이 산에서 여호와로부터 받은 십계명 중 제10계명이다. "너희 이웃의 집을 탐내지 못한다. 너희 이웃의 아내나 남종이나 여종이나 소나 나귀나 할 것 없이, 너희 이웃의 소유는 어떤 것도 탐내지 못한다."(출 20:17)

의 실현을 위한 행위를 실행하고자 하는 결의는 죄가 된다. 만일 그게 현실이라면 사람을 유쾌하게 할 일을 상상하면서 즐거워하는 것은 인간과 다른 모든 생명체의 본성에 뿌리박고 있는 정념이다. 그런 것을 죄라고 한다면, 인간으로 존재하는 것 자체가 죄가 된다. 이러한 점을 고려할 때, 마음의 최초의 운동[2]이 (하느님에 대한 두려움 때문에 억제된다 하더라도) 죄라고 주장하는 사람들은 자기 자신에게나 다른 사람들에게나 너무 가혹하다는 것이 내 생각이다. 나는 상상의 잘못이 실행의 잘못보다는 안전하다고 말하지 않을 수 없다.

범죄란 무엇인가

범죄(犯罪 *crime*)란 법이 금지하는 것을 행동이나 말로 범하거나, 법이 명한 것을 회피하는 죄를 말한다. 그러므로 모든 범죄는 죄이지만, 모든 죄가 다 범죄인 것은 아니다. 절도나 살인의 의지를 품는 것은 비록 그것이 말이나 행위로 나타나지는 않는다 할지라도 죄이다. 왜냐하면 인간의 사고를 보고 있는 하느님이 그 책임을 물을 수 있기 때문이다. 그러나 그것이 행위나 말로 나타나서 재판관에 의해 그러한 의도의 존재가 입증될 때까지는 범죄라는 이름으로 불리지는 않는다. 이러한 구별을 그리스인들은 '하마르테마'(*ἁμάρτημα*)와 '헤클레마'(*ἔγκλημα*) 혹은 '헤티아'(*ἀιτία*)라는 말로 표현했다. '죄'라고 번역되는 앞의 것은 모든 종류의 탈법을 의미하고, '범죄'로 번역되는 뒤의 두 말은 고소할 수 있는 죄만을 의미한다. 그러나 어떠한 외적 행위에 의해서도 나타나지 않는 의도에 대해서는 고소할 여지가 없다. 마찬가지로 죄를 뜻하는 라틴어의 '페카툼'(*peccatum*)은 모든 방식의 탈법을 의미하고, ('나는 지각

2) '상상하는 것'을 가리킨다.

한다'는 뜻의 '케르노'(*cerno*)에서 온) '크리멘'(*crimen*)은 의도에 그친 것이 아니라 재판관 앞에서 증명될 수 있는 죄를 의미한다.

시민법이 없는 곳에서는 범죄도 없다

이러한 죄와 법의 관계, 그리고 범죄와 시민법의 관계로부터 다음과 같은 추론이 가능하다. 첫째, 법이 소멸하면 죄도 소멸한다. 그러나 자연법은 영원한 것이기 때문에 신의계약의 위반, 배은(背恩), 오만, 기타 도덕에 반하는 모든 행위는 결코 소멸될 수 없는 죄가 된다. 둘째, 시민법이 소멸하면 범죄도 소멸한다. 자연법 이외에는 남아있는 법이 없으므로 고소의 여지도 없고, 모든 사람이 자기 자신의 재판관이 되며, 자신의 양심에 의해서만이 고소를 당하고, 자신의 의도의 고결성에 의해 결백해지기 때문이다. 그러므로 의도가 올바른 경우 그의 행위는 죄가 아니다. 만일 의도가 올바르지 않다면, 그의 행위는 죄이기는 하나 범죄는 아니다. 셋째, 주권이 소멸하면 범죄 역시 소멸한다. 그와 같은 권력이 존재하지 않는 곳에서는 법의 보호도 존재하지 않으며, 따라서 각자가 자신의 힘으로 자기를 보호할 것이기 때문이다. 주권을 설립하는 경우에도 자신의 신체를 보존하는 권리는 양도되지 않는 것으로 생각해야 한다. 왜냐하면 주권을 설립한 목적 자체가 신체의 안전이기 때문이다. 그러나 이것은 그들을 보호했던 권력을 탈취하는 데 가담하지 않았던 사람들에게만 적용되는 것으로 보아야 한다. 왜냐하면 그렇게 하는 것은 처음부터 범죄이기 때문이다.

모든 범죄는 이해력의 부족이나 추론상의 오류, 혹은 충동적인 정념에서 생긴다. 이해력의 부족은 '무지'(無知 *ignorance*)이며, 추론상의 오류는 '오견'(誤見 *erroneous opi-*

nion) 이다. 무지에는 세 종류가 있다. '법'에 대한 무지, '주권자'에 대한 무지, '형벌'에 대한 무지가 그것이다. 자연법에 대한 무지는 어느 누구에게도 면죄이유가 될 수 없다. 왜냐하면 이성을 사용할 수 있는 나이에 이른 사람은 누구나 '남이 자기에게 행하기를 원치 않는 일은 자기도 남에게 행하지 말아야 한다'는 것을 알고 있는 것으로 간주되기 때문이다. 그러므로 어디에 가든지 자연법에 어긋나는 행위를 하면 범죄가 된다. 인도 제국(諸國)에서 여기〔영국〕에 온 사람이 새 종교를 받아들이도록 사람들을 설득하거나, 혹은 이 나라의 국법에 대한 불복종을 조장하는 어떤 것을 가르친다면, 설령 그가 가르치고자 하는 바의 진실성을 그가 아무리 확신하고 있다 하더라도, 그것은 범죄이며 그로 인해 처벌받아 마땅할 것이다. 그의 설교가 허위이기 때문만이 아니라 자기가 다른 사람에게는 허용하지 않을 행위를 하기 때문이다. 여기에서 그곳으로 간 사람이 그곳의 종교를 바꾸어 놓으려 한다면 과연 그가 받아들이겠는가? 그러나 시민법에 대한 무지는 외국에서 온 사람에게는 면죄이유가 된다. 그가 그것을 알게 될 때까지는 어떠한 시민법도 구속력을 가질 수 없기 때문이다.

자연법에 대한 무지는 어느 누구에게도 면죄이유가 될 수 없다

마찬가지로 자국의 시민법이라 하더라도, 알려고 하면 충분히 알 수 있을 정도로 공포되지 않을 경우, 그의 행위가 자연법에 반하지 않으면 무지는 충분한 면죄이유가 된다. 그 외의 경우에는 시민법에 대한 무지는 면죄이유가 될 수 없다.

시민법에 대한 무지가 면죄이유가 될 때도 있다

주권자에 대한 무지는 일상적인 거주지에 있는 사람에게는 면죄이유가 될 수 없다. 그 거주지에서 자신을 보호해 주고 있는 권력에 마땅히 유의해야 하기 때문이다.

주권자에 대한 무지는 면죄이유가 될 수 없다

형벌에 대한 무지는 면죄사유가될 수 없다

법이 공포된 곳에서는 형벌에 대한 무지는 면죄사유가 될 수 없다. 법을 위반해도 형벌의 공포가 뒤따르지 않는다면 그런 법은 법이 아니라 공허한 말에 불과할 것이다. 그러므로 범법자는 설령 그 형벌이 무엇인지 몰랐다고 하더라도 처벌을 받는다. 왜냐하면 어떤 행동을 자발적으로 한 사람은 그 행위에 뒤따르는 모든 알려진 결과를 감수해야 하는데, 모든 코먼웰스에서 법을 위반할 경우 처벌을 받는다는 것은 널리 알려진 결과이기 때문이다. 법에 형벌 규정이 있으면 그 형벌을 받게 되고, 규정이 없으면, 그때는 전단적(專斷的) 형벌을 받게 된다. 다른 어떤 제약도 받지 않은 상태에서 오로지 자기 자신의 의지로 타인의 권리를 침해한 자는 주권자가 제정한 법을 어겼으므로, 다른 어떤 제약도 받지 않는, 오로지 주권자의 의지에 따른 처벌을 받아 마땅하다.

범행 전에 공포된 처벌규정이 있으면 범행 후에 공포된 그보다 무거운 처벌은 받지 않는다

그러나 어떤 범죄에 대해 법에 일정한 형벌 규정이 있거나, 혹은 그와 같은 범죄에 대해 통상적으로 가해진 일정한 형벌이 있을 경우, 범법자는 그보다 무거운 형벌을 받지는 않는다. 익히 알려진 형벌이 범행을 예방할 수 있을 정도로 충분히 무겁지 않다면, 형벌〔의 가벼움〕이 그러한 범행을 하도록 유인하기 때문이다.[3] 사람들은 부정한 행위로부터 얻을 수 있는 이익과, 형벌의 손해를 비교하여, 필연적으로 자신에게 최선으로 보이는 것을 선택한다. 그러므로 이미 법에 정해진 형벌 이상으로 무거운 처벌을 하거나, 동일한 범죄에 대해 다른 범법자보다 무겁게 처벌한다면, 오히려 법 자체가 그들을 범죄의 유혹에 빠지게

3) 범행한 자에게도 잘못이 있지만, 형벌의 가벼움이 그로 하여금 범행을 하도록 유인한 측면도 있기 때문에, 가벼운 형벌 자체에도 문제가 있는 만큼, 범법자에게 기존의 형벌보다 더 무거운 처벌은 하지 않는다는 뜻이다.

한 것이며, 〔결과적으로〕 그들을 기만하는 것이다.[4)]

법을 소급 적용하여 어떤 행위를 범죄로 규정할 수는 없다

법을 소급 적용하여 어떤 행위를 범죄로 규정할 수는 없다. 만일 그 행위가 자연법에 반하는 것이라면, 그 행위 이전에 이미 법이 있었다고 할 수 있다. 그러나 실정법은 제정되기 전에는 그 존재를 알 수 없고, 따라서 의무를 부과할 수 없다. 그러나 어떤 행위를 금지하는 법이 그 행위가 실행되기 전에 있었다 하더라도, 그 행위 후에 제정된 법의 처벌을 받아야 하는 경우가 있다. 문서 혹은 전례에 의해 〔신법(新法)의 형벌보다〕 더 가벼운 형벌이 알려져 있지 않은 경우가 그러하다. 이유는 바로 앞에서 말한 것과 같다.[5)]

정사(正邪)에 대한 그릇된 원칙이 범죄의 원인이다

인간은 추론상의 결함(즉 오류)으로 인해 법을 위반하기 쉽다. 이것은 다음과 같은 세 가지 방식으로 나타난다. 첫째, 그릇된 원칙을 〔올바른 원칙이라고〕 가정한 경우이다. 언제 어디에서나 힘을 가진 자, 승리한 자는 아무리 부정한 행위를 해도 정당화되는 것을 보고서, 또한 유력한 사람들은 유유히 법망을 빠져 나가고, 약자나 혹은 사업에 실패한 사람들만 범죄자가 되는 것을 보고서, 이를 추론의 근거로 삼아 다음과 같은 원칙을 세우는 사람들이 있다. '정의라는 것은 빈말일 뿐이다. 자신의 노력과 모험으로 얻을 수 있는 것은 무엇이든 자기 것이다. 어느 나라를 보더라도 다 그러한데, 어찌 그것이 불의일

---

4) 어떤 행위를 하면 A의 처벌을 내린다고 법으로 공포해 놓고서, 행위 후에 A보다 무거운 B의 처벌을 내린다면 법이 행위자를 속인 결과가 된다는 뜻이다.

5) 어떤 행위를 법으로 금지한 후, 위반자에 대한 형벌이 미정상태인 경우, 법이 그들의 범죄를 유혹했거나 그들은 기만한 것은 아니기 때문에 신법으로 처벌할 수 있다는 뜻이다.

수 있겠는가? 과거의 전례들은 현재 그렇게 해도 좋다는 훌륭한 근거가 아닌가?' 이러한 종류의 추론을 받아들이고 나면, 어떤 행위도 그 자체로는 범죄가 되지 않는다. 법에 의해서가 아니라, 그 행위를 한 사람들의 성공여부에 의해 범죄가 구성된다. 같은 행위가 운명의 손짓에 따라 미덕이 되기도 하고 악덕이 되기도 한다. 따라서 마리우스가 범죄로 규정한 것을 술라는 갸륵한 일이라고 칭찬하고,[6] 카이사르는 (법은 그대로인데) 다시 그것을 범죄로 규정하는 일이 생길 것이며, 코먼웰스의 평화는 끝없이 교란될 것이다.

자연법에 대한 사이비교사들의 그릇된 해석

둘째, 사이비교사들에 의한 것인데, 그들은 자연법을 그릇되게 해석하여 시민법과 모순되게 하거나, 그들 자신의 학설이나 구시대의 전통을 가르쳐 백성의 의무를 저버리게 만든다.

또한 원칙은 바르지만 추론이 그릇된 교사들에 의해

셋째, 원칙은 바르지만 추론이 그릇된 경우이다. 이런 일은 보통 무엇을 할 것인가에 대해 성급하고 경솔하게 결론을 내리고 결의를 품는 사람들에게서 일어난다. 예를 들면 자신의 이해력을 과신하는 동시에, 이런 종류의 일[7]은 시간을 들여 연구할 필요가 없고 다만 일상적 경험과 선천적으로 타고난 지력만 있으면 된다고 생각하는 사람들이 있는데, 하나같이 자신의 경험과 지력이 남보다 못

---

6) 마리우스(Gaius Marius, BC 157~86)와 술라(Lucius Cornelius Sulla Felix, BC 138~78)는 고대 로마 공화정 말기에 각각 평민파와 귀족파의 지도자로서 서로 투쟁하였다. BC 107년 마리우스가 집정관이 되고, BC 88년 술라가 그 뒤를 이었으나 곧 카이사르와 폼페이우스가 각각 평민과 귀족을 배경으로 투쟁한 끝에 BC 46년 카이사르의 독재가 수립되었다.

7) '이런 종류의 일'이란 실천적 결정이 필요한 구체적 상황을 의미한다. 뒤에 나오는 '옳고 그름에 관한 (이론적) 지식'과 대비되는 개념으로 사용되고 있다.

할 것이 없다고 생각한다. 한편, 옳고 그름에 관한 〔이론적〕 지식에 대해서는, 그 어려움이 앞의 것과 다를 바 없음에도 불구하고, 그 어느 누구도 다년간의 방대한 연구 없이는 그런 지식을 가지고 있다고 자부하지는 않는다.[8] 자기 일은 자기가 알아서 잘 하고 있다고 주장하는 사람들에게서 나타나는 이러한 추론상의 결함 중에서 (일부 정상참작이 될 수 있는 것은 있을지 모르나) 범행에 대한 면죄사유가 될 수 있는 것은 아무것도 없다. 공무를 수행하고 있는 사람들의 경우에는 더 말할 나위도 없다. 이성을 가지고 있다고 자부하는 사람들이 이성의 결핍을 면죄사유로 내세울 수는 없기 때문이다.

자신의 정념에 의해

가장 흔히 범죄의 원인이 되는 정념 중의 하나는 허영(*vainglory*), 즉 자기 자신의 가치에 대한 과대평가이다. 이것은, 가치의 차이는 지력이나 재산이나 혈통, 기타 선천적인 자질의 결과이지 주권자의 의지에 달린 문제는 아니라는 생각에서 비롯된다. 이러한 허영에 사로잡힌 사람들은 다음과 같은 생각을 품는다. 즉 법에 규정된 처벌은 모든 백성에게 보편적으로 적용되는 것으로 되어 있지만, '일반대중', 즉 가난하고 이름 없는 평범한 사람들에게 적용하는 것과 똑같은 기준으로 자기들에게 적용해서는 안 된다는 것이다.

재산에 대한 과신

그러므로 부의 크기로 자신을 평가하는 사람들은, 공공의 정의를 매수하거나, 혹은 금전이나 다른 보상으로 용서를 얻어, 처벌을 피할 수 있다고 생각하여 흔히 범죄를 저지른다.

---

8) 이론적 지식에서는 겸손하면서도 실천적 결정에 관한 문제에서는 경솔하다는 뜻이다.

그리고 친구

그리고 유력한 친척이 많거나, 사람들 사이에 널리 알려진 인기 있는 사람을 많이 알고 있는 사람들도 법을 위반하기 쉽다. 법을 집행하는 권력자에게 압력을 행사할 수 있을 것이라고 생각하기 때문이다.

지혜

또한 자기의 지혜에 대해 단단한 착각을 하고 있는 사람들도 법을 교란한다. 이들은 통치자들의 행동을 비난하고, 그들의 권위에 의문을 제기하며, 범죄란 통치자들이 자기들 필요에 따라 정해놓은 것에 불과하다는 주장을 공공연히 펼친다. 또한 이러한 사람들은 보통 교활하고, 이웃을 속이는 범죄를 저지르기 쉽다. 자기의 속뜻이 너무나 교묘하여 남들이 알아챌 수 없다고 생각하기 때문이다. 이 모든 것이 자신의 지혜를 과신하기 때문에 생기는 일이다. 그러나 코먼웰스의 교란(이것은 내란 없이는 결코 발생할 수 없다)을 최초로 일으킨 주동자들 가운데 그들의 계획이 성공하는 것을 볼 수 있을 정도로 오래 살아남는 사람은 극히 드물다. 그들이 저지른 범죄의 이익은 후세 사람들에게 돌아가는데, 후세 사람들이 과연 그것을 바랐겠는가? 이것만 보더라도 그들이 자기들이 생각하는 것만큼 현명하지는 않다는 것을 알 수 있다. 남들이 모를 것이라고 생각하여 남을 속이는 사람은 보통 자기를 속이고 있는 것이다. 자기들을 가려주고 있다고 믿고 있는 어둠은 그들 자신의 맹목일 뿐이다. 자기 눈을 가리면 모든 것이 가려진다고 생각하는 아이들보다 나을 게 하나도 없다.

그리고 일반적으로 허영심이 많은 사람들은, 소심하기까지 한 경우가 아니라면, 하나같이 화를 잘 낸다. 사람들이 대화에서 흔히 자유롭게 할 수 있는 말을 듣고 대뜸 자기를 무시한다고 생각하기 때문〔에 화를 내는 것〕인데,

대부분의 범죄는 이런 분노에서 발생한다.

증오·정욕·야심 및 탐욕의 정념에 대해서 말하자면, 그것들이 어떤 범죄를 낳기 쉬운가 하는 것은, 모든 사람의 경험과 이해에 비추어볼 때 너무나도 명백한 일이기 때문에, 더 이상 말할 필요가 없다고 생각되지만, 한 가지만 말해 두겠다. 이 같은 정념들은, 인간이나 다른 모든 생물의 천성에 깊이 뿌리박혀 있는 약점이기 때문에, 이성을 비범하게 사용하거나, 혹은 처벌을 지속적으로 엄중하게 하지 않고서는, 그로부터 생겨하는 범죄를 막을 수가 없다는 점이다. 인간이 어떤 대상을 증오하는 이유는 그것이 자기에게 지속적으로 그것도 피할 수 없는 방법으로 방해가 되기 때문이다. 이런 경우 인간은 영속적 인내심을 갖거나, 혹은 자기를 방해하는 힘을 제거해야 마음이 편해진다. 전자는 어렵고, 후자는 법을 위반하지 않고서는 불가능한 경우가 많다. 야심과 탐욕도 인간의 마음속에 항상 현존하면서 인간을 끊임없이 압박하는 정념이다. 반면에 이들을 억제하는 이성은 항상 현존하는 것은 아니다. 처벌을 피할 수 있다는 생각이 들기만 하면 그 정념들이 발동하여 범죄를 일으킨다. 그리고 정욕은 지속성은 없으나 그 대신 격렬하기 때문에, 처벌이 경미하거나 혹은 불확실할 경우, 처벌을 조금도 두려워하지 않는다.

증오·정욕·야심·탐욕 범죄의 원인이다

인간의 모든 정념 중에서 위법행위를 가장 적게 하도록 만드는 것이 공포이다. 아니, 본성이 고매한 일부 사람들을 제외하면, 공포는 (법을 위반하면 이익과 쾌락이 있어 보이는 경우) 사람들로 하여금 법을 지키도록 만드는 유일한 것이다. 그러나 공포로 인해 범죄가 발생하는 경우

위험이 현존하지 않거나 육체적인 것이 아닌 경우, 공포는 때로 범죄의 원인이 된다

도 많다.

모든 공포가 그로부터 야기된 행위를 정당화하는 것은 아니다. 이른바 '신체적 공포'(*bodily fear*) 때문에 야기된 행위만 정당화될 수 있다. 즉 그 행위를 하지 않고서는 신체적 위해를 피할 길이 없어서, 그에 대한 공포 때문에 어떤 행위를 한 경우, 이것은 범죄가 아니다. 다른 사람의 공격을 받아 죽음의 공포에 직면하여, 그를 해치지 않고서는 죽음을 피할 길이 없을 경우, 그를 해쳐 죽음에 이르게 하여도 이것은 범죄가 아니다. 코먼웰스를 설립할 때, 법이 그를 도울 수 있는 충분한 시간적 여유가 없는 경우에조차 자신의 생명이나 사지의 보호를 포기한 것으로 볼 수는 없기 때문이다. 그러나 다른 사람의 행위나 위협에 직면하여 '그가, 그렇게 할 수만 있다면(*when he can*),[9] 나를 죽이려고 한다'고 추론하여 살인을 하면, 이것은 범죄가 된다. 주권의 보호를 요청할 시간적 여유와 방법이 있기 때문이다. 또한 모욕적 언사를 듣거나 사소한 침해를 받았을 때, (이에 대해 입법자들은 처벌 규정을 두지도 않았고, 이성이 있는 사람은 신경 쓸 가치가 없는 일이라고 생각했지만) 이에 대해 복수하지 않으면 경멸을 당하고, 그 결과 같은 일이 반복될 것이 염려되어 법을 위반하면서 사적 복수를 감행하고, 그 위협(*terror*)[10]으로 미래의 자신을 보호했다면, 이것은 범죄이다. 왜냐하면 그 위해는 신체적인 것이 아니라, 자신의 상상에 의한 것이기 때문이다. (세계 일각에서는 몇 년 전부터 분별없는 젊

9) 살인의 의사는 있으나, (현재의 능력의 결여로) 위험은 현존하지 않은 경우를 말한다.

10) (자기에게 예컨대 모욕적 언사를 하는 사람은) 반드시 복수를 받는다는 것을 보여주어, 두려워하게 하는 것을 말한다.

은이들 사이에서 이런 것이 관습으로 인정되기도 하지만) 용감한 사람은, 그리고 자신의 용기를 확신하고 있는 사람은 신경 쓸 필요가 전혀 없는 하찮은 일이다. 또한 인간은 유령에 대한 공포에 사로잡힐 수도 있다. 자기가 가진 미신 때문에 그렇게 되기도 하고, 남이 들려준 이상한 꿈 이야기나 환영 이야기를 곧이곧대로 믿어 그렇게 되기도 한다. 이런 사람들은, 어떤 일을 행하거나 혹은 피하거나 하면, 그 유령이 자기를 해칠 것이라고 생각하여 위법행위임에도 불구하고 어떤 일을 행하거나 혹은 피하거나 한다. 이러한 공포는 결코 면죄사유가 될 수 없으며, 그런 이유로 한 행위나 혹은 피한 행위는 범죄가 된다. 왜냐하면 제 2장에서 이미 말한 바와 같이, 꿈이란 것은 본래 우리의 감각이 생시에 받았던 인상이 잠 속에 남아있는 환각에 불과하며, 어떤 연유로든 자기가 잠을 잤다는 사실을 알지 못할 때, 정말로 환영을 보았다고 착각하기 때문이다. 그러므로 코먼웰스가 허락한 것 이상으로, 자기 또는 타인의 꿈이나 환영으로 인하여, 혹은 눈에 보이지 않는 유령의 힘에 대한 환각으로 인하여, 위법행위를 하는 것은 자연법을 저버리는 것이다. 이것은 자연법에 대한 일종의 위반이다. 그는 자기나 또는 타인의 두뇌가 만든 심상(心像 *imagery*)을 따르고 있지만, 그것이 도대체 무슨 의미가 있는지 전혀 알지 못하며, 자기에게 꿈 이야기를 해준 사람이 사실대로 말한 것인지, 거짓말을 한 것인지도 전혀 알지 못한다. 이런 일이 모든 사적 개인에게 허락된다면 어떤 법도 성립할 수 없을 것이며, 그 결과 모든 코먼웰스는 해체되고 말 것이다. 만약 어느 한 사람에게 그렇게 해도 좋다고 자연법이 허락한다면, 결국 모든 사람에게 허락하는 결과를 가져올 것이기 때문이다.

범죄가 다 같은 것은 아니다

범죄의 원천이 이처럼 다양한 만큼, 모든 범죄는 근본적으로 같다고 한 고대 스토아학파의 주장이 틀렸다는 사실을 알 수 있다. 거기에는 **면죄사유**(*excuses*)도 있고 **정상참작**(*extenuation*)도 있다. 범죄로 보이는 행위도 면죄사유가 있으면 범죄를 구성하지 않는다. 또한 정상참작의 여지가 있으면 죄가 가벼워진다. 직선으로부터 벗어난 모든 선은 굽었다는 점에서는 똑같듯이, 모든 범죄는 불의의 낙인을 받아 마땅하다. 이 점은 스토아 학파의 주장이 옳다. 그러나 그렇다고 해서 모든 범죄가 불의의 정도에서도 같다고 할 수는 없다. 이것은 굽은 선들이라고 해서 굽은 정도도 모두 같다고 말할 수 없는 것과 같다. 스토아 학파는 이것을 몰랐기 때문에, 닭을 죽인 것이나 부친을 살해한 것이나 똑같이 큰 범죄라고 주장했던 것이다.

완전면죄의 사유들

어떤 행위에 대해 죄를 완전하게 면제하고 범죄의 성격을 제거하는 것은 곧 법이 정한 의무를 제거하는 것이다. 왜냐하면 어떤 행위가 범법행위가 되는 것은 법이 정한 의무를 위반했기 때문이다.

그 법을 알 수 있는 수단의 결여는 완전한 면제의 사유가 된다. 왜냐하면 이러한 경우 그 법은 의무를 부과할 수 없기 때문이다. 그러나 법을 알고자 하는 노력의 결여는 수단의 결여로 간주될 수 없다. 또한 충분한 이성이 있다고 자처하여 자신의 일을 스스로 돌보고 있는 사람은 자연법을 알 수 있는 수단을 가지고 있는 것으로 간주된다. 그가 가지고 있다고 자처하고 있는 그 이성이 바로 수단이기 때문이다. 오직 어린이와 미친 사람의 경우에만 자연법에 대한 위반행위가 면죄된다.

포로가 되었거나 적의 지배하에 있는 사람은 (신변이나

생활수단이 적의 지배하에 있을 경우, 그는 적의 지배하에 있는 사람이다), 그 상황이 자신의 과오에 의한 것이 아니라면, 준법 의무는 소멸된다. 그는 적에게 복종해야 하며, 그렇지 않으면 죽임을 당하기 때문이다. 따라서 그러한 복종은 〔위법행위라 하더라도〕 범죄가 아니다. (법의 보호가 미치지 않을 때) 최선의 수단으로 스스로를 보호하는 일은 어느 누구에게도 금지되어 있지 않기 때문이다.

눈앞에 닥친 죽음의 위협 때문에 위법행위를 하게 된 경우, 그는 완전히 면죄된다. 왜냐하면 그 어떤 법도 인간으로 하여금 자기보존을 포기하도록 의무를 부과할 수는 없기 때문이다. 만일 그런 의무를 부과하는 법이 있다면, 이런 추론을 하게 될 것이다. '그 〔위법〕행위를 하지 않으면 지금 죽고, 그 행위를 하면 나중에 〔법에 의해〕 죽는다. 그렇다면 그 행위를 하는 것이 조금이라도 더 오래 사는 길이다.' 즉 자연이 그에게 그런 행위를 하도록 만들고 있는 것이다.

식품이나 기타 생활필수품이 결핍되어 위법행위를 하지 않고서는 도저히 자기보존을 할 수 없는 경우, 예를 들면, 심한 기근이 들어 식품을 돈 주고도 살 수 없고, 주는 사람도 없어서, 강탈하거나 훔치거나 한 경우, 혹은 자신의 목숨을 지키기 위해 다른 사람의 칼을 빼앗은 경우, 그는 완전히 면죄된다. 그 이유는 바로 앞 절에서 말한 것과 같다.

본인에 대한 면죄

또한 타인의 권한에 의해 위법행위가 이루어진 경우, 그 권한으로 인해, 그 권한의 본인에 대해서는 면죄된다.[11] 어느 누구도 자기가 한 행위에 대해, 단지 자기 행

11) 그 행위를 지시한 사람(즉 그 행위의 본인)에 대해서는 행위자의 위법행위

위의 도구가 된 타인을 고소할 수는 없기 때문이다. 그러나 그로 인해 피해를 입은 제삼자에 대해서는 면죄되지 아니한다. 위법행위를 한 점에서는 본인과 행위자 둘 다 범죄자이기 때문이다. 이로부터 다음과 같은 사실을 알 수 있다. 즉 주권을 가진 사람 또는 합의체가 기존의 법에 위반되는 행위를 명령한 경우, 그 명령에 따른 행위는 완전히 면죄된다는 것이다. 이 경우 그 행위의 본인은 주권자 자신으로서, 주권자가 자기 자신에게 유죄판결을 내릴 수는 없으며, 또한 주권자가 정당하게 유죄판결을 내릴 수 없는 것에 대해서는 그 어느 누구도 유죄판결을 내릴 수 없기 때문이다. 게다가 주권자가 자신의 기존의 법에 반하는 행위를 명령한 경우, 그 특정 행위에 관한 한, 그 명령은 기존의 법의 폐기를 의미한다.

주권자 또는 주권을 가진 합의체가 주권에 본질적인 어떤 권리를 포기한 결과, 주권, 즉 코먼웰스의 존립 자체와 양립할 수 없는 어떤 자유가 백성에게 발생한 경우를 생각해보자. 이 경우에도 백성이 주권자의 명령에 복종하기를 거부한다면, (이 명령에 따르지 않을 자유가 새로 생겼다고 하더라도) 이 또한 죄(*sin*)이며, 백성의 의무를 저버리는 것이다. 왜냐하면 주권은 백성의 동의에 의해, 자기 자신의 방위를 위해 수립되었기 때문에, 백성은 〔새로 얻은 자유를 행사할 때〕 무엇이 주권과 양립할 수 〔있고, 무엇이 주권과 양립할 수〕 없는 지를 마땅히 알아야 하고, 주권과 양립할 수 없는 자유는 〔주권자가〕 그러한 자유의 허용이 가져올 나쁜 결과를 몰랐기 때문에 백성에게 부여되었다는 것을 알아야 하기 때문이다. 여기에서 불복종에

가 면죄된다는 뜻이다. '본인'에 대해서는 제 16장의 〈본인〉 항 참조.

그치지 아니하고, 명령을 시행하는 공적 대행자에게 항거한다면 이것은 범죄(*crime*)가 된다. 평화를 조금이라도 교란하지 않고, 이의를 제기함으로써 권리를 회복할 수도 있었을 것이기 때문이다.

범죄의 정도는 여러 가지 기준에 의해 측정된다. 첫째, 범죄의 근원이나 원인의 악의성에 의해, 둘째, 그러한 범죄의 전염성에 의해, 셋째, 결과의 해악에 의해, 그리고 넷째, 〔범행에 관련된〕 시간과 장소와 인물에 관한 여러 가지 사실들에 의해 측정된다.

힘을 과신하여 저지른 범행은 죄가 무거워진다

동일한 범법행위라 하더라도, 범법자가 자기의 힘과 재산과 친구를 믿고 법 집행자에게 항거할 생각으로 범행한 경우에는, 발각되지 않을 것이라고 생각하거나, 혹은 도주하여 처벌을 모면할 생각으로 범행한 경우보다 죄가 무겁다. 왜냐하면 힘으로 죄를 면하려고 생각하는 것은 어떤 경우에든, 또한 그 유인(誘因)이 무엇이든, 모든 법에 대한 경멸이 발생하는 근원인 반면, 후자의 경우에는 〔처벌의〕 위험이 두려워 그가 도주한 만큼, 그 공포심이 그 후 그로 하여금 법을 더 잘 지키도록 만들 것이기 때문이다. 그것이 범죄라는 것을 알고 있으면서 저지른 범죄는, 그것이 합법적이라고 잘못 믿고 저지른 범죄보다 죄가 무겁다. 왜냐하면 자신의 양심에 반하여 범행한 사람은 자신의 힘이나 혹은 타인의 힘을 믿고 있는 것이며, 이러한 힘을 믿고 동일한 범죄를 다시 범할 가능성이 있지만, 오신(誤信)에 의해 범행한 사람은 자기의 오신을 깨달은 다음에는 법을 준수하기 때문이다.

악질 교사에 의한 경우 죄가 경감된다

교사나 공인된 법 해석자의 권위에서 비롯된 잘못은, 자신의 독단적 원칙이나 추론에서 비롯된 잘못에 비해 죄가 작다. 왜냐하면 공직자의 가르침은 곧 코먼웰스 자신의 가르침이며, 코먼웰스가 그 잘못된 가르침을 바로잡을 때까지는 법과 같은 것이기 때문이다. 그리고 그 중에서 주권에 대한 부인(否認)도 들어 있지 않고, 명백히 법을 위반한 것도 아닌 경우에는 완전히 면죄된다. 반면에 자신의 판단에 따라 행동한 사람은 그 행위가 옳은지 그른지에 따라, 잘못인지 아닌지에 따라 유죄여부가 결정된다.

방면의 전례가 있으면 죄가 경감된다

동일한 범죄라 하더라도, 항상 처벌이 이루어진 경우에는, 방면(放免)의 전례가 많은 경우에 비해 죄가 무겁다. 왜냐하면 방면의 전례는, 범법자에게 방면의 기대를 낳는데, 이는 주권자 자신이 불러일으킨 것이며, 방면과 자비를 기대하게 하여 위반행위를 조장한 만큼, 주권자에게도 책임이 있으며, 따라서 위반자에게만 모든 책임을 물을 수는 없기 때문이다.

계획적 범행은 죄가 가중된다

돌발적인 정념에서 비롯된 범죄는, 장기간의 사전계획에 의한 범죄에 비해 죄가 가볍다. 전자는 인간의 본성에 내재한 공통의 약점에서 비롯된 것이기 때문에 정상참작의 여지가 있다. 그러나 계획적으로 범행한 자는 법에 대해, 처벌에 대해, 그리고 자기의 범행이 인간사회에 미칠 영향에 대해 용의주도하게 관찰한 끝에 범행한 것이며, 이 모든 것을 무시한 채 자기의 욕구만을 앞세워 범행했기 때문에 정상참작의 여지가 없다. 하지만 완전 면죄의 사유가 될 수 있는 돌발적 정념은 없다. 법을 처음 안 순간부터 범행을 저지를 때까지의 시간은 숙고(熟考)의 시간으로 간주되어야 하며, 법에 대한 숙고를 통해 자신의 충동적인 정념을 교정해야 하기 때문이다.

법이 모든 사람 앞에서 공개적으로, 그리고 부지런히

낭독되고 해석되는 곳도 있고, 그러한 지도를 받지 못해 법을 알기가 힘들고, 알아도 불확실하고, 알려고 하면 생업에 지장이 초래되고, 〔공적 권위가 없는〕 사적 개인들을 통해 법을 알도록 사람들이 방치된 곳도 있다. 동일한 범행이라 하더라도, 전자의 상황에서 이루어진 범행이 후자의 상황에서 이루어진 범행보다 무겁다. 왜냐하면 후자의 경우 잘못의 일부는 모든 사람들이 공유하고 있는 한계에서 비롯된 것이지만, 전자의 경우에는 모든 책임이 명백히 범죄행위자의 태만에 있으며, 여기에는 반드시 주권자에 대한 경멸이 들어 있기 때문이다.

주권자의 묵인이 있으면 죄가 경감된다

법에는 유죄로 명시되어 있지만, 입법자가 법 이외의 명백한 의사표시에 의해 묵시적으로 인정하고 있는 행위는, 동일한 행위에 대해 법과 입법자 모두가 유죄로 판정하고 있는 경우에 비해 죄가 가볍다. 입법자의 의지가 법이라는 점을 고려하면, 이런 경우 서로 모순되는 두 개의 법이 나타났다고 할 수 있는데, 여기에서 만약 어떤 행위에 대한 주권자의 묵인 사실을, 그의 명령〔즉 법〕 이외의 다른 증거들을 보고 반드시 알아야할 의무가 사람들에게 부과되어 있다면, 그러한 행위를 한 자는 완전히 면죄된다. 법을 어겨도 처벌을 받고, 법을 지켜도 처벌을 받는 상황이라면, 주권자에게 위반의 원인을 제공한 책임이 있는 것이며, 따라서 모든 죄를 위반자에게 지우는 것은 결코 합리적인 일이 될 수 없다. 예를 들어, 결투(*dual*)[12]

12) 결투는 개인간의 분쟁을 격투로 해결하던 게르만 민족의 풍습으로 그것이 신의 심판이라 하여 합법화된 것은 중세 서유럽에서였다. 10~11세기 유럽에서 전성기를 맞이하였으며 1215년 라테란 공의회(公議會)에서, 1258년 루이 9세의 칙령에 의해 공식적으로 금지되었으나 그 후에도 끊이지 않고 계속되어 15세기 말엽 프랑스에서는 '명예를 위한 결투'가 생겨났고 특히 상

는 법으로 금지되어 있고, 위반자는 사형에 처한다. 그러나 〔결투신청을 받았을 때〕 결투를 거부하는 자는 경멸과 조소를 당하고, 이에 대한 법적 구제는 없다. 또한 그런 사람에게는 주권자 자신조차 전시(戰時)에 중책을 맡기지 않으려고 하고, 승진도 시키지 않으려고 한다. 이런 상황에서 그가, 주권자로부터 좋은 평가를 받으려고 노력하는 것은 합법적이라고 생각하여, 결투를 받아들였다면, 〔법으로 금지한 결투를 했다는 이유로〕 그를 엄벌에 처하는 것은 합리적인 일이 아니다. 처벌자에게도 잘못의 일부가 있기 때문이다. 내가 이런 말을 하는 이유는 사적 복수의 자유를 바라서도 아니요, 다른 어떤 종류의 불복종을 바라서도 아니다. 통치자들이 직접적으로는 금지한 것을 간접적으로는 장려하는 일이 없도록 주의하기를 바라기 때문이다. 군주들의 행실은 그것을 보고 있는 사람들에게는 하나의 본보기가 되어, 법보다 더 큰 위력으로 그들의 행동을 지배한다. 과거에도 그러했고, 지금도 그러하다. 비록 우리의 의무가, 군주의 행실이 아니라 군주의 말을 따르는 것이라 하더라도, 그 계율을 따를 수 있도록 하느님께서 인간에게 초자연적인 놀라운 은혜를 내리실 때까지는 그러한 의무는 지켜지지 않을 것이다.

결과에 의한 범죄의 비교

또한 범죄를 그로부터 야기된 해악에 의해 비교한다면, 첫째, 동일한 행위라 하더라도 다수에게 피해를 주는 경우가 소수에게 피해를 주는 경우보다 죄가 무겁고, 따라서 또한 현재뿐만 아니라 (모방 범행의 발생으로) 미래에도 피해를 주는 경우가 현재에만 피해를 주는 경우보다 죄가 무겁다. 왜냐하면 전자는 번식성 범죄로서, 피해가

류사회의 사람들 사이에 성행하였다. 서로가 미리 합의한 규칙을 준수하면서 칼로 싸웠으며 보통 증인이나 참관인이 입회하였다.

다수에게 확대되는 것이고, 후자는 불임성 범죄이기 때문이다. 코먼웰스의 국교에 위배되는 설교를 공인된 설교자가 한 경우, 동일 행위를 사적 개인이 한 경우보다 잘못이 크다. 이것은 신성모독적인 생활, 무절제한 생활, 기타 모든 비종교적 행위에 대해서도 마찬가지다. 마찬가지로 법학교수가 주권자의 권력을 약화시킬 가능성이 있는 주장이나 행동을 한 경우, 다른 사람의 경우보다 더 큰 범죄가 된다. 또한 현자로서의 명성이 높아 다수 사람들이 그의 충고를 따르거나 그의 행위를 따르는 명망 있는 사람이 위법행위를 하면, 다른 사람의 동일 행위보다 더 큰 범죄가 된다. 왜냐하면 그런 사람들은 범죄를 저지르는 것에 그치지 않고, 다른 모든 사람들에게 그것이 법이라고 가르치고 있기 때문이다. 그리고 일반적으로 모든 범죄는 비행(卑行 *scandal*)[13]의 정도가 크면 클수록 더 큰 범죄가 된다. 자기 스스로 길을 찾아가는 것이 아니라 앞사람이 들고 가는 등불을 보고 길을 가는 세상의 약자들에게 올무가 되기 때문이다.

대역죄

또한 코먼웰스의 현 체제에 도전하는 적대행위도 동일 행위가 사인(私人)에게 행해진 것보다 죄가 크다. 그 피해가 만인에게 파급되기 때문이다. 적에게 코먼웰스의 병력을 팔거나 기밀을 누설하는 행위, 군주이건 합의체이건 코먼웰스의 대표자를 공격하는 일체의 행위, 위 대표자 또는 후계자의 권위를 말이나 행동으로 훼손하는 행위 등이 여기에 속한다. 이러한 범죄를 라틴인들은 '대역죄'(大逆罪 *crimina laesae majestatis*)라고 불렀는데, 이것은 기본법에 반하는 기도(企圖)나 행위를 말한다.

13) '비행'에 대해서는 제45장의 주17 참조.

수뢰와 위증 마찬가지로 판결의 힘을 잃게 만드는 범죄는 한 사람 또는 몇 사람의 권리를 침해한 것보다 죄가 크다. 뇌물을 받고 그릇된 판결을 내리거나 위증하는 것은, 동일한 뇌물 혹은 그 이상의 뇌물을 받고 다른 방법으로 사람을 속이는 경우보다 죄가 크다. 왜냐하면 패소한 자가 피해를 입는데 그치지 아니하고, 모든 판결을 무용지물로 만들고, 폭력과 사적 복수를 조장하기 때문이다.

공금횡령 또한 공공재산을 훔치거나 공금을 횡령하는 것은 사인의 재산을 강탈하거나 사취하는 것보다 더 큰 범죄가 된다. 공공재산을 훔치는 것은 다수의 재산을 일거에 강탈하는 것이기 때문이다.

권위의 위조 또한 공직을 사칭하거나, 공공의 인장(印章) 또는 주화를 위조하는 것은 사인의 자격을 사칭하거나, 그의 인장을 위조하는 것보다 더 큰 범죄가 된다. 이러한 사기는 다수에게 피해를 주기 때문이다.

사인에 대한 범죄의 비교 사인(私人)에게 행해진 위법행위는 사람들의 눈에 그 피해가 쉽게 보이는 것이 죄가 크다. 즉,

법에 반하여 살인하는 것은, 치사(致死)에 이르지 아니한 어떤 상해보다도 죄가 크다.

고문에 의한 살인은 단순한 살인보다 죄가 크다.

수족의 절단은 재물의 약탈보다 죄가 크다.

살해 또는 상해의 위협에 의한 재물의 약탈은 은밀한 절도보다 죄가 크다.

은밀한 절도는 동의를 얻은 사취(詐取)보다 죄가 크다.

폭력에 의한 정조유린은 달콤한 말에 의한 정조유린보다 죄가 크다.

기혼 여성에 대한 정조유린은 미혼 여성에 대한 정조유린보다 죄가 크다.

왜냐하면 동일한 범행에 대해 사람에 따라 다른 평가를 할 수 있다 하더라도, 위에서 말한 것들은 모두 일반적으로 그렇게 평가되고 있기 때문이다. 법은 인류의 개별적 성향이 아니라 일반적 성향에 주목한다.

그런 이유로, 모욕적 언동은, 모욕을 당한 사람에게 즉각적인 분노나 불쾌감을 준 것 이외에는 어떠한 피해도 주지 않은 경우, 그리스나 로마, 기타 고금의 코먼웰스의 법에서 무시되어 왔다. 그러한 분노나 불쾌감의 진정한 원인은 모욕적 언동에 있는 것이 아니라 (스스로의 덕을 알고 있는 사람에게는 모욕이 들어설 자리가 없다) 모욕을 당했다고 생각하는 자의 소심함에 있다고 생각했기 때문이다.

또한 사인(私人)에 대한 범죄도 〔관련된〕 인물, 시간, 장소에 따라서 죄의 크기가 달라진다. 존속살해는 타인을 살해하는 것보다 죄가 크다. 왜냐하면 존속은 〔권속에 대한〕 최초의 자연적 주권자였던 까닭에 (비록 그가 그 권력을 시민법에 양도했다 할지라도) 주권자의 명예는 마땅히 가져야 하기 때문이다. 그리고 가난한 사람의 재물을 강탈하는 것은 부자의 재물을 강탈하는 것보다 죄가 크다. 가난한 사람이 피해를 더 크게 느끼기 때문이다.

예배를 위한 시간이나 장소에서 자행된 범죄는, 다른 시간과 장소에서 자행된 범죄보다 죄가 크다. 법을 경멸하는 마음이 그만큼 크기 때문이다.

이외에도 가중처벌의 사유와 정상참작의 사유가 많이 있겠지만, 지금까지 말한 것만으로도 범죄의 경중을 가리는 방법을 누구나 명백히 알 수 있을 것이다.

공적 범죄란 무엇인가

끝으로 거의 모든 범죄는 사인에 대한 권리침해임과 동시에 코먼웰스에 대한 권리침해인데, 같은 범죄라 하더라도 코먼웰스의 이름으로 기소된 경우에는 공적 범죄라고 하고, 사인의 이름으로 기소된 경우에는 사적 범죄라고 한다.

그리고 소송도 그에 따라 전자는 '공적 소송'(*judicia publica*) 또는 '왕좌소송'이라 하고, 후자는 '사적 소송'(*Private Pleas*)이라고 한다. 예를 들어 살인죄의 고소에서 고소인이 사인이면, 그 소송은 '사적 소송'이고, 고소인이 주권자이면 그 소송은 '공적 소송'이다.

제28장

형벌과 보상에 대하여

형벌(刑罰 *Punishment*)[1] 이란 '공적 권위가 위법으로 규정하는 작위 또는 부작위에 의한 행위에 대해, 인간의 의지를 더 잘 복종하게 할 목적으로, 공적 권위가 그 행위자에게 가하는 해악'이다. 형벌의 정의

이 정의에서 출발하여 추론을 진행하기 전에 매우 중요한 문제 하나에 대한 대답이 있어야 한다. 그것은 처벌의 권리 또는 권한이 어디에서 나왔나 하는 것이다. 앞에서 말한 바와 같이, 어느 누구도 폭력에 저항하지 않겠다는 신의계약을 맺은 일은 없으므로 그렇게 해야 할 의무가 있다고 생각할 수는 없으며, 따라서 자기의 신체에 폭력을 가할 어떠한 권리도 다른 사람에게 부여했다고 생각할 형벌권의 출처

---

1) 국가가 범죄인에게 그의 책임을 전제로 하여 과하는 법률상의 제재를 '형벌'(刑罰)이라고 하고, 법률에 그 종류가 명시되어 특정 행위자에 대하여 선고 또는 집행되는 개개의 형벌은 '형'(刑)이라고 하는데, 우리나라 형법에서는 '형벌'이라는 용어는 사용하지 않고 있다. '처벌'은 형벌에 처하는 것, 또는 그 벌을 의미하는데, 후자의 뜻일 때는 '형벌'과 같은 뜻이 된다. 본 역서에서는 벌 그 자체를 나타낼 때는 '벌', 법에 규정된 벌을 나타낼 때는 '형벌', 개개의 구체적 형벌을 가리킬 때는 '형', '형벌에 처함'의 뜻일 때는 '처벌'로 각각 번역하였다.

수는 없기 때문이다. 코먼웰스를 수립하면서 각자 타인을 방어하는 권리를 포기했을 뿐, 자기 자신을 방어하는 권리는 포기하지 않았다. 또한 주권자가 타인을 처벌할 경우에는 〔주권자를〕 도울 의무가 있지만, 자기 자신이 처벌을 받을 경우에는 그럴 의무가 없다. 주권자가 타인에게 해를 가할 때 돕겠다는 신의계약을 맺었다고 하더라도, 계약자에게 처벌의 권리가 있지 않은 한, 이 계약에 의해 주권자에게 새로 형벌권이 생기는 것은 아니다. 따라서 다음과 같은 사실이 명백하다. 즉 코먼웰스(이를 대표하는 사람 또는 사람들)의 형벌권은 백성의 양보나 증여에 근거한 것이 아니라는 것이다. 그러나 이미 앞에서 말한 것처럼, 코먼웰스가 설립되기 전에는 모든 사람이 모든 것에 대한 권리를 가지고 있었고, 또한 자기보존에 필요하다고 생각되는 일은 무엇이든지 할 권리를 가지고 있었다. 그 목적을 위해서라면 누구라도 굴복시키거나, 상해를 입히거나, 살해할 권리를 가지고 있었다. 이것이 바로 모든 코먼웰스에서 행사되는 형벌권의 근거이다. 즉 백성들이 주권자에게 그러한 권리를 부여한 것은 아니지만, 그들 자신의 권리를 포기함으로써, 주권자가 그들 모두의 보존을 위해 적당하다고 판단하는 바에 따라, 주권자 자신의 형벌권을 행사할 수 있도록 강화시켜 준 것이다. 따라서 형벌권은 주권자에게 부여된 것이 아니고 주권자에게만 남게 된 것으로, 자연법에 의해 정해진 한계를 제외하면, 완전한 자연상태, 즉 만인에 대한 만인의 투쟁 상태에서와 같이 온전한 형태로 남게 된 것이다.

사적 가해와 복수는 형벌이 아니다

형벌의 정의로부터 다음과 같은 내용들을 추론할 수 있다. 첫째, 사적 개인들의 사적 복수나 가해행위는 형벌이라고 할 수 없다는 것이다. 공적 권위에서 연유하는 것이 아니기 때문이다.

둘째로, 주권자가 등용하지 않거나 호의를 베풀지 않는 것은 형벌이 아니다. 그로 인해 새로 해악이 가해진 것은 아니기 때문이다. 이전의 상태에 그대로 남아있을 뿐이다.

등용의 거부는 형벌이 아니다

셋째, 공적 권위에 의해 가해진 해악이 사전의 공적 유죄선고 없이 행해진 경우에는, 형벌이 아니라 '적대행위' (*hostile act*)에 해당한다. 왜냐하면 형벌을 받게되는 행위는 처벌에 앞서 공적 권위에 의해 위법행위라는 판결이 먼저 내려져야 하기 때문이다.

공적 심리 없이 가해지는 고통도 형벌이 아니다

넷째, 찬탈한 권력에 의해, 그리고 주권자로부터 권한을 부여받지 못한 재판관에 의해 가해지는 해악도 형벌이 아니라 적대행위이다. 찬탈한 권력의 행위들은, 유죄선고를 받은 인격을 그 행위의 본인으로 삼을 수 없기 때문이다.[2] 따라서 그것은 공적 권위의 행위가 아니다.

찬탈한 권력에 의해 가해지는 고통도 형벌이 아니다

다섯째, 범법자나 혹은 그를 모방하는 사람들로 하여금 법을 더 잘 준수하도록 하기 위한 의도나 가능성이 없이 가해지는 해악도 형벌이 아니라 적대행위이다. 그러한 목적이 없다면 어떤 해악도 형벌의 이름을 가질 수 없다.

미래의 선에 대한 고려 없이 가해지는 고통도 형벌이 아니다

여섯째, 어떤 행위에는 자연적으로 〔행위자 자신에게〕 여러 가지 유해한 결과가 따르기도 한다. 예를 들면, 타인을 공격하다가 살해되거나 부상을 당할 수도 있고, 불법행위를 하다가 병에 걸릴 수도 있다. 이러한 해(害)는 자연의 창조자인 하느님과 관련하여 생각하면 벌을 내린 것, 즉 천벌(*punishment divine*)이라고 할 수도 있다. 그러나 인간과 관련하여 보면 이런 것은 형벌의 이름을 가질 수 없

자연적으로 생긴 나쁜 결과들은 형벌이 아니다

2) 합법적 권력의 경우에는 모든 백성이 주권자가 한 모든 행위의 '본인'이 되지만, 불법적 권력의 경우는 그렇지 않다는 뜻이다.

다. 인간의 권한에 의해 가해진 것이 아니기 때문이다.

가해진 해악이 범행의 이익보다 작으면 형벌이 아니다

일곱째, 가해진 해악이 범죄에 자연적으로 따르는 이익이나 만족보다 작다면, 그러한 해악은 형벌의 정의에 해당되지 않으며, 범죄에 대한 형벌이라기보다는 범죄의 대가 또는 보상이다. 인간으로 하여금 법에 복종하도록 하는 것이 형벌의 본질적 목적인데 (만일 그러한 형벌의 해악이 범죄의 이익보다 작다면), 그 처벌은 그와 같은 목적을 달성하지 못하고 오히려 역효과를 낳기 때문이다.

법에 규정된 형벌보다 더 큰 가해는 형벌이 아니라 적대행위이다

여덟째, 형벌이 법에 규정되어 있음에도 불구하고 범죄가 이루어진 후 그보다 큰 형벌을 내린다면, 그 초과분의 처벌은 형벌이 아니고 적대행위이다. 형벌의 목적은 복수가 아니고 〔억제를 위한〕 위협인데, 가벼운 처벌이 공포되어 있으면, 그보다 무거운 미지의 처벌은 위협의 효과를 낼 수 없다. 그러므로 예기치 못한 추가분은 형벌에 포함되지 않는다. 그러나 형벌의 내용이 법에 규정되지 않을 경우에는 모든 가해가 형벌의 성질을 가진다. 형벌의 내용이 정해지지 않은 위법행위를 한 사람은 불확정의 형벌, 다시 말해 전단적(專斷的) 형벌을 예기하기 때문이다.

법이 제정되기 이전의 행위에 대해 가한 해악은 형벌이 아니다

아홉째, 그 행위를 금지하는 법이 존재하기 이전에 행해진 행위에 대해 가해지는 해악은 형벌이 아니라 적대행위이다. 법이 있기 이전에는 그 법의 위반도 없기 때문이다. 형벌은 어떤 행위가 위법행위로 판정되었다는 것을 전제한다. 그러므로 법이 제정되기 이전의 〔행위에 대한〕 가해는 처벌이 아니라 적대행위이다.

코먼웰스의 대표자는 처벌될 수 없다

열째, 코먼웰스의 대표자에게 가해지는 해악은 형벌이 아니고 적대행위이다. 공적 권위가 벌을 내리는 것이 처벌의 본질인데, 공적 권위는 바로 대표자 자신의 권위이

기 때문이다.

끝으로, 〔코먼웰스의〕 적으로 선언된 사람에 대한 가해는 처벌의 범주에 들지 않는다. 그들은 준법의 의무를 가진 적이 없는 사람들, 따라서 법을 위반할 수도 없는 사람들이거나, 지금까지는 준법의 의무가 있었으나 더 이상 그 의무를 지지 않겠다고 공언함으로써, 법의 위반이 자기들에게는 적용될 수 없다고 주장한 사람들이다. 따라서 그들에게 해악을 가하는 것은 적대행위로 간주되어야 한다. 그러나 적대행위를 하겠다고 〔즉 적(敵)으로〕 선언하고 나면 모든 가해행위는 합법적이다. 이로부터 다음과 같은 사실을 알 수 있다. 즉 행동이나 말로써 코먼웰스의 대표자의 권위를 의도적으로 또는 고의적으로 부인하는 백성이 있다면 (반역죄에 대한 형벌규정이 무엇이든), 그 대표자의 뜻에 따라 그에게 어떤 고통을 가하더라도 합법적이다. 준법의 의무를 부인한 것은 곧 그 법에 규정된 처벌도 부인한 것이며, 따라서 코먼웰스의 적으로 간주되어, 대표자의 전단(專斷)에 따라 고통을 당하는 것이다. 법에 명시된 처벌은 백성을 대상으로 하는 것이지, 적을 대상으로 하는 것은 아니다. 자신의 행위에 의해 백성이 되었음에도 불구하고, 고의적으로 반역하여 주권자의 권력을 부인하는 사람은 적에 해당한다.

역적에 대한 가해는 처벌의 방법으로서가 아니라 전쟁의 권리에 의해 이루어진다

처벌은 일차적으로 그리고 가장 일반적으로 '하느님의' 처벌과 '인간의' 처벌로 분류된다. 전자에 대해서는 뒤에 적당한 곳에서 언급할 기회가 있을 것이다.

'인간의' 처벌은 인간의 법에 의해 과하는 형벌로서 '신체적인 것', '금전적인 것', '치욕', '감금', '추방' 혹은 이들의 혼합이 있다.

〔형벌의 종류〕

신체형 '신체형'(身體刑 *corporal punishment*)은 신체에 직접 고통을 주는 것으로서, 형을 과하는 사람의 의도에 따라 태형(笞刑), 상해(傷害), 또는 이전에 합법적으로 향유해 온 신체의 쾌락을 박탈하는 것 등이 있다.

사형 신체형에는 '사형'(死刑 *capital*)과 '사형'보다 '가벼운 형벌'이 있다.[3] 사형은 죽음을 과하는 것인데, 단순히 죽이기도 하고, 고문으로 죽이기도 한다. 사형보다 가벼운 형벌은 태형, 상해, 족쇄 및 기타 육체적 고통으로 성질상 죽음에 이를만한 것은 아니다. 형벌을 과한 사람이 죽일 의도는 없었는데, 형벌을 받던 수형자(受刑者)가 사망한 경우, (예기치 못한 어떤 사정 때문에 그러한 해악을 가하면 죽음이 초래될 수밖에 없다는 것이 밝혀진다 하더라도) 죽음은 과(科)해진 것이 아니라 촉진된 것이다.

〔금전형〕 '금전형'(金錢刑 *pecuniary punishment*)은 일정액의 금전이나 토지 또는 보통 금전으로 매매되는 재화를 박탈하는 형벌이다. 그러한 처벌을 규정한 법이 그 법을 위반한 사람으로부터 금전을 모으기 위한 의도를 가지고 제정되었다면, 이 경우에는 정확히 말하면 형벌이 아니라 특권의 대가이며, 법의 면제의 대가이다. 이 법은 그와 같은 행위를 절대적으로 금지하는 것이 아니라 돈을 지불할 능력이 없는 사람들에 대해서만 금지하는 것이다. 그러나 그 법이 자연법이거나, 종교의 일부인 경우에는 그것은 법의 면제가 아니라 법의 위반이다. 예컨대 하느님의 이름을 욕되게 한 자에게 법이 벌금을 부과한 경우, 벌금의 지불은 독신허용(瀆神許容)의 대가가 아니라, 법 위반에 대한

3) 오늘날의 형법에서는 신체형과 사형(생명형)을 따로 구분하고 있으나, 홉스는 사형을 신체형의 하나로 보고 있다.

불가결한 처벌이다. 마찬가지로, 법이 피해자에게 일정액의 금전을 지불하도록 규정하고 있다면, 이것은 그가 입은 피해에 대한 보상이며, 피해자의 고소를 소멸시키지만, 위반자의 범죄가 소멸되는 것은 아니다.

'치욕'(恥辱 *ignominy*)은 코먼웰스에 의해 불명예스러운 것으로 정해진 해악을 과하거나, 명예로운 것으로 규정된 이익을 박탈하는 것이다. 명예로운 것 중에는 자연적인 것도 있고, 코먼웰스에 의해 명예로운 것으로 정해진 것도 있다. 전자는 용기·아량·힘·지혜 및 기타 심신의 능력이 발휘되는 것 등을 말하고, 후자는 기장(記章)·칭호·직위 및 주권자의 호의를 나타내는 특수한 표지 같은 것들이다. 전자의 명예는 (자연적으로 혹은 우연히 잃어버릴 수는 있어도) 법에 의해 박탈될 수는 없다. 그러므로 그러한 명예의 상실은 처벌이 아니다. 그러나 후자의 명예는 그것들을 명예로 정한 공적 권위에 의해 박탈될 수 있으며 처벌에 해당한다. 예를 들면, 유죄선고를 받은 사람의 기장·칭호·직무를 박탈하거나, 혹은 앞으로 그와 같은 것들에 대한 자격이 없다고 선언하는 것 등이다. 치욕

'감금'(監禁 *imprisonment*)은 공적 권위에 의해 자유를 박탈당하는 것을 말하는데, 두 가지 목적에서 이루어진다. 하나는 피소자의 예방구금(豫防拘禁 *safe custody*)이며, 다른 하나는 유죄선고를 받은 사람에 대한 고통의 부과이다. 전자는 형벌이 아니다. 형벌은 사법 심리를 통해 유죄로 선고된 후에 이루어지는 것이기 때문이다. 그러므로 소송의 심리에 앞서 그의 신병을 확보하기 위해 필요한 정도 이상으로 차꼬나 속박으로 그에게 해악을 가하는 것은 자연법에 위배된다. 그러나 후자는 형벌이다. 공적 권 감금

위에 의해 위법으로 판결을 받은 행위에 대해, 공적 권위가 과하는 해악이기 때문이다. 내가 말하는 감금은 외적 장애에 의해 야기되는, 모든 운동의 속박을 의미한다. 그 외적 장애는 흔히 감옥이라고 부르는 건물일 수도 있고, 사람을 유폐하는 섬일 수도 있고, (고대의 수형자들이 노역하던 채석장이나 오늘날의 수형자들이 노역하는 갤리선(*galley*)[4]과 같이) 노동을 해야 하는 노역장일 수도 있고, 혹은 족쇄와 같은 형구(形具)일 수도 있다.

추방 '추방'(追放 *exile*) 또는 유형(流刑 *banishment*)은 범죄자로 하여금 코먼웰스의 영토나 그 일부지역으로부터 떠나 일정기간 또는 영원히 돌아오지 못하도록 하는 처벌이다. 이것은, 다른 사정이 없다면, 그 자체로는 처벌이 아니라 도피이거나, 혹은 도주하여 처벌을 회피하라는 공적 명령처럼 보인다. 키케로는, 로마 시의 경우 그런 처벌은 〔형벌의 한 종류로〕 규정된 적이 없었다면서, 그것은 〔처벌이 아니라〕 위험에 처한 사람의 피난이라고 부르고 있다. 만일 추방된 후에도 재산과 토지의 수입을 예전처럼 누릴 수 있다면, 사는 장소의 변화만으로는 처벌이 될 수 없으며, 코먼웰스에게도 〔처벌의〕 실익이 없다. 코먼웰스가 처벌을 하는 이유는 법을 준수하도록 인간의 의지를 개조하는 것인데, 〔추방된 사람은〕 오히려 코먼웰스에 피해를 주는 경우가 많다. 추방된 사람은 그를 추방한 코먼웰스의 합법적인 적이며, 따라서 더 이상 그 코먼웰스의 구성원이 아니기 때문이다. 그러나 추방과 동시에 그의 토지나 재산을 몰수한다면, 이 처벌〔에 들어 있는 형벌〕은 추방이 아니라 금전형이라고 해야 할 것이다.

---

4) 노예나 죄수들에게 젓게 한 돛배.

무고한 백성을 처벌하는 것은 그 형벌의 경중을 막론하고 자연법에 반한다. 처벌은 위법행위만을 대상으로 하며, 따라서 무고한 사람에 대한 처벌은 있을 수 없기 때문이다. 그러므로 무고한 사람을 처벌하는 것은, 첫째, 복수할 때는 미래의 선 이외에는 어떠한 것도 추구하지 말라고 한 자연법을 위반하는 것이다. 무고한 사람을 처벌하여 코먼웰스에게 생길 선은 아무것도 없다. 둘째, 배은을 금지하는 자연법의 위반이다. 모든 주권은 본래, 백성이 된 모든 사람들이 동의하여, 법을 준수하는 한 그 권력의 보호를 받을 목적으로 주권자에게 부여된 것이기 때문에, 무고한 사람을 처벌하는 것은 선을 악으로 갚는 것이다. 셋째, 공평을 명하는 자연법을 위반하는 것이다. 무고한 사람을 처벌하는 것은 공평, 즉 정의의 공평한 분배가 지켜지지 않는 것이다.

무고한 백성을 처벌하는 것은 자연법에 반한다

그러나 자국의 백성이 아닌 경우에는 무고한 사람에게 어떤 해악을 가하더라도, 코먼웰스의 이익을 위한 것이라면, 또한 이전에 체결한 신의계약을 위반한 것이 아니라면, 자연법 위반이 아니다. 백성이 아닌 모든 사람은 적이거나, 아니면 신의계약을 맺고 적이 되지 않기로 한 사람들이기 때문이다. 코먼웰스가 자기에게 해악을 가할 능력이 있다고 판단한 적에 대해서는 본원적 자연권에 의해 합법적으로 전쟁을 일으킬 수 있다. 이 전쟁은 칼로써 재판하는 것도 아니요, 승리자가 과거의 일을 놓고 죄의 유무를 따지는 것도 아니다. 자국 인민의 이익 이외에는 어떠한 자비도 품을 필요가 없는 〔말 그대로의〕 전쟁일 뿐이다. 그리고 이러한 근거에서 다음과 같은 일이 벌어질 수 있다. 즉 수립된 코먼웰스의 권위를 고의적으로 부인하는 백성의 경우, 코먼웰스의 보복은 그의 부친뿐만 아니라

그러나 전시에 무고한 사람에게 가해지는 해악은 자연법에 반하지 않는다

또한 반역을 선언한 자에 대한 경우에도 자연법에 반하지 않는다

아직 태어나지도 않은 3대, 4대의 후손에게까지 확대될 수 있으며, 결과적으로 보복의 사유가 된 행위와 아무 관계가 없는 무고한 사람들에게까지 합법적으로 확대될 수 있다. 이러한 위반의 본질은 복종계약의 철회, 즉 전쟁상태로의 복귀인데, 보통 반역(反逆 *rebellion*)이라고 부른다. 이러한 범죄를 행하는 자는 백성이 아니라 적으로 간주된다. '반역'은 재개(再開)된 전쟁일 뿐이기 때문이다.

보상은 봉급이거나, 은혜이다

보상(報償 *rewards*)은 '증여'의 형태를 띠거나, '계약'에 의한 것이다. 계약에 의한 것은 '봉급'(*salary*)과 '급료'(*wages*)로 불리며, 이것은 이미 수행되었거나, 혹은 수행을 약속한 봉사에 대해 주어지는 이익이다. 증여에 의한 것은 베푸는 사람의 '은혜'에서 비롯되는 이익으로서, 사람들로 하여금 그에게 봉사하도록 격려하거나, 혹은 봉사할 수 있도록 하기 위한 것이다. 그러므로 코먼웰스의 주권자가 어떤 공직에 봉급을 주기로 한 때에는 그것을 받는 사람은 정의의 관점에서(*in justice*) 그 직무를 수행할 의무가 있다. 그러나 그렇지 아니한 때에는 명예의 관점에서(*in honor*) 단지 감사의 마음을 갖고 보답의 노력을 할 의무만을 갖는다. 왜냐하면 백성들이 코먼웰스로부터 자신의 생업을 중단하고 보수나 봉급 없이 공직을 수행하도록 명령을 받은 경우, 비록 〔이를 거부할〕 합법적 구제책은 없다[5] 할지라도, 이 명령에 따라야 할 의무는 (그 공직이 다른 방식으로는 수행될 수 없는 경우를 제외하면) 자연법에 의한 것도 아니요, 코먼웰스의 설립에 의한 것도 아니기 때문이다. 주권자는 백성의 모든 자원을 동원할 수 있기 때문에,[6] 예를 들면, 계급이 낮은 병사라 할지라도 〔주권

5) '합법적 구제책이 없다'는 말은 '무보수로 일하라는 명령을 거부할 수 있는 합법적 길이 없기 때문에 따를 수밖에 없다'는 뜻이다.

자에게) 전투의 대가로 급료의 지불을 요구할 수 있다.

공포 때문에 부여하는 이익은 보상이 아니다

어떤 백성이 지닌 어떤 힘이나 재능이 코먼웰스에 해를 끼칠 것이 두려워 주권자가 그에게 이익을 준다면, 이것은 보상에 해당하지 않는다. 왜냐하면 그것은 봉급도 아니요, 은혜도 아니기 때문이다. 봉급이 아닌 이유는, 모든 사람은 이미 코먼웰스에 해를 끼치지 않을 의무를 지고 있으므로, 이 경우에 새로 그런 계약이 있었다고 볼 수 없기 때문이다.[7] 은혜가 아닌 이유는, 주권자에게 결코 있어서는 안 될 일이지만, 공포에 의해 강탈된 것이기 때문이다. 그것은 (코먼웰스의 인격으로서가 아니라 자연적 인격으로서의) 주권자가 바치는 일종의 제물로서, 자신보다도 더 유력하다고 생각되는 사람의 불만을 무마하기 위한 것이다. 그러나 이러한 제물은 복종을 장려하는 것이 아니라 오히려 강탈의 지속과 증대를 조장할 뿐이다.

고정급과 임시급

또한 봉급에는 고정적으로 공금에서 지출되는 것도 있고, 직무가 수행될 때마다 그때그때 지불되는 임시적인 것도 있다. 후자는 경우에 따라 코먼웰스에 해로울 수도 있다. 예를 들면, 재판의 경우가 그러하다. 재판관이나 법정의 대행자의 이득이 그들이 심리하는 소송사건의 수에 따라 증가한다면, 필연적으로 다음과 같은 두 가지 폐단이 생긴다. 하나는 소송의 조장(助長)이다. 소송이 많

6) 주권자는 백성의 모든 자원을 동원할 수 있으므로, 공직자에게 줄 봉급을 어떻게든 마련할 수 있다. 그러므로 무보수로 공직을 수행하라는 명령은 코먼웰스의 유지나 방위를 위해 불가피한 경우에만 의무일 뿐, 그렇지 않을 경우 법적 의무는 아니라는 뜻이다.

7) 이미 모든 백성이 코먼웰스에 해를 끼치지 않을 의무를 지고 있기 때문에, 새삼스럽게 해를 끼치지 않겠다는 계약을 백성과 맺을 필요가 없고, 따라서 그런 계약이 있었다고 볼 수 없다는 뜻이다.

을수록 이득이 많아지기 때문이다. 또 하나는 그에 따른 재판관할권에 관한 경쟁이다. 각 재판소가 가능한 한 많은 소송사건을 자신의 법정으로 가져가려 할 것이기 때문이다. 그러나 행정 직무의 경우에는 그와 같은 폐단은 존재하지 않는다. 그들이 아무리 노력하여도 그들의 업무가 늘어나지는 않기 때문이다. 처벌과 보상에 관하여는 이 정도의 논의로 충분할 것이다. 그것들은 말하자면 코먼웰스의 수족과 관절을 움직이는 신경과 힘줄과 같은 것이다.

지금까지 나는 인간의 본성이 어떠한지에 대해, 즉 인간의 자만심과 기타 정념들이 어떻게 그를 통치에 복종하도록 만드는지에 대해 살펴보았다. 또한 통치자가 얼마나 큰 권력을 가지고 있는지에 대해서도 살펴보았다. 나는 통치자를 리바이어던(*Leviathan*)에 비유했는데, 이 용어는 〈욥기〉 제 41장의 마지막 2개 절 〔33~34〕에서 가져온 것이다. 하느님은 '리바이어던'의 강대한 힘을 일컬어, 교만한 자들의 왕이라고 하였다. "땅 위에는 그것과 겨룰 만한 것이 없으며, 그것은 처음부터 겁이 없는 것으로 지음을 받았다. 모든 교만한 것들을 우습게보고, 그 거만한 모든 것 앞에서 왕 노릇을 한다." 그러나 다른 모든 지상의 피조물들이 그러하듯 그 역시 죽게 마련이고 쇠퇴하게 마련이기 때문에, 또한 하늘에는 (지상은 아니지만) 그가 두려워해야 할 분이 존재하고, 그리고 그가 따라야 할 법이 존재한다. 따라서 나는 다음 몇 개장에서 그의 질병과, 죽음의 원인들에 대해, 그리고 그가 어떤 자연법을 따라야 하는지에 대해 살펴보고자 한다.

제29장
코먼웰스를 약화시키거나 해체를 촉진하는 요인들에 대하여

코먼웰스의 해체는 불완전한 설립에서 생긴다

필멸의 존재인 인간이 만드는 것에 불멸의 것은 있을 수 없다. 그러나 인간이 스스로 가지고 있다고 자부하는 이성을 사용한다면, 그들의 코먼웰스가 최소한 내부의 질병으로 멸망하는 것은 막을 수 있을 지도 모른다. 코먼웰스는, 그 설립의 본질에 비추어볼 때, 그에 생명을 부여하는 인류만큼, 혹은 자연법만큼, 혹은 정의 그 자체만큼 오래 살도록 만들어졌기 때문이다. 그러므로 코먼웰스가 외부의 폭력에 의해서가 아니라, 내부의 혼란에 의해 해체되기에 이른 경우, 그 잘못은 코먼웰스의 '재료'로서의 인간에게 있는 것이 아니라 코먼웰스의 '제작자'와 '질서부여자'로서의 인간에게 있다. 인간들이 상호간에 자행되는 혼란한 약탈과 도륙(屠戮)에 지쳐, 하나의 견고하고 영속적인 건축물을 지어 함께 안주하고자 하는 마음이 아무리 간절하여도, 그들의 행위를 바로잡을 적절한 법을 만드는 기술이 부족하고, 또한 현재 그들에게 불룩 솟아있는 옹이들을 뽑는 고통을 참아내는 겸손과 인내가 부족하여, 아주 유능한 건축가의 도움을 받지 않고서는, 부실 건물밖에 지을 수 없기 때문이다. 이런 건물은 그들 자신의 시대를 넘기지 못하고, 그들의 후손의 머리 위에 무너져 내리고 만다.

그러므로 코먼웰스의 '결함들' 가운데, 나는 첫째, 불완전한 설립에서 야기되는 결함들을 고찰하고자 하는데, 이것은 결함 있는 생식에서 비롯되는 인체의 타고난 질병들과 비슷하다.

절대 권력의 결여

그 중 하나는 이런 것이다. '왕국을 얻고자 하는 자가 때때로 코먼웰스의 평화와 방위를 위해 필연적으로 요청되는 권력보다 작은 권력에 만족한다'는 점이다. 이로부터 다음과 같은 일이 벌어진다. 즉 이전에 행사되지 않던 권력이 공공의 안전을 위해 행사되기 시작하면, 그것이 부당한 행위처럼 생각되고, 따라서 대다수의 사람들로 하여금 (기회가 생기면) 반란을 일으키게 만든다. 이것은 마치 병에 걸린 부모로부터 태어난 아이가 일찍 죽을 수밖에 없는 것과 같고, 악성 수태에서 생긴 병적 체질을 정화하기 위해 담즙이 배출되거나 옴이 돋는 것과 같다.[1] 필요한 권력을 군주가 스스로 거부하는 것은, 그들이 수행하는 직무에 무엇이 필요한가를 몰라서 그런 것이 아니라 (때로는 그렇기도 하지만), 많은 경우 필요한 권력을 자기 뜻대로 회복할 수 있다고 생각하기 때문이다. 그러나 이것은 잘못된 생각이다. 〔왕이 일단 자신의 권력을 제한하겠다고 약속하고 나면〕 왕을 그 약속에 묶어두려는 사람들이 외국의 원조를 받으면서 계속 저항하기 때문이다. 외국의 코먼웰스들은 자국 백성들의 이익을 위하여 이웃나라의 국세를 '약화'시킬 수 있는 기회를 결코 놓치지 않으

1) 옴은 옴벌레가 기생하여 일으키는 전염성 피부병인데, 홉스는 (혹은 홉스 시대 사람들은) 몸 안의 나쁜 기운이 밖으로 나타난 것으로 생각한 듯하다.

려고 한다. 캔터베리 대주교 토머스 베케트[2]의 경우가 그러했다. 그는 교황의 지지를 받으면서 헨리 2세에게 항거하였다. 코먼웰스에 대한 성직자들의 복종의무는 윌리엄 정복왕이 교회의 자유를 침해하지 않겠다는 서약을 했을 때부터 사라지고 말았다. 또한 윌리엄 루푸스[3]가 그의 맏형을 제치고 왕위를 계승할 수 있도록 도와준 귀족들의 경우도 그러했다. 왕위계승을 도와준 공로로 이들의 세력은 주권자의 권력과 양립할 수 없을 정도로 비대해졌고, 존(John) 왕 시절에는 프랑스의 지원 아래 반란을 일으키는 지경에 이르렀다. 이런 일은 군주정에서만 발생하는 것이 아니다. 고대 로마 코먼웰스는 그 명칭이 '원로원과 로마 인민'[4]이었는데, 원로원도 인민도 온전한 권력을 행사하지 못했다. 이로 말미암아, 우선 티베리우스 그락쿠스(Tiberius Gracchus), 카이우스 그락쿠스(Caius Gracchus), 루키우스 사투르니누스(Lucius Saturninus)와 같은 자들이 소요를 일으켰고, 나중에는 원로원과 인민이 마리우스 편과 술라 편으로 갈려 전쟁이 벌어졌고, 또다시 폼페이우스 편과 카이사르 편으로 갈린 끝에 그들의 민주정은 멸망하고, 군주정이 수립되기에 이르렀던 것이다.

---

2) Thomas Beket (1118~1170): 캔터베리(Canterbury) 성당의 대주교. 헨리 2세가 1164년의 클래런던 법(constitutions of Clarendon)으로 교회재판권을 규제하려는 데 반대하다가 미움을 받고 6년간 프랑스에서 유배 생활을 했다. 교황 알렉산데르 3세의 중재로 본국에 돌아온 후에도 계속 헨리 2세에게 저항하다가 1170년 캔터베리 성당 안에서 왕 측근의 기사 4명에 의해 살해되었다. 교황 알렉산데르 3세에 의해 1173년 성자로 공표되었고, 그의 묘에는 순례자가 끊이지 않았다. 초서(Geoffrey Chaucer)의 《캔터베리 이야기》는 그 순례를 소재로 한 것이다.

3) William Rufus (1056?~1100): 윌리엄 1세의 셋째아들로 아버지의 총애를 받아 아버지가 죽은 뒤 윌리엄 2세로 국왕(재위 1087~1100)이 되었다.

4) 제 18장의 주 1 참조.

아테네 인민은 금기사항을 하나 정해놓고 있었다. 어느 누구도 살라미스 섬을 위해 전쟁을 재개하자는 발의를 해서는 안 된다는 것이었다. 그런 제안을 하는 사람은 사형에 처하기로 되어 있었다. 이때 솔론[5]은 사람들에게 자기가 미쳤다는 소문을 냈고, 미치광이처럼 행동하면서 자기 주변에 모인 사람들에게 시(詩)를 낭독하여 전쟁의 재개를 제안하였다. 만일 솔론이 그렇게 하지 않았더라면, 끝까지 싸울 작정을 한 적(敵)이 그들 도시의 성문에까지 밀어닥쳤을 것이다. 자신의 권력을 조금이라도 제한한 모든 코먼웰스는 그러한 피해를 입거나 혼란을 겪게 된다.

선악에 대한 사적 판단

둘째, 내가 주목하고자 하는 것은 선동적 학설의 해독에서 비롯되는 코먼웰스의 질병들이다. 그 중 하나는 '각자가 행위의 선악에 대한 판단자'라는 학설이다. 이것은 완전한 자연상태, 즉 시민법이 존재하지 않는 상태에서는 진실이다. 또한 시민정부 하에서도 선악이 법에 의해 결정되지 않고 있다면, 이 경우에도 진실이다. 그러나 그 이외의 경우에는 행위의 선악에 대한 척도는 명백히 시민법이며, 판단자는 입법자, 즉 항상 코먼웰스의 대표자이다. 그러한 그릇된 학설 때문에 사람들은 코먼웰스의 명령에 대해 시비를 가리려고 하고, 반박하고, 자기 자신의 판단에 따라 그 명령에 복종하거나 혹은 불복하거나 하는 일이 생기게 되고, 이로 인해 코먼웰스는 혼란에 빠지고

---

5) Solon (BC 640?~560) : 고대 그리스 정치가, 시인. 아테네 출생. 그리스 칠현인의 한 사람. BC 7세기 후반에 살라미스 섬의 영유를 둘러싸고 이웃나라 메가라와 전쟁이 일어나자, 오랜 전쟁에 지친 아테네 시민을 향해 자작시를 낭독하고 전투를 재개시켰다. BC 594~593년 조정자(調停者)이면서 전권을 위임받는 아르콘에 선출되어 그리스 민주정치의 초석이 된 일련의 개혁을 단행하였다.

약화된다.

그릇된 양심

시민사회에 해로운 또 하나의 학설은 '자신의 양심에 반하는 행위는 무엇이든 죄악'이라는 것이다. 이 학설은 자기 자신이 선악의 판단자라는 전제에서 나온 것이다. 왜냐하면 어떤 사람의 양심과 그의 판단은 같은 것이기 때문이다. 사람의 판단이 그릇될 수 있는 것처럼, 그의 양심도 그릇될 수 있다. 그러므로 시민법에 복종할 의무가 없는 사람의 경우에는 자신의 이성 이외에는 달리 따를 규칙이 없으므로 자신의 양심에 반하는 모든 행동이 죄가 되겠지만, 코먼웰스에서 살아가는 사람의 경우에는 그렇지 않다. 법이 바로 공적 양심이며, 이 공적 양심의 지도를 받겠다고 이미 약속했기 때문이다. 그렇게 하지 않으면, 사적 의견에 불과한 사적 양심의 다양성 때문에, 코먼웰스는 필경 혼란에 빠지고 말 것이며, 모든 사람들이 제 눈에 선으로 보이는 것 외에는 더 이상 주권에 복종하지 않으려 할 것이다.

영감을 내세우는 것

또한 널리 퍼진 학설 중에 이런 것이 있다. '신앙과 신성함은 연구와 추론(*reason*)에 의해 얻는 것이 아니고, 초자연적 영감이나 주입에 의해 얻어진다'는 것이다. 이것이 맞는 말이라면, 어찌하여 사람들이 자기가 신앙을 가진 이유(*reason*)를 설명하는지, 또한 모든 기독교도가 무엇 때문에 다 예언자가 되지는 못하는지, 또한 왜 자신의 영감이 아니라 자국의 법을 행위의 규범으로 삼는지 나로서는 이해할 수가 없다. 이러한 생각으로 인해 우리는 또다시 우리 자신을 선악의 판단자로 생각하거나, 혹은 초자연적 영감을 받았다고 주장하는 사적 개인들을 선악의 판단자로 삼는 오류에 빠져들어, 그 결과 시민정부를 해체시키기에 이르는 것이다. 신앙은 들어서 생기는 것이며, 듣는 것은 우리를 전도자 앞으로 인도하는 사건들에 의해 생긴다. 이러한 사건들은 모두 전지전능한 하느님에 의해 만들어지는 것이긴 하지만, 초자연적인 것은 아니다. 그 수많은 사건들이 작용하여 효과를 내는 과정이 우리 눈에 보이지 않을 따름이다. 신앙과 신성함은 확실히 흔히 발생하는 것은 아니다. 그러나 그것은 기적이 아니라 교육, 훈련, 교정 기타 자연적인 방법으로 생기는 것이다. 하느님은 이러한 방법들에 의해 그분이 선택한 자에게, 그분이 적당하다고 생각하는 때에 작용하는 것이다. 평화와 통치에 지극히 유해한 이러한 세 가지 견해는 이 세상에서는 주로 제대로 배우지 못한 성직자들의 혀와 펜에서 생겨난다. 이들이 《성경》의 말씀들을 이성적으로 납득할 수 없는 방법으로 엮어서, 사람들로 하여금 신성함과 자연적 이성은 양립할 수 없다는 생각을 하도록 만들고 있는 것이다.

주권자를 시민법에 복종시키려는 사상

코먼웰스의 본질과 맞지 않는 네 번째 견해는 '주권자도 시민법에 복종해야 한다'는 것이다. 주권자도 자연법의 지배를 받는다는 것은 진실이다. 자연법은 하느님이 만든 것이며, 그 어떤 인간에 의해서도, 그 어떤 코먼웰스에 의해서도 폐기될 수 없기 때문이다. 그러나 주권자 자신, 즉 코먼웰스가 제정한 법에 대해서는 그는 복종의 의무가 없다. 왜냐하면 그 법에 복종한다는 것은 코먼웰스에, 즉 주권의 대표자에게, 즉 자기 자신에게 복종한다는 말인데, 자기 자신에 대한 복종은 복종이 아니라 법으로부터의 자유를 의미하기 때문이다. 이러한 잘못된 견해를 따르면, 법을 주권자보다 위에 두기 때문에, 재판관도 주권자 위에, 그를 처벌하는 권력도 주권자 위에 있게 된다.

이것은 또 하나의 새 주권자를 만드는 것이며, 같은 이유로 제 2의 주권자를 처벌하기 위한 제 3의 주권자가 생겨나고, 이러한 일이 끝없이 계속되면 코먼웰스는 혼란에 빠지고 해체되기에 이른다.

코먼웰스의 해체를 가져오기 쉬운 다섯 번째의 학설은 '모든 개인은 자신의 재산에 대해 절대적 소유권을 가지고 있으며, 주권자의 권리를 배제한다'는 것이다. 각자가 가지고 있는 소유권은 확실히 다른 백성의 권리를 배제한다. 그는 그 권리를 오로지 주권자로부터 얻었다. 주권자의 보호가 없다면 다른 모든 사람들도 그에 대한 권리를 가지게 된다. 그러나 만일 그에 대한 주권자의 권리가 배제된다면, 주권자는 백성들이 그에게 부여해 준 직무를 수행할 수 없게 된다. 이 직무는 백성들을 외적과 상호간의 침해로부터 방어해 주는 것이므로, 주권자가 그 직무를 수행할 수 없게 되면, 결과적으로 코먼웰스는 더 이상 존재하지 않게 되는 것이다.

백성에게 절대적 소유권이 있다는 사상

그리고 백성들의 소유권이 그들의 재산에 대한 주권자의 권리를 배제하지 않는다면, 사법이나 행정의 직무에 대해서도 주권자의 권리는 배제되지 않는다는 것은 말할 필요도 없는 일이다. 왜냐하면 이들 직무는 주권자 자신을 대표하는 일이기 때문이다.

여섯 번째 학설은 '주권은 분할될 수 있다'는 것이다. 이것은 코먼웰스의 본질에 분명하게, 그리고 직접적으로 어긋나는 것이다. 코먼웰스의 권력을 분할하는 것은 코먼웰스를 해체하는 것이다. 분할된 권력은 서로 파괴하기 때문이다. 이러한 〔마지막에 열거한 세 가지〕 학설들은 주로 법을 전공하는 사람들 사이에서 나오는데, 이들은 입

주권을 분할하는 것

법자의 권력이 아니라 자신의 학식에 따라 법을 만들려고 하는 사람들이다.

이웃나라들을 모방하는 것

그리고 허위의 학설이 그런 것과 마찬가지로, 때로는 이웃나라의 통치형태가 사람들의 변덕을 불러일으키기도 한다. 즉 이웃나라의 통치형태가 자기들의 그것과 다른 것을 보고서, 자국의 현 체제를 변경해보려는 유혹을 받는 것이다. 바로 이런 이유로 인해 유대민족은 하느님을 거부하고자 하는 충동을 느꼈으며, 예언자 사무엘에게 자기들에게도 다른 나라들처럼 왕을 세워달라고 호소했다. 그리스의 군소도시들이 귀족파와 민주파의 선동으로 계속 혼란에 빠진 것도 같은 이유에서였다. 거의 모든 코먼웰스에서 일파는 라케다이몬(Lacedaemon)[6] 사람들을 모방하려 하고, 반대파는 아테네 사람들을 모방하려 한다. 또한 최근 잉글랜드에서 일어난 분쟁들에 대해서도 많은 사람들이 이를 흡족한 눈으로 바라보고 있는데, 네덜란드[7]를 모방하려는 마음에서 그런 것임에 틀림없다. 즉 그들은, 네덜란드 사람들이 한 것처럼, 통치형태를 바꾸기만 하면 당장에 부유해질 것이라고 생각하는 것이다. 새것에 끌리는 것은 사람의 본성이다. 그러므로 새로운 방식으로 부유해진 이웃을 보고 자극받았을 때, 변화를 선동하는 사람들의 유혹을 물리치기는 거의 불가능하다. 계속되는

---

6) 스파르타의 공식 명칭.

7) 원문에는 '저지대국'(低地帶國 *the Low Countries*)으로 되어있다. 지금의 벨기에, 네덜란드, 룩셈부르크에 상당하는 위치에 있던 나라들을 말한다. 북해에 면한 땅은 저지대이지만, 벨기에 남부와 룩셈부르크는 아르덴 고원의 일부로서 저지대가 아니다. 따라서 저지(低地)라는 말은 지리적 개념이라기보다는 정치적, 역사적 개념이라고 해야 할 것이다. 중세와 근대를 통하여 유럽에서 가장 부유했던 지역으로서, 1581년에는 네덜란드가 스페인으로부터의 독립을 선언하였고, 1588년 연합 네덜란드 공화국이 성립되었다.

혼란으로 슬픔이 닥쳐와도 그 최초의 시작을 좋아하는 것이다. 이것은 마치 성마른 사람이 옴이 올랐을 때, 그 통증을 참을 수 없을 때까지 계속 손톱으로 긁는 것과 같다.

그리스·로마의 모방

그리고 특히 군주정에 대한 반란의 경우에는, 가장 흔한 원인 가운데 하나가 고대 그리스인과 로마인이 쓴 정치 서적이나 역사 서적을 탐독하는 것이다. 그런 서적들을 읽으면서, 젊은이들은, 그리고 확고한 이성의 해독제(解毒劑)를 갖추지 못한 사람들은, 그리스와 로마의 군대 지휘관들이 이룩한 위대한 전공(戰功)에 강렬하고 매혹적인 인상을 받은 나머지, 그들이 한 모든 일에 호감을 갖게 되고, 또한 그들의 위대한 번영은, 사실상 개개인들의 경쟁에서 비롯된 것임에도 불구하고, 민중적 정치형태에서 비롯된 것이라는 생각을 하게 된다. 그들은 〔아테네 민주정이나 로마 공화정의〕 정치체제가 불완전함으로 인해 폭동과 내란이 빈발하였다는 점은 생각하지 않는다. 자기들의 왕을 시해하려는 기도들도, 단언하건대, 다 그런 책의 영향을 받은 것이다. 왜냐하면 그리스와 로마의 저술가들은 정치에 관한 책이나 강론을 통해 왕을 일단 폭군(*tyrant*)으로 규정하고 나면, 그를 살해하는 것은 합법적이며, 칭찬할 만한 일이라고 주장하기 때문이다. 즉 그들에 따르면, 그것은 왕을 죽이는 '시해'(弑害 *regicide*)가 아니라, 폭군을 죽이는 '폭군주살'(暴君誅殺 *tyrannicide*)이기 때문에 합법적이라는 것이다.[8)] 그런 책을 읽으면서, 군주정 하에서 사는 사람들은 이런 생각을 품게 된다. 즉 민중적 코먼웰스에서 사는 백성들은 자유를 누리는데, 자기들은 군주정 하에서 모두 노예라는 것이다. 군주정 하에서 사는 사람

8) 'regicide'는 'reg(왕)'+'cidium(죽임)'의 뜻이고, 'tyrannicide'는 'tyrannus(폭군)'+'cidium(죽임)'의 뜻이다.

들이 그런 생각을 품는다. 민중적 정치체제에서 사는 사람들은 그런 생각을 하지 않는다. 그런 일이 없기 때문이다.[9] 요컨대, 사람들이 이런 책들을 공공연히 탐독하도록 방치하는 것이야말로 군주정에 가장 해로운 것이다. 이보다 더 해로운 일이 무엇이 있겠는가? 그러므로 이런 책에 대해서는 그 독성을 제거하기 위한 해독제로서 반드시 분별 있는 교사들의 지도를 받도록 해야 한다. 단언하건대, 이 독성은 미친개에게 물린 것, 즉 의사들이 '공수병'(恐水病 *hydro- phobia*),[10] 즉 '물에 대한 공포증'라고 부르는 질병과 같다. 미친개에게 물린 사람은 계속되는 갈증으로 고통을 느끼면서도 물을 혐오하고, 마치 그 독성이 자기를 개로 만들고 있는 것 같은 상태에 빠져든다. 마찬가지로 군주정도, 끊임없이 으르렁거리는 민주적 저술가들에게 일단 깊숙이 물리고 나면, 더 강력한 군주가 필요한 상황임에도 불구하고, 일종의 '폭군 공포증'(*tyrannophobia*), 즉 강력한 통치에 대한 공포증에 걸려, 강력한 군주가 들어섰을 때, 그를 혐오하게 되는 것이다.

코먼웰스에 하나 이상의 주권이 있을 수 있다는 견해

인간에게 세 개의 혼이 있다고 주장하는 박사들이 있는 것처럼, 코먼웰스에도 하나 이상의 혼, 즉 하나 이상의 주권이 있을 수 있다고 생각하는 사람들이 있다. 이들은 '주권'에 대해 '지상권'(至上權 *supremacy*)을, '법'에 대해

9) 정작 민중적 정치체제에 사는 사람들은 '자기들은 자유를 누리고 있고, 군주정의 백성들은 노예다' 하는 생각을 하지 않는데, 그 이유는 자기들의 생활 경험이 그렇지 않기 때문이라는 것이다.

10) 미친개에게서 볼 수 있는 바이러스성 질환으로 보통 광견병(狂犬病)이라고 한다. 사람은 대개 개에게 물려 감염되는데, 림프절이 붓고 경련, 호흡 곤란 따위의 격렬한 증상을 보인다. 특히 물을 마시거나 보기만 하여도 공포를 느끼며 목에 경련을 일으키기 때문에 공수병(恐水病)이라고 하기도 한다. 국립국어원에서는 '미친갯병'으로 부를 것을 권장하고 있다.

'교회법'(*canons*)을, 그리고 '시민적 권위'에 대해 '영적 권위'를 내세운다. 이들은 그 자체로는 아무 의미도 없는 말이나 대비를 통해 사람들의 마음을 파고드는데, 이들의 혼란한 주장을 자세히 알고 보면, 결국 '요정의 왕국' 같은 또 하나의 왕국이 어둠 속에서 (그들에 따르면, 눈에 보이지 않게) 배회하고 있다는 것이다. 시민적 권력과 코먼웰스의 권력은 명백히 동일한 것이다. 그리고 지상권, 교회법 제정권, 종교적 기능들을 허용하는 것은 하나의 코먼웰스를 의미한다. 그렇다면, 주권자 따로 있고, 지상권자 따로 있고, 입법자 따로 있고, 교회법 제정자 따로 있다는 말이 되는데, 이것이 가능하기 위해서는 동일한 백성에 대하여 반드시 두 개의 코먼웰스가 있어야 한다. 이것은 갈라진 왕국이며, 그런 나라는 버틸 수 없다. 왜냐하면 '현세적'인 것과 '영적'인 것의 구별이 아무 의미도 없는 것이긴 하지만, 그럼에도 불구하고 두 개의 왕국이 존재하게 되고, 모든 백성은 두 주인을 섬겨야 하기 때문이다. 무엇이 죄인가를 선언하는 권리가 '영적' 권력이라면, 그것은 곧 무엇이 법인가를 선언하는 권리를 주장하는 것이나 마찬가지다. 왜냐하면 죄는 바로 법을 위반하는 것이기 때문이다. 다른 한편에서는 시민적 권력이 무엇이 법인가를 선언하는 권리를 주장하기 때문에, 이제 모든 백성은 두 주인을 섬겨야 하고, 두 주인 모두 자신의 명령을 법으로 따를 것을 요구할 경우, 복종은 불가능해진다. 그렇지 아니하고, 만일 그것이 하나의 왕국이라면, '시민적' 권력, 즉 코먼웰스의 권력이 '영적' 권력에 예속되어 '영적 권력' 이외의 주권은 존재하지 않거나, 혹은 '영적' 권력이 '현세적' 권력에 예속되어 '현세적' 권력 이외의 지상권은 있을 수 없게 된다. 따라서 이 두 개의 권력이 서로 대립할 경우, 코먼웰스는 내란과 해체라는 커다란 위험에 처하지 않을 수 없게 된다. 시민적 권위는 눈에 쉽게 보이고, 자연적 이성의 밝은 빛 가운데 있기 때문에, 어느 시대이건 상당한 수의 인민을 자기편으로 끌어들인다. 그리고 영적 권위도, 현학적 구별과 난해한 말들의 어둠 속에 있기는 하지만, 어둠과 유령에 대한 공포가 다른 공포들보다 더 크기 때문에, 코먼웰스를 괴롭히기에 충분한 크기의 당파를 형성하며, 때로는 그 위세가 코먼웰스를 파괴하기도 한다. 이것은 일종의 질병으로서, 인체의 간질(癎疾)[11] 또는 전간(癲癎)에 (유대인들은 이것을 신들림의 일종이라고 생각했다) 비유해도 어색할 게 하나도 없다. 이상한 정령 또는 바람이 머릿속에 들어서 신경근(神經根)에 장애를 가져와 격렬하게 움직이게 하고, 두뇌에 들어있는 혼의 힘에 따라 움직여야 할 운동을 빼앗아, 그 결과 신체 각 부분에 사람들이 발작이라고 부르는 격렬하고 불규칙적인 운동을 일으킨다. 이 병에 걸린 사람은 감각을 잃어버린 사람처럼 물속으로 뛰어들기도 하고, 불속으로 뛰어들기도 한다. 정치체의 경우도 이와 마찬가지다. 시민적 권력(코먼웰스의 혼이다)에 의해 움직여야 할 코먼웰스의 구성원들이, 영적 권력이 행사하는 처벌의 위협과 보상의 기대(코먼웰스의 신경이다)에 따라 움직이기 시작하면, 또한 이상하고 어려운 말로 인해 이해력이 질식되고 나면, 인민들은 미혹되게 마련이고, 이로써 코먼웰스를 압도하여 무기력에 빠뜨리거나, 혹은 코먼웰스를 내란의 불길 속으로 내던지게 된다.

---

11) 경련을 일으키고 의식장애를 일으키는 발작 증상이 되풀이하여 나타나는 병. 유전적인 경우도 있으나 외상(外傷), 뇌종양 따위가 원인이 되어 나타나기도 한다. 속된 말로 '지랄병'이라고도 한다.

또한 순수한 시민통치의 경우에, 하나 이상의 혼이 존재한다고 하는 사람들도 때때로 있다. 예를 들면, 세금징수권(영양기능이다)은 전체적 합의체에 있고, 지휘권과 명령권(운동기능이다)은 한 사람에게 있고, 입법권(이성적 기능이다)은 양자의 동의 및 제3자의 동의에 있다는 것이다. 이런 코먼웰스는, 때로는 훌륭한 법률에 대한 동의의 결여로 〔제대로 된 입법을 할 수 없을 것이며〕, 대개의 경우 생명과 운동에 필수적인 영양의 결핍 때문에 위험에 빠지고 말 것이다. 그러한 통치는 통치가 아니라 코먼웰스를 세 개의 당파로 분할하는 것임을 제대로 인식하는 사람이 거의 없지만, 그래서 사람들이 혼합군주정(*mixed monarchy*)이라고 부르지만, 사실상 그것은 하나의 독립적 코먼웰스가 아니고 세 개의 독립적 당파이며, 하나의 대표적 인격이 아니라 세 개의 대표적 인격이 존재하게 되는 것이다. 하느님의 나라에서는 세 개의 독립적 인격이 있을 수 있으며, 통치하는 하느님의 통일성은 파괴되지 않는다. 그러나 인간이 통치하는 곳에서는 의견의 다양성 때문에 그럴 수가 없다. 그러므로 왕이 인민의 인격을 지니고, 전체적인 합의체가 또 인민의 인격을 지니고, 또 하나의 합의체가 인민 일부의 인격을 지닌다면, 그들은 하나의 인격도 아니요, 하나의 주권도 아니다. 세 개의 인격이며, 세 개의 주권이다. 코먼웰스의 이러한 기형성을 사람 몸의 어떤 질병에 비유하면 좋을지 모르겠다. 나는 옆구리에서 또 하나의 인간이 자라나 머리와 팔과 가슴과 배를 가지고 있는 것을 본 일이 있다. 만일 반대편 옆구리에도 그런 인간이 또 하나 자라난다면, 이런 사람에 비유하면 될 것 같기도 하다. 혼합통치

지금까지 나는 코먼웰스의 질병들 가운데 위험이 가장 금전의 부족

크고 직접적인 것들을 살펴보았다. 그 외에도 위험이 그만큼 크지는 않지만 간과할 수는 없는 질병들이 몇 개 더 있다. 첫째, 코먼웰스에 필요한 만큼의 금전을 조달하기 어려운 경우이다. 이런 일은 전쟁이 임박한 경우에는 매우 심각한 문제가 된다. 이러한 어려움은, 모든 백성이 자신의 토지나 재화에 대해 행사하는 소유권은 주권자의 사용권을 배제한다는 〔그릇된〕 견해 때문에 생긴다. 금전 조달이 어려워지면 다음과 같은 일이 진행된다. 백성들이 완강하여 금전이 국고로 들어오는 길이 막히는 것을 보고, 주권자는 코먼웰스의 궁핍과 위험을 예견한다. 이런 경우에는 마땅히 처음부터 있는 힘을 다해 그 위험과 정면으로 맞서고 예방해야 하지만, 오히려 〔지출을〕 줄일 수 있을 때까지 줄인다. 더 이상 줄일 수 없는 지경이 되면, 작은 금액이라도 얻기 위해 법망을 무기삼아 인민들과 싸운다. 이것으로도 충분하지 않으면, 마침내 폭력을 휘둘러 재원을 확보하거나, 아니면 비명(非命)에 죽는다. 이러한 극단적인 상황이 자주 발생하게 되면, 마침내 인민들의 인내심은 한계를 넘게 되고, 이로써 반란이 일어나고, 코먼웰스는 멸망하게 된다. 이러한 혼란은 학질(瘧疾)에 비유될 수 있다. 육질(肉質)이 응결되거나, 혹은 독성물질의 방해를 받으면, (심장으로 혈액을 보내고 난 후 비어 있던) 정맥은 동맥으로부터 (받아야 할) 혈액을 공급받지 못하게 된다. 혈액의 공급이 끊기면 처음에는 수축 현상이 일어나고 손발이 떨리게 된다. 다음으로 심장이 뜨거워지고 혈액을 보낼 통로를 열기 위해 필사적인 노력을 하게 된다. 그 사이 〔심장이 뜨거워져 있으므로〕 아주 소량이라 하더라도 찬 것을 찾게 된다. 체력이 강할 경우, 심장은 마침내 장애가 일어난 부분의 완강한 저항을 물리치고, 독성을 땀으로 내보낸다. 체력이 약할 경우 환자는 죽고 만다.

독점 및 공직자의 직권남용

또한 코먼웰스에는 때때로 늑막염(肋膜炎)과 유사한 질병이 있다. 그것은 코먼웰스의 재산이 독점이나 징세 청부제도에 의해 정상적 통로에서 유출되어, 한 사람 혹은 몇몇 사람이 막대한 치부를 하도록 집중되는 현상이다. 이것은 늑막염에 걸렸을 때, 혈액이 흉곽의 박막(薄膜)으로 몰려 신열(身熱)과 동통(疼痛)을 수반하는 염증이 일어나는 것과 같은 것이다.

인기 있는 사람들

또한 유력한 백성이 인기를 얻고 있는 것도, 코먼웰스가 그의 충성심을 예의주시하지 않으면, 위험한 질병이 된다. 주권자의 지시에 따라 움직여야 할 인민들이 야심가의 감언이설과 명망에 홀리게 되면, 그 인물됨과 속셈을 잘 알지도 못하면서 그 사람을 추종하여 법을 이탈하게 된다. 그리고 이런 일은 보통 군주정보다는 민주적 통치체제에서 더 위험하다. 군대는 힘이 막강하고 숫자가 많기 때문에, 그들이 바로 인민(*the people*)이라고 착각하기 쉽다. 이것이 바로 율리우스 카이사르가 사용한 수법이었다. 그는 군대의 사랑을 받았기 때문에, 인민의 힘으로 원로원을 억눌렀으며, 마침내 원로원과 인민 모두를 지배하는 지배자가 되었다. 인기 있는 야심가가 이러한 일을 하는 것은 명백히 반역이며, 마법의 효과와 비슷하다고 할 수 있겠다.

도시의 과대성장 및 조합의 과다

코먼웰스에 생길 수 있는 또 하나의 병은 하나의 도시가 지나치게 커지는 것이다. 즉 대군을 유지할 수 있는 병력과 경비를 자체 조달할 수 있을 정도로 도시가 커질 경우, 이것은 병이 된다. 조합의 수가 아주 많은 경우도 마찬가지다. 이들은 자연인의 내장에 들어있는 기생충 같은 것으로서, 큰 코먼웰스의 복부에 작은 코먼웰스들이 들어앉은 꼴이 된다. 여기에 한 가지 더 추가하자면, 정치적 분별력이 있다고 자부하는 자들이 절대권력에 대해 논박하는 것을 방치하는 것도 하나의 질병이다. 그들은 대부분 쓰레기 같은 존재들이지만, 그릇된 학설을 배워서 활력을 얻으면, 끊임없이 기본법들에 대해 왈가왈부하면서 코먼웰스를 괴롭힌다. 이들은 의사들이 '회충'이라고 부르는 작은 벌레들과 같다.

주권자에 대한 논박의 자유

이 외에도 몇 가지가 더 있다. 식욕이상증진(食慾異狀增進), 혹은 '다식증'(多食症 *βουλιμία*)[12]에 해당하는 영토 확장의 야욕이 있는데, 이로 인해 적으로부터 자주 불치의 '상처'를 입는다. 또한 '혹'에 해당하는 흩어져 있는 정복지들이 있는데, 부담이 되는 경우가 많고, 유지하려 하기보다는 버리는 편이 위험이 작다. 또한 '기면증'(嗜眠症)에 해당하는 안일(安逸), '폐병'에 해당하는 폭동과 낭비 등이 있다.

코먼웰스의 해체

끝으로, 전쟁이 벌어져 (내전이든 외국과의 전쟁이든) 적이 최종 승리한 경우, 즉 코먼웰스의 군대가 더 이상 전선(戰線)을 유지할 수 없게 되어 충성을 바치는 백성들을 더 이상 보호할 수 없게 된 경우, 코먼웰스는 해체되고, 모든 사람은 자기 자신의 분별이 가르치는 바에 따라 자기를 보호할 자유를 얻게 된다. 주권자는 코먼웰스에 생명과 운동을 부여하는 공공의 혼인데, 이 혼이 사라지고 나면, 구성원들은 더 이상 그것의 지배를 받지 않기 때문

12) 식욕이 병적으로 높아져서 음식을 아무리 먹어도 배부르지 아니하여 지나치게 많이 먹는 증상.

이다. 이것은 사람의 몸에서 혼이 떠나고 나면 (혼이 비록 불멸이라 하여도) 시신(屍身)이 더 이상 혼의 지배를 받지 않는 것과 같다. 주권자인 군주의 권리는 다른 사람의 행위에 의해 소멸될 수 없다고 할지라도, 그 구성원의 의무는 소멸될 수 있다. 보호를 원하는 사람은 어디에서든 그것을 구할 수 있으며, 원하는 보호를 얻었을 때에는, 새 주권자가 자기를 보호해 줄 수 있는 한, 새 주권자를 보호할 의무가 있기 때문이다. 공포 때문에 굴복했다는 이유로 겉으로만 복종하는 척하면, 이것은 기만이다. 그러나 합의체 주권이 붕괴된 경우에는 합의체의 권리도 완전히 소멸한다. 왜냐하면 합의체 자체가 사라졌기 때문에, 따라서 주권이 다시 〔그 합의체에〕 들어갈 가능성이 전혀 없기 때문이다.

제30장
주권을 지닌 대표자의 직무에 대하여

인민의 이익의 획득

주권자의 **직무**(職務 *office*)는, 군주든 합의체든, 그가 주권을 위임받은 목적, 즉 '인민의 안전'의 획득이다. 그것은 자연법에 의해 그에게 부과된 의무이며, 그는 자연법의 창조자인 하느님에 대해, 오직 하느님에 대해서만 책임을 진다. 여기에서 말하는 안전은 생명의 보존은 물론, 생활상의 만족, 즉 모든 사람이 코먼웰스에 위험이나 해악을 가함이 없이 합법적 근로에 의해 얻을 수 있는 모든 생활상의 만족을 의미한다.

교육과 법에 의해

이러한 직무는 개개인에 대한 보살핌이 아니라, 일반적 배려(*general providence*)의 형태로 수행되어야 한다. 개개인에 대한 보살핌은 그들의 호소가 있을 경우 권리침해를 막아주는 것에 그친다. 일반적 배려는 학설과 사례를 통한 공민 교육(*public instruction*)과 좋은 법의 제정 및 집행을 통해 나타난다. 이로부터 개개인은 자신의 상황에 맞는 것을 찾아낼 수 있다.

(앞서 제 18장에서 상술한) 주권의 본질적 권리가 제거되면, 코먼웰스는 해체되고, 만인은 만인에 대한 투쟁 상태

의 재앙으로 돌아간다. 이것은 이 세상에서 발생할 수 있는 최대의 재앙이다. 그러므로 그러한 권리를 온전하게 보존하는 것이 주권자의 직무이며, 따라서 그의 의무에 위배되는 것은, 첫째, 그 권리 중 어떤 것이라도 타인에게 양도하거나 포기하는 일이다. 왜냐하면 수단을 포기하는 자는 곧 목적을 포기하는 자이기 때문이다. 주권자의 수단은 바로 주권이다. 이 수단을 포기하는 것은 곧 그에게도 시민법의 준수 의무가 있다는 것을 인정하는 것이고, 다음과 같은 권력을 포기하는 것을 의미한다. 최고의 사법권력, 자신의 권한에 따라 전쟁을 일으키거나 강화(講和)하는 권력, 코먼웰스에 필요한 것이 무엇인지를 판단하는 권력, 자신의 양심에 따라 필요한 때에 필요한 만큼의 경비를 징수하고 병사를 징집하는 권력, 전시와 평시를 막론하고 관리와 대행자를 임명하는 권력, 인민의 방위와 평화 및 이익에 부합하는 학설과 위배되는 학설을 심사하는 권력 등이 그것이다. 둘째, 주권자의 본질적 권리에 대하여 그 근거 및 이유를 인민들에게 알리지 않거나, 혹은 잘못 알도록 방치하는 것도 주권자의 의무에 위배되는 일이다. 왜냐하면 그와 같이 방치할 경우, 코먼웰스의 필요에 따라 주권자가 그 권리를 행사하고자 했을 때, 인민들이 저항의 유혹에 쉽게 빠져들기 때문이다.

주권의 본질적 권리의 포기는 주권자의 의무에 위배된다

주권의 본질적 권리의 기초를 인민들에게 가르치지 않는 것

그리고 이러한 권리의 근거에 대해 열심히 그리고 진실하게 가르칠 필요가 있다. 왜냐하면 그것은 어떤 시민법에 의해서도, 또한 법적 처벌의 위협에 의해서도 주장될 수 없기 때문이다. 반란(기타 주권자의 본질적 권리에 대한 모든 저항)을 금지하는 시민법[의 규정]은, 시민법[의 규정]에 의해 의무가 되는 것이 아니라[1], 배신(背信)을 금지하고 있는 자연법에 의해 의무가 된다. 사람들이 이 자

연적 의무를 모른다면, 그들은 주권자가 제정하는 법의 권리〔가 어디에 있는지〕도 알 수 없게 된다. 그리고 처벌에 대해서도, 적대행위로만 여기고, 자기에게 충분한 힘을 가지고 있다고 생각하는 경우에는 적대행위에 의해 그 처벌을 피하려고 하게 된다.

절대 주권의 이성적 원칙은 존재하지 않는다고 주장하는 사람들에 대한 반론

이렇게 주장하는 사람들이 있다. '정의라는 것은 그저 빈말일 뿐이다. 자신의 힘과 기예로 얻을 수 있는 것은 무엇이든 자기 것이다. 전쟁상태〔자연상태〕에서만 그런 것이 아니라 코먼웰스에서도 그렇다.' 나는 이것이 그릇된 것임을 이미 보인 바 있다.[2] 또 이렇게 주장하는 사람들도 있다. '주권의 본질적 권리들이 절대적인 것이라고 인정할 수 있는 근거도 없고, 이성의 원칙도 없다. 만일 그런 근거나 이성의 원칙들이 있다면, 이미 어디에선가는 발견되었을 터인데, 지금까지 그러한 권리가 인정되거나, 혹은 논의된 코먼웰스는 아무데도 없다.' 이 주장도 그릇된 것이다. 아메리카의 야만인들이 지금까지 무거운 자재들로 지어진 집을 한 번도 본 일이 없기 때문에, 그런 자재들을 오랫동안 지탱할 수 있는 집을 지을 수 있는 근거나 혹은 이성의 원칙은 존재하지 않는다고 생각하는 것이나 마찬가지다. 시간과 근로는 매일 새로운 지식을 생산한다. 훌륭한 건축기술은 이성의 원칙에서 생기는 것이며, 이것은 인류가 서툴게나마 집을 짓기 시작한 이래, 자재의 성질이나, 형태와 균형의 다양한 효과들을 연구한

1) 시민법적 의무는 시민법을 수락한 이후, 즉 입법의 권위 또는 주권을 승인한 이후에 발생한다. 그러나 반란은 주권을 부정하는 행위, 즉 시민법 자체를 부정하는 행위이기 때문에 이 경우 시민법의 개별 규정은 의무가 될 수 없다는 뜻이다.

2) 제 27장 〈정사(正邪)에 대한 그릇된 원칙이 범죄의 원인이다〉 항 참조.

근면한 사람들이 알아낸 것이다. 마찬가지로 오랜 세월 동안 인간이 설립한 코먼웰스들이 불완전하고 혼란에 빠져들기 쉬웠다 하더라도, 근면한 성찰을 하는 자에게는, (외부의 폭력이 없는 한) 항구적인 구조를 지닌 코먼웰스를 설립할 수 있는 이성의 원칙들이 발견될 수도 있는 것이다. 내가 이 글에서 제시한 것이 바로 그러한 원칙들이다. 이러한 이성의 원칙들이, 이를 활용할 수 있는 권력자의 눈에 띄일지, 그리고 그들이 이를 채택할 지는 현재 나의 관심사가 아니다. 내가 제시한 원칙들이 설령 이성의 원칙이 아니라고 할지라도, 나는 이것들이 《성경》의 권위에서 나온 원칙들이라고 확신하고 있다. 이 점에 대해서는, 모세가 통치한 하느님의 나라, 즉 언약에 의한 하느님의 특별한 백성인 유대민족에 대해 논의할 때 분명하게 밝힐 것이다.[3]

일반대중의 무능력을 이유로 한 반대

그러나 그들은 또한 이렇게 말한다. '설령 그 원칙들이 옳다고 할지라도, 일반대중은 그것을 이해할 만한 능력을 갖고 있지 않다'고. 바라건대, 어느 왕국에서든 부유하고 유력한 백성들이, 혹은 가장 박식하다는 사람들이 일반대중만큼 만이라도 똑똑했으면 좋겠다. 이러한 종류의 학설을 이해하지 못하는 것은, 문제가 어려워서가 아니라, 배우는 자의 이해관계 때문이라는 사실을 모르는 사람은 없다. 유력한 사람들은 그들의 정념을 억제하려는 권력이 수립되는 것은 무엇이든 참아내지 못하고, 박식한 사람들은 그들의 오류가 드러나는 것은, 그로 인해 그들의 권위가 훼손되는 것은 무엇이든 참아내지 못한다. 반면에 일반대중의 정신은, 유력한 사람들에 대한 의존으로 인해

3) 제 40장 참조.

오염되지 않은 한, 박사들이 자기들의 의견을 낙서해 놓지 않은 한, 백지(*clean paper*)와 같아서, 공적 권위가 가르치는 바는 무엇이든 쉽게 받아들일 수 있다. 만백성에게 이성을 초월한 기독교의 위대한 성적(聖績)들을 '묵종'(默從)하게 하고, 수백만의 사람들에게 동일 성체(聖體)가 동일 시간에 도처에 존재할 수 있다는, 역시 이성을 초월한 교리를 믿게 하는 마당에, 편견 없는 사람이라면 듣는 즉시 이해가 될, 이성에 부합하는 것을, 법으로 보호된 가르침과 설교를 통해 대중들에게 가르치는 것이 어찌 그리 어려운 일이겠는가? 그러므로 나는 다음과 같은 결론을 내릴 수 있다. 인민에게 주권의 (자연법이자 기본법인) 본질적 권리들을 가르치는 일은, 주권자가 온전한 권력을 가지고 있는 한, 조금도 어려운 일이 아니다. 어려움이 있다면, 주권자 자신의 과오에서 비롯되거나, 혹은 그가 코먼웰스의 운영을 믿고 맡긴 자들의 과오에서 비롯되는 것이 있을 뿐이다. 그러므로 주권의 본질적 권리들을 백성들에게 가르치는 것은 그의 의무이다. 의무일 뿐만 아니라, 그에게 이익이 되는 일이기도 하며, 반란으로 인해 그의 자연적 인격에 가해질 수도 있는 위험에 대한 안전보장이기도 하다.

백성들에게 통치의 변경을 좋아하지 않도록 가르쳐야 한다

구체적 내용을 말하자면, 첫째, 이웃 나라들의 통치형태를 보고서 자기들 것보다 더 좋다고 생각하지 않도록 인민들을 가르쳐야 한다. 또한 이웃 나라가 현재 아무리 번영을 누리고 있다고 하더라도, 그들을 본받아 통치형태를 바꾸려는 생각을 하지 않도록 해야 한다. 귀족 합의체나 민주적 합의체에 의해 통치되는 인민의 번영은 귀족정이나 민주정에서 오는 것이 아니라 백성들의 복종과 화합에서 오는 것이며, 군주정 하의 인민이 번영을 누리는 것

은, 한 사람이 통치의 권리를 가지고 있어서가 아니라, 그들이 그에게 복종하고 있기 때문인 것이다. 국가의 종류가 어떠하든, 복종이 사라지면, 그리고 그 결과 인민의 화합이 사라지면, 그들은 번영하지 못할 뿐만 아니라 단시일 내에 해체되고 말 것이다. 그리고 코먼웰스를 개혁할 목적으로 불복종을 자행하는 사람들은, 그것이 코먼웰스를 파괴하는 일이라는 것을 알게 될 것이다. 이것은 우화에 나오는 펠레우스[4]의 어리석은 딸들이, 노쇠한 아버지의 회춘(回春)을 갈망해서, 메디아(Medea)의 충고에 따라, 아버지의 몸을 절단하여 이상한 약초와 섞어 함께 끓였으나, 아버지를 새 사람으로 만들어내지 못한 것과 같은 것이다. 이 같은 변화의 갈망은 하느님의 십계명 중 제 1 계명을 위반하는 것과 같은 것이다. 하느님이 이르시되, "너희는 내 앞에서 다른 신들을 섬기지 못한다"(Non habebis Deos alienos)[5]고 하였는데, 다른 곳에서는 '왕들'을 일컬어, 그들이야말로 '신들'(*Gods*)이라고 하였다.[6]

---

4) Peleus: 그리스 신화에 나오는 테살리아의 왕. 아이아코스와 엔데이스의 아들이며, 아킬레우스의 아버지이다.

5) 《성경》, 〈출애굽기〉 제 20장 3절 및 〈신명기〉 제 5장 7절. 인용은 《불가타 성경》(*Biblia Sacra Vulgata*, 보통말 성경)의 라틴어로 되어 있고, 홉스 자신의 영어로 번역되어 있다. 《불가타 성경》은 405년 제롬(Jerome, 일명 Eusebius Hieronymus)이 성경 원문(히브리어 구약과 그리스어 신약)을 대본으로 라틴어로 번역한 것으로 1546년 트렌트 공회에서 로마 가톨릭 교회의 정경(正經)으로 공인되었고, 교황 클레멘트 8세가 1592년에 새판을 간행하였다. 1969년에 간행된 제 4판 전문은 www.biblegateway.com에서 볼 수 있다.

6) 통치형태를 바꾸어 새 주권, 즉 '다른 왕들'을 섬기려고 하는 것은 하느님이 금지한 '다른 신들'을 섬기려는 것과 마찬가지라는 것이다. 《성경》, 〈시편〉 제 82편 1~6절. "하느님이 하느님의 법정에 나오셔서, 신들을 모아들이시

또한 인기 있는 사람들을 추종하여 주권자와 대립하는 일이 없도록

둘째, 동료 백성 중 아무리 탁월한 자가 있다고 하더라도, 또한 코먼웰스에서 아무리 빛나는 인물이 있다 하더라도, 또한 그 어떤 합의체(주권적 합의체는 제외한다)에 대해서도 그의 미덕을 칭송한 나머지, 오직 주권자에게만 바쳐야 할 복종과 존경을 그에게 바치는 일이 생기지 않도록 인민들을 가르쳐야 한다. 그들은 각자의 지위에서 주권자의 대리자일 뿐이다. 따라서 백성들은, 그들이 주권자의 권한에 기초하여 그들에게 전하는 것 이외에는 어떠한 영향도 그들로부터 받아서는 안 된다. 백성들이 명망가들의 감언이설에 넘어가 자신에 대한 충성심이 희박해지는 것을 보면서, 아무런 질투도 느끼지 않고 묵인한다면, 그런 주권자는 결코 인민을 사랑하는 주권자라 할 수 없다. 인민들은 종종 비밀리에, 심지어는 공공연하게 왕에 대한 충성을 버리고, '교회의 면전에서'(*in facie ecclesiae*), 설교자의 주재 아래, 명망가들과의 결혼을 선언하고, 나아가 그러한 동맹을 맺었다는 사실을 대로(大路)에서 공표하기까지 한다. 이것은 하느님의 십계명 중 제2계명[7]을 위반하는 것에 비유될 수 있다.

셋째, 위 교리의 당연한 귀결로서, 주권을 지닌 대표자

고 재판을 하셨다. 하느님께서 신들에게 말씀하셨다…'너희는 모두 신들(*gods*)이고, '가장 높으신 분'의 아들들이지만, 너희도 사람처럼 죽을 것이고, 여느 군주처럼 쓰러질 것이다.'" 컬리(Edwin Curly)에 따르면, 홉스 시대에는 "너희는 모두 신들"이라는 말이 왕들을 지칭하는 것으로 해석하는 것이 일반적이었다고 한다. Jonathan Bennett, *Leviathan By Thomas Hobbes*, Internet Edition, 2006. p. 142.

7) 《성경》, 〈출애굽기〉 제20장 4~5절, 및 〈신명기〉 제5장 8~9절. "〔제2계명〕 너희는 너희가 섬기려고 위로 하늘에 있는 것이나, 아래로 땅에 있는 것이나, 땅 아래 물 속에 있는 어떤 것이든지, 그 모양을 본떠서 우상을 만들지 못한다. 너희는 그것들에게 절하거나, 그것들을 섬기지 못한다. 나, 주 너희의 하느님은 질투하는 하느님이다."

를, 한 사람이든 합의체이든, 헐뜯거나, 그의 권력에 대해 논의 또는 논박하거나, 혹은 그의 이름을 어떤 방법으로든 불경하게 사용하는 것이 얼마나 큰 잘못인가 하는 것을 인민들에게 반드시 알려야 한다. 그런 일이 발생하면 인민들이 주권자를 업신여기게 되고, 인민의 복종이 약화되어 코먼웰스의 안전은 위협을 받게 된다. 이 교의는 제 3 계명[8]과 비슷한 것이다.

또한 주권자의 권력을 논박하는 일이 없도록

넷째, 인민들을 교육시키기 위해 그들의 일과노동(日課勞動)과는 구별되는 별도의 시간을 마련하여, 그 시간에는 그들을 가르치기 위해 임명된 교사들에게 가서 배우도록 해야 한다. 그렇게 하지 않으면, 인민들은 이것을 배울 수 없으며, 배웠다 하더라도 기억하지 못하며, 나아가 한 세대가 지나고 나면 주권적 권력이 누구에게 있는지조차 모르는 지경이 되고 만다. 교육시간이 결정되고, 그 시간에 모두 모이게 되면, 먼저 주권자들의 주권자이신 하느님께 기도하고 찬양한 후, 인민들에게 그들의 의무를 들려주고, 그들 모두와 일반적으로 관계있는 실정법을 읽어주고 설명해주고, 그 법을 만든 권력자가 누구인지를 마음에 새기도록 할 필요가 있다. 이러한 목적을 위해 유대인들은 이렛날을 '안식일'로 정했으며,[9] 이 날 율법이 낭독되고 설명되었다. 그리고 이러한 엄숙한 의식을 통하여, 그들의 왕이 하느님이라는 것, 하느님은 엿새 동안

또한 인민의 의무가 무엇인지 배우는 날을 따로 둘 것

---

8) 《성경》, 〈출애굽기〉 제 20장 7절, 및 〈신명기〉 제 5장 11절. "〔제 3계명〕 너희는 주 너희 하느님의 이름을 함부로 부르지 못한다."

9) 《성경》, 〈출애굽기〉 제 20장 10절, 및 〈신명기〉 제 5장 14절. "〔제 4계명〕 이렛날은 주 너희 하느님의 안식일이니, 너희는 어떤 일도 해서는 안 된다. 너희나, 너희의 아들이나 딸이나, 너희의 남종이나 여종만이 아니라, 너희 집짐승이나, 너희의 집에 머무르는 나그네라도, 일을 해서는 안 된다."

세상을 창조하고, 일곱째 날에 쉬었다는 것을 마음에 새겼으며, 그날 아무 일도 하지 않고 휴식함으로써, 바로 그 하느님이 그들의 왕으로서 그들을 이집트, 즉 종이 되어 고통스런 노역을 하였던 곳으로부터 인도하여 내고, 하느님의 영광을 찬양한 후에는 합법적인 유흥시간을 가질 수 있도록 해 주었다는 것을 마음에 새겼다. 이리하여 십계명의 첫째 돌판에는 하느님의 절대적인 권력의 요지(要旨)가 새겨져 있는데, 이 권력은 하느님으로서의 권력일 뿐만 아니라, 특히 유대인과의 약정(*pact*)에 의한 왕으로서의 권력이다. 따라서 이 돌판은 인민의 동의에 의해 주권적 권력을 부여받은 사람들이 백성들에게 무엇을 가르쳐야 하는가를 알려주는 빛이 될 수 있다.

또한 부모를 공경하도록

자녀들의 최초의 교육은 부모의 보살핌에 달려있는 것이기 때문에, 자녀들은 부모의 슬하에 있는 동안에는 부모에게 순종해야 한다. 또한 나중에도, 보은〔의 자연법〕이 가르치는바, 자녀들은 부모의 길러준 은혜에 대해 겉으로 드러나는 존경의 표시를 통해 감사하는 마음을 나타내야 한다. 이를 위해 자녀들에게 가르쳐야 할 것은, 모든 사람의 아버지는 자녀들에 대해 생사여탈권을 가진 주권자였다는 것, 각 가족의 아버지들은 코먼웰스를 설립할 때 절대적 권력을 양도하긴 했지만, 자녀를 양육한 대가로 자녀로부터 마땅히 받아야할 존경의 권리까지 포기한 것은 아니라는 것 등이다. 왜냐하면 그러한 권리를 포기하는 것은 주권의 설립에 필요하지도 않거니와, 만약 자녀가 성장한 후 그로부터 받는 이익이 여느 사람으로부터 받는 이익과 다를 바 없다면, 자녀를 갖고 싶어할 이유도 없을 것이며, 양육과 지도를 위해 노심초사할 이유도 없을 것이기 때문이다. 이것은 제 5 계명[10]에 부합한다.

또한 모든 주권자는 백성들이 정의를 배우도록 해야 한다. 정의는 다른 사람의 것을 빼앗지 않는 것이다. 다시 말하면, 주권자의 권위에 의해 이웃의 것으로 인정된 것은 무엇이든지, 폭력이나 사기로 빼앗지 않도록 가르쳐야 한다. 소유권에 의해 보유하고 있는 것 중 사람에게 가장 귀중한 것은 자신의 생명과 수족이며, 그다음으로 중요한 것은 (대부분의 사람에게) 부부의 애정과 관련된 것이고, 그다음이 재산과 생활수단이다. 그러므로 인민에게 가르쳐야 할 것은, 사적 복수로 다른 사람의 신체에 폭력을 행사하지 말 것, 부부의 정조를 유린하지 말 것, 남의 재물을 강탈 또는 사취하지 말 것 등이다. 이러한 목적을 위해 인민들에게 재판관의 타락이나 허위 증언으로 인한 그릇된 판결이 어떤 해로운 결과를 가져오는지를 보여줄 필요가 있다. 이런 일이 생기면, 소유권의 구별이 없어지고, 정의는 힘을 잃고 만다. 지금까지 말한 것들은 제 6, 7, 8, 9계명[11]에 나타나 있다.

또한 타인의 권리를 침해하지 않도록

끝으로 인민들에게 가르쳐야 할 것은, 부정(不正)한 행위는 말할 것도 없지만, 그러한 행위를 하려는 계획이나 의도 자체도 (비록 어떤 연유로 실행되지 않았다 하더라도) 불의라는 것이다. 위법행위도 불의이지만, 의지의 타락도 불의이다. 이것이 바로 제 10 계명[12]이 가르치고자 하는

이 모든 것을 진심으로 성실하게 행하도록

10) 《성경》, 〈출애굽기〉 제 20장 12절, 및 〈신명기〉 제 5장 16절. "〔제 5계명〕 너희 부모를 공경하여라."

11) 《성경》, 〈출애굽기〉 제 20장 13~16절, 〈신명기〉 제 5장 17~20절. "〔제 6계명〕 살인하지 못한다. 〔제 7계명〕 간음하지 못한다. 〔제 8계명〕 도둑질하지 못한다. 〔제 9계명〕 너희 이웃에게 불리한 거짓 증언을 하지 못한다."

12) 《성경》, 〈출애굽기〉 제 20장 17절, 및 〈신명기〉 제 5장 20절. "〔제 10계명〕

바이며, 둘째 돌판의 요지이다. 그것은 "네 이웃을 네 자신과 같이 사랑하라"[13] 고 한 상호자애(相互慈愛)의 계명 하나로 요약된다. 첫째 돌판의 요지가, 그들이 그때 새로이 왕으로 영접한 "하느님에 대한 사랑"으로 요약되듯이.

대학의 효용 그러면, 어떠한 수단과 통로에 의해 인민들이 이러한 가르침을 받을 수 있을 것인가? 이를 알기 위해 우리는 먼저 인류의 평화에 반하는 수많은 견해들이, 근거가 박약하고 그릇된 원칙에 기초한 것임에도 불구하고, 어떻게 인민들 사이에 그토록 깊이 뿌리박게 되었는지 그 과정부터 살펴보아야 한다. 그릇된 견해들이란 앞장〔제 29장〕에서 자세히 말한 다음과 같은 것들이다. 즉 합법적인 것과 비합법적인 것을 판단하는 것은 법이 아니라 자신의 양심, 즉 자신의 개인적 판단이라는 주장, 백성이 코먼웰스의 명령에 따르는 것이라 할지라도 자기가 판단하여 합법적인 것이 아닌 경우에는 죄를 짓는 일이라는 주장, 자기 재산에 대한 백성들의 소유권은 배타적인 것으로서 이에 대한 주권자의 지배권을 배제한다는 주장, 백성들이 폭군으로 규정한 자를 살해하는 것은 합법적이라는 주장, 주권적 권력은 분할될 수 있다는 주장 등등. 이러한 주장들이 인민들 사이에 주입되는 과정은 다음과 같다. 인류의 대부분은 두 종류의 인간으로 나누어진다. 하나는, 부득이하여 혹은 탐욕으로 인해 자신의 사업과 노동에 열중하는 인간들이고, 또 하나는, 반대로 재산이 남아돌아가 혹은 나태로 인해 감각적 쾌락에 탐닉하는 인간들이다. 이 두 부류의 인간들은 깊은 성찰과는 거리가 멀다. 자연적

너희 이웃의 집을 탐내지 못한다. 너희 이웃의 아내나 남종이나 여종이나 소나 나귀나 할 것 없이, 너희 이웃의 소유는 어떤 것도 탐내지 못한다."

13) 《성경》, 〈마가복음서〉 제 12장 31절.

정의(正義)의 문제를 포함한 모든 학문에서 깊은 성찰은 진리 탐구에 필수적으로 요청되는 것이다. 따라서 그들은 주로 설교대의 성직자들로부터 그들의 의무를 배운다. 여기에 그들의 이웃이나 친지 중, 구변이 좋아 똑똑해 보이고, 법과 양심의 문제에 대해 박식해 보이는 자들이 일조한다. 그리고 성직자들과 박식을 자랑하는 자들은 그들의 지식을 대학에서, 법률학교에서, 혹은 그러한 법률학교와 대학의 저명한 학자들이 펴낸 책에서 얻는다. 이로써 명백히 알 수 있는바, 인민의 교육은 전적으로 대학의 젊은이들을 올바로 가르치는 일에 달려 있다. 이렇게 말할 사람이 있을 지도 모르겠다. '영국의 대학들은 그렇게 할 수 있는 충분한 학식을 이미 가지고 있지 않은가?' 혹은 '그러면 당신이 대학들의 교육을 맡겠다는 것인가?' 어려운 질문이긴 하지만, 첫 번째 질문에 대해서는 자신 있게 대답할 수 있다. 헨리 8세 말경까지 코먼웰스의 권력과 대립되는 교황권을 옹호한 것은 주로 대학들이었다. 대학에서 교육을 받은 수많은 설교자와 수많은 법률가와 기타 인사들이 내놓은, 왕의 주권에 반대하는 학설들을 보라. 이것은, 대학이 그러한 그릇된 학설의 발원지는 아니었다 할지라도, 적어도 진리를 심는 방법을 모르고 있었다는 충분한 증거가 아닌가? 대학에서 그들을 충분히 가르치지 못했기 때문에 그와 같은 모순된 학설들이 난무하는 것이다. 그러므로 그들이 대학에서 처음 맛들인, 시민적 권위에 반항하는 음흉한 독주를 지금까지 즐기고 있다는 것은 조금도 놀라울 것이 없다. 그러나 두 번째 질문에 대해서는 긍정이든 부정이든 내가 답변을 하는 것은 적절하지도 않고, 필요하지도 않다. 내가 지금 하고 있는 일을 보면, 내가 무슨 생각을 하고 있는지 누구나 알 수 있을 것이기 때문이다.

〔평등한 재판〕 또한 인민의 안전을 위해, 주권을 가진 사람(들)은 모든 계층의 인민들이 평등한 재판을 받을 수 있도록 해야 한다. 부유하고 권세 있는 사람들이나, 가난하고 미천한 사람들이나 모두 침해당한 권리를 회복할 수 있어야 한다. 즉 폭력이나, 불명예 기타 권리침해 행위는 상층민이든 하층민이든 똑같이 처벌해야 한다. 상층민이 하층민에게 가할 경우, 하층민이 상층민에게 가한 것보다 가벼운 처벌을 받을 것으로 기대하게 해서는 안 된다. 이것이 바로 공평이기 때문이다. 공평은 자연법의 계율이기 때문에, 주권자로부터 최하층의 백성에 이르기까지 똑같이 적용된다. 모든 범법행위는 코먼웰스에 대한 범죄이지만, 그 중 일부는 그와 동시에 사인(私人)에 대한 범죄이기도 하다. 코먼웰스에만 관련이 있는 범죄는 공평의 원칙을 파괴하지 않고도 사면될 수 있다.[14] 왜냐하면 누구든 자기가 당한 일에 대해서는 자신의 재량에 따라 용서할 수 있기 때문이다. 그러나 사적 개인에 대한 범죄는, 공평의 원칙상, 피해자의 동의 없이는, 혹은 적절한 배상 없이는 사면이 허용되지 않는다.

백성들의 불평등은 주권자의 법령에서 생긴다.[15] 그러므로 주권자 앞에서는, 즉 법정에서는 백성들 간에 불평등이 있을 수 없다. 이것은 왕 중의 왕〔즉 하느님〕 앞에서는 〔코먼웰스의〕 왕과 백성 간에 불평등이 있을 수 없는 것과 같다. 상층민의 명예는 그들이 하층민에게 어느 정

---

14) 주권자에 대한 범죄는 주권자가 용서하면 그것으로 사면이 되며, 그렇다고 해서 공평의 원칙이 파괴되는 것은 아니라는 뜻이다.

15) 주권자가 백성들을 차별하지 않는 한, 백성들 간의 불평등은 생기지 않는다는 뜻이다.

도의 은혜와 원조를 베푸는가에 따라 평가되어야 한다. 그런 것이 없다면, 어떠한 명예도 없다. 폭력, 직권남용, 기타 침해행위를 상층민이 한 경우, 죄가 경감되는 것이 아니라 오히려 가중된다. 그런 죄를 저질러야 할 필요가 훨씬 적기 때문이다. 상층민을 편들면 다음과 같은 결과가 발생한다. 방면(放免)은 〔상층민의〕 오만을 낳고, 오만은 〔하층민의〕 증오를 낳고, 증오는 억압적이고 오만불손한 모든 상층민을 타도하려는 시도를 낳는다. 이것이 마침내 코먼웰스의 파멸을 초래한다.

평등한 과세

평등한 과세 또한 평등한 정의와 관계가 있다. 과세의 평등은 동일 재산에 대한 동일 과세를 의미하는 것이 아니라 동일 부채(負債)에 대한 동일 과세를 의미한다. 여기에서 부채란 모든 사람이 자신의 방위에 대해 코먼웰스에 지고 있는 부채를 말한다. 노동만으로 인간의 생명이 유지되지는 않는다. 노동〔할 수 있는 여건〕을 확보하기 위해 싸워야 할 때도 있다. 유대인들이 〔바빌론의〕 유수(*captivity*)16)에서 풀려나 귀환한 뒤 한 손으로는 신전을

16) 바빌론 유수(幽囚): 고대 이스라엘 민족의 유대 왕국이 신바빌로니아 왕국에 의해 정복되었을 때 많은 주민이 바빌론으로 끌려간 사건. BC 597년, 신바빌로니아 왕 느부갓네살 2세의 공격을 받은 유대왕 여호야김은 항복하여 수천 명의 귀족, 성직자, 일반 백성들과 함께 바빌론으로 끌려갔다. 그 뒤 유대는 반독립국의 지위에 머무르고 왕위는 시드기야가 계승했으나 반바빌로니아파에 가담했기 때문에 BC 586년 느부갓네살 2세는 다시 예루살렘을 약탈해 건물을 불 지르고 성채를 부수었으며 대부분의 주민을 유수의 신세로 만들었다. 도망가던 시드기야도 잡혀 바빌론으로 끌려갔다. 《성경》, 〈열왕기하〉 제 24~25장에 이와 관련된 내용이 자세히 기록되어 있다. 그 뒤 신바빌로니아를 멸망시킨 아케메네스 왕조 페르시아 왕 키루스 2세가 BC 538년 '민족해방령'을 반포하여 귀환을 허용했다. 이스라엘인의 이러한 민족적 고난, 정신적 고통이 민족일치를 강화했고 신앙 순화의 계기가 되었다. 바빌론에서 귀환한 뒤 국가재건은 못했지만 예루살렘에 재건한 신전을

재건하고, 또 한 손에는 칼을 든 것처럼, 자신이 직접 칼을 들고 싸우거나, 아니면 자기를 위해 싸워줄 사람들을 고용해야 한다. 주권자가 인민에게 부과하는 세금은, 다양한 사업과 직업에 종사하는 사적 개인들을 지켜주기 위해 공공의 칼을 들고 있는 사람들에게 당연히 지불해야 하는 급여인 것이다. 이러한 공공의 칼 덕분에 모든 사람이 누리는 혜택은 생명의 향수로서, 이것은 빈자에게나 부자에게나 똑같이 고귀한 것이다. 따라서 자기의 생명을 지켜주는 자들에 대해서는 빈자의 부채나 부자의 부채나 전적으로 같다. 다른 점이 있다면, 부자의 경우, 빈자의 봉사를 받고 있기 때문에, 자신의 신체 이외에 더 많은 사람의 신체를 지켜준 데 대한 부채를 지고 있다고 할 수 있을 것이다.[17] 이러한 점을 고려할 때, 과세의 평등은 소비의 동등성에 기초한 과세, 즉 동일한 소비에 대해 동일한 과세를 하는 것이지, 재산의 동등성에 기초한 과세, 즉 소비하는 자의 재산이 동일하다고 해서 동일한 과세를

중심으로 유대교단을 세웠다.

17) 이 문장은 달리 해석될 수도 있다. 원문은 다음과 같다. "that the rich, who have the service of the poor, may be debtors not only for their own persons, but for many more." 여기에서 "who have the service of the poor"를 한정절로 볼 경우, "빈자의 봉사를 받고 있는 부자의 경우에는 …"으로 해석된다. 즉 모든 부자가 다 그렇다는 것이 아니라, 부자 중 빈자의 봉사를 받고 있는 부자만 그렇다는 뜻이 된다. 이 관계절 앞에 쉼표가 있기 때문에, 본문과 같이 해석하였으나, 주어 다음에 습관적으로 쉼표를 찍는 홉스의 문장 스타일을 고려하면, 한정적인 뜻으로 해석할 수도 있다. 예를 들면, 홉스의 원문을 쉬운 말로 풀이한 베넷은 이 부분을 한정절로 해석하고 있다(Jonathan Bennett, *Leviathan By Thomas Hobbes*. Internet Edition, 2006. p. 145). 바로 아래 나오는 바와 같이, '자신의 근면에 의해 부유해진 사람의 경우, 그 부를 이유로 더 많은 과세를 해서는 안 된다'는 주장과 관련하여 보면, 이러한 해석도 일리가 있다.

하는 것이 아니다. 더 많은 노동을 하고, 노동의 과실을 더 많이 저축하고 절약한 사람이, 나태하고, 소득이 적고, 버는 대로 다 쓰는 사람보다 더 많은 세금을 내야 할 이유가 도대체 어디 있겠는가? 앞의 사람이 뒤의 사람보다 코먼웰스의 보호를 더 많이 받는 것은 아니지 않은가? 개개인이 소비한 것에 대해 세금을 부과하면 모든 사람이 자기가 사용한 것에 대해 평등하게 납세하게 되고, 코먼웰스 또한 개인들의 사치스런 낭비에 속을 썩일 염려도 없다.

공공구제

또한 피할 수 없는 사고로 인하여 자신의 노동으로 생활을 꾸려갈 수 없게 된 사람들이 많이 있는데, 이러한 사람들은 사적 개인들의 자선행위에 맡겨 놓을 것이 아니라, 코먼웰스의 법으로 최소한의 생활필수품이 지급되도록 해야 한다. 왜냐하면 무능력자를 외면하는 것도 무정한 짓이지만, 코먼웰스가 그러한 사람들을 불확실한 자선의 위험에 방치하는 것 역시 무정한 짓이기 때문이다.

나태의 예방

그러나 신체 강건한 사람들의 경우에는 사정이 다르다. 그들은 노동을 하게 만들어야 하며, 일거리가 없다는 변명을 하지 못하도록, 해운·농업·어업 등 모든 종류의 산업과, 노동이 필요한 모든 종류의 수공업을 장려하는 법률이 있어야 한다. 신체 강건한 빈민의 수가 계속 증가할 경우에는 그들을 인구가 희박한 나라로 이주시켜야 한다. 하지만 그곳에 이미 살고 있는 사람들을 몰살해서는 안 된다. 함께 살 수 있는 여지를 확보하는 것에 그쳐야 한다. 또한 광대한 지역을 샅샅이 훑으면서 식량을 획득하려고 할 것이 아니라, 작은 토지를 노동과 기술로써 일구고, 계절에 맞는 수확을 하도록 해야 한다. 그리고 전 세계가 인구과잉이 된 경우, 최후의 구제책은 전쟁뿐이다. 전쟁이 벌어지면 각자에게 승리 아니면 죽음이 있다.

어떤 법이 좋은 법인가

좋은 법의 제정도 주권자의 관심사 중 하나이다. 그러면 어떤 법이 좋은 법인가? 내가 말하는 좋은 법은 정의로운 법을 뜻하는 것이 아니다. 정의롭지 않은 법은 없다. 법은 주권자가 만드는 것이며, 주권자가 한 모든 행위는 인민 각자가 승인한 일이며, 또한 각자가 그 행위의 본인이다. 따라서 이러한 행위에 대해 불의라고 말할 수 있는 사람은 아무도 없다. 코먼웰스의 법은 도박의 규칙과 같은 것이다. 모든 도박꾼이 합의한 규칙은 그들 어느 누구에게도 불의한 것이 될 수 없다. 좋은 법이란 '인민의 행복'을 위해 '필요한' 동시에 '명료한' 법을 말한다.

필요한 법

법은 공인된 규칙이기 때문에 그 효용은 인민의 자유의사에 따른 활동을 구속하는 데 있는 것이 아니라, 그들이 충동적인 욕구나 성급함, 경솔함으로 인해 다치는 일이 생기지 않도록 그들을 지도하고, 그들의 행동을 제한하는 데 있다. 이것은 마치 울타리가 보행자의 길을 가로막기 위해서가 아니라, 길을 따라 걷도록 하기 위해 세워져 있는 것과 같다. 그러므로 불필요한 법은 법의 진정한 목적을 가지고 있지 않기 때문에 좋은 법이 아니다. 어떤 법이 인민들에게는 불필요하다 하더라도, 주권자에게 이익이 된다면 좋은 법이라고 생각될 수도 있겠지만, 그것은 그렇지 않다. 주권자의 행복과 인민의 행복은 서로 분리될 수 없다. 약한 백성을 거느리는 자는 약한 주권자이며, 자신의 의지대로 지배하는 권력을 결여한 주권자 아래에 있는 사람들은 약한 인민이다. 불필요한 법은 좋은 법이 아니라, 〔주권자의〕 축재를 위한 함정일 뿐이다. 주권자의 권리가 인정된 곳에서는 그러한 함정은 불필요한 것이며, 인정되지 않은 곳에서는 인민을 보호하기에 불충분한 것이다.

명료한 법

명료성은 법의 조문 자체에 있는 것이 아니라, 입법의 취지와 동기를 명확히 밝히는 데 있다. 즉 입법자의 의도가 명확히 나타난 법이 명료한 법이다. 입법자의 의도가 명확히 나타나 있으면, 단어 수가 많은 것보다는 적은 것이 더 이해하기 쉽다. 왜냐하면 모든 단어는 모호성을 품고 있으며, 따라서 법 본문의 단어 수가 많을수록 모호성도 커지기 때문이다. 게다가, 용어의 선택이 지나치게 세심하면, 그 단어에 해당되지 않는 사람은 그 법의 규제 대상이 아니라는 인상을 주기 쉽다. 그리고 이것은 불필요한 소송을 양산하는 원인이 된다. 고대의 법은 그토록 짧았는데, 그 법이 어찌하여 점차 길어지게 되었는가를 생각하노라면, 〔그동안 있었을〕 법을 둘러싼 처벌자와 변론인의 논쟁이 눈에 보이는 듯하다. 처벌자는 변론인을 틀 내에 묶어두려 하고, 변론인은 그 틀을 벗어나려 하고, 마침내 변론인이 승리하는 광경이. 그러므로 입법자(한 사람이든 합의체이든, 모든 코먼웰스의 최고대표자)의 직무 중 하나는, 왜 그런 법을 제정했는지 그 이유를 명확히 밝히고, 법의 본문은 가능한 한 짧게, 그러나 정확하고 의미 있는 용어로 표현하는 일이다.

처벌

처벌과 보상을 올바르게 하는 것도 주권자의 직무에 속한다. 처벌의 목적은 복수나 분풀이가 아니고, 범법자를 교정하거나, 또는 처벌의 실례를 통해 다른 사람들을 교정하는 것이므로, 공공(公共)에 가장 위험한 범죄들을 가장 엄중하게 처벌해야 한다. 예를 들면, 현 정부에 대한 악의에서 비롯된 범죄, 정의에 대한 경멸에서 비롯된 범죄, 대중의 분노를 야기하는 범죄 등이다. 또한 처벌하지 않으면 권력의 비호를 받고 있다는 인상을 줄 우려가 있는 범죄, 예를 들면, 권력자의 자식이나 종복, 또는 총애를 받는 자들이 지은 범죄들도 반드시 엄중 처벌해야 한다. 이들을 처벌하지 않으면, 대중의 분노는 그러한 범법 행위를 한 행위자와 본인에 대한 분노에 그치지 아니하고, 그들을 비호하고 있는 것처럼 보이는 모든 권력에 대한 분노로 확대되기 때문이다. 타르키니우스[18]의 경우가 좋은 예가 될 수 있다. 그는 아들 중 한 명의 오만한 행동으로 인해 로마에서 추방되었으며, 결국 군주정이 붕괴되고 말았던 것이다. 그러나 결함(*infirmity*)[19]에 의한 범죄들, 예를 들면, 극심한 도발이나 극심한 공포, 극심한 곤궁에서 비롯된 범죄, 혹은 그 행위가 중대범죄인 것을 알지 못한 상태에서 저지른 범죄 등의 경우에는 코먼웰스에 손해 없이 관용을 베풀 여지가 종종 있고, 관용의 여지가 있을 경우에는 관대한 처벌을 하는 것이 바로 자연법의 요구이다. 폭동이 일어난 경우에는, 선동에 넘어가 폭동에 가담하게 된 가난한 인민들이 아니라, 주동자와 교사

18) Lucius Tarquinius Superbus: 로마 공화정 직전 시기의 전설적인 일곱 왕 중 마지막 왕(재위: BC 535~510). 유혈과 폭력으로 얼룩진 전제정치를 하던 중, 그의 아들 섹스투스 타르키니우스(Sextus Tarquinius)가 로마의 귀부인 루크레티아(Lucretia)를 겁간하자, 루크레티아는 자신의 가족들에게 복수를 당부하고 자살하였다. 이에 그녀의 친척 브루투스(Lucius Junius Brutus)는 그녀의 시신을 전시해놓고 로마 인민들에게 타르키니우스 왕가에 대한 반란을 선동하였으며, 마침내 타르키니우스는 에트루리아로 추방되었다. 그 결과 군주정은 폐지되고 로마 공화정이 수립되었다. 리비우스의 《로마사》에 자세한 내용이 기록되어 있다. 셰익스피어의 《루크레티아의 능욕(凌辱)》은 이를 소재로 한 것이다.

19) 정신적 결함상태, 즉 절박한 상태에 처하여 이성적 판단을 내리기 어려운 정신적 상태를 가리키는 듯하다.

들을 처벌해야 코먼웰스가 처벌의 실익을 얻을 수 있다. 인민들을 가혹하게 처벌하는 것은 〔그들의〕 무지를 처벌하는 것이고, 그들의 무지에 대한 책임은 대부분 주권자에게 있다. 그들의 잘못은 단지 못 배운 잘못뿐이다.

보상

마찬가지로, 보상을 적절히 부여하여 항상 코먼웰스에 이익이 되도록 하는 것도 주권자의 직무이자 의무이다. 보상의 효용과 목적이 바로 그것이며, 다음과 같은 경우 그 목적은 달성된다. 즉, 코먼웰스에 훌륭히 봉사한 사람들이 가능한 한 적은 국고의 비용으로 충분한 보상을 받고, 다른 사람들도 이에 고무되어 코먼웰스를 위해 최선을 다해 성실히 일할 뿐만 아니라, 더 잘하기 위해 많은 기술들을 배우게 될 경우이다. 대중들에게 인기가 있고 야심이 있는 백성을 금품이나 승진으로 매수하여, 이로써 침묵을 지키게 하고, 백성들 앞에서 주권자를 헐뜯지 않도록 하려는 것은 보상의 본질과는 거리가 멀다. 보상은 과거의 봉사에 대해 주는 것이다. 해악〔의 위협〕이 두려워 주는 것은 보상도 아니고, 감사의 표시도 아니다. 그것은 공포의 표시일 뿐이며, 공공에 이익이 되기보다는 오히려 손해가 된다. 그것은 야심과의 싸움으로서, 헤라클레스와 괴물 히드라[20]와의 싸움과 흡사하다. 히드라는 머리가 여럿이었는데, 한 개가 떨어져 나갈 때마다 새로 세 개씩

---

20) Hydra: 그리스 신화에 나오는 뱀처럼 생긴 괴물. 티폰(Typhon)과 에키드나(Echidna)의 딸이다. 머리가 아홉이었고, 입에서는 독기(毒氣)를 뿜었다. 제우스의 아내인 여신 헤라는 제우스와 다른 여자 사이에서 태어난 헤라클레스를 처치하기 위하여 히드라를 양육하였다. 헤라클레스가 에우리스테우스(Eurystheus)의 명령에 따라 '열두 가지 시련'의 하나로 히드라를 퇴치하러 나섰으나 괴물의 머리를 한 개 떨어뜨릴 때마다 두 개의 머리가 생겨났다. 조카 이오라오스의 도움으로 히드라의 목이 잘린 부분을 불로 태워 없애고 죽지 않은 머리는 잘라 땅 속에 묻은 뒤 큰 돌로 눌러 놓아 죽였다.

머리가 돋아났다. 마찬가지로 명망가의 고약한 심사를 보상으로 무마하면, 이를 본보기로 삼아 비슷한 이익을 노리고 같은 해악을 저지르는 사람들이 줄을 잇는다. 모든 종류의 수공업제품들이 그러하듯이, 악의(惡意)도 판매할 시장(市場)이 있으면 〔생산이〕 증가한다. 그러한 방법으로 내란이 연기되는 일이 간혹 있다 하더라도, 위험은 더욱 커지고, 공공의 파멸은 한층 확실해진다. 그러므로 자국의 평화를 교란하여 위대해지려고 열망하는 사람들에게 보상을 주는 것은 공공의 안전을 책임지고 있는 주권자의 의무에 위배되는 것이다. 그러한 사람들은 초기에 진압하면 위험이 적지만, 진압을 미루면 위험이 커진다.

조언자

주권자가 해야 할 또 하나의 일은 좋은 조언자를 선택하는 것이다. 조언자란 코먼웰스의 통치에 도움이 되는 조언을 해 줄 사람을 말한다. 조언(*counsel*)의 〔라틴어〕 어원인 '콘실리움'(*consilium*)이라는 말은 '콘시디움'(*Considium*)에서 와전(訛傳)된 말인데,[21] 뜻의 범위가 넓어, 장차 해야 할 일을 논의하기 위한 모임에 참석한 사람들을 뜻하기도 하고, 과거의 행위나 혹은 현재의 법에 대해 논의하기 위한 모임에 참석한 사람들을 뜻하기도 한다. 여기에서는 그 말을 전자의 뜻으로만 사용하겠다. 그런 의미로 사용할 경우, 민주정이나 귀족정에는 조언을 받고 말고 할 것이 없다. 조언을 하는 자가 곧 조언을 받는 인격의 구성원이기 때문이다. 그러므로 조언자의 선정(選定)은 군주정에만 있는 것이며, 군주정의 주권자가 각 분야의 일을 할 때 가장 유능한 조언자를 얻기 위해 노력하지 않으면, 그가 마땅히 해야 할 직무를 이행하지 않는 것이 된다. 가장

21) 'consilium'은 숙고, 협의, 판단, 이해, 결의, 계획, 의견, 충고, 제안 등의 뜻을 가지고 있다. 'considium'은 '(회의 등에) 참여하다'의 뜻이다.

유능한 조언자는 간사한 조언으로 이익을 보려는 생각은 조금도 하지 않으면서, 코먼웰스의 평화와 방위에 유익한 일들에 대해 가장 많은 지식을 가지고 있는 사람이다. 공공의 분란으로부터 누가 이익을 기대하고 있는가를 알기는 어렵다. 그러나 혐의를 가져도 좋을 만한 징후들은 있다. 억울한 일을 당하고도 구제받을 길이 없어 슬픔에 잠겨있는 인민들을 보고, 이들을 위로하는 자가, 자신의 재산이 부족하여 일상적 경비를 충당하기 어려운 자인 경우 등, 관심을 가지고 지켜보면 누구라도 그 징후를 쉽게 관찰할 수 있다. 공공의 업무에 대해 누가 가장 많은 지식을 가지고 있는가를 알기란 더욱 어렵다. 그러한 사람들이 누구인가를 알고 있는 사람들은 그 사람들을 별로 필요로 하지 않는다. 왜냐하면 어떤 분야의 기술이 뛰어난 사람을 알아보는 일은, 바로 그 기술 자체에 대해 상당한 지식을 가지고 있는 사람에게나 가능한 일이기 때문이다. 즉 자기가 그 기술을 배워서 이미 알고 있기 때문에 다른 사람의 기술의 우수성을 알아보게 되는 것이다.[22] 그러나 어떤 기술이 있다는 것을 알 수 있는 가장 좋은 방법은, 그 문제에 대해 많은 대화를 나눠보는 것이며, 〔그의 조언이〕 계속해서 좋은 성과를 내는지 관찰해보는 것이다. 훌륭한 조언〔을 할 수 있는 능력〕은 행운에 의해 생기는 것도 아니요, 상속으로 생기는 것도 아니다. 그러므로 부자라고 해서, 혹은 귀족이라고 해서 국사(國事)에 관해 더 훌륭한 조언을 하리라고 기대할 이유가 없다. 그런 기대는

22) 그런 기술자를 필요로 하는 사람은 그 기술이 없는 사람인데, 그 기술이 없는 사람은 그러한 기술자를 알아볼 수 없고, 그런 기술자를 알아보는 사람은 이미 자신이 그러한 기술을 가지고 있기 때문에 그런 기술자가 필요 없다는 뜻이다.

그들이 요새를 더 잘 지을 것이라고 기대하는 것이나 마찬가지다. 기하학의 연구에는 어떤 방법이 필요하지만, 정치학의 연구에는 그런 방법 같은 것이 필요 없고, 관찰만으로도 충분하다고 생각한다면, 그럴 수도 있다. 그러나 사실은 그렇지 않다. 정치학은 기하학보다 더 어려운 학문이다. 유럽에서도 우리들의 지방에서는, 상속에 의해 국가의 최고회의에 참석하는 것이, 일부 사람들의 당연한 권리처럼 생각되어 왔는데, 이것은 고대 게르만 민족을 정복할 때 생긴 전통이다. 그 당시 다른 나라를 정복하기 위해 다수의 절대 영주들이 연합하였는데, 연합에 가담하는 조건으로 자신의 후손들이, 여느 백성의 후손들과는 달리, 미래에 누릴 수 있는 특권을 요구하였던 것이다. 이러한 특권들은 주권자의 권력과 양립할 수 없는 것이다. 따라서 주권자가 호의를 베푸는 경우에는 유지될 수 있지만, 그것을 자기들의 권리라고 주장하면서 투쟁할 경우, 그 특권을 점차 잃게 될 것이 틀림없으며, 자신들의 능력에 자연적으로 따르는 명예 이외에는 어떠한 명예도 갖지 못하게 될 것이다.

그리고 어떤 문제에 대해서건, 또한 조언자가 아무리 유능하다 할지라도, 때와 장소를 잘 선택하면 조언의 이익이 커진다. 조언자가 집회에서 연설하는 것보다는 한 사람 한 사람에게 자기의 의견을 말하고, 그 이유를 하나하나 설명하는 쪽이 조언의 이익이 크고, 즉흥적으로 말하게 하는 것보다는 충분히 생각한 다음 말하게 하는 쪽이 이익이 크다. 후자들의 경우, 〔그가 권고한〕 행동이 가져올 결과들에 대해 생각할 수 있는 시간이 더 많고, 또한 의견의 차이에서 발생하는 질투, 경쟁심, 기타 정념들에 의해 모순에 빠져드는 일이 더 적기 때문이다.

〔국사(國事) 중에서〕 다른 나라와는 아무 관계가 없고, 내부의 법률 등에 의해 오직 백성들의 편익에만 관련된 문제들에 대하여는, 각 지방 인민들이 제공하는 정보와 그들의 불만이 최고의 조언이다. 그들이야말로 자신들에게 필요한 것이 무엇인지 가장 잘 아는 사람들이기 때문에, 그들의 요구를 귀담아 들어야 한다. 단 주권의 본질적 권리들을 훼손하는 요구에 대해서는 그럴 필요가 없다. 그러한 주권의 본질적 권리들이 없으면, 앞에서도 여러 번 말한 것처럼, 코먼웰스는 존속할 수 없기 때문이다.

군대의 최고지휘관은 휘하 장병들로부터 사랑을 받아야 하며, 또한 휘하 장병들이 두려워해야 한다. 그러나 그가 인기가 없다면, 휘하 장병들의 사랑을 받지도 못하고, 휘하 장병들이 두려워하지도 않을 것이며, 따라서 그의 직무를 성공리에 수행할 수 없을 것이다. 그러므로 군대의 최고지휘관은 근면하고, 용맹하고, 상냥하고, 관대하고, 행운이 뒤따라서, 유능하다는 평가와 함께, 병사들을 사랑하고 있다는 평판도 받아야 한다. 이것이 바로 인기이다. 지휘관이 인기가 있을 경우, 병사들은 그의 사랑을 받고자 하는 의욕과 용기를 갖게 되며, 항명을 하거나 혹은 나태한 병사가 (필요한 경우) 처벌을 받아도 가혹하다고 불평하지 않는다. 그러나 지휘관에 대한 병사들의 이러한 사랑은, 만일 지휘관의 충성심에 대해 경계를 하지 않는다면, 주권자에게 위험한 것이다. 특히 주권자가 인기 없는 합의체일 경우에 그 위험은 더욱 커진다. 그러므로 주권자가 군대를 맡긴 사람은, 인민의 안전을 위해 훌륭한 지휘관이어야 할 뿐만 아니라 동시에 충직한 백성이어야 한다. 지휘관 그러나 주권자 자신이 인기가 있는 경우, 즉 인민의 존경과 사랑을 받고 있는 경우에는 어떤 백성이 인기가 있다 하더라도 위험은 전혀 없다. 병사들이 자기들의 대장을 사랑하고 있다고 하더라도, 그들이 주권자의 인격과 아울러 대의명분까지 사랑하고 있는 경우에는, 주권자를 배반하면서까지 자기들 대장 편에 설 정도로, 그렇게 전반적으로 불의하지는 않기 때문이다. 이런 이유 때문에, 합법적 주권자의 권력을 폭력으로 탈취한 자들은, 주권자의 지위에 오르기 전에 인민들이 그들을 주권자로 받아들이는 것을 치욕으로 느끼지 않도록 하기 위해, 자신들의 명칭을 어떻게 할까 하는 문제를 놓고 항상 고심해왔던 것이다. 주권자의 권리로 알려진 어떤 권리를 소유하는 것은 그 자체로 매우 인기 있는 일이기 때문에, 그런 권리를 소유하는 자는 두 가지 일만 성공하면 백성들의 마음을 자기에게로 돌려놓을 수 있다. 자신에 대하여는, 자신의 가족을 통치하는 데 있어서 절대적 능력이 있다는 것을 보이는 것이며, 적에 대하여는, 적의 군대를 해체하는 것이다. 인류의 가장 큰 부분이며 가장 활동적인 부분인 군대는 지금까지 현상(現狀)에 만족해 온 일이 없기 때문이다.

한 주권자의 다른 주권자에 대한 의무는 보통 '국제법'(*law of nations*)이라고 부르는 법에 들어 있는데, 이 문제는 여기에서 다룰 필요가 없다. 왜냐하면 국제법과 자연법은 같은 것이기 때문이다. 〔국가 사이에서〕 모든 주권자가 그의 인민의 안전을 확보하기 위해 갖는 권리는, 〔자연상태에서〕 모든 사람이 자신의 신체의 안전을 확보하기 위해 갖는 권리와 같다. 시민정부 아래에 있지 않은 사람들에게 그들이 상호간에 무엇을 해야 하고, 무엇을 하지 말아야 하는지를 명하는 바로 그 법이, 코먼웰스들, 즉 주권자인 군주들과 주권을 가진 합의체들의 양심에 대해서도 같은 것을 명하고 있다. 자연적 정의의 법정은 오로지 양심 속에만 존재하고, 이 법정을 지배하는 것은 인간이 아니라 하느님이다. 하느님의 법〔자연법〕은 모든 인간에게 의무를 부과하는바, 그 법이 '자연적'(*natural*) 인 이유는 하느님이 자연의 창조자이기 때문이며, 그 법이 '법'(*law*) 인 이유는 바로 그 하느님이 왕 중의 왕이기 때문이다. 그러나 왕 중 왕으로서, 또한 특정한 선민의 왕으로서 하느님이 통치하는 왕국에 대해서는 이 논의의 나머지 부분에서 살펴보겠다.

제31장

자연에 의한 하느님의 나라에 대하여

다음 장들의 목적

완전한 자연상태, 즉 절대적 자유의 상태, 예컨대 주권자도 없고, 백성도 없는 그러한 상태는 무정부상태이며, 전쟁상태라는 것, 그 상태를 피할 수 있도록 사람들을 인도하는 계율은 자연법이라는 것, 주권자의 권력이 없는 코먼웰스는 공허한 말에 불과하며 존립할 수 없다는 것, 백성들은 하느님의 법에 어긋나지 않는 한, 무슨 일이든지 주권자에게 무조건 복종해야 한다는 것 등은 이미 앞의 논의에서 충분히 증명하였다. 이제 시민적 의무가 무엇인가를 완전하게 알기 위해 남은 것은 딱 한 가지, 하느님의 법이 무엇인가를 아는 것뿐이다. 그것을 알지 못하면, 시민적 권력으로부터 어떤 명령을 받았을 때, 그것이 하느님의 법에 어긋나는지 어떤지를 알지 못한다. 그 결과, 시민적 복종이 지나쳐 '하느님의 존엄'(*Divine Majesty*)을 훼손하거나, 혹은 하느님을 거역할까 두려워 코먼웰스의 법을 어기게 된다. 이 두 개의 암초를 피하기 위해서는 하느님의 법이 무엇인지 알 필요가 있다. 법에 대한 모든 지식은 곧 주권자의 권력에 대한 지식이기 때문에, 다음에서 하느님의 나라(*Kingdom of God*)에 대해 논하고자 한다.

하느님 나라의 백성은 누구인가

〈시편〉의 지은이는 이렇게 말하고 있다. "주께서 왕위에 오르셨다. 온 땅은 춤을 추어라."(시 97:1) "주님께서 다스리시니, 뭇 백성아, 떨어라. 주님께서 그룹[1] 위에 앉으시니, 온 땅아, 흔들려라."(시 99:1) 인간은 자신의 의지와 관계없이 하느님의 권력에 항상 복종해야 한다. 하느님의 존재나 섭리를 부정하면, 자신의 안락(安樂)까지도 버릴 수 있다. 그러나 결코 그들에게 메인 멍에[2]를 벗어날 수는 없다. 하느님의 권능은 인간은 물론, 동물과 식물과 무생물에까지 미친다. 그러나 이러한 하느님의 권능〔이 미치는 모든 세상〕을 왕국(*kingdom*)이라는 이름으로 부르는 것은 그 말을 비유적으로 사용하는 것일 뿐이다. '왕국을 지배한다(*reign*)'는 말은 자신의 말로써, 또한 복종하는 자에게는 보상을 약속하고, 거역하는 자에게는 처벌로 위협함으로써 백성을 통치하는 것을 의미하기 때문이다. 그러므로 무생물이나 비이성적 생물들은 하느님 나라의 백성들이 아니다. 이들은 하느님의 계율을 이해할 수 없기 때문이다. 또한 무신론자도 백성이 될 수 없고, 하느님이 인간의 일을 돌보고 있다는 것을 믿지 않는 사람들도 백성이 될 수 없다. 왜냐하면 이들은 하느님의 말을 인정하지 않으며, 보상의 기대도, 위협에 대한 공포도 없기 때문이다. 그러므로 세상을 통치하는 하나의 신(*a*

1) cherubim: 하느님의 시중을 드는 날개 달린 천사. 언약궤 위에 속죄판이 있는데, 이 속죄판의 양쪽 끝에 순금으로 만든 그룹 두 개가 얼굴을 마주하고 자리하고 있다. 《성경》(출 25:22)에 의하면, 하느님은 이 언약궤 위 두 그룹 사이에서 말하는 것으로 되어 있다. "내가 거기에서 너를 만나겠다. 내가 속죄판 위, 곧 증거궤 위에 있는 두 그룹 사이에서, 이스라엘 자손에게 명할 모든 말을 너에게 일러주겠다."

2) '하느님의 지배'를 뜻한다.

God)이 있고, 인류에게 계율을 내렸으며, 보상과 처벌에 관해 알려 주었다고 믿는 사람들만 하느님의 백성이며, 그 나머지 사람들은 모두 적(敵)으로 이해되어야 한다.

하느님의 세 겹의 말씀, 이성, 계시, 예언

말로써 통치하기 위해서는 그 말이 명시적으로 나타나야 한다. 그렇지 않으면 그 말이 법이 될 수 없다. 법은 '몰랐다'는 변명의 여지가 없도록, 충분하게 그리고 명백하게 공포되어야 한다. 이것은 법의 본질에 속하는 문제다. 인간의 법에서는 그 방법은 한 가지밖에 없다. 즉 인간의 목소리로 선포, 또는 공포하는 것이다. 그러나 하느님은 세 가지 방식으로 법을 선포한다. '자연적 이성'(*natural reason*)의 명령에 의해, '계시'(*revelation*)에 의해, 그리고 기적을 일으켜 다른 사람의 신용을 얻은 어떤 '사람의 목소리'(*voice of some man*)에 의해 법을 선포한다. 그러므로 하느님의 말씀에는 세 가지, 즉 '이성적인 것'(*rational*), '감각적인 것'(*sensible*), '예언적인 것'(*prophetic*)이 있고, 이를 듣는 방식도 세 가지, 즉 '올바른 이성'(*right reason*), '초자연적 감각'(*sense supernatural*), '신앙'(*faith*)이 있다. 계시 또는 영감에 존재하는 초자연적 감각의 경우, 아직까지 그에 관한 보편적 법칙은 없다. 하느님이 어떤 법칙에 따라 말하는 것이 아니라, 개개인에게, 그것도 각자에게 서로 다른 말을 하기 때문이다.

하느님의 두 겹의 왕국, 즉 자연적 왕국과 예언적 왕국

하느님의 말씀 중 나머지 두 종류, 즉 이성적인 것과 예언적인 것으로부터 하느님이 두 겹의 왕국, 즉 자연적 왕국과 예언적 왕국을 통치하고 있다는 것을 알 수 있다. 자연적 왕국에서는 그분의 섭리를 인정하는 다수의 인류를 올바른 이성의 자연적 명령에 의해 통치한다. 예언적 왕국에서는 하나의 특수한 민족, 즉 유대민족을 백성으로

선택하여 오직 그들만을 통치한다. 이들에 대한 통치는, 자연적 이성에 의해서뿐만 아니라, 그분이 신성한 예언자의 입을 통하여 그들에게 준 실정법을 통해 이루어진다. 이 장에서는 하느님의 자연적 왕국에 대해 살펴보겠다.

하느님의 주권은 그의 전능에서 생긴다

하느님이 인간을 통치하고 법을 어기는 자들을 처벌하는 자연적 권리는, 그분이 인간을 창조했기 때문에, 그 은혜에 대한 보은(報恩)으로서 복종을 요구하여 생기는 것이 아니라, 그분이 가진 '불가항력'(*irresistible power*)에서 생긴다. 나는 앞에서 주권자의 권리가 약정에 의해 어떻게 발생하는지를 보인 바 있다. 주권자의 권리가 자연적으로 발생한다는 것을 입증하기 위해서는, 그 권리가 어떤 경우에도 결코 제거될 수 없다는 것을 입증하는 것으로 족하다. 모든 사람은 본래부터 모든 것에 대한 권리를 가지고 있었기 때문에, 그들은 저마다 다른 모든 사람들을 지배할 권리를 가지고 있었다. 그러나 이러한 권리를 폭력으로 획득할 수 없었기 때문에,[3] 만인이 자신의 안전을 고려하여 그러한 권리를 포기하고, 공통의 동의에 의해 자신들을 통치하고 보호해 줄 (주권자로서의 권한을 가진) 사람을 세웠던 것이다. 만일 불가항력을 가진 사람이 있었다면, 그가 그 힘으로, 자신의 재량에 따라, 자기와 그들을 지배하고 보호하지 못할 이유는 전혀 없었을 것이다. 그러므로 불가항력을 가진 자는 그 힘의 우월성에 의해 모든 사람에 대한 지배권이 자연적으로 발생한다. 전능하신 하느님이 인간에 대한 왕으로서의 통치권과, 그리고 자신의 뜻에 따라 인간에게 고통을 줄 수 있는 권리를 자연적으로 가지는 것은 바로 이러한 힘에서

3) 만물에 대한 지배권을 가지고 있다고 하더라도, 자신의 힘(폭력)으로 그 지배권을 획득할 수 없었다는 뜻이다.

비롯된 것이다. 즉 창조자로서, 그리고 은혜를 베푼 자로서가 아니라, 전능의 신으로서 갖는 권리인 것이다. 그리고 처벌이라는 말은 죄에 대해 부과되는 고통을 의미하기 때문에, 본래 죄에 대해서만 부과되어야 한다. 그러나 고통을 부과할 권리는 반드시 인간의 죄에서만 나오는 것이 아니라, 하느님의 권능에서 나올 수도 있다.

죄가 모든 고통의 원인은 아니다

'왜 악한 사람이 종종 부귀를 누리고, 선한 사람이 곤경을 겪는가?' 이 문제는 예로부터 자주 논란거리가 되었는데, 같은 질문을 우리들은 이렇게 하고 있다. '무엇을 기준으로 하느님은 이 세상에서의 삶에 누구에게는 번영을, 누구에게는 역경을 주는 것일까?' 이 문제는 '하느님의 섭리'와 관련하여, 일반대중은 물론 철학자, 심지어는 성자(聖者)들의 신앙까지도 뒤흔들어온 어려운 문제였다. 다윗은 이렇게 말하고 있다. "이스라엘의 하느님은 마음이 정결한 사람에게 선을 베푸시는 분이건만, 나는 그 확신을 잃고 넘어질 뻔했구나. 그 믿음을 버리고 미끄러질 뻔했구나. 그것은 내가 거만한 자를 시샘하고 악인들이 누리는 번영을 부러워했기 때문이다."(시 73:1~3) 그리고 욥은 그의 의로움에도 불구하고 그가 겪는 많은 고통에 대하여 얼마나 진지하게 하느님께 간언하고 있는가? 이 문제는, 욥의 경우, 하느님 자신이 결정한 것이다. 즉 욥이 죄를 지어서가 아니라, 그분의 힘으로 그렇게 결정한 것이다. 욥의 친구들은 그가 고통을 당하는 것을 보고 그의 죄를 논증하였고, 욥은 양심을 걸고 자신의 죄 없음을 호소하였지만, 하느님은 이 문제에 대해 이렇게 말했다. "내가 땅의 기초를 놓을 때에, 네가 거기에 있기라도 하였느냐?"(욥 38:4) 등.[4] 이와 같이 욥의 죄 없음을 인정하고, 친구들의 그릇된 의견들을 나무랐는데, 이것은 욥의 고통이 그분의 힘에서 비롯된 것임을 증명하는 것이다. 우리 구주가 날 때부터 눈먼 사람에 대해 하신 말씀은 〔나의〕 이러한 주장에 부합한다. "이 사람이 죄를 지은 것도 아니요, 그의 부모가 죄를 지은 것도 아니다. 하느님께서 하시는 일들을 그에게서 드러내시려는 것이다."(요 9:3) 그리고 〔《성경》에〕 "죄로 말미암아 세상에 죽음이 들어왔다"[5] 고 되어 있지만, (아담이 죄를 짓지 않았더라면, 그는 죽지 않았을 것, 즉 영혼과 육체가 분리되는 고통을 당하지 않았을 것이라는 뜻이다) 그렇다고 해서, 죄를 짓지 않은 사람에게는 하느님이 고통을 주어서는 안 된다고 말할 수는 없다. 그것은 하느님이 죄를 지을 수 없는 다른 생물들에게 고통을 주는 것과 같은 것이다.

오직 자연에 기초를 둔 권리로서의 하느님의 주권에 대해 살펴보았으므로, 이제 하느님의 법이 무엇인지, 자연적 이성의 명령이 무엇인지를 살펴볼 차례다. 이 법은 인간 상호간의 자연적 의무에 관한 것이거나, 혹은 우리의 '신성한 주권자'가 당연히 받아야할 존경에 관한 것이다. 전자는 자연법과 같은 것으로서, 이미 이 책의 제 14장과 제 15장에서 살펴본 바 있는, 공평 · 정의 · 자비 · 겸손 및 기타 도덕적 덕성들이다. 그러므로 이제 남은 문제는, 존엄하신 하느님에 대한 공경과 숭배에 관하여, 하느님의 말이 없는 상태에서 인간의 자연적 이성이 명하고 있는 계율이 무엇인가 하는 것이다. 하느님의 법

공경(恭敬 *honor*)[6] 이란 타인의 힘과 선에 대한 내적 사

---

4) 욥이 하느님을 원망하자, 하느님이 "네가 누구이기에 무지하고 헛된 말로 내 지혜를 의심하느냐"고 꾸짖으면서 한 말이다.

5) 《성경》, 〈로마서〉 제 5장 12절.

6) 제 10장에서는 'honor'를 '명예'로 번역하였으나, 여기에서는 문맥상 '공경'

공경과 숭배란 무엇인가

고와 평가이다. 그러므로 하느님을 공경한다는 것은 그분의 힘과 선량함을 가능한 한 높게 평가한다는 것이다. 그러한 평가가 말이나 행동으로 나타나는 것을 숭배(崇拜 *worship*) 라고 한다. 여기에 해당하는 라틴어는 '쿨투스'(*cultus*)[7] 인데, 이 말의 참뜻은 인간이 이익을 얻을 목적으로 어떤 일에 투입하는 노동을 가리키는 것이며, 항상 그런 뜻으로 사용되어 왔다. 우리가 이익을 얻는 대상은, 우리에게 종속된 상태에서 그 대상에 투입한 노동의 자연적 결과로서 이익이 산출되는 것도 있고, 우리에게 종속되어 있지는 않으나, 그 대상 자신의 의지에 따라 우리의 노동에 보답을 하는 것도 있다. 전자의 의미에서 대지에 투입된 노동은 '재배'(*culture*) 이고, 자녀의 교육도 일종의 정신의 '재배'이다.[8] 후자는 대상 자신의 의지가 〔노동을 투입한 자의〕 강제에 의해서가 아니라, 기꺼이 우리들의 목적을 위해 작용하는 것을 말한다. 이런 의미의 '쿨투스'는 구애(求愛 *courting*) 와 같은 것이다. 즉 있는 힘을 다함으로써 상대방의 호의를 얻는 것이다. 칭찬을 하는 것, 그의 힘을 인정하는 것, 기타 우리가 이익을 얻으려는 상대방을 기쁘게 하는 모든 행동들이 여기에 해당한다. 바로 이것이 숭배의 본뜻이다. 이러한 의미에서 '푸블리콜라'(*publicola*)[9] 는 인민의 숭배자를 뜻하며, '쿨투스 데

'공경하다'로 번역하였다.

7) 'cultus'는 'colere'(경작하다)의 과거분사형으로서, 영어의 'culture' 또는 'cultivation'의 어원이 된 말이다. 경작, 재배, 배양, 교화, 개발 등의 뜻을 갖는다.

8) 전자는 '재배' 또는 '경작', 후자는 '개발'(開發) 이란 용어가 적당하지만, 이 문장에서는 두 경우 모두 'culture'라고 부른다는 데 주안점이 있기 때문에 본문과 같이 번역하였다.

9) 'publi'(인민)+'cola'(경작자). 'cola'의 어원도 'cultum'이다.

이'(*cultus Dei*)는 하느님에 대한 숭배를 뜻한다.

힘과 선량함에 대한 평가를 의미하는 내적 공경으로부터 다음과 같은 세 가지 정념이 생겨난다. 선량함과 관련된 '사랑'(*love*), 힘과 관련된 '희망'(*hope*)과 '공포'(*fear*)가 그것이다. 그리고 외적 숭배의 세 가지 요소는 '칭찬'(*praise*), '찬미'(*magnifying*), '축복'(*blessing*)이다. 칭찬의 주제는 선량함이며, 찬미와 축복의 주제는 힘과, 그 힘이 그에게 가져다주는 더 없는 행복이다. 칭찬과 찬미는 말로도 나타낼 수 있고, 행동으로 나타낼 수도 있다. 어떤 사람이 착하다, 또는 위대하다고 말하는 것은 말로 나타내는 경우이며, 그가 베풀어준 자애(慈愛)에 감사를 표하고, 그의 힘에 복종하는 것은 행동으로 나타내는 경우이다. 타인의 행복에 대한 평가는 말로만 나타낼 수 있다.

공경의 다양한 표시들

어떤 사람이 '선량함', '의로움', '관대함' 등의 속성을 가지고 있을 때 그에 대한 공경은 자연스럽게 생긴다. 또한 '기도', '감사', '복종' 등은 공경하는 마음을 가지고 있을 때 자연스럽게 나오는 행동들이다. 그 외에 인간의 제도나 관습에 의해, 공경의 마음 또는 행동으로 간주되는 것들이 있다. 이런 것들은 때와 장소에 따라 공경의 표시로 간주되는 경우도 있고, 혹은 불경한 행동으로 간주되는 경우도 있고, 그런 것과는 무관한 행동으로 간주되는 경우도 있다. 예를 들면, 인사나 기도나 감사를 나타내는 몸짓이나 손짓 등의 거동들은 시대와 장소에 따라 다르다. 앞의 것은 '자연적'(*natural*) 숭배이고 뒤의 것은 '임의적'(*arbitrary*) 숭배이다.

자연적 숭배와 임의적 숭배

임의적 숭배에는 두 가지가 있다. 하나는 '명령된'(*commanded*) 숭배이며, 또 하나는 '자발적'(*voluntary*) 숭배이

명령된 숭배와 자발적 숭배

다. 명령된 숭배는 숭배를 받는 자가 그것을 요구할 때의 숭배를 말하며, 자발적 숭배는 숭배하는 사람이 적절하다고 생각할 때의 숭배를 말한다. 명령된 숭배의 경우, 말이나 거동이 아니라 복종이 숭배가 된다. 그러나 자발적 숭배의 경우, 〔어떤 행위가〕 숭배〔의 표지로 간주되는지의 여부〕는 보는 자〔즉 숭배를 받는 자〕의 평가에 달려 있다. 만일 우리가 공경을 표하고자 하는 언어나 행위가 그들에게 엉뚱해 보이거나 무례한 듯 보인다면, 그것은 숭배가 아니다. 공경의 표시가 아니기 때문이다. 표시란 그 표시를 나타내는 사람〔즉 자기 자신〕에게 하는 것이 아니라 그 표시를 보는 사람에게 하는 것이기 때문에, 〔보는 사람이 그것을 그렇게 받아들이지 않는다면〕 그것은 공경의 표시가 될 수 없다.

공적 숭배와 사적 숭배

또한 '공적'(*public*) 인 숭배와 '사적'(*private*) 인 숭배가 있다. 공적 숭배는 코먼웰스가 하나의 인격으로서 수행하는 숭배이며, 사적 숭배는 사인(私人)이 나타내는 숭배이다. 공적 숭배는 코먼웰스 전체의 처지에서는 자유로운 것이지만, 개개인의 처지에서는 그렇지 않다. 사적 숭배는 남몰래 하는 경우에는 자유로운 것이지만, 군중이 보는 앞에서 할 경우에는 결코 제약이 없는 것이 아니다. 이 제약은 법의 의한 것일 수도 있고, 다른 사람들의 평가에 의한 것일 수도 있다. 이러한 제약은 자유의 본질에 어긋난다.

숭배의 목적

인간들 사이에서 숭배의 목적은 권력이다. 다른 사람의 숭배를 받고 있는 사람을 보게 되면, 그 사람이 권세 있는 것으로 생각하여 그에게 쉽게 복종하게 되는데, 이로써 그의 권력은 강화된다. 그러나 하느님은 아무런 목적도 가지고 있지 않다. 우리가 그분을 숭배하는 이유는,

그것이 바로 우리의 의무이기 때문이다. 이 숭배는 우리의 능력에 따라, 이성이 명하는 공경의 법칙에 따라 이루어진다. 이성이 명하는 공경의 법칙이란, 약자(弱者)는 이익을 기대하거나 피해가 두려워서, 혹은 이미 받은 이익에 대한 감사의 표시로서 강자(强者)를 공경해야 한다는 것이다.

하느님에 대한 공경의 속성들

하느님에 대한 숭배가 어떤 것인지에 대해, 자연의 빛이 우리들에게 가르쳐주는 바를 알기 위해, 먼저 그분의 속성부터 살펴보기로 하자. 첫째, 그분에게 '현존'(現存 *existence*)의 속성을 부여해야 한다. 존재하지 않는다고 생각되는 것에 대해 공경의 의사를 가질 사람은 아무도 없기 때문이다.

둘째, 세계가, 혹은 세계의 혼이 바로 하느님이라고 말한 철학자들은 그분을 하찮은 존재로 평가하고, 그분의 '현존'을 부인한 것이다. 왜냐하면 하느님은 세계의 원인인데, 세계가 하느님이라고 말하면, 그것은 세계에는 원인이 없다는 말이고, 곧 하느님이 없다는 말이 되기 때문이다.

셋째, 세계는 창조된 것이 아니고 영원한 것이라고 말하는 것은, 하느님이 존재한다는 것을 부인하는 것이다. 왜냐하면 영원한 것은 아무런 원인을 갖지 않기 때문이다.

넷째, 하느님 덕분에 안락을 누린다고 생각하고, 안락을 하느님의 속성으로 생각하는 사람들은 그분의 인류에 대한 관여(關與)를 부정하는 것이며, 그분이 받아야 할 공경을 부정하는 것이다. 왜냐하면 그것은 곧 그분에 대한 인간들의 사랑과 공포를 부정하는 것인데, 그 두 가지야말로 〔하느님에 대한〕 공경의 근원이기 때문이다.

다섯째, 〔그분의〕 위대함과 힘을 나타낼 때, 그분이 '유한하다'고 말하는 것은 그분을 공경하지 않는 것이다. 우리가 할 수 있는 것보다 더 작게 하느님을 평가하는 것은 그분을 공경하는 의사표시가 아니기 때문이다. 유한한 모든 것은 우리가 할 수 있는 것보다 작은 것이다. 유한한 것에는 항상 무언가를 더 추가할 수 있기 때문이다.[10)]

그러므로 그분에게 '형상'을 부여하는 것은 공경이 아니다. 모든 형상은 유한한 것이기 때문이다.

그분에 대한 개념이나 상상이나 '관념'을 가지고 있다고 말해서도 안 된다. 우리의 생각은 무엇이든 유한한 것이기 때문이다.

그분에게 '부분'이나 '전체'의 속성이 있다고 하는 것도 안 된다. 부분이나 전체는 오직 유한한 사물만의 속성이기 때문이다.

이 '곳'이나 저 '곳'에 그분이 있다고 말하는 것도 안 된다. 어느 곳에 있는 것은 무엇이든지 〔그 장소에〕 한정된 것이며 유한한 것이기 때문이다.

그분이 '움직인다'거나 '쉰다'고 하는 것도 안 된다. 둘 다 그분에게 장소적 속성을 부여하는 것이기 때문이다.

신이 여럿 있다고 해서도 안 된다. 이는 그들 모두가 유한하다는 것을 의미한다. 무한한 것은 하나 이상 존재할 수 없기 때문이다.

---

10) 예컨대, 하느님이 우주만큼 위대하다고 한 경우, '우주'는 유한량에 해당한다. 여기에 하나의 우주를 더 '추가'하여 우주 2개만큼 위대하다고 말할 수도 있다. 이것은 또한 우주 3개, 우주 4개 등으로 계속 확대될 수 있다. 그러므로 유한량을 나타내는 모든 개념은 '우리가 할 수 있는 것보다 작은 것', 즉 우주 2개라고 말할 수도 있는데 우주 1개라고 말한 것이 된다는 뜻이다.

또 '후회', '분노', '연민'과 같은 슬픔의 정념이나, '욕구', '희망', '의욕'과 같은 결핍의 정념이나, 혹은 기타 어떠한 수동적 정념이든, (그 정념의 효과를 비유적으로 사용할 수는 있어도) 그분의 속성으로 생각해서는 안 된다. 정념이란 다른 어떤 것에 의해 제약되는 힘이기 때문이다.

그러므로 하느님에게 '의지'(意志 *will*)의 속성이 있다고 할 경우에도, 인간의 의지와 같은 '이성적 욕구'가 아니라, 그분의 만물을 창조하는 힘으로 이해해야 한다.

그분에게 '시각'(視覺)을 비롯한 기타 감각활동들이나, '지식'이나 '이해'가 있다고 하는 경우에도 마찬가지다. 인간의 경우, 그와 같은 것들은 외부의 사물이 육체의 기관(器官)에 압박을 가하여 생긴 정신의 격동일 뿐이기 때문이다. 하느님에게는 그러한 것들이 전혀 없다. 자연적 원인에 의해 발생하는 일들은 그분의 속성이 될 수 없기 때문이다.

자연적 이성이 보증하는 것만을 하느님의 속성으로 생각하려는 사람은 '무한한', '영원한', '측량할 길 없는' 등과 같은 부정적 속성을 사용하거나, '최고', '최대' 등과 같은 최상급 속성을 사용하거나, '선량한', '의로운', '신성한' '창조자' 등과 같은 비한정적(非限定的) 속성을 사용해야 한다.

이러한 용어를 사용할 경우에도, 그분에 대한 규정을 내리려는 의도에서가 아니라, (왜냐하면 그렇게 하는 것은 그분을 우리의 상상의 한계 안에 한정하는 것이므로) 우리가 얼마나 그분을 칭송하며, 얼마나 기꺼이 복종할 자세를 가지고 있는가를 나타내기 위해 그렇게 해야 한다. 이것은 우리가 할 수 있는 최대한의 겸손의 표시이며, 그분을 공경하는 의지의 표현이다. 그분의 본성에 대한 우리의 개념을 나타낼 수 있는 단 하나의 이름(*name*)은 나는 존재한다(*I am*)[11]이다. 또한 그분과 우리와의 관계를 나타내는 단 하나의 이름은 '하느님'(*God*)이다. 이 이름 속에 '아버지', '왕', '주'(主 *Lord*) 뜻이 다 들어 있다.

하느님에 대한 공경을 나타내는 행위들

하느님을 숭배하는 행위들과 관련하여, 가장 일반적인 이성의 계율은 그것이 하느님을 공경하는 의사표시여야 한다는 것이다. 예를 들면, 첫째, '기도'가 있다. 조각가가 우상을 만들었을 때, 그 우상을 신(神)으로 만든 것은 조각가가 아니라 바로 그 우상에 기도하는 사람들이었다.

둘째, '감사'(感謝)가 있다. 기도는 은혜에 선행하고, 감사는 은혜에 후속한다는 점을 제외하면, 하느님에 대한 숭배라는 점에서 감사와 기도는 차이가 없다. 기도와 감사의 목적은, 과거와 미래를 막론하고 모든 은혜의 창조자인 하느님을 기리는 것이다.

셋째, '봉납'(奉納 *gifts*), 즉 '산 제물'(祭物 *sacrifices*)과 '봉헌'(奉獻 *oblations*)이 있다. 이것들이 최상의 것이라면 공경의 표시가 된다. 감사의 표시이기 때문이다.

넷째, '하느님 이외의 어느 누구에 대해서도 맹세하지 않는 것'은 당연히 공경의 표시가 된다. 이것은 하느님만이 사람의 마음을 알고 있다는 고백이며, 맹세를 파기한 사람에 대한 하느님의 복수를 막아줄 수 있는 지혜나 힘을 가진 자는 결코 없다는 고백이기 때문이다.

다섯째, 하느님에 대해 말할 때 신중을 기하는 것도 이

---

11) 모세가 호렙 산으로 가서 하느님을 만났을 때, 모세가 하느님의 이름을 묻자, 하느님이 이렇게 대답했다. "나는 스스로 존재하는 자다"(I am who I am). 《새번역 성경》에는 '나는 나다'로 번역되어 있다(출 3:13~14).

성적 숭배에 속한다. 그것은 그분에 대한 두려움을 말해주는 것이며, 두려움은 그분의 힘을 시인하는 것이기 때문이다. 이로부터 알 수 있는바, 하느님의 이름을 경솔하게 그리고 헛되이 사용해서는 안 된다는 것이다. 맹세의 수단으로 사용하는 것도 코먼웰스의 명령에 의해, 올바른 판단을 위해, 혹은 코먼웰스 사이의 전쟁을 피하기 위해 사용하는 것이 아니라면, 하느님의 이름을 헛되이 사용하는 것이다.[12] 또한 하느님의 본질에 대해 논란하는 것도 하느님을 공경하는 것이 아니다. 하느님의 자연적 왕국에서는 우리가 지식을 얻는 유일한 방법이 자연적 이성, 즉 자연과학의 여러 원칙들인데, 이들 자연과학은 하느님의 본질에 대해 아무것도 가르쳐주지 않으며, 심지어 우리 인간의 본질이나 하찮은 미물의 본질에 대해서도 가르쳐주는 바가 없기 때문이다. 그러므로 자연적 이성의 여러 원칙들로 하느님의 속성에 관해 논란하는 것은 그분에 대한 불경한 태도일 뿐이다. 하느님에게 어떤 속성을 부여할 때는, 철학적 진리를 밝히는 자세로서가 아니라, 그분에게 우리가 할 수 있는 최대한의 공경을 표시하기 위한 경건한 자세로 그렇게 해야 한다. 바로 그 점을 고려하지 못했기 때문에, 하느님의 본질에 대해 논란하는 수많은 서적들이 나왔는데, 이 서적들은 그분에 대한 공경을 나타내는 것이 아니라, 자신의 지혜와 학식에 대한 공경을

---

12) 영국 국교회가 1563년에 발표한 39개조 신조(*Articles of Religion*) 중 제39조는 기독교도의 맹세에 관하여 다음과 같이 선언하고 있다. "우리 주 예수 그리스도는 헛되고 분별없는 맹세를 금지하고 있으나, 신앙과 자비를 위하여 통치자가 요구할 때는 맹세할 수 있다는 것이 기독교의 교리라고 우리는 판단한다. 그러나 이 경우 예언자들의 가르침에 따라서, 정의와 올바른 판단과 진리를 위해 맹세해야 한다." 39개조 전문은 www.victorianweb.org/religion/39articles.html에서 볼 수 있다.

나타내는 것이며, 그분의 신성한 이름을 무분별하게, 헛되이 사용하고 있을 뿐이다.

여섯째, '기도', '감사', '봉납', '제물'의 경우, 자연적 이성이 명하는바, 종류를 막론하고 최상의 것이어야 하고, 공경을 가장 잘 나타낼 수 있는 것이어야 한다. 예를 들면, 기도와 감사에 사용하는 단어와 구절은 즉흥적이거나 경박하거나 비속한 것이 아니라, 미려하고 짜임새 있는 것이어야 한다. 그것이 바로 우리가 할 수 있는 최대의 공경을 하느님에게 표시하는 것이기 때문이다. 그러므로 이교도들은 우상을 신으로 숭배하는 터무니없는 짓을 하긴 했지만, 시(詩)와 음악으로, 목소리와 악기로 그렇게 한 것은 도리에 합당한 것이었다. 또한 그들이 제사에 바친 짐승과, 그들이 바친 봉납과, 그들의 숭배 행위는, 복종의 뜻이 가득 담긴 것이었고, 그들이 받은 은혜를 기념하는 것이었으며, 그 신을 공경하려는 의도에서 나온 것인 만큼, 이성에 따른 것이었다.

일곱째, 또한 이성이 명하는바, 하느님에 대한 숭배는 개인적으로 하는 것은 물론, 특히 공개적으로, 그리고 여러 사람들의 눈앞에서 해야 한다. 공개적 숭배는, 사람들에게 그분을 공경할 수 있는 좋은 기회를 제공하며, 공경의 대상이 되고 있는 것은 〔대중들에게〕 쉽게 받아들여질 수 있다.

끝으로, 하느님의 법(즉, 이 경우에는 자연법)에 대한 복종은 모든 숭배 중 으뜸이 되는 것이다. 복종이 하느님에게는 제물보다 더 흡족한 것과 마찬가지로, 그분의 계명을 거역하는 것은 가장 큰 오만이 된다. 지금까지 말한 것들이 자연적 이성이 개개인에게 명하는 하느님에 대한 숭배의 법이다.

그러나 코먼웰스의 경우에는, 하나의 인격을 가지고 있으므로, 하느님에 대한 숭배도 하나의 형태로 나타나야 한다. 이것은 코먼웰스가 개개인에게 하느님에 대한 숭배 행위를 공개적으로 나타내도록 명령함으로써 이루어진다. 이것이 바로 공적 숭배이며, 이러한 공적 숭배의 특징은 '통일성'이다. 사람에 따라 제각기 다른 방식으로 이루어지는 행위들은 공적 숭배가 될 수 없다. 그러므로 사람들마다 제 각각의 종교를 가지고 있고, 제 각각의 숭배가 허락되어 있다면, 그런 곳에는 공적 숭배가 존재한다고 할 수 없으며, 그러한 코먼웰스는 어떠한 종교도 가지고 있지 않은 것이다.

공적 숭배는 그 통일성에 있다

말의 의미는 사람들이 합의하여 정하는 것이므로, 하느님의 속성들〔을 나타내는 말〕도 합의하여 정할 수 있다. 그러므로 어떤 속성〔을 나타내는 말〕에 공경의 의미를 부여하기로 합의하면, 그런 의미로 쓰이게 된다. 이성 이외에는 다른 법이 없는 상태에서 개개인이 자기 의지에 따라 할 수 있는 모든 일은, 코먼웰스의 의지에 의해서도 시민법을 통하여 이루어질 수 있다. 그리고 코먼웰스의 의지란 곧 주권을 가진 사람(들)의 의지이기 때문에, 주권자가 어떤 속성들〔을 나타내는 말〕을 하느님을 숭배할 때 사용할 것인가를 정할 수 있고, 이러한 공경의 표시가 정해지고 나면, 개개인들은 공적 숭배를 할 때 그렇게 사용해야 한다.

〔하느님의〕 모든 속성은 시민법에 달려있다

그러나 그렇게 하기로 정한다고 해서 모든 행위가 〔공경의〕 표시가 되는 것은 아니다. 자연적으로 공경의 표시가 되는 것들도 있고, 오만의 표시가 되는 것들도 있다.

그러나 모든 행위가 공경의 표시가 되는 것은 아니다

예를 들면, 자기가 존경하는 사람 앞에서 그런 행위를 했다면 누구나 부끄러워할 행위들이 있을 것이다. 인간의 힘으로 〔즉 인위적으로〕 그런 행위까지 하느님을 숭배하는 행위로 생각하도록 만들 수는 없다. 또한 예의 바르고, 정숙하고, 겸손한 행위들에 대해서도 하느님을 공경하는 행위가 아닌 것으로 만들 수는 없다. 그러나 어느 쪽으로든 의미가 고정되어 있지 않은 여러 가지 행동과 몸짓, 손짓 등은, 코먼웰스의 명령에 의해, 공경의 표시로, 하느님을 숭배할 때 모든 사람이 공개적으로 사용하도록 할 수 있으며, 백성들은 이에 따라야 한다. 《성경》에 "하느님께 복종하는 것이 사람에게 복종하는 것보다 낫다"[13]고 되어 있으나, 이것은 약정에 의한 하느님의 나라에 해당하는 말이지, 자연에 의한 하느님의 나라에 해당하는 말은 아니다.

자연적 벌

지금까지 하느님의 자연적 왕국과, 그분의 자연법에 대하여 간략하게 살펴보았거니와, 여기에 한 가지만 더 짤막하게 덧붙이고자 한다. 그것은 그분의 자연적 벌(罰)에 관한 것이다. 이 세상에서 인간이 하는 모든 행동은, 그것이 하나의 시작이 되어 길고 긴 인과(因果)의 연쇄를 이어간다. 이 연쇄의 끝은, 아무리 선견지명이 뛰어난 사람이라도 내다보지 못한다. 이러한 연쇄 속에는 유쾌한 사건도 있고, 불쾌한 사건도 있다. 예컨대, 쾌락을 얻기 위해 어떤 일을 하려는 사람은 그 일에 따르는 모든 고통을 견뎌내야 한다. 이러한 고통이 바로 자연적 벌이다.

13) 《성경》, 〈시편〉 제 118편 8절. 홉스의 원문은 "It is better to obey God than man"으로 되어 있으나, 현행 《성경》에는 "주님을 의지하는 것이, 사람을 의지하는 것보다 낫다(It is better to trust in the LORD than to put confidence in man)"로 되어 있다.

선이 아니라 해악의 시작이 되는 모든 행위에 이러한 벌이 따른다. 무절제에는 자연적으로 질병의 벌이, 경솔에는 재난의 벌이, 불의에는 적의 폭력의 벌이, 자만에는 파멸의 벌이, 비겁에는 억압의 벌이, 군주의 태만한 통치에는 반란의 벌이, 그리고 반란에는 학살의 벌이 따른다. 법을 위반하면 반드시 처벌이 있듯이, 자연법을 위반하면 반드시 자연의 벌이 있다. 자연의 벌은 자연적으로 나타나는 결과이지 결코 아무렇게나 나타나는 결과가 아니다.

지금까지 나는 주권자의 설립과 본질 및 권리에 대해, 그리고 백성의 의무에 대해 자연적 이성의 원칙에 입각하여 살펴보았다. 그러나 이 세계의 대부분, 특히 로마와 아테네로부터 도덕 지식을 물려받은 서구의 여러 나라들에서 실제로 행해지는 것이 내 이론과 큰 차이가 있다는 것을 생각할 때, 또한 주권을 맡은 사람들에게 심원한 도덕 철학이 요구된다는 점을 생각할 때, 이 저작에 기울인 나의 노력이 플라톤의 국가론처럼 쓸모없는 것은 아닐까 하는 생각이 들기도 한다.[14] 주권자가 철인(哲人)이 되기 전에는, 국가의 무질서와 내란에 의한 정부의 교체를 결코 막을 길이 없다는 것이 플라톤의 견해가 아니었던가! 그러나 자연적 정의(正義)에 관한 학문이 주권자와 그 주요한 대행자에게 필요한 유일한 학문이라는 것을 생각하면, 플라톤처럼, 그들에게 수학적 학문들까지 배우라고 할 필요는 없고, 단지 좋은 법률로써 그러한 학문들의 연구를 장려하면 된다는 것을 생각하면, 지금까지 플라톤을 비롯한 그 어떤 철학자도 도덕이론의 모든 공리(*theorems*)를 정리하고, 충분히 혹은 대략이나마 증명하여, 사람들 제2부의 결론

14) 바로 다음에 나오는 플라톤의 견해처럼 실현 불가능한 것을 제안했다는 점에서 쓸모없는 것은 아닌가 하는 생각이 든다는 것이다.

이 통치하는 법과 복종하는 법을 배울 수 있도록 하지 못했다는 것을 생각하면, 다시금 희망이 생긴다. 나의 이 저술이 어느 주권자의 손에 들어가, 그가 스스로 생각하고 (이 저작은 짧고, 내 생각에는 명료하기 때문에), 사심(私心)이 있거나 혹은 질투심이 많은 해석자에게 현혹되지만 않는다면, 또한 그가 온전한 주권을 행사하여, 이것이 공적으로 교육될 수 있도록 보호한다면, 이 사색의 진리는 실천적 이익으로 바뀔 것이다. 그런 날이 오기를 기대한다.

토머스 홉스의 정치철학*

평화를 위한 이성의 변론

민주주의 국가체제가 세계적으로 보편화된 시대를 살고 있는 현대인들은 누구나 정부를 '선택'한다는 관념에 익숙해져 있다. 정권획득을 목표로 삼는 야당들의 존재에서, 주기적인 선거에 의한 정권교체에서 현대인들은 '정부선택권'이 국민이 마땅히 가져야 할 정치적 권리임을 확인한다.

그러나 수천 년에 걸친 인류의 정치사를 돌이켜 볼 때, 정부선택권의 관념은 그리 오래된 일이 아니다. 18세기 말엽까지도 대부분의 유럽국가에서 최고통치자는 군주였으며, 그 통치권은 왕권신수설(王權神授說)에 의해 정당화되었다. 정당과 선거가 제도화된 것도 19세기의 일이며, 정치학자들이 '주권'(*sovereignty*)의 개념 대신 '정통성'(*legitimacy*)의 개념을 사용하게 된 것은 비교적 최근의 일이다.

서양의 지적 전통에서 그러한 정부선택권의 관념은 국가를 '사회계약'(*social contract*)의 산물로서 파악하는 '계약국가' 이론에서 비롯되는데, 우리는 홉스(Thomas Hobbes, 1588~1679)의 정치철학에서 '계약

* 이 글은 역자의 "토머스 홉스의 정치사상: 정치적 복종의 정당화에 관한 자유주의적 기원과 현대적 의의"(1993)를 수정 및 가필한 것이다.

국가'에 대한 최초의 체계적인 논의를 발견할 수 있다. 홉스가 절대군주정을 옹호했다는 이유로 그의 정치철학을 전체주의(*totalitarianism*)나 권위주의(*authoritarianism*)로 단정하는 학자들도 있고, 인간의 이기심을 노골적으로 강조했다는 이유로 그의 '성악설'에 불쾌감을 나타내는 학자들도 있다. 그러나 홉스에 대한 평가가 여하하든, 중요한 것은 그가 근대 사상가들 중에서 최초로 근대국가의 본질을 '개인주의'와 '계약론'의 관점에서 해명하려고 했다는 점과, 이러한 시각이 여전히 자유민주주의의 철학적 토대를 이루고 있다는 사실이다. 다음에서 홉스의 생애와 저작을 간단히 소개한 후, 《리바이어던》에 나타난 그의 정치철학을 자세히 살펴보기로 하자.

1. 생애와 저작

홉스는 1588년 영국 시골 마을의 보잘것없는 집안에서 미숙아로 태어났다. 아버지는 무식하고 교양 없는 목사였는데, 가족을 돌보지 않았기 때문에 홉스는 아버지를 모르고 자랐다. 삼촌의 도움으로 1608년 옥스퍼드 대학을 졸업한 뒤 캐번디시(Cavendish) 가문의 가정교사로 일했는데, 캐번디시의 아들(나중에 데본셔 백작)과 프랑스·이탈리아 등지를 여행하면서 유럽 각처에서 일어나고 있던 전란(戰亂)을 목격하였다. 영국으로 돌아온 후, 얼마동안 프랜시스 베이컨(Francis Bacon)의 개인 비서로 일했는데, 라틴어에 능통하여 베이컨의 라틴어 저술들의 집필을 도운 것으로 알려져 있다. 1628년에 라틴어로 된 투키디데스의 《펠로폰네소스 전쟁사》[1]를 영어로 번역하여 출간하였다. 1629년부터 1631년까지 두 번째 유럽여행을 하면서 처음으로 유클리드 기하학을 알게 되었는데, 이것은 그의 '과학적 방법론'에 결정적

1) 1628. *Thucydides's History of the Peloponnesian War.*

영향을 미치게 된다.

1634년부터 1637년까지 세 번째 유럽여행을 하면서 갈릴레오와 메르센(Marin Mersenne) 등 당대 최고의 과학자들과 교우하게 되었고, 데카르트의 수학과 철학을 알게 되었다. 세 번째 유럽여행에서 돌아온 직후 홉스는 자연과 인간과 사회에 관한 '과학적 지식'을 유클리드 기하학의 논증방법에 따라 건설한다는 목표를 세웠는데, 이 계획은 이후 약 20년에 걸쳐 《물체론》, 《인간론》, 《시민론》의 삼부작으로 완성된다. 1640년에 《법의 원리》[2]를 집필했는데, 이 글은 그가 《철학의 원리》라는 제목 아래 출간할 작정으로 라틴어로 써 두었던 원고 중 일부 내용을 영어로 '번역'한 것이다. 당시 원고상태로 홉스의 영국인 친구들 사이에서 널리 읽혔으며, 1650년에 《인간본성론》[3]과 《정치체론》[4]으로 나누어 출판되었다.

1640년, 찰스 1세와 의회와의 대립이 격화되고 내란의 조짐이 보이자, 왕당파로 의심받아왔던 홉스는 신변에 위협을 느끼고 프랑스로 피신하여 1652년 초까지 머물렀다. 1642년, 삼부작 계획의 제 3부에 해당하는 《시민론》[5]을 파리에서 익명으로 출판했으며, 1649년에는 프랑스어 번역판이 나왔고, 1651년에는 홉스 자신의 영역판이 《정부와 사회에 관한 철학적 기초》[6]라는 제목으로 출간되었다. 바로 이 해에 그의 주저인 《리바이어던》이 런던에서 영어로 출판되었다. 이 책의 라틴어판은 1668년에 나왔다. 영어판을 출간한 후 '무신론'과 '신성모독' 등 이단(異端) 혐의로 시달리다가 당국으로부터 영어로 저술한 모든 책에 대한 출판금지 처분을 받았는데, 라틴어판을 출간하면서 이단에 대한 처벌의 부당성을 주장하는 부록을 붙였다.

---

2) 1640. *The Elements of Law, Natural and Politic.*

3) 1650. *Human Nature, or the Fundamental Elements of Policy.*

4) 1650. *De Corpore Politico, or the Elements of Law.*

5) 1642. *Elementorum Philosophiae sectio tertia de cive.*

6) 1651. *Philosophical Rudiments concerning Government and Society.*

1655년에는 《물체론》[7]을, 1658년에는 《인간론》[8]을 출간함으로써 1637년에 계획했던 삼부작이 완성되었다. 홉스는 노년에 이르기까지 왕성한 집필활동을 하여 80세가 되던 해인 1668년에는 《비헤모스》[9]의 집필을 완성하였으나 출판은 사후에 이루어졌다. 1679년 향년 91세로 세상을 떠났다.

그의 주요 저작들은 몰즈워드가 11권으로 편집하여 출간한 《토머스 홉스 영문 저작집》[10]에 모두 수록되어 있다. 홉스의 여러 저작 중에서 《리바이어던》이 특히 유명한 이유는 그가 '과학적 지식'의 건설을 위해 계획한 물체론·인간론·시민론의 기본사상이 집대성되어 체계적으로 전개되어 있기 때문이다. 《리바이어던》은 모두 4개부로 구성되어 있는데, 제 1부는 국가의 '재료'인 인간에 대한 논의를 '유물론적' 관점에서 전개하고 있고, 제 2부는 인간을 재료로 '설립'된 국가의 목적과 형태 및 기능에 대해 논의하고 있다. 제 3부에서는 교황이 국가통치권을 가질 권한이 없다는 것을 《성경》에 근거하여 조목조목 비판하고, 제 4부에서는 그릇된 신학이론으로 초래된 여러 가지 불합리한 현실들에 대해 비판하고 있다.

2. 《리바이어던》의 목적과 방법

국가권력과 같은 정치적 질서가 생겨나는 이유는 무엇인가? 이 문제를 설명하는 이론 중의 하나는 권력현상 그 자체를 자연스러운 것으로 인식하는 소위 '자연적 엘리트 이론'이다. 이 이론에 따르면, 일

---

7) 1655. *Elementorum philosophiae sectio prima de corpore*. London; 1656. *Elements of Philosophy. The First Section, Concerning Body*.

8) 1658. *Elementorum philosophiae sectio secunda de homine*. London.

9) 1668. *Behemoth: the History of the Causes of the Civil Wars of England*.

10) William Molesworth, ed. 1839~1845. *The English Works of Thomas Hobbes*. London: John Bohn. 11 vols. (이하 *EWTH*로 약한다.)

부 사람들은 혈연이나 능력, 혹은 신(神)의 선택과 같은 선천적인, 혹은 자연적인 어떤 이유로 해서 다른 사람들보다 우월하기 때문에 정치적 지배권을 갖게 되고, 이로부터 정치적 질서가 생겨난다는 것이다. 그러나 홉스는 이러한 '엘리트 이론'을 거부하고, 국가는 '평등한 인간들'에 의해 철저히 '인공적으로' 만들어졌다고 주장한다. 《리바이어던》은 바로 이 주장을 '입증'하는 책이다. 홉스가 이러한 주장을 입증하는 목적은 사람들로 하여금 백성(*subjects*)[11]으로서의 의무를 이행하게 함으로써 사회의 평화를 유지하기 위한 것이다(2권 435쪽).

홉스는 플라톤과 아리스토텔레스와 키케로로 이어지는 그리스와 로마의 지적 전통이 진실을 발견하지도 못했고, 사회의 평화를 이룩하는 데 기여하지도 못했다고 비판한다. 사상사적 측면에서 이와 같은 고전적 정치철학과의 근본적 결별의 조짐은 이미 마키아벨리(Niccolo Machiavelli)와 베이컨(Francis Bacon)에서 발견된다. 마키아벨리에 따르면, 고전적 정치철학이 '실패한' 이유는 목표를 '과대하게' 설정했기 때문이다. 즉 고전 사상가들의 정치학설은 인간의 고상한 열망과, 덕 있는 생활과, 인간의 덕을 고양시키는 사회 등에 기초를 두고 있기 때문에 결과적으로 무용한 것이 되고 말았다는 것이다.

그러나 정치생활의 목표를 대부분의 사회에서 인간이 현실적으로 추구하는 것들로 설정한 마키아벨리와는 달리, 홉스에게는 도덕적 구속력을 갖고 시민사회의 목적을 규정하는 도덕률, 혹은 '자연법'의 관념이 존재한다. 그렇다고 해서 홉스가 고전적 자연법사상으로 복귀한 것은 아니다. 홉스는 마키아벨리의 '현실주의'를 계승하여, '옛날의 도덕철학자들'의 저서에서 흔히 발견되는 '궁극적 목적'(*finis ultimus*)이나 '지고선'(至高善 *summum bonum*)과 같은 고전적 도덕개념과는 전

---

11) 홉스가 말하는 'subject'는 '주권자(한 사람일 수도 있고, 합의체일 수도 있는)에게 복종을 맹세하고 그로부터 안전을 보장받는 사람'을 의미한다. 군주정 하의 '신민'(臣民), 공화정 또는 민주정 하의 '국민' 또는 '시민'을 모두 포괄하는 말이다.

혀 다른 지평에서 자신의 자연법 이론을 전개하고 있다. 그는 자연법의 연역적 근거를 고전적 사상가들이 주로 의존했던 '이성'에서가 아니라, 대부분의 시기에 대부분의 인간에게서 행동의 실질적인 동기로 작용하는 것, 즉 '정념'(情念 *passion*)에서 찾았다.

이처럼 도덕철학과 과학적 지식의 기초를 현실적인 경험에서 발견하려고 했다는 점에서 홉스는 베이컨과 동일한 경험론적 토대를 가지고 있다고 할 수 있다. 그러나 베이컨이 오로지 귀납법만을 올바른 과학의 원리로 여긴 것과는 달리, 홉스는 기하학적 방법과 같은 연역법적 원리도 중시하여 양자의 방법론을 상보적(相補的)으로 사용하였다.

홉스는 국가의 '건립자'이며, 동시에 국가의 '재료'가 되고 있는 '인간'의 본성에 대한 탐구에서 시작하여 국가의 성립과 주권자의 권리를 '연역적으로' 추론한다. 홉스에 따르면, 철학 혹은 과학은 두 가지 방법 중 하나로 진행된다. 모든 현상의 '제 1의 생성원인'으로부터 그 귀결들을 '종합적으로' 추론해 가는 '합성법'(*compositive method*)과, 현상 혹은 사실들로부터 그 생성원인을 '분석적으로' 찾아가는 '분해법'(*resolutive method*)이 그것이다. 홉스의 '과학적' 도덕철학은 표면상 '합성법'으로 구축되어 있다. 홉스가 모든 사물들의 '제 1의 생성원인'으로 규정한 것은 '물체'(*body*)와 '운동'(*motion*)이다.

> 세상(*the world*)은 물질, 즉 물체이다. 내가 말하는 세상은 이 땅(*the earth*)이 아니라 … '우주'(*the universe*), 즉 존재하는 모든 것을 가리킨다. … 우주의 모든 부분은 물체이며, 물체가 아닌 것은 우주에 속하지 않는다. 그런데 우주는 전부이기 때문에, 우주에 속하지 않는 것은 '아무것도 아닌 것'(*nothing*)이며, '아무데도 없는 것'(*nowhere*)이다(2권 390쪽).

> 우주만물의 원인은 자명하기 때문에, 그 원인을 알기 위한 방법이 전혀 필요치 않다. 보편적 원인은 오직 하나뿐이다. 그것은 운동이다. … 운동은 운동 이외의 어떤 원인도 갖지 않는다(*EWTH*, 1:69

~70, 124, 213, 412; 7:33).

> 자연현상의 다양성은 오직 하나의 보편적 원인, 즉 운동의 다양성에서 비롯된다(*EWTH*, 7:83).

홉스는 이와 같은 물리학의 법칙에서 출발하여 인간의 행동의 원인이 되는 '정념'을 연역하고, 다시 이 정념으로부터 정치생활의 법칙들을 연역한다. 그러나 '제 1의 생성원인'이 무엇인가를 결정하기 위해서는 분석적 방법, 즉 감각적 경험의 분석에 의존하지 않을 수 없기 때문에 '합성법'에는 언제나 '분해법'이 암묵적으로 전제되어 있다.

홉스의 '기하학적 방법'에도 바로 이 '분해법'이 전제되어 있다. 왜냐하면 홉스는 자신의 도덕철학, 혹은 사회과학이 자연철학자들뿐만 아니라 "가족생활을 영위할 만한 정도의 이성만 있으면" 누구에게나 이해될 수 있는 진리라고 주장하고 있기 때문이다.

> 인간의 '지혜'는 '책'을 읽어서 얻어지는 것이 아니라 '인간'을 연구해야 얻어진다. …'너 자신을 알라, 너 자신을 연구하라'… 사람의 생각이나 정념은 누구나 서로 비슷하기 때문에 자기 자신을 들여다보면서 '사고하거나, 판단하거나, 추론하거나, 희망을 품거나, 공포를 느낄' 때 자기가 무엇을 하고 있는지, 그 동기가 무엇인지를 살펴보면 곧 같은 상황에서 다른 사람들이 어떤 사고와 정념을 가지게 될 것인지를 쉽게 알 수 있다. 내가 주장하는 바는 '정념'의 유사성, 즉 '욕망'과 '공포'와 '희망' 등의 정념이 누구에게나 있다는 것이지, 그 정념의 '대상'의 유사성, 즉 욕망과 공포와 희망 등등의 대상이 누구에게나 동일하다는 것은 아니다. … 사람 마음의 특성들은 오로지 마음을 탐구하는 자만이 읽어낼 수 있다(1권 23~24쪽).

이것은 홉스의 정치철학이 보통사람들이 공유하고 있는 전과학적(前科學的) 경험에 대한 이해에서 출발하고 있다는 것을 의미한다. 그러므로 그는 인간의 행동의 진정한 동기와 인간의 본성에 대한 자신의 판단과 성찰의 타당성이 자신의 '물리학'과는 전혀 별개의 문제로 다루어질 수 있다고 주장했다. 홉스는 자신이 인간의 본성을 발견하고 이로부터 과학적 방법으로 도덕철학을 구축했다고 믿었기 때문에 자기가 최초의 진정한 정치철학자라고 자부했다.

> 지금까지 플라톤을 비롯한 그 어떤 철학자도 도덕이론의 모든 공리(*theorems*)를 정리하고, 충분히 혹은 대략이나마 증명하여, 사람들이 통치하는 법과 복종하는 법을 배울 수 있도록 하지 못했다는 것을 생각하면, 다시금 희망이 생긴다. 나의 이 저술이 어느 주권자의 손에 들어가, 그가 스스로 생각하고 (이 저작은 짧고, 내 생각에는 명료하기 때문에), 사심이 있거나 혹은 질투심이 많은 해석자에게 현혹되지만 않는다면, 또한 그가 온전한 주권을 행사하여, 이것이 공적으로 교육될 수 있도록 보호한다면, 이 사색의 진리는 실천적인 이익으로 바뀔 것이다. 그런 날이 오기를 기대한다(1권 473~474쪽).

3. 자연상태, 자연권, 자연법

홉스의 도덕철학은 정치생활의 도덕적 가치나 목표를 판단하는 근거를 '자연'에서, 특히 '인간의 본성'에서 찾았다는 점에서, 소크라테스로부터 토머스 아퀴나스(Thomas Aquinas)에 이르는 고전적 자연법 이론과 일치하고 있다. 고전적 자연법 이론은 인간의 '선한 생활'(*good life*)의 일반적 특징을 규정하는 규칙으로서, 또한 실정법과 도덕적 가치를 판단하는 규범적 근거로서의 '자연법'을 상정한다. 이 이론에 따르면, 인간의 '선한 생활'은 인간의 '자연적 본성'(*natural constitution*)의 완성에 있는데, 인간의 자연적 본성은 자연적 이성인 지혜에 의해 직관적으로 파악된다. 인간은 본질적으로 사회적 존재이므로, 인간의 자연적 본성은 오직 사회 속에서 실현된다. 인간의 자연적 본성, 곧 자연적 사회성(*natural sociality*)은 정의이며, 이것이 바로 자연법의 기초를 이룬다는 것이다(Strauss 1971:120, 126~129).

그러나 홉스는 시민사회의 출현 이전의 상태를 의미하는 '자연상태'라는 논리적 전제구성을 통하여, 자연이 정치의 기준을 설정하는 과정을 고전적 자연법 이론과는 전혀 다르게 이해하고 있다. 홉스에 의하면, '자연상태'는 인간의 실질적인 행동의 동기인 '정념'으로부터 추론되어야 한다. 정념은 "인간의 모든 자발적인 운동의 시초"이며, "정신력의 동기"이다. 이것은 '두뇌에 대한 외적 대상의 작용'을 의미하는 '감각'과는 달리, "우리가 인지(認知)라고 부르는 두뇌 속의 운동이나 동요가 심장에까지 계속된 것"이다. 인간의 가장 본질적인 정념은 쾌락과 불쾌(혹은 고통)이다. 인간의 처음의 "노력"(*endeavour*)이 경험에 의해 쾌락으로 알려진 사물들로 향할 때, 이를 "욕구"(*appetite*)라고 부르며, 고통으로 알려진 사물을 피할 때 이를 "혐오"(*aversion*)이라고 부른다. 인간이 어떤 것을 선하다고 말할 경우, 그것은 곧 그에 대한 욕구 또는 의욕을 가지고 있다는 뜻이며, 어떤 것을 악이라고 말할 때에는 그에 대한 혐오를 가지고 있다는 뜻이다. 그러므로 선과 악이라는 말은 그 말을 사용하는 사람에 따라 다른 것이며, 시민법에 의해 그 기준이 정해지지 않은 한, 행동의 선악은 각자가 심판할 수밖에 없다.

인간의 행동동기를 쾌락과 고통, 혹은 욕구와 배척이라는 생리-유물론적 개념으로 환원함으로써, 홉스는 '인간이 본질적으로 사회적 존재'라는 고전적 자연법 이론의 전제를 거부하고 오히려 쾌락주의(*Hedonism*)의 전통에 합류하고 있다. 에피쿠로스학파로 대표되는 쾌락주의에 의하면, 인간은 본질적으로 비정치적 동물이며, 선은 근본적으로 쾌락과 동일하기 때문에 쾌락의 추구와 고통의 회피가 곧 미덕(*virtue*)이라는 것이다.

인간이 본질적으로 사회적·정치적 동물이 아니라면, 모든 시민사회는 사회 이전의, 정치 이전의 자연상태로부터 생겨나야 한다. 물론 시민사회에서 살고 있는 오늘날의 인간의 선조들이 한때 자연상태에 놓여 있었다는 것을 역사적으로 입증할 길은 없다. 그러나 홉스의 정치이론에서 '자연상태'의 역사적 존재여부는 그다지 중요하지 않다. 홉스의 '자연상태'는 인류의 원시적 상태나, 이미 극복해버린 역사적 과거가 아니라, 정부가 존재하기 전의 인간의 상태, 즉 정치적 사회 상태에 대한 논리적 반대 개념이다. 즉 그것은 인간의 본성에 대한 고찰을 통하여 논리적으로 연역된 이론적 구성물이며, 인간이 정치공동체를 구성하는 이유와 의도와 목적을 결정하기 위한 합리적 허구인 것이다. 홉스 자신도 자연상태가 과거에 실제로 존재했다고 생각하지는 않았다. 그러나 홉스는 "아메리카의 야만족들"은 "오늘날에도" 자연상태와 유사한 상황에서 살고 있으며, "평화로운 국가생활을 하다가 내란에 빠져들었을 때" 그러한 상황을 엿볼 수 있다고 주장했다(1권 173쪽).

시민사회가 없다면, 인간의 삶은 어떻게 될까? 인간들은 서로 어떤 관계에 놓이게 될까? 만일 인간이 본질적으로 비정치적 동물이라면, 선험적으로 규정되는 의무의 관념은 존재할 수 없다. 따라서 홉스는 의무(*obligation*)를 부과하는 '법'(*law*)과 '자유'를 부여하는 '권리'(*right*)를 동일한 것으로 간주해 온 고전적 견해를 비판하면서, 우선 양자를 구분할 것을 제안하고 의무의 개념에 앞서 권리의 개념을 먼저 논의한다(1권 177쪽).

이 문제에 대한 홉스의 출발 전제는 '인간은 나면서부터 평등하다'는 것이다. 인간의 신체적·정신적 능력이 본질적으로 평등하다는 홉스의 주장은 로크(J. Locke)나 루소(J. J. Rousseau), 페인(T. Paine)의 저작에서 익히 보는 바와 같은 그러한 선언적 수사가 아니다. 홉스가 말하는 평등의 개념은 어느 누구도 타인의 공격으로부터 안전할 수 없다는 점에서의 평등이다. 즉 "체력이 아무리 약한 사람이라 하더라도 음모를 꾸미거나, 혹은 같은 처지에 있는 약자들끼리 공모하면 아무리 강한 사람이라도 충분히 죽일 수 있다"는 의미에서의 평등이다(1권 168쪽). 인간의 가장 큰 관심사는 '자기보존'이기 때문에 타인을 죽일 수 있는 능력의 평등은, 인간의 사회적 행동의 '합성' 과정에서 중요한 의미를 갖는다. 자기보존이 가장 주된 관심사라는 것은 곧 폭력에 의한 죽음의 공포가 인간의 가장 강렬한 정념이라는 것을 의미한다.

홉스는 이러한 '능력의 평등'으로부터 '희망의 평등'을 추론한다. 그러나 인간이 의욕하는 재화는 한정되어 있기 때문에 희망의 평등은 곧 동일한 재화를 의욕하는 인간들 사이에 경쟁적 적대상태를 야기한다. 비록 재화가 희소하지 않더라도 자연상태의 인간은 서로 불신한다. '나는 다른 사람이 무슨 생각을 하고 있는지 알 수가 없으며, 나 자신에 비추어 보아 인간이 기만적이라는 것을 알 수가 있다. 타인은 나를 위협할지도 모르며, 내가 그들에 대한 위협이 될지도 모른다.' 즉 평등의 원칙에 입각하여 상호공격의 위험이 내재하고 있는 것이다.

따라서 홉스는 "모든 인간에게 발견되는 일반적 성향"으로서 제일 먼저 "죽음에 이르러서야 그치는, 힘에 대한 끊임없는 욕망"을 확인한다. 나아가 인간의 본성에 내재하고 있는 명예욕이나 자만심, 혹은 허영심이 사태를 더욱 악화시킨다. 요컨대, 경쟁과 불신과 명예욕이라는 분쟁요인들에 의해 인간들 사이에는 시기와 증오가 만연하게 되고 마침내 전쟁이 일어나는 것이다.

> 인간은 그들 모두를 위압하는 공통의 권력이 존재하지 않는 곳에서는 전쟁상태에 들어가게 된다. 이 전쟁은 만인에 대한 만인의 전쟁이다. 전쟁이라는 것은 싸움 혹은 전투행위의 존재 유무만으로 판단하는 것이 아니다. 전쟁이란 '시간'(*time*)에 관한 개념으로서 일정한 기간에 걸쳐 전투의 의지가 존재하는 것이 확실하다면, 그 기간 동안은 전쟁상태에 놓여 있는 것이다(1권 171쪽).

그러한 상태에서는

> 성과가 불확실하기 때문에 근로의 여지가 없다. 토지의 경작이나 해상무역, 편리한 건물, 무거운 물건을 운반하는 기계, 지표(地表)에 관한 지식, 시간의 계산도 없고, 예술이나 학문도 없으며, 사회도

없다. 끊임없는 공포와 생사의 갈림길에서 인간의 삶은 고독하고, 가난하고, 험악하고, 잔인하고, 그리고 짧다(1권 172쪽).

자연상태에서는 정의를 호소할 길도 없다. 만인이 만인에 대하여 전쟁을 하고 있는 상황에서는 "그 어떠한 것도 부당한 것이 될 수 없다. 정(正)과 사(邪)의 관념, 정의와 불의의 구별이 존재하지 않기 때문이다. 공통의 권력이 없는 곳에는 법도 존재하지 않는다. 법이 없는 곳에는 불법행위도 존재하지 않는다"(1권 174쪽).

이처럼 자연은 인간을 분쟁과 반복으로 이끌기는 하지만, 그렇다고 해서 자연상태의 인간에게 시민사회를 지향하는 어떤 자연적 충동이 존재하지 않는 것은 아니다. 다만 반사회적인 본성은 시민사회를 지향하는 힘만큼이나 자연스러운 것이며, 특히 협약에 의해 완화되지 않을 경우 오히려 더 강력하게 나타난다는 것이다. 자연은 인간을 선한 생활로 이끌어주는 원천이라기보다는 오히려 벗어나야 할 대상이다. 자연상태를 벗어나는 것만이 유일한 구원이다. 문명의 발생 이후 인류가 지금까지 '자연의 극복'을 위해 노력해 왔고, 지금도 그러한 노력을 계속하고 있다는 점을 고려할 때, 이 점에서 홉스는 우리들과 동일한 사고의 지평을 가지고 있다.

홉스는 많은 사람들이 자신의 '자연상태'의 개념을 조롱할 것이라는 점을 잘 알고 있었다. 그러나 그는 자신이 말로써 인간을 비난하고 있다면, 금고를 잠그고 문을 닫아걸거나 무장을 단단히 하고서야 거리로 나오는 사람들은 행동으로써 인간을 비난하고 있다고 주장했다. 홉스는 마키아벨리와 마찬가지로 실제 인간이 어떻게 행동하는가 하는 문제에 주목하였다. 아무리 정의롭고 선량한 사람이라도 잔인하게 행동하지 않으면 결코 자신을 보호할 수 없는 현실이, 그들 두 사람에게는 도덕적 딜레마로 보였다. 이 딜레마를 해결하기 위해 홉스는 인간의 이기심을 적극적으로 인정함으로써 전통적인 도덕개념을 근본적으로 수정하는 길을 택했다.

죽음의 공포와 안락한 생활에 대한 욕구, 그리고 근로를 통해 안락한 생활을 얻을 수 있으리라는 희망이 인간을 평화로 향하게 한다. 공포, 욕구, 희망과 같은 정념들과 함께 작용하는 '이성'은 죽음의 공포와 안락한 생활에 대한 욕구를 이용하거나 격화시켜 명예욕이나 자만심이 가져오는 파괴적 결과들을 통제할 수 있는 규칙을 가르쳐 준다. 홉스는 이러한 이성의 규칙들을 '이성의 명령', 혹은 '자연법'이라고 부르고 있다. 그는 자연법이 평화에 이르는 방법과 예절, 혹은 덕의 실천을 명령하기 때문에 바로 '도덕'과 같은 것이며, '진정한 도덕철학'이라고 주장했다.

모든 자연법과 모든 정치적 의무는 개개인의 자기보존의 권리인 '자연권'으로부터 파생된다. '모든 사회적·정치적 의무는 인간의 권리로부터 비롯된다'는 주장이 근대 자유주의의 요체라고 한다면, 홉스는 근대 자유주의의 선구자라고 할 수 있다. 사회적·도덕적·정치적 규칙과 제도가 개인의 권리를 위해 존재할 경우, '인간의 완성'이라는 도덕적 의무에 바탕을 둔 체제보다는 훨씬 더 효과적으로 유지될 수 있다. 왜냐하면, 개인의 권리 그 자체는 인간의 가장 강렬한 이기적 정념, 즉 안락한 생활에 대한 욕구에서 비롯되기 때문이다. 이러한 논리로 홉스는 인간의 이기심을 정당화하는 새로운 길을 열었다.

홉스가 말하는 '자연권'은 '각자의 자기보존의 권리'이다. 목적에 대한 권리는 그 목적을 달성할 수 있는 수단에 대한 권리를 포함한다. 그러므로 자연상태에서는 각자가 "자신의 이성적 판단에 비추어 가장 적절한 것으로 생각되는 행위를 자기 마음대로 할 수 있는" 권리를 갖게 된다. 즉 "모든 사람이 모든 것에 대한 권리를 갖게" 되는 것이다. 이러한 상태에서는 그 어느 누구도 안전할 수가 없다. '자연법'이란, 자연상태에서 모든 사람들이 갖고 있는 '자연권'의 행사나 비이성적 욕구들로부터 파생되는, 자기보존을 위협하는 상황을 피하기 위해 "이성이 찾아낸 계율, 혹은 일반적 원칙"이다(1권 176쪽).

'제 1의 기본 자연법'은 "모든 수단을 다 동원하여 평화를 추구하라"

는 것이다. 평화를 획득할 가망이 없을 경우에는, 자신을 보호하기 위해 어떤 조치라도 취할 수가 있다. 그 외의 나머지 자연법들은 모두 '기본 자연법'이 준수될 수 있는 조건들에 관한 것이다. 평화의 추구를 명령하는 '기본 자연법'으로부터 도출되는 '제 2의 자연법'은 "다른 사람들도 다 같이 그렇게 할 경우, 만물에 대한 권리를 기꺼이 포기하고, 자신이 타인에게 허락한 만큼의 자유를 타인에 대해 갖는 것으로 만족해야 한다"는 것이다. 이러한 '상호간의 권리포기'는 '사회계약'에 의해 완성된다. 시민사회는 이러한 사회계약에 의해 구성되는 것이며, 여기에서는 각자가 다른 사람들과의 계약에 의해 그들이 '주권자'로 승인한 사람(혹은 합의체)의 명령에 자발적으로 복종해야 한다.

'제 3의 자연법'은 "신의계약(信義契約 *covenant*)[12]을 맺었으면 지켜야 한다"는 것이다. 이 원칙이 지켜지지 않을 경우, 사회는 사회로서 존속할 수 없다. 홉스에 따르면, 이 원칙이야말로 정의의 원천이다. "신의계약이 성립되기 전에는 어떠한 권리도 양도된 것이 아니며, 따라서 만인이 만물에 대하여 권리를 가지기 때문에 어떤 행위도 불의가 될 수 없다"(1권 194쪽). 그러므로 불의, 혹은 권리침해란, 자신이

12) 홉스는 'contract'와 'covenant'를 구별하여 사용하고 있다. 그에 따르면 '계약(*contract*)'은 "권리를 상호 양도하는 행위"를 말한다. 그런데 이러한 양도행위가 이루어지는 시점을 기준으로 보면, 1) 양당사자가 즉시 이행하는 경우 2) 일방은 즉시 이행하고 상대방은 나중에 이행하겠다고 약속하는 경우 3) 양당사자 모두 나중에 이행하겠다고 약속하는 경우로 나눌 수 있다. 여기에서 2)와 3)의 경우에는 '약속'(*promise*)이 포함되어 있고, 약속은 반드시 신뢰가 전제되어야 한다. 이처럼 계약 속에 신뢰가 전제된 경우를 홉스는 'covenant'라고 부르고 있다. 신의계약은 "가능한 것과 장래에 대한 것"이라고 한 이유도 거기에 있다. 한편 '약속'은 '미래에 관한 명시적 의사표시'를 말하는데, 이 약속에 권리의 상호양도가 포함된 경우에 이를 'pact'라고 부르고 있다. 다시 말하면 'covenant'는 신뢰가 전제된 계약이며, 'pact'는 계약적 성격의 약속이다. 홉스는 《리바이어던》 전편에 걸쳐 주권설립의 계약을 'covenant'로 표현하고 있다. 주권설립의 계약에서 각자의 권리, 즉 자연권의 양도(또는 포기)는 현재 이루어지는 반면(그 결과 주권이 성립한다), 주권으로부터의 보호는 현재로부터 미래에 이르기까지 계속되는 이른바 '약속'의 성격을 띤다. 이러한 권리양도의 시차(時差)를 반영하기 위해 'covenant'라는 단어를 선택한 것으로 보인다.

이미 포기한 권리를 행사하는 '신의계약의 불이행'이다. 요컨대, 의무는 계약에서 나오고 이 의무의 이행이 바로 정의라는 것이다.

그러나 미래에 어떤 행동을 하기로 약속하는 신의계약은 신뢰에 바탕을 두고 있다. 자연상태에서는 그러한 신뢰를 바랄 수가 없으며, "칼 없는 신의계약은 빈 말에 불과할 뿐이다"(1권 227~228쪽). 그러므로, 정의와 불의의 용어를 사용하기 이전에, 사람들의 계약을 이행케 하는 강제적 권력, 즉 '주권'이 존재해야 한다. 주권이 존재함으로써 계약의 위반으로부터 기대되는 이익의 유혹보다는 처벌의 공포가 더 큰 힘으로 작용하게 된다. '공포의 정념' 이외의 다른 도덕적 힘에 의존하여 사람들의 신뢰 있는 행동을 기대하는 것은 무용한 일이다. 정의는 자기 이익에 대한 타산적인 행동과 동일선상에 놓여 있어야 한다.

이와 같은 논리에서 홉스는 아리스토텔레스의 '분배적 정의'의 관념을 비판한다. 홉스는 아리스토텔레스가 도덕철학의 분야에서 "오늘날 다른 어떤 사람들의 저술보다도 더 큰 권위를 가지고 있다"고 전제한 다음, 그의 정치학의 기초를 이루고 있는 분배적 정의를 이렇게 정리하고 있다. '일부 인간은 나면서부터 지배하는 데 적합하고, 다른 사람들은 봉사하는 데 적합하다. 정의는 모든 사람에게 그 자신에게 적합한 것을 주는 것이다'(1권 207쪽). 그러나, 홉스에 의하면, 이 학설은 "이성이나 경험에 반하는 그릇된 것"이며, "자만을 조장하는 위험한 것"이다. 현재 존재하고 있는 불평등은 시민법에 의해 도입된 것이다. 올바른 분배적 정의란, 사람들을 불평등하게 대접하는 것이 아니라, 오히려 평등하게 취급하는 것이다.

자연이 인간을 평등하게 만들었다면 당연히 그 평등은 인정되어야 한다. 자연이 인간을 불평등하게 만들었다고 하더라도, 스스로 평등하다고 생각하는 사람들은 평등한 조건에서가 아니면 평화의 상태로 들어가려고 하지 않을 것이기 때문에 그러한 평등은 인정되어야 한다. 그러므로 '모든 사람은 다른 사람들을 날 때부터 자신과 평등한 것으로 인정해야 한다'는 것은 하나의 자연법이다.

여기에서 우리는, 인간의 자만과 편파성과 과도한 자기애에서 비롯되는 마찰과 분노와 적대를 완화 또는 제거하여 인간사회에 평화를 수립하고자 한 홉스의 의도를 읽을 수 있다. 홉스가 말한 자연법에는 재판관의 역할을 위임받은 '중재자의 공평'도 들어 있고, '배은', '오만', '자만', '불공평', '편벽' 등에 대한 금지도 들어 있다. 홉스는 자연법에 대한 자신의 '세밀한 추리'가 '먹고살기에 바쁘거나' 혹은 '게으른' 사람들에게는 이해하기 힘든 것이 될지도 모른다는 염려에서 모든 사람들이 다 이해할 수 있도록 자연법을 이렇게 요약한다. "남이 너에게 행하기를 원치 않는 일은 너도 남에게 행하지 말라." 이것은 '대접받고 싶은 대로 대접하라'는 《성경》의 황금률과도 같고, '네 의지의 격률이 동시에 모든 이성적 존재의 보편적 입법원리가 되도록 행위하라'는 칸트의 '정언명법'과도 일치한다.

4. 국가의 설립과 주권자의 권리

홉스에 의하면, '이성의 명령'인 '자연법'은 양심이라는 "내면의 법정에서 의무를 지울 뿐"이다. 그러나 인간의 행동과 의지는 양심이나 이성에 의해서가 아니라, 처벌의 공포나 보상의 기대와 같은 이기적 정념에 좌우된다. 자연상태에서는 신(神)이라는 보이지 않는 힘에 대한 공포가 있기는 하지만, 이 공포만으로는 결코 충분치 않다. "외부의 법정에서" 자연법의 준수를 확실하게 보장해 주는 조건을 수립해야 한다. 그렇지 않을 경우, 자연법을 준수하는 사람은 그렇지 않은 사람들의 먹이가 될 뿐이다. 요컨대, "인간을 두렵게 하고 그들의 행동을 공동이익에 따르게 하기 위한" 눈에 보이는 힘, 즉 "공통 권력"으로서의 국가가 필요한 것이다.

공통의 권력은 외적의 침입과 상호간의 권리침해를 방지하고, 또한 스스로의 노동과 대지의 열매로 일용할 양식을 마련하여 쾌적한 생활을 보낼 수 있도록 하기 위한 것이다. 이 권력을 확립하는 유일한 길은, 모든 사람의 의지를 다수결에 의해 하나의 의지로 결집하는 것, 즉 그들이 지닌 모든 권력(*power*)과 힘(*strength*)을 한 사람 혹은 하나의 합의체에 양도하는 것이다. … 이것은 동의 혹은 화합 이상의 것이며, 만인이 만인과 상호 신의계약을 체결함으로써 모든 인간이 단 하나의 동일인격으로 결합되는 것이다. … 이것이 달성되어 다수의 사람들이 하나의 인격으로 결합되어 통일되었을 때 그것을 코먼웰스(*Commonwealth*)[13] 라고 부른다(1권 232쪽).

말하자면 국가는 다수 인간이 상호간의 계약에 의해 창조한 일종의 '법인격'(*legal person*)이다. 이 법인격을 만든 인간들은 이 '인공 인간'의 의지를 자신들의 의지로 간주해야 한다. 이것은 곧 모든 백성은 주권자의 모든 행동을 자신의 행동으로, 주권자가 제정한 모든 법률을 자기 자신이 만든 것으로 간주해야 한다는 것을 의미한다. 이러한 논리는 정치권력의 원천을 '피치자의 동의'에서 찾고 있는 오늘날의 민주주의의 지배적인 학설과 정확히 일치한다.

주권자, 즉 국가를 창출하는 사회계약은 두 부분으로 구성되어 있다. 하나는 자연상태에 있던 사람들이 주권자를 세우기로 서로 합의하는 것이고, 다른 하나는 누구를 주권자로 할 것인가를 결정하는 것이다. 이 계약은, 자발적 동의에 의한 것이든, 협박이나 죽음의 공포

---

13) 코먼웰스(*commonwealth*)라는 말은 '공공의 복지'(*common wealth*)라는 뜻으로 '공공의 복지'를 위해 결합된 정치적 공동체를 가리킨다. 영국사에서는 1649년 청교도혁명으로 찰스 1세(재위 1625~1649)가 처형되고 크롬웰(Cromwell)의 공화정이 성립된 후부터 1660년 반동혁명에 의해 찰스 2세가 즉위하여 왕정이 회복될 때까지 영국의 국가를 부르는 말로 '코먼웰스'(*the Commonwealth*)라는 용어를 널리 사용하였다. 따라서 이 경우에는 '공화국'이라는 의미를 지니고 있었다. 《리바이어던》은 크롬웰의 공화정이 성립된 직후에 출간되었다. 그러나 홉스는 이 용어를 군주정, 귀족정, 민주정 등 통치형태와 관계없이 정치공동체 일반을 지칭하는 말로 사용하고 있다.

에 의한 것이든 동일한 효력을 갖는다. 홉스에 따르면, 국가는 자발적 동의에 의해 '설립'되기도 하지만, '자연적인 힘'에 의해 획득되기도 한다. 모든 가부장적·전제적 국가는 주권자에 대한 공포에서 생겨난다. 설립에 의한 국가는 개인들 상호간의 공포에서 비롯된다. 어느 경우에나 공포가 주권성립의 동기를 이루고 있다. 주권자의 권리도 정복에 의한 것이든 설립에 의한 것이든 아무런 차이가 없다. 모든 백성이 명시적으로 그러한 계약을 맺지 않았다는 것은 명백하다. 그러나 홉스에 따르면, 정부, 즉 주권의 보호를 받으면서 국가생활을 영위하고 있는 사람은 누구든지 암묵적으로 그러한 계약을 맺은 것으로 간주되어야 한다는 것이다.

주권자는 정치공동체의 평화유지와 안전보장을 위해 다음과 같은 권리를 갖는다(1권 235~247쪽; *EWTH*, 2:75-76; 4:129~130).

첫째, 주권자는 처벌의 권리, 혹은 경찰력을 장악할 권리를 갖는다. 이것은 모든 백성이 합의한 저항권의 포기에서 연유한다. 어느 누구도 주권자가 계약을 위반했다는 것을 근거로 복종을 거부할 수는 없다. 백성들은 상호간에 계약을 맺었을 뿐이지, 주권자가 계약의 당사자는 아니기 때문이다. 주권자는 아무와도 계약을 맺지 않았기 때문에, 오직 주권자만이 모든 인간이 자연상태에서 누리던 그 '자연권'을 갖는다. 따라서 주권자에게는 권리침해나 불의라는 개념이 적용될 수가 없다. 권리침해나 불의라는 것은 홉스가 말하는 법률적 의미에서 보면, 이미 계약을 통하여 포기한 권리를 다시 주장하는 것, 즉 계약의 불이행을 의미하는 것이기 때문이다. 게다가 주권자는 모든 백성의 의사를 대변하고 있기 때문에 주권자를 권리침해로 탄핵하는 것은 곧 자기 자신을 탄핵하는 것이며, 자기 자신에게 불의를 행한다는 것은 불가능한 일이다. 그러므로 백성들은 어떤 방식으로든 주권자를 탄핵할 수 없다. 전쟁선포권, 조세징수권, 국토방위를 위한 국민동원권 등도 모두 주권자에게 속한다. 왜냐하면 이러한 권리들은 복종하지 않는 자를 처벌할 수 있는 권리를 가진 동일인에게 귀속되어야 하기 때문이다.

둘째, 입법권 또한 같은 이유로 주권자에게 속한다. 인간은 두려워할 이유가 없는 사람들의 명령에는 복종하지 않는다. 칼의 위력, 즉 처벌권과 입법권은 같은 사람에게 속해야 한다. 국가의 시민법은 결국 주권자의 명령을 의미하는 것이다. 시민법은 각자에게 향유가 허락된 재화가 무엇인가를 알려 주고, 각자에게 다른 사람들의 방해를 받지 않으면서도 할 수 있는 일이 무엇인가를, 즉 무엇이 선이고 악이며, 무엇이 정당하고 부당한가를, 무엇이 명예이고 불명예인가를 결정해 준다. 즉 그것은 분쟁이 일어나기 전에 그 분쟁을 해결하는 기준을 설정함으로써 사회의 평화에 기여하는 것이다.

셋째, 사법권도 입법권과 같은 이유로 주권자에게 속한다.

넷째, 주권자는 임무수행의 수단을 가지고 있어야 하기 때문에 행정권과 장관, 재판관, 공무원 등에 대한 관리임명권을 갖는다.

다섯째, 평화를 위해 백성에게 유익한 사상과 이론이 무엇인지를 결정하고 가르칠 권리와, 해로운 사상에 대한 검열의 권한도 갖는다. 검열의 기준은 평화의 저해 여부에 달려 있다. 이러한 절대적 검열권은 종교에도 똑같이 적용된다. 홉스에 따르면, 종교와 미신은 "보이지 않는 힘"에 대한 공포에서 비롯된다. 종교는 대중의 인정을 받은 것이고, 미신은 대중의 인정을 받지 못한 것이라는 차이가 있을 뿐이다. 기독교세계의 평화를 저해하는 주된 요인은, 홉스에 의하면, 사람들로 하여금 최고의 권위를 갖는 주권자 이외의 어떤 존재를 섬기도록 만드는 견해들이다.

또한 주권자는 시민법을 준수해야 할 의무가 없다. 왜냐하면, 시민법은 바로 주권자 자신의 명령이기 때문이다. 홉스에 의하면, "법은 충고가 아니라 명령이다". 충고는 타인을 위한 것이므로 이성에 바탕을 두고 있지만, 명령은 명령하는 사람 자신을 위한 것이므로 의지에 바탕을 두고 있다. "법은 만인에 대한 만인의 명령이 아니라, 복종하기로 되어 있는 사람들을 상대로 하는, 복종을 요구할 권리를 가진 사람의 명령일 뿐이다.” 즉 한 국가의 시민법은 “국가가 모든 백성에게 옳고 그름의 구별을 위해, 즉 규칙에 위반되는 것은 무엇이며, 규칙에 위반되지 않는 것은 무엇인가를 구별해 주기 위해 충분한 의미의 표지를 통해서 모든 백성에게 명령하는 규칙이다”(1권 348쪽).

요컨대, 주권자의 권력은 입법·행정·사법에 걸쳐 절대적이다.[14] 그러므로 코먼웰스(의 주권자)는 ‘그와 겨눌 만한 힘을 가진 자가 땅 위에는 없는 리바이어던(*Leviathan*)’이며, ‘영원불멸의 하느님’의 가호 아래, 인간에게 평화와 방위를 보장하는 ‘지상의 신’이다(1권 232쪽).

주권자가 백성에 대해 절대적인 권리를 갖는다고 하더라도, 백성의 일부 권리는 양도가 불가능하다. 즉 계약에 의해서도 양도될 수 없거나 포기될 수 없는 백성의 권리가 있다. 법리상, 사회계약은 그 계약의 목적, 즉 자기보존과 안전이 실현되었을 때에만 구속력을 갖는다. “자기 자신의 행동으로부터 비롯되지 않은 어떠한 의무도 존재할 수 없으며, 모든 인간은 날 때부터 동등하게 자유롭다.”(1권 289쪽) 그런데 인간의 모든 행동은 자신을 위한 것이기 때문에, 어떠한 계약도 그 계약의 당사자가 된 인간으로부터 그의 생명이나 생명을 보호하는 수단을 박탈하는 내용을 포함할 수는 없다. 그러므로 자살, 혹은 자해(自害)의 명령이나, 자신의 삶에 필요한 어떤 것을 금지하는 명령에 불복하는 것은 정당하다.

그러면 주권자로부터 전쟁에서 생명을 희생할 것을 요구받은 병사는 어떻게 해야 하는가? 홉스는 이렇게 말한다. ‘공포 때문에 전쟁터에서 도망치는 것은 불명예스럽거나 비겁한 행동일지언정 정의에 위

---

14) 이처럼 홉스가 주권의 절대성을 강조하고, 통치형태로는 군주정을 지지한 것이 사실이지만, 그가 ‘절대 군주정’을 옹호했다는 말은 오해를 살 여지가 있다. 그에 따르면, 모든 주권은 절대적이기 때문에 귀족정과 민주정의 주권도 절대적이다. ‘제한 군주정’이나 ‘제한 귀족정’ 혹은 ‘제한 민주정’ 같은 것은 개념상 성립하지 않는다. 따라서 홉스가 옹호한 것은 ‘제한 군주정’, 혹은 ‘입헌 군주정’의 반대개념인 ‘절대’ 군주정이 아니라, 귀족적 혹은 민주정과 반대개념인 군주정이다.

배되는 것은 아니다.' 그러나 전쟁터에서 탈주함으로써 장차 주권자로부터 받게 될 처벌의 공포가 생명을 건 전투의 공포보다 더 두렵게 느껴지도록 만드는 것은 주권자의 할 일이다. 같은 이유로 사형선고를 받은 사람이, 적법하게 사형을 집행하려는 형리에게 저항하는 것은 정당하다.

백성이 끝까지 보유하고 있는 이러한 불가양도의 자연권은 '좋은 정부'와 '나쁜 정부'를 판단하는 기준이 될 수도 있고, 정부에 대한 비판과 국가권력의 제한을 정당화하는 근거가 될 수도 있다. 비록 홉스 자신은 자신의 국가이론에 내재한 이와 같은 '혁명적 성격'을 최소화하려고 노력했지만, 정부의 권력을 정당화하는 바로 그 원칙에 의해 '나쁜 정부'를 변경하거나 폐지할 수 있는 정당한 근거를 제공하였던 것이다.

그러나 홉스는 백성이 불가양도의 자연권을 이유로 정부의 권력을 제한해야 할 필요가 전혀 없다고 생각했다. 주권자의 힘은 그 백성들의 힘과 복지에 바탕을 두고 있기 때문에, 주권자가 백성의 자기보존을 위협하거나 억압할 이유가 없다는 것이다. 그럼에도 불구하고 홉스는 주권자의 절대권력이 남용될 수도 있다는 점을 내심으론 인정하고 있었기 때문에 "주권자가 백성을 보호할 수 있는 권력이 지속되는 동안에만, 주권자에 대한 백성의 복종이 지속되는 것으로 이해되어야 한다"고 주장했다(1권 293~294쪽). 그러나 모든 사람을 보호하는 힘을 가진 자는 또한 모든 사람을 억압하는 힘을 갖게 된다는 이율배반은 피할 길이 없다.

5. 기독교 코먼웰스

《리바이어던》의 제 3부와 제 4부는 '기독교 코먼웰스'에서 주권이 누가에게 있는가 하는 문제를 다루고 있다. 이와 관련하여 홉스 연구자들 사이에는 그가 무신론자였다는 주장도 있고, 칼뱅주의를 따르는 독실한 신자였다는 주장도 있다.[15] 이 문제는 그 자체로 하나의 논쟁거리가 될 수 있지만, 그의 정치이론과 직접적인 관계는 없다. 즉 제 3부와 제 4부의 논의가 없다 하더라도 제 1부와 제 2부에서 전개된 그의 시민정부 이론은 하나의 정치이론으로 성립할 수 있다. 그럼에도 불구하고 홉스가 《리바이어던》의 절반 이상을 할애하여 기독교 문제를 다룬 이유가 몇 가지 있다.

첫째, 그는 당시의 시대상황을 놓고 볼 때, 종교야말로 모든 불화와 혼란, 분쟁과 내란의 주범이라고 생각했다.

> '교회가 《구약성경》과 《신약성경》에 나오는 하나님의 나라이다' 하는 교리가 이 땅에서 통용된 후 어떤 일이 벌어졌는지를 보라. 각종 교직을 둘러싼 야심과 경쟁이 만연하게 되었고, 특히 그리스도의 대리자로 군림할 수 있는 대권을 차지하기 위한 싸움이 이전투구의 양상을 보이고 있지 않은가? 또한 공인으로서의 책무를 다해야 할 교직자들의 허식이 도를 넘어서고 있지 않은가? 목자라는 사람들이 이러고도 사람들의 마음에서 우러난 존경을 바라는가? (2권 418쪽)

그러나 당시 대다수의 사람들이 기독교 신자였기 때문에, 성경을 부정하지 않으면서 종교를 정치로부터 분리할 수 있는 논리가 필요했고, 따라서 자신의 정치이론을 '성경에 근거하여' 증명하고자 했던 것이다.

둘째, 교회권력이 코페르니쿠스와 갈릴레오의 과학을, 곧 인간의 이성을 억압하고 있기 때문에, 과학과 이성의 시대에 맞게 성경을 재해석할 필요가 있다고 생각했다.

> 그간의 항해를 통해, 지구에는 대척점이 있다는 것을 알 만한 사람은 다 안다. 또한 해가 바뀌고 날이 바뀌는 것이 지구의 운동 때문이라는 것도 점점 분명해지고 있다. 그럼에도 불구하고 저술을 통해

---

15) Martinich, 1992. *The Two Gods of LEVIATHAN*는 이 문제를 상세히 다루고 있다.

> 그런 의견을 제시하고, 찬반의 이유를 설명한 사람들은 교회권력의 탄압을 받았다. 왜 그들을 탄압해야 하는가? 그런 의견들이 종교적 진리와 다르기 때문인가? … 기성 종교에 반하기 때문인가? … 정치 질서에 혼란을 초래하고, 반란이나 소요를 유발할 위험이 있어서인가? 그렇다면 그런 학설은 막아야 하고, 그런 학설을 가르치는 교사들은 처벌해야 한다. 그러나 이 일은 공공의 안녕을 책임지고 있는 사람이 그의 권한으로, 즉 정치적 권한으로 해야 한다. 교회가 국가에 종속되어 있는 상황에서, 교회권력이 하느님의 권한을 내세워 그런 일을 하겠다고 나서는 것은 권력찬탈일 뿐이다(2권 406~407쪽).

셋째, 당시 유럽 각국에서 기독교의 권위가 약화되고는 있었지만, 여전히 막강한 위력을 발휘하고 있는 상황에서 자신의 정치이론이 자칫 '무신론'으로 오해받을 염려가 있었기 때문에 자신이 무신론자가 아니라는 것을 보여줄 필요가 있었다. 즉, 기독교 신앙의 근본신조인 '예수가 그리스도다' 하는 신조(2권 291쪽)를 자신이 굳게 믿고 있다는 점을 공언함으로써, 무신론자의 혐의를 벗을 수 있다고 생각했을 것이다. 그러므로 그는 자신의 논의에는 "하느님의 말씀이나 선량한 생활태도에 어긋나는 것은 아무것도 없고, 또한 공공의 안녕을 해치는 것도 전혀 없다"고 밝히면서, 《리바이어던》을 대학에서 교재로 채택할 것을 권고하고 있다(2권 437쪽).

제 3부와 제 4부의 주된 논점은 다음과 같다.

첫째, 제 1부와 제 2부에서 전개한 감각, 경험, 이성에 입각한 유물론적 세계관과 시민정부 이론은 성경의 '참된 가르침'과 결코 어긋나지 않는다는 것이다. 그의 유물론은 어떠한 '무형의 영적 실체'도 인정하지 않기 때문에, 누가 보더라도 '무신론'으로 보인다. 그러므로 그는 하느님과 그리스도를 '영적 실체'로 믿고 있는 신자들을 향해 성경에 나오는 '영적 존재'에 관한 구절을 읽을 때는 '단어'를 보지 말고, '의도'를 읽으라고 권고하는 것으로 충돌을 피해간다.

나는 여기에서 정치적 주권자의 권리와 백성의 의무에 관하여, 기독교 정치의 원리들, 즉 《성경》으로부터 연역할 수 있다고 생각되는 귀결들을 보여주고자 하였을 뿐, 나의 개인적 의견을 개진하려 한 것은 아니다. 그리고 《성경》을 인용할 때는 뜻이 모호하거나 해석이 분분한 구절들은 피하고, 《성경》 전체의 조화와 의도에 명백히 일치하는 것만 애써 골랐다. 《성경》의 목적은 하느님 나라를 그리스도 안에 재건하는 것이다. 어떤 저작을 해석하는 진정한 빛은 그 저작에 나오는 단어들이 아니라, 저자의 의도이다. 주지(主旨)를 생각하지 않은 채, 일언일구(一言一句)에 구애되는 자들은 아무것도 찾아내지 못한다. … 이것은 진리를 추구하는 것이 아니라, 자기이익을 좇는 사람들이 상투적으로 쓰는 수법이다(2권 304~305쪽).

둘째, 모든 진리는 '이성'에서 나오거나, 《성경》에서 나오는데(2권 435쪽), 교황과 주교들이 주장하는 '교권'은 성경에도 근거가 없고, 이성적으로도 합당하지 않다는 것이다. 이를 증명하기 위해 교황의 '보편적 권력'을 옹호한 벨라르미노 추기경의 논의를 성경에 근거하여 하나하나 논박하면서, 다음과 같이 결론짓고 있다.

우리 구주는 교회지도자들에게 강제력을 넘겨준 일이 없다. 우리 구주가 그들에게 넘겨준 권력은 그리스도의 나라를 선포하고, 사람들이 그 나라에 복종하도록 설득하고, 하느님 나라에 들어가기 위해 어떻게 해야 하는지를 교시와 충고로써 가르치는 권력일 뿐이다. 그러므로 열두 사도와 기타 복음전도자들은 교사들이지 사령관이 아니며, 그들의 가르침은 법이 아니라 유익한 충고일 뿐이다(2권 180쪽).

즉, 교황의 권력은 결코 '수장적'(首長的 *archical*) 권력도 아니고, '지배자적'(*cratical*) 권력도 아니다. 기껏해야 '교사적'(*didactical*) 권력일 뿐이라는 것이다(2권 268쪽). 교사는 어떤 일에 대해 '권고'를 할 수 있을 뿐, '명령'할 권한은 없다. 따라서 백성들이 그에 복종해야 할 어떠한 '의무'도 없다. 그럼에도 불구하고 교황은 기독교 국가들에 대한 통치권을 주장하고, 성직자들은 '사탄'과 '마귀'와 '지옥'과 '연옥'으로 무지한 신도들을 위협하고, 형이상학과 기적과 전설로 마술을 부려 젊은이들의 이성을 마비시키고 있으며, 자신들은 금싸라기 땅을 차지하고 앉아 십일세를 비롯한 각종 헌금으로 배를 불리고 있다는 것이다(2권 420~421쪽). 그러므로 그는 '교황의 권력'을 '로마의 유령'이라고 부르면서, 《리바이어던》을 이렇게 끝맺고 있다.

> 헨리 8세와 엘리자베스 여왕은 액막이를 하여 쉽게 그들을 쫓아낼 수 있었다.[16] 하지만 쫓겨나간 로마의 유령이 언제 다시 올지 누가 알겠는가? 지금 그 유령은 중국과 일본과 인도제국의 메마른 땅에서 먹이를 찾아 헤매고 있다. 로마의 유령보다 더 가증한 유령의 떼가 이처럼 깨끗하게 청소해 놓은 집에 다시 들어와 처음보다 더 나쁜 상황을 만들어놓지 않으리란 보장을 누가 할 수 있겠는가? 로마의 성직자들 외에도, 하느님의 나라가 이 지상에 있다고, 그러니 시민국가의 권력과는 다른 어떤 권력을 행사하겠다고 나서는 자들이 또 있기 때문이다(2권 421쪽).

6. 결 론

홉스에 의하면, 필멸의 존재인 인간이 만드는 것은 그 어느 것이나 불멸일 수는 없다. 그러나 인간이 이성이라는 유용한 건축기술을 사용한다면, 국가가 내적 병폐로부터 멸망하는 것을 막을 수 있다. 홉

16) 헨리 8세가 1534년 '국왕지상법'(國王至上法)에 의하여 영국의 교회를 로마로부터 이탈하게 한 뒤, 스스로 교회의 수장(首長)이 된 것을 말한다. 1554년 메리 1세 때 로마가톨릭교회로 복귀했으나, 1558년의 엘리자베스 1세가 왕위에 오름과 동시에 다시 '교리는 프로테스탄트, 교회정치와 예배양식은 가톨릭'인 국교회체제가 확립되었다.

스는 '인간의 의무'에 입각하여 정치사회, 즉 국가를 구성하려는 노력은 가망성이 없으며 불확실하다고 보았기 때문에 '인간의 권리'라는 관점에서 사회질서의 구성을 설명하는 방식을 택했다. 그가 일체의 형이상학적 이론이나 선험적 관념을 배제하고, 오직 심리학적 토대 위에서 정치이론을 구축하려 했던 이유가 바로 여기에 있다. 전쟁으로 향하는 인간의 본성은 결코 도덕적 호소에 의해서는 통제되지 않는다. 홉스가 보기엔, 오직 정념의 움직임에 대한 면밀한 성찰과, 인간의 이기심에 바탕을 둔 적절한 제도에 의하여 통제될 수 있을 뿐이다. 즉, 가장 근본적인 인간행동의 동기에 기초한 국가의 수립이야말로 언제 어느 때나 확고하고, 누구에게나 좋은 정부를 세울 수 있다. 그러므로 "코먼웰스가 외부의 폭력에 의해서가 아니라, 내부의 혼란에 의해 해체되기에 이른 경우, 그 잘못은 코먼웰스의 '재료'로서의 인간에게 있는 것이 아니라 코먼웰스의 '제작자'와 '질서부여자'로서의 인간에게 있다"(1권 413쪽).

평화를 유지하기 위한 규칙에 의거하여 군주정을 정당화하는 홉스의 국가론은 모든 법률과 질서가 파괴되는 상황, 즉 내란이 발발하고 있는 극단적 상황에서는 긍정적으로 평가될 수도 있다. 그의 '자연상태'는 바로 그러한 내란의 상태를 추상한 것이었다. 실제로 홉스가 태어나서 활동하던 시기는 유럽 전역에서 종교전쟁과 내란이 그칠 날이 없는 험난한 시대였다. 영국 역시 오래 끈 내전(청교도혁명)과 찰스 1세의 참수 등으로 격변을 겪던 시기였다. 교육과 과학과 예술을 해치는 가장 큰 재난은 국가권력에 의한 통제가 아니라 오히려 사회의 혼란이기 때문에 사회질서는 어떤 대가를 지불하더라도 반드시 유지되어야 한다는 홉스의 주장은 바로 이러한 시대상을 반영하고 있으며, 그의 절대주의 사상 또한 이와 같은 격변의 자연스런 귀결이라고 할 수도 있다. 그러나 일단 평화의 조건들이 확보된 상황에서는 홉스가 군주정의 장점으로 논의한 모든 특징들은 독재정부의 특징이 될 수 있다.

물론 홉스는 자신의 국가이론의 귀결로서 등장하게 될 절대정부가 국민을 억압하는 독재정부가 되리라고는 생각하지 않았다. 그가 기대한 국가생활의 실상은 오늘날의 민주정부에서 이상으로 삼고 있는 것과 너무나도 흡사하다. 국가는 법률로써 국민의 생업을 도와주고, 나태와 낭비를 억제하며, 근로와 항해를 장려한다. 국민이 짊어져야 할 부담은 공평하게 나누어지며, 세금은 소비에 따라 부과되고, 근면한 자가 보상을 받고, 국민 개개인은 국가의 보호를 받은 만큼 국가에 대가를 지불한다. 만인은 법 앞에서 평등하며, 타락한 재판관에게는 엄한 징계를 내리고, 누구나 법원에 상소할 수 있다. 국민의 안전이야말로 최고의 법이며, 이 안전에는 국민 개개인이 국가의 권력과 충돌하지 않고 적법하게 얻을 수 있는 생활의 만족과 기쁨이 포함되어 있다.

홉스 이후의 사상가들은 홉스가 그토록 열렬히 지지했던 절대정부보다는 오히려 제한정부에 더 큰 관심을 기울여왔으며, 홉스 이후 수세기에 걸친 유럽의 정치사는 최고 통치자의 절대권력을 제한하는 방향으로 발전해 왔다. 홉스의 정치이론은 절대정부를 정당화하는 근거로 인용되기보다는 오히려 절대권력이 얼마나 위험한가를 경고하기 위한 본보기로 거론되었다. 홉스가 기대했던 '현명한 군주'는 결코 나타나지 않았다. 아니 나타날 수 없었다. 그 어떤 '백성들'도 절대주권을 성립시키는 사회계약에는 가담하지 않았기 때문이다. 그 대신 홉스가 일깨워준 사회계약의 관념은 다른 많은 근대 사상가들의 노력과 시민들의 각성에 의해 '정부선택권'의 개념으로 발전하였고, 마침내 근대적 정치공동체의 불변의 원리로 간주되기에 이르렀다.

그러나 오늘날의 현실에서, 주로 부국강병의 세계적 경쟁 때문에 국가권력이 무한정 확대되고, 그 결과 국가권력과 시민의 자유가 심각한 갈등을 일으키고 있다는 것은 참으로 역설적인 일이다. 이것은 곧 서양의 정치철학자들이 가장 중요한 문제 중의 하나로 다루어 왔던 국가와 사회의 조화에 관한 문제가 21세기를 살아가고 있는 우리에게도 여전히 가장 심각한 과제로 남아 있다는 것을 의미한다. 홉스의 정치사상이 오늘날에도 끊임없이 재조명되는 이유도 바로 여기에 있다.

홉스의 정치사상에 대한 평가는 결국 인간의 정치생활의 위험을 보는 시각에 따라 달라질 것이다. 만일 우리가 정부를 국민의 자유를 위협하는 잠재적 위험으로 본다면, 홉스의 논의는 그의 세심한 추리에도 불구하고 무용할 뿐만 아니라 불쾌한 것이 될 것이다. 그러나 우리는 오늘날에도 대중의 소요나 사회의 혼란이 야기하는 정치적 위험을 찾아볼 수가 있으며, 홉스와 마찬가지로, 모든 정치에는 무엇보다도 '평화'가 전제되어야 한다는 생각을 할 때가 있다. 바로 그러한 이유에서, 영국의 정치학자 미노그(Minogue, 1969:65)는 홉스의 절대주의 철학을 소개하는 짤막한 논문의 끝을 이렇게 맺고 있다. "홉스의 주장에 공감이 가는 이유는 우리 역시 불신의 시대를 살고 있기 때문이다."

참고문헌

김용환(1999), 《홉스의 사회·정치철학: 리바이어던 읽기》, 철학과 현실사.

진병운(2006), 《홉스 '리바이어던'》, 서울대학교 철학사상연구소.

진석용(1993), "토머스 홉스의 정치사상: 정치적 복종의 정당화에 관한 자유주의적 기원과 현대적 의의", 〈대전대학교논문집〉 제 12권 제 2호.

진석용(2007), "홉스의 '시민철학'의 과학적 기초", 〈한국정치연구〉 제16집 제1호.

Bacon, Francis(2001), 《신기관》, 진석용 역, 서울: 한길사.

Berki, R. N. (1977), *The History of Political Thought: A Short Introduction*, London: J. M. Dent & Sons Ltd.

Copleston, Frederick(1961), *A History of Philosophy*, 9 vols, Westminster: The Newman Press.

Hobbes, Thomas, William Molesworth, ed. (1839~1845), *The English Works of Thomas Hobbes*, 11 vols, London: John Bohn.

Martinich, A. P. (1992), *The Two Gods of LEVIATHAN: Thomas Hobbes on Religion and Politics*, Cambridge: Cambridge University Press.

Minogue, Kenneth R. (1969), "Thomas Hobbes and the Philosophy of Absolutism", David Thomson, ed., *Political Ideas*, Harmondsworth: Penguin Books Ltd.

Sorell, Tom, ed. (1996), *Hobbes*, New York: Cambridge University Press.

Strauss, Leo (1971), *Natural Right and History*, Chicago: The University of Chicago Press.

Tuck, Richard (1989), *Hobbes*, Oxford: Oxford University Press.

찾아보기

(용 어)

ㄱ

ㄴ · ㄷ · ㄹ

ㅁ

ㅂ

ㅅ

ㅇ

ㅈ

ㅎ

찾아보기

(인명 · 신화)

ㅋ·ㅌ·ㅍ·ㅎ

신 화

지은이 약력

토머스 홉스 (Thomas Hobbes, 1588~1679)
17세기 영국 철학자이다. 베이컨의 영향으로 기계론적 세계관 위에서 인간계도 자연계와 같은 원칙에 의해 지배된다고 주장하였다. 찰스 1세와 의회의 대립이 격화되자, 왕당파로 의심받은 홉스는 1640년 프랑스로 피신하여 1652년 초까지 머물렀다. 《리바이어던》은 이 망명기간에 집필되어 1651년 런던에서 출간되었다. 영어판 출간 후 '무신론'과 '신성모독' 등 이단(異端) 혐의로 모든 영어 저작의 출판금지처분을 받기도 했다. 이 책 외에도 《시민론》(1642), 《물체론》(1655), 《인간론》(1658) 3부작 및 《인간의 본성》(1650) 등 다수의 저서가 있다. 영국으로 귀국한 후 찰스 2세의 비호하에 여생을 보내면서 노년에 이르기까지 왕성한 집필활동을 했다.

옮긴이 약력

진 석 용 (秦錫用)
서울대학교 정치학과를 졸업하고 같은 대학교 정치학과 대학원에서 석사·박사학위를 받았으며, 일본 쿠마모토대학교 교환교수와 미국 오하이오주립대학교 교환교수를 지냈다. 현재 대전대학교 정치언론홍보학과 교수로 있다.
저서로는 《마르크시즘 100년: 사상과 흐름》(공저·1984), 《칼 마르크스의 사상》(1992), 《한국정치·사회개혁의 이념적 기초》(공저·1998) 등이 있고, 역서로는 《마르크스 이해하기》(2015), 《무정부사회》(2012), 《서구민주주의의 두 얼굴》(공역·1983), 《신기관》(2001), 《서양정치철학사 III》(공역·2007) 등이 있으며, 주요 논문으로는 "토머스 홉스의 정치사상"(1993), "Reflections on Contemporary Democracy: The Principle of the Majority Rule and the Tyranny of the Majority"(1999), "홉스의 '시민철학'의 과학적 기초"(2007) 등이 있다.